Frederic Ewen

Bertolt Brecht
Su vida, su obra, su época

Traducción de Alejandro Varela

Adriana Hidalgo editora

Ewen, Frederic
Bertolt Brecht, su vida, su obra, su época. - 1a ed. 1a reimp.
Buenos Aires : Adriana Hidalgo Editora, 2008.
432 p. ; 22x14 cm. - (Biografías y testimonios)

ISBN 978-987-9396-72-8

1. Bertolt Brecht-Biografía. II. Título
CDD 921

biografías y testimonios

Título original:
Bertolt Brecht. His life, his art, his time
Traducción: Alejandro Varela
Traducción de los poemas: Mariano García,
excepto indicación [J.H.]: Jorge Hacker

Editor:
Fabián Lebenglik

Diseño de cubierta e interiores:
Eduardo Stupía y Gabriela Di Giuseppe

© Frederic Ewen, 1967
©Adriana Hidalgo editora S.A., 2001, 2008
Córdoba 836 - P. 13 - Of. 1301
(1054) Buenos Aires
e-mail: info@adrianahidalgo.com
www.adrianahidalgo.com

ISBN 978-987-9396-72-8

Impreso en Argentina
Printed in Argentina
Queda hecho el depósito que indica la ley 11.723

Prohibida la reproducción parcial o total sin permiso escrito
de la editorial. Todos los derechos reservados.

Nota del autor

Esta obra fue realizada con el objeto de presentar a Brecht como poeta, dramaturgo, teórico del teatro, cuentista, pensador, y contrastarlo con la historia alemana y la del mundo, con las que estaba indudablemente comprometido. Se basa en material inédito de los Archivos Brecht en Berlín Oriental, así como en obras de y sobre Brecht y en apuntes sobre el Berliner Ensemble tanto en ensayos como en representaciones. He recibido ayuda de varias fuentes. En primer lugar, de la Dra. Helene Weigel, directora del Berliner Ensemble, y del Brecht Estate, que me permitió utilizar las fuentes documentales de los Archivos Brecht y me acogió en el Ensemble; de Elisabeth Hauptmann; de Werner Hecht, dramaturgo del Ensemble; de Vera Tenschert y Percy Paukschta del Departamento de Fotografías; de Lise Kiel y de otros miembros de los Archivos. Mi agradecimiento se extiende de igual modo a los representantes del Arbeitkreis zur Pflege der deutschen Kultur und Sprache de la República Democrática Alemana, Erika Ohde, Wanda Bloch y el Dr. Bruno Langner, por su generosa hospitalidad y ayuda. Las siguientes personas han colaborado conmigo, directa o indirectamente y quisiera expresarles mi agradecimiento: Lee Baxandall, Dra. Annette T. Rubinstein, Dra. Alberta Szalita, George Tabori, y los directores del Master Institute, Nettie S. Horch y Oriole Farb. También les estoy agradecido a los directores de las bibliotecas de la Universidad de Columbia y de la Biblioteca Pública de Nueva York por la utilización de sus invaluables colecciones. Los funcionarios y el personal de The Citadel Press han sido muy serviciales. Mi mujer, Miriam Gideon, con su paciencia y apoyo ha hecho que una tarea agradable lo sea doblemente. Me han enriquecido los escritos de Eric Bentley, Martin Esslin, Helge Hultberg, Werner Mittenzwei, Ernst Schumacher y John Willett, entre otros, y quiero explicitar mi agradecimiento hacia ellos. Me produce un gran pesar que ni Erwin Piscator ni Charles Humboldt se encuentren entre nosotros para ver esta obra concluida y recibir mis agradecimientos. Espero que este trabajo constituya un homenaje parcial a su memoria.

PRÓLOGO

EL MUNDO EN TORNO A BRECHT

> *¿Lo conoce? Usaba un abrigo gris
> que lo hacía más pequeño.
> Él, el hombre de acción, luchaba
> por la igualdad.
> Cuando un gigante se levanta
> para luchar por la igualdad,
> nos convierte a todos en gigantes.*
>
> Peter Hacks, "Brecht"

La calle Chausse [Chaussestraße], en el sector oriental de Berlín, es hoy uno de los vestigios de la Alemania de preguerra. Aunque fue reparada y rehabilitada, conserva todavía algunos tramos bastante estropeados de los viejos días. Su continuidad histórica con el pasado está subrayada por la presencia del cementerio Dorotheen, que le da un sobrio aunque no menos depresivo marco al edificio del número 125. Aquí, después de su retorno del exilio, Brecht vivió con su familia. Ocupaban la parte posterior de la casa, a la cual se accedía por un patio descubierto. Brecht utilizaba el piso superior para trabajar; el inferior era para la familia. Desde las ventanas de su estudio adoraba mirar hacia el cementerio donde estaba enterrado su filósofo favorito, Hegel, y donde él mismo sería enterrado en agosto de 1956.

Hasta el fin de sus días, ya con su enfermedad terminal, cuando estaba en la ciudad y había trabajo en el teatro, se subía a su viejo auto y se dirigía al Theater am Schiffbauerdamm, el teatro del Berliner Ensemble. La distancia era muy corta, pero Brecht odiaba caminar. Este teatro había sido reconstruido para él y Helene Weigel exactamente tal como era antes de iniciarse la guerra, más de un cuarto de siglo atrás, cuando Brecht logró su primer éxito mundial con *La ópera de tres centavos.*

Sigámoslo hasta el teatro en éste, su último año, 1956. Muchos estudiantes asisten a los ensayos. Aquí también se encuentra con colegas de los viejos tiempos: su amigo de toda la vida y codirector, Erich Engel; su colaboradora, Elisabeth Hauptmann, y muchas otras figuras de los años veinte. Y ahora, cuando se oscurece la sala y los actores empiezan a actuar, nos preguntamos: ¿Cuántas veces habrá repasado mentalmente el largo y sinuoso camino que comenzó en su Ausburgo natal, hasta su regreso a Berlín, escenario de sus primeros grandes éxitos? Un viaje que se extendió físicamente por los continentes, pero que desde lo moral, lo espiritual y lo artístico le produjo sentimientos de amargura y alegría, victoria y derrota, que por su intensidad no pueden medirse en años.

¡Qué distintos son los dos períodos de la historia que aparecen aquí simbolizados! El edificio del teatro cerca del Schiffbauerdamm habla del pasado. Pero lo que se desarrolla sobre el escenario se refiere a un tiempo y un mundo nuevos. En el escenario está Ernst Busch como Galileo, enseñando a su joven discípulo el significado de la "nueva era" y del concepto de "nueva ciencia", proclamando un mundo modificado y modificable. Para Brecht, sentado en el teatro, Ausburgo debe haber estado muy, muy lejos...

I
LA CIUDAD Y EL PAÍS

Los conduciré hacia épocas gloriosas
Káiser Guillermo II

Ausburgo, la ciudad del sur de Alemania así denominada en memoria del emperador Augusto, es hoy en día un impresionante monumento del pasado. El caminante que comienza su recorrido en la vieja puerta romana llamada "das rote Tor" pronto se halla enfrentado a un formidable segmento de la historia. En la ancha Maximilianstrasse, la calle principal de Ausburgo, seguirá los pasos de las legiones romanas cuando dirigían sus fútiles campañas contra las tribus germánicas. También, siglos más tarde, fue el punto de encuentro tumultuoso y babélico de los cruzados en su impulso por conseguir el botín oriental y la redención de la tumba del Salvador de manos de los infieles. Enmarcando esta magnífica calle se encuentra, en un costado, la hermosa iglesia de San Ulrico, y en el otro la vieja catedral, la más antigua de Europa probablemente, con sus incomparables vitrales.

A mitad de la amplia avenida, el viajero pasa frente a la palaciega Fuggerhaus y advierte que esta fue la ciudad de la gran familia de banqueros y comerciantes del Renacimiento, fundadores también de una de las primeras comunidades obreras, la Fuggerei. Los Fuggers de Ausburgo fueron acreedores de los más poderosos reyes, emperadores y papas. Dos magníficos edificios renacentistas coronan esta calle: la Torre Perlach y la Municipalidad. A la derecha del Perlach, un par de cuadras más adelante, nos encontramos con una callejuela, Auf dem Rain. Allí, en el número siete, nació Bertolt Brecht el 10 de febrero de 1898.

Hoy Ausburgo es un suburbio provincial de Munich. Pero no lo era en otro tiempo. Como ciudad libre participó en muchas de las batallas que asolaban al país. En el siglo XII fue testigo de un levantamiento de burgueses y artesanos contra el absolutismo de los obispos; y años más tarde asistió al levantamiento, también violento, de los artesanos contra la aristocracia burguesa. Conflictos sangrientos se sucedieron durante la insurrección protestante y la represión de los anabaptistas. Aquí se redactó en 1530 la declaración más importante del protestantismo: la Confesión de Ausburgo. Además de sus negocios bancarios, como ciudad industrial y comercial se distinguió por las actividades textiles, la industria del teñido y la industria papelera. Emigrado desde la Selva Negra, el padre de Brecht consiguió trabajo en la fábrica de papel Haindl, donde llegó a ocupar el cargo de gerente.

Diez años antes de que Brecht naciera, Guillermo II accedió al trono de Alemania. Heredó de su abuelo Guillermo I y del "Canciller de Hierro" Otto von Bismarck una Alemania unificada, capaz de hacer valer su predominio en la política europea y mundial. También heredó uno de los ejércitos más eficaces del mundo. Durante su reinado de treinta años, Guillermo II se propuso conducir a Alemania a una posición privilegiada en la vida económica y política mundial, y ubicarla entre los grandes imperios. Pero asimismo estuvo condenado a verla caer (al igual que al sistema monárquico) casi hasta la destrucción total en 1918.

El crecimiento económico, industrial y tecnológico sin precedentes halló su contrapartida en el crecimiento de las clases trabajadoras y la expansión sorprendente del movimiento socialista alemán. Hacia 1914, un tercio de los alemanes apoyaban al socialismo, que se convirtió en el mayor partido del Reichstag.

La política de Bismarck resultó absolutamente exitosa y causó una profunda huella en la mentalidad alemana. Aun cuando en teoría podía resultar cuestionable, el prusianismo era ampliamente respetado. La eficiencia y el acatamiento a la autoridad eran la consigna de prácticamente todos los sectores de una sociedad protegida por la estratificación casi jerárquica de clases y profesiones, por la burocracia oficial, el ejército, la elite gubernamental, los nobles prusianos, la clase alta y los intelectuales universitarios. Una suerte de "derecho divino" se extendía desde el Emperador hasta las clases más bajas, generando la curiosa amalgama de subordinación y autoritarismo, sentimentalismo y eficiencia práctica, sumisión y rebelión que caracterizó la vida alemana de las décadas siguientes. Guillermo II podía alardear con orgullo: "Dios, Nuestro Señor, no se hubiera esforzado tanto con nuestra tierra alemana de no haber tenido grandes cosas reservadas para nosotros".

Pero Alemania también estaba apoyada por fuerzas terrenales. Una nación que había acuñado términos filosóficos como *Weltanschauung* y *Weltschmerz* para describir estados racionales y emocionales metafísicos, pronto halló términos como *Weltmacht* y *Weltpolitik* –poder mundial y política mundial– para definir emprendimientos tales como buscar un "lugar bajo el sol" junto a los poderes imperialistas. Así, la nación alemana y su pueblo ingresaban en la vorágine del siglo XX con el lastre de una mentalidad del siglo XVIII y sin la gracia redentora ni la educación de una revolución democrático-burguesa. Según Karl Marx en su *Crítica de la filosofía del derecho de Hegel*

> ...la historia alemana puede jactarse de un impulso que ningún otro pueblo dentro del panorama histórico ha demostrado hasta

ahora o dé señales de repetir. Hemos compartido la Restauración de las naciones modernas, sin compartir sus revoluciones. Hubo Restauración, en primer lugar, porque otras naciones se atrevieron a llevar a cabo una revolución y en segundo lugar, porque otras naciones sufrieron una contrarrevolución. La primera vez porque nuestros amos estaban asustados, y la segunda, porque ya no tenían miedo. Nosotros, con nuestros pastores a la cabeza, sólo una vez nos encontramos en compañía de la libertad –el día en que fue enterrada.

¿Cómo podía triunfar una nación de estas características?

II
LA VIDA INTELECTUAL

> *El alma alemana tiene pasajes y galerías; hay cavernas, lugares ocultos y calabozos; su desorden posee el mismo encanto que lo misterioso; el alemán está familiarizado con los caminos del caos.*
>
> Friedrich Nietzsche

En su aspecto cultural, la entrada de Alemania en el siglo XX representó un corte abrupto con el pasado. Hacia principios de siglo, los alemanes todavía estaban en un tardío neorromanticismo, atados a poetas como Eduard Mörike y Theodor Storm; compositores como Robert Schumann y artistas como Spitzweg y Richter. Existían escritores de calidad y talento: novelistas como Wilhelm Raabe, Theodor Fontane y Gottfried Keller o poetas como Detlev von Liliencron y Richard Dehmel. Pero fuera de Alemania o aun en Alemania, ¿quién sabía algo de ellos?

Y entonces, de repente, desaparecieron las barreras provincianas. La mentalidad pueblerina –el idílico aislamiento de la ciudad ducal y la aldea– comenzó a retroceder ante la nueva tecnología y la eficiencia prusiana. La vida intelectual –científica, literaria o filosófica– empezó a acompasarse a los intereses de los nuevos poderes, o en algunos casos a oponerse a ellos. El tiempo no podía ser calculado, como en la Koenigsberg de Kant, de acuerdo con las caminatas que hacía regularmente el filósofo después de comer. Las universidades y los institutos –arqueológicos, de medicina o de metafísica– estaban subordinados a los amplios intereses del nuevo poder mundial. Lo que Heinrich Heine había predicho comenzaba a suceder: los filósofos naturalistas bajaban de las nubes sus visiones cósmicas para transformarlas en realidades concretas. Desde el exterior empezaban a llegar importantes influencias culturales. Los escritos de Tolstoi y Dostoievski, de Ibsen y Strindberg, de Zola y los simbolistas franceses, de Bernard Shaw y de Walt Whitman, el arte de los impresionistas y posimpresionistas franceses, fueron destruyendo las barreras del pasado y estimularon una nueva creatividad. Horizontes inimaginables parecían abrirse; y simultáneamente nuevos problemas.

A principios del nuevo siglo, Gerhart Hauptmann escribió:

> En la base de nuestra existencia, en ese momento, había fe. Creíamos en el progreso irresistible de la humanidad. Creíamos en el triunfo de la ciencia y por lo tanto en la revelación definitiva de la naturaleza. Creíamos que el triunfo de la verdad pondría fin a las quimeras y fantasmas de las decepciones religiosas. Mucho antes, habíamos creído que la autodestrucción de la humanidad en la guerra se convertiría en un capítulo de la historia pasada. Creíamos en la victoria de la fraternidad... Por sobre todo, creíamos en nosotros mismos.

¿Se puede culpar a los alemanes por regodearse en 1914 –teniendo en cuenta los treinta y cinco años anteriores– del catálogo de nombres distinguidos que marcaron hitos en el campo de la ciencia, la medicina, la historia, la economía política, la arqueología y las letras? Nombres como Georg Cantor, Heinrich Hertz, Wilhelm Ostwald, Max Planck, Albert Einstein, Paul Ehrlich, Robert Koch, Leopold von

Ranke, Theodor Mommsen, Julius Wellhausen, Karl Lamprecht, Karl Kautsky, Max Weber, Franz Mehring...

He aquí entonces el Reich alemán. Una sociedad estratificada, capitalista y monárquica al mismo tiempo; absolutista, jerárquica y con una administración burocrática altamente eficiente, que muestra un crecimiento sin precedentes en un lapso muy breve. Aunque, naturalmente, estaba sujeta a tensiones y conflictos muy fuertes. En un estado democrático-burgués, estas tensiones encuentran solución en la actividad política, con la participación de un electorado más o menos alerta. Sin embargo, el grueso de la población alemana era políticamente inmaduro. Alemania no experimentó una revolución burguesa-liberal, y su *intelligentsia* tendía a ser apolítica. Ese paternalismo doméstico que Heine describió maravillosamente como dominante antes de la era napoleónica, quizás había cambiado su estilo pero no sus métodos. El Parlamento se convirtió en una sala de debates. Las decisiones y las leyes se dictaban desde "arriba" según el "socialismo" de Bismarck. Las legislaciones y reformas sociales –entre las más avanzadas de Europa– estaban "garantizadas" para el pueblo alemán.

No es necesario aclarar que buena parte de la población, especialmente los intelectuales, sospechaba y desconfiaba de ideas democráticas occidentales como las de Francia y los Estados Unidos. Por cierto, este era el sentimiento de Thomas Mann a fines de la Primera Guerra Mundial; al igual que el del filósofo quizá más influyente de la época: Friedrich Nietzsche.

La atmósfera intelectual de una nación no es fácil de definir con precisión, pero no hay dudas de que las ideas de Nietzsche la marcaron decididamente. Poetas, novelistas y dramaturgos –artistas de escuelas y doctrinas divergentes– testimonian su influencia abrumadora, aunque algunos hayan terminado por rechazarlo. Así recuerda Thomas Mann el impacto que conmovió su mundo en 1889, cuando "corrió la noticia del colapso mental de Nietzsche":

> Sobre esta alma se impuso la más profunda y fría soledad, la soledad del criminal. Era en origen una mente profundamente respetuosa, cincelada para reverenciar las tradiciones más devotas,

y justo a esa mente el destino eligió para llevarla de los pelos, como lo fue, hacia una postura de truculencia salvaje y ebria, de rebelión contra toda veneración. Esta mente fue obligada a violar su propia naturaleza, a convertirse en divulgadora e intercesora de la fuerza bruta más flagrante, de la insensible conciencia del mismo Mal.

Su hermano, Heinrich Mann, escribió en 1939:

> La obra [de Nietzsche] es aterradora. Se ha convertido en una amenaza, en vez de arrasarnos como lo hizo años atrás. *Entonces* parecía estar justificando nuestro propio ser.

A fines del siglo XIX y con más fuerza aún en las primeras décadas del XX, Nietzsche sacudió "la era de los Guillermos" con la fuerza explosiva de una conmoción universal. "No soy un hombre —dijo—. Soy dinamita." Influyó no sólo a los elementos conservadores y reaccionarios, sino también en aquellos que se pensaban liberales y revolucionarios. Esa dualidad cubrió muchos campos. Para la burguesía resentida, que ya no estaba tan de acuerdo con el nuevo estado burocrático y mecanizado, Nietzsche representaba al despiadado y perseverante enemigo de la autosuficiencia, el nacionalismo, el filisteísmo, la hipocresía y el conformismo de la nación alemana. Era el ángel vengador peleando contra el *statu quo*, el heroico nihilista de la subversión. Al enérgico pangermánico, hambriento de *Lebensraum*, le predicaba la abominación de la "esclavitud moral" alemana; le exponía la "mala conciencia" y el "pesimismo potencial" del burgués alemán; anatemizaba a la democracia y proclamaba la nueva religión de la fuerza y de la afirmación paganas. A las mentes más radicales respondía con insultos audaces contra la barbarie alemana, el prusianismo, la industria, el capitalismo, la máquina y su producción, el hombre moderno —ese inclasificable, ya sea burgués o proletario, esa nada eviscerada y sin rostro. Nietzsche imaginó encontrar la afortunada apoteosis musical y dramática de sus sueños en Richard Wagner y sus Siegfrieds, Wotans y Valhallas, la encarnación de ese paganismo imperial que podía ser el balance del decadente ideal judeocristiano de moda en ese momento.

A partir de Nietzsche y de Wagner, se alimentó toda una generación de artistas, poetas y pensadores. De hecho, ambos sirvieron para profundizar y reinstaurar las dos tendencias características de la mentalidad artística alemana desde el *Sturm und Drang* hasta la Primera Guerra Mundial: *Zerrissenheit* [autoescisión] e *Innerlichkeit* [introversión].

¿Cómo reflejan los principales poetas de "la era de los Guillermos" la mentalidad de la época? Pensemos en tres poetas considerados en forma unánime como sobresalientes: Stefan George, Gottfried Benn y Rainer Maria Rilke.

El nuevo orden nietzscheano encuentra su más característica y fuerte encarnación poética en Stefan George. Laureado y a la vez sumo sacerdote del cenáculo de los simbolistas alemanes, recreó su tabernáculo pagano sobre la base del de Mallarmé, a cuyas reuniones exclusivas asistió en una oportunidad. Dado que no había un Verlaine, un Rimbaud, un Debussy o un Valéry alemán disponible, George tuvo que contentarse con seguidores devotos pero algo mediocres. Sus versos delicadamente pulidos –era un poeta exquisitamente dotado– glorifican un neopaganismo, un esteticismo y un ascetismo artístico, elevando al poeta al rango de vate; profeta y líder al mismo tiempo. Con estas nociones combinó una divinización del cuerpo, *Vergöttung des Leibes*, y una corporización de la divinidad, *Verleibung des Gottes*. Esta búsqueda pagana de lo divino tenía aspectos para nada ascéticos y de un erotismo perverso, como la adoración física de un muchacho al que llamó Maximin, que con suficiente fortuna como para transformarse en un dios murió joven, y a quien le dedicó poemas exquisitos. La "crueldad" pagana era alabada y Heliogábalo adorado. Se proclamó un "Tercer Humanismo", sucesor milenarista del Renacimiento y de Goethe. Como Nietzsche, George demandaba un nuevo "líder", un "hombre nuevo"; pero se conformaba con sustitutos como el general Von Hindenburg. Profetizó la llegada del "Único, que romperá nuestras cadenas, que pondrá orden en el desorden, que será nuestro amo y creará el nuevo Reich". Sus discípulos de años posteriores vieron en estos versos la anticipación del Mesías: Adolf Hitler. Su preeminencia artística y sus ideas llevaron a los nazis a alabarlo como su poeta laureado. George se sintió inicialmente atraído por ellos; pero luego lo espantó su vulgaridad y se retiró a Suiza, donde murió en 1933.

Semejantes incertidumbres no se cruzaron en la carrera de Gottfried Benn. Encontró un camino directo desde el "heroico" nihilismo guillermino hasta el menos heroico de Hitler. En una época en la que se decía que la *Kultur* era el compendio de la mentalidad germana, él representaba la *Kulturmüdigkeit*, la fatiga cultural y el disgusto por la civilización. Para Benn, la razón y la lógica eran elementos desintegradores de la vida moderna. La conciencia es la única realidad. No hay realidad material o externa. "Hay conciencia humana, formando y reformando constantemente el mundo", pero "la vida no implica la posesión del conocimiento. El Hombre no está hecho para luchar por una explicación del mundo material." El único criterio para "evaluar la extraordinaria mente del hombre", es decir, el de las naciones de raza blanca, se encuentra en "el grado de nihilismo inextirpable" que exhiban. El más alto grado del ser se representa en la vuelta hacia "lo natural", "lo primitivo", "lo primordial". En uno de sus poemas más citados declara:

> ¡Oh, si fuéramos nuestros primeros antecesores, un terrón de limo en un pantano cálido! Vida y muerte, nacimiento y concepción se escurrirían de nuestras mudas esencias. Un alga, una hoja o un médano formado por el viento, y más aún, una cabeza de polilla, o un ala de gaviota; tales cosas ya serían demasiado y, además, estarían consagradas al sufrimiento.

Al haber practicado la medicina durante toda su vida, le dio a la poesía una "estética de lo repelente", el horror, el fango y las pústulas ulcerosas del quirófano, todo ello traducido a la vida misma. Un temprano volumen de poemas lleva el significativo título de *Morgue*. El disgusto de Benn por la vida se intensificó durante la Primera Guerra Mundial: "El Hombre/ la joya de la creación/ el cerdo/ y Hombre". Combinaba un virtuosismo estilístico y un manejo del vocabulario científico que ninguno de sus contemporáneos pudo igualar. Fusionó a Nietzsche, los elementos macabros de Baudelaire y el antirracionalismo que fluía como una misteriosa corriente subterránea a través del pensamiento alemán. El intelectual es un "cerebro alimentado de carroña"; su propia conciencia, una maldición primordial. ¡Oh, hundirse nuevamente en la nada améba, protozoica! "¡Basta de razonamiento! –gritaba–.

¡Quiero vivir!" Su búsqueda del nirvana, que denominaba Ithaca, y en otros momentos Esparta y Alejandría, no quedaría satisfecha hasta escuchar el grito de la sangre y la tierra y enterrar su cabeza agotada en el pecho del nacionalsocialismo. Cuando demostró su pureza racial, se le concedió el cargo de ministro de Cultura y un asiento en la Academia Prusiana de Letras (Kurt Tucholsky dijo de él que "si los chinos invadieran Alemania, se dejaría crecer una coleta"). Pero al poco tiempo él también fue declarado *persona non grata*, aun por el cambiante *Herrenvolk**. Después de la caída de los nazis, los alemanes occidentales le otorgaron el premio Georg Büchner en 1951; un acto irónico, ya que este premio evoca a uno de los escritores más revolucionarios del siglo XIX.

Entre estos buscadores de una "patria" fuera del caos de la Alemania de los Guillermos, pocos han hablado con tanta belleza y *pathos* como lo hizo Rainer Maria Rilke. Murió en 1926, pero sin duda su búsqueda de un nuevo hogar lo hubiera conducido al mismo refugio que a George y Benn, si bien él nunca consideró la brutalidad y la deshumanización como una salida, sino todo lo contrario. Se elevó espiritualmente y clausuró sus contactos con el mundo exterior. "El mundo no está en otro lado —escribió—, sino en nuestro interior." Las distorsiones que padeció en su infancia debido a la fijación perversa de su madre por convertirlo en niña constituyeron sólo una de las causas del distanciamiento que sintió y expresó durante toda su vida. Se hallaba más cómodo viviendo en una "ensoñación", y su poesía tiene exactamente esa textura: un friso, una proyección bidimensional, siendo la tercera dimensión perdida precisamente la de los seres humanos. Su refugio era el arte, y en esto se inscribe en la antiquísima tradición de los románticos y posrománticos alemanes; un refugio en y a través del arte. En una época en la que el significado de Dios y de los ángeles se había diluido, su poesía es una constante plegaria por una salvación solipcista. El templado *Weltschmerz*** del hombre moderno se fusiona con el lirismo de los simbolistas franceses, Rodin y el misticismo de la vieja España y Rusia. Fue hasta el final el poeta sin hogar y sin patria. "No tengo casa familiar —escribió—, y por lo tanto nunca la he perdido." Tampoco tenía ancestros. Su oído se afinaba con cada sonido

---

* Pueblos de amos. *[N. del T.]*
** Dolor cósmico. *[N. del T.]*

de la naturaleza, animado o inanimado, pero no con el sonido humano. Pero esa vida que se le niega entre los hombres la encuentra en una unión mística con Dios, a quien, en su poética arrogancia, toma como a su propio hijo y a quien se dirige con toda la audaz majestad de otro Creador. De hecho, se atreve a afirmar la supremacía de su creación poética por encima de la del Señor.

> ...Ya que aquello que pintan los artistas sólo sirve para que tú recibas de vuelta a la Naturaleza en forma imperecedera, a la que creaste para perecer.

Estaba obsesionado por el *Einsamkeitsfanatismus*, el "fanatismo de la soledad". Rechaza el amor y ser amado resulta para él una carga insoportable, aunque pese a todo glorifica al amor abstracto. Lo aterrorizan la vida, las ciudades, las fábricas, la degradación y la miseria que ve a su alrededor. En 1915 escribió: "¿Cómo es posible vivir si los elementos vitales nos son ininteligibles? Cuando somos infinitamente inadecuados para el amor, inseguros para resolver e incapaces ante la muerte, así, ¿cómo es posible siquiera existir?". Y concluye: "¿Quién habla de victorias? El estoicismo lo es todo". Para él no había "redención del caos" –ya fuera en los dioses paganos de George o en la vuelta a los protozoarios de Benn. Por sobre todo, Rilke tenía que conformarse con una "tregua con los anónimos poderes del otro lado", los poderes de la nada. De esta forma y casi naturalmente, la muerte se transforma en el proceso de "maduración" dentro de nosotros mismos:

> No somos más que un cáliz y una hoja,
> Cada uno lleva dentro de sí a la Muerte.
> Es el fruto alrededor del cual todo gira.

Si existe un salvador es el artista: es "la eternidad proyectada hacia el futuro".

Si por su propia naturaleza la poesía tiende a ser "homofónica", personal, la novela, por el contrario, apunta a la polifonía. Dicho de otra manera, es más comunitaria, más social. Su desarrollo tardío en

Alemania es en sí una marca de las interrupciones y las discontinuidades dentro de la comunidad. Como un poder en la literatura europea (y posteriormente en la mundial), se desarrolla por completo en el siglo XX. Como un reflejo del carácter de los tiempos, la novela alemana puede estudiarse contrastando las obras de dos hermanos, Heinrich y Thomas Mann.

No debe sorprender que ambos escritores (Heinrich era sólo cuatro años mayor que Thomas) comenzaran a escribir bajo la influencia de Goethe y Nietzsche. Ambos triunfaron al imponer la novela "social" alemana moderna. Además de Nietzsche y Goethe, Heinrich Mann estaba influenciado por Balzac, Flaubert, Gabriele D'Annunzio y los estetas y simbolistas franceses. Thomas era discípulo de Schopenhauer, Wagner, Tolstoi y Freud y se mantuvo fiel a estos maestros durante muchos años. Su hermano, por su parte, rompería con sus primeras lealtades y se volcaría a Rousseau, Voltaire, Zola y Anatole France, giro que marcó diferencias radicales con Thomas Mann.

Hacia 1907 Heinrich Mann se despidió de los encantadores evangelios del hombre fuerte y del hedonista. Con la novela *Zwischen den Rassen* [*Entre las razas*] mostró un ojo crítico sobre su propio país y su época. Analizó minuciosamente a la nueva burguesía alemana, báculo y sostén del Imperio de Guillermo, junto a la burocracia y las clases dominantes. A esta temática dedicó su más ambiciosa trilogía, *Das Kaiserreich* [*El Imperio*], cuyo primer volumen, *Der Untertan* [*El Súbdito*], concluyó en vísperas de la Primera Guerra Mundial.

Puede asegurarse que hasta entonces ningún novelista alemán había hecho una descripción tan despiadada y vívida de ese "nuevo" hombre que es Dietrich Hessling, un burgués alemán inescrupuloso que valiéndose de cualquier medio asciende a una posición de poder en la vida comercial y política de su ciudad. Intenta parecerse hasta en los rasgos exteriores al Káiser Guillermo, aun con su bigote crespo; se asegura el porvenir con una esposa rica y se convierte en el pequeño tirano de su comunidad. Se veía a sí mismo como un Káiser en miniatura, "envuelto en púrpura imperial". De otro hombre dice: "El sentimiento patriótico real es incompatible con orejas como ésas. Siempre he sospechado de él". A un adversario político le espeta: "Sangre y hierro son todavía el más efectivo de los remedios. La fuerza antes que la razón". Termina involucrándose en una pelea de borrachos al grito de "¡Los voy a hacer pedazos!". Luego de buscar el éxito comercial junto con un noble alemán, les explica a sus hermanas: "Ustedes pueden ver lo que significa que dos personas honorables hagan negocios. No sucede muy a menudo en el mundo de los negocios hoy en día. Hay muchos judíos". Este es el nuevo burgués que Gustave Flaubert había retratado en el personaje de M. Homais en *Madame Bovary*. En Heinrich Mann se convierte, a lo largo de la trilogía, en un fabricante de armas cuyas mentiras se disfrazan de patriotismo. Es el ciudadano modelo que en *El súbdito* le dedica un monumento al Káiser Guillermo I (cobrando una suma importante) y que se dirige a la multitud diciendo:

> Habiéndonos comprometido con eficiencia y en tan alto grado, llenos de la más alta fortaleza moral y con nuestra armadura reluciente, somos el terror de los enemigos que por envidia nos amenazan por ser la elite entre las naciones; ya que hemos alcanzado, por primera vez, una cultura alemana dominante que jamás será superada por nadie.

Al menos en parte, nos da un retrato de la época: su militarismo, chauvinismo, antisemitismo, autoritarismo, arrogancia, corrupción, aristocracia y antiliberalismo.

En sus ideas políticas y sociales, Heinrich Mann se diferenciaba cada vez más de su hermano. Las divergencias alcanzaron su apogeo con la publicación de *Geist und Tat* [*Espíritu y Acción*], un manifiesto donde instaba a los escritores e intelectuales a abandonar su "apolitización" –su autoindulgencia en cuestiones privadas– para seguir la huella trazada por los grandes franceses: Voltaire en su defensa de Calas; Zola con Dreyfus; y libertarios como Victor Hugo y Anatole France. Lo que más debe haber apabullado a Thomas Mann, así como a muchos otros alemanes, fue la apelación que hizo al pueblo de abandonar de una vez y para siempre a su gran héroe, poeta y apóstol del humanismo, Goethe:

> Su obra, su nombre, su memoria, nada han modificado en Alemania, ni han borrado un solo acto de barbarie, ni han despejado

una pizca el camino hacia un porvenir mejor. En las exequias de Goethe no hubo un solo Calas presente...

Heinrich Mann admitía que Alemania y los alemanes han sido grandes maestros del pensamiento. ¿Pero con qué fin?: "Nos aferramos a mentiras e injusticias, como si temiéramos un abismo detrás de la Verdad". Ridiculizaba a la monarquía, "ese Estado maestro en organización; esa escuela de la animosidad" que había sometido al individuo, y condenaba a los intelectuales que servían a las clases dirigentes por el delito de traición al Espíritu. "El Espíritu no es conservador. No garantiza privilegios. Se disgrega. Es igualitario; y desde los despojos de cientos de puntos de apoyo empuja hacia una acción de verdad y justicia que debe cumplirse hasta la muerte." Y en uno de sus ensayos más logrados, escrito en 1915 y dedicado a Émile Zola, profetizó el colapso del imperio alemán.

Nada podía haber estado más alejado o ser más aborrecido por Thomas Mann que este tipo de sentimientos. En 1907 definió al artista como "enemigo" de la sociedad, inútil para el Estado, "refractario", "desclasado", con algo de naturaleza infantil en su amoralidad y en su desapego. Ante sus ojos, escritores como su hermano eran sólo *Zivilisationsliteraten*, artesanos culturales, no artistas, pues el *Literat* se autoimpone un propósito altamente moral que toma la forma de una *acción*. Pero la acción es ajena al verdadero artista.

En su serie de ensayos *Betrachtungen eines Unpolitischen* [*Consideraciones de un apolítico*], escritos después del estallido de la Primera Guerra Mundial y que concluyó el día de la firma de la tregua entre Alemania y Rusia, Thomas Mann explicó sus puntos de vista respecto de la naturaleza del espíritu alemán. Fue en respuesta a las apelaciones de su hermano. "O se es político o no se lo es –escribió Thomas Mann–. Si se lo es, entonces hay que ser un demócrata." Pero en cuanto a los alemanes, "la política es ajena a su naturaleza... Confieso que estoy convencido de que el pueblo alemán nunca podrá apreciar la democracia política, por la sencilla razón de que no aprecia la política; y en cuanto al tan desacreditado 'Estado autoritario' es y será en realidad el sistema político más adecuado y legítimo para el pueblo alemán, y en general es lo que este pueblo desea".

Viniendo del más destacado novelista alemán, en uno de los momentos más críticos del país —cuando se iba a decidir su destino—, sus palabras adquirieron un peso relevante. Eran las expresiones de un hombre que conocía la incompetencia de la organización política de Alemania así como la de su sistema social. En 1901, a la temprana edad de veinticinco años, escribió una novela esencial, *Los Buddenbrook*, probablemente la más perfecta de sus obras extensas. Fue también la primera novela contemporánea alemana en trascender las fronteras y ocupar un lugar entre las obras maestras de la literatura del siglo. Los temas y las ideas que preocuparían a su autor en los años siguientes estaban allí anunciados y desarrollados con una maestría incomparable: la decadencia moral de la alta burguesía en conflicto con la amoralidad más reciente, inescrupulosa y arrogante, de la ascendente burguesía industrial y comercial; el papel del artista dentro de esa sociedad y la relación entre arte y enfermedad; la ambigüedad moral del artista y su amenaza frente a una sociedad estratificada. La muerte, la enfermedad, el *ethos* de resignación, son temas que reaparecerán en sus obras siguientes. *Los Buddenbrook* es la crónica de una familia patricia del norte de Alemania en el siglo diecinueve a lo largo de cuatro generaciones, desde 1835 hasta 1875. Finaliza con la extinción de esa rama familiar. Está a la sombra de Schopenhauer y Wagner, y en menor medida de Tolstoi. El pesimismo y la música impregnan sus páginas. Decadencia y arte. Se trata de la novela del fin de una época, donde la Muerte es la salvación.

Nadie que haya leído *Los Buddenbrook* olvidará la escena en la que Thomas, uno de los últimos vástagos de la familia, en un momento de profunda depresión y desesperación, cuando la fortuna de su familia así como su fibra moral están declinando, busca refugio en *El mundo como voluntad y representación*, de Schopenhauer. Thomas Buddenbrook abre el libro en el capítulo "Sobre la Muerte y su relación con nuestra propia Inmortalidad", y extrae una revelación redentora:

> ¿Qué fue eso? se preguntó ni bien entró en la casa, subió la escalera y se sentó a la mesa con su familia... ¿Qué me sucedió? ¿De qué he sido testigo? ¿Qué es eso que me han dicho, Thomas Buddenbrook?... ¿Lo puedo soportar? No sé que ha sido... Sólo sé que fue demasiado, demasiado para mi pobre cerebro burgués.

¿Cuál fue esa revelación? Que no se debe temer a la muerte. "La muerte era una dicha tan profunda que sólo podía ser considerada en momentos de gracia como éste." Así, proclama el fin de una época, el fin de una familia, de una larga tradición, adecuadamente consumada con la muerte del pequeño Hanno, el último del clan, un niño delicado por naturaleza, músico y "marginal".

La enfermedad acecha en las historias de Thomas Mann como una especie de ángel vengador. Los personajes discapacitados –ya sean morales, físicos o espirituales, o bien impuros por ser artistas– pueden ofrecer sólo una débil resistencia a una burguesía cruel y segura de sí misma. Mientras que a Heinrich Mann le producía una gran satisfacción contemplar el efecto catalizador de un artista sobre su medio y había anticipado la relación entre arte y progreso humano, su hermano no vio sino una guerra inevitable e incesante entre el artista y la comunidad. El "nuevo sentido práctico" de esta sociedad brutal y vigorosamente competitiva había llevado a la tumba a toda "una generación de sentimientos".

Aun cuando haya sido esquemática (y en consecuencia sólo parcialmente verdadera) al reflejar la oposición dialéctica dentro del espíritu y la novela alemana de "la era de los Guillermos", la elección de los hermanos Mann puede relacionarse con textos como la obra monumental del austríaco Robert Musil, *El hombre sin atributos*, y las primeras novelas de Hermann Hesse, con sus cuadros de desolación, terror, ansiedad y fantasías de liberación.

El teatro es, por su naturaleza misma, conflicto. El conflicto se expresa por medio del texto y las acciones de los personajes que viven fuera de sus vidas y que las representan en nuestra presencia. Por este motivo, es de todas las artes la que más se aproxima al concepto de "imitación" de vida. Dentro del teatro, y en especial en la tragedia, los alemanes encontraron una salida para su ansiedad y descontento, y para las esperanzas que parecían negárseles en la vida real. El teatro, y no las urnas electorales o los partidos políticos, constituía el verdadero espacio de actividad social. Así había sucedido desde el siglo XVIII, cuando Lessing lanzó su grito en defensa de la Ilustración en *Emilia Galotti* y en *Nathan, el Sabio*, poniendo en escena el drama de la clase media moderna. Otro tanto sucedió cuando Schiller ambientó *Los bandidos* en vísperas de la Revolución Francesa y Goethe su *Goetz von Berlichingen* en las guerras feudales de la Edad Media. Las tensiones y disturbios de 1815, la "Guerra de Liberación" alemana y sus secuelas, encontraron sus portavoces en Heinrich von Kleist, Christian Grabbe y Georg Büchner. Ni siquiera el enorme caos que siguió al colapso de la revolución en 1948 pudo destruir el teatro, y los dramas se expresaban a través de los escritos de Friedrich Hebbel y del austríaco Franz Grillparzer.

El renacimiento teatral que se expandió por Europa a fines del siglo diecinueve derivaba de la energía de los grandes escandinavos, el noruego Ibsen y el sueco Strindberg. Esto dio lugar a la creación de teatros "libres" en Inglaterra, Francia y, finalmente, en Alemania. En Berlín, Otto Brahm fundó el Freie Bühne, inaugurado en septiembre de 1889 con *Espectros*, de Ibsen. Su estética tenía ecos de Zola y del *Théâtre Libre* de Antoine, o sea del naturalismo. Era radical en tanto que no se intimidaba al ahondar en las profundidades de la naturaleza ni en las células de la sociedad —sus oscuridades más profundas— para mostrar cómo los seres humanos son condicionados por las leyes de la naturaleza, la herencia y el entorno. Ridiculizada por el Káiser Guillermo II como una "cultura de cloacas", se desarrolló con intensidad durante toda una generación. Influenció a un gran número de escritores dotados, y en particular en el dramaturgo Gerhart Hauptmann. En 1889 se puso en escena su pieza *Antes del amanecer*, un estudio descarnado sobre la degeneración de una familia (como en Zola, el alcoholismo hereditario tiene un papel importante), ubicada en un distrito minero de Silesia y condimentada con algo de genética de manual y un poco de socialismo; aun así, se trata de un sorprendente ataque a la moral tradicional. Pero fue en ocasión de *Los tejedores*, montada por la misma institución, cuando se sentaron las bases para que Hauptmann se convirtiera en la voz del nuevo movimiento teatral. A pesar de los obstáculos que impuso el gobierno, la obra pudo finalmente ser producida. Ubicada una vez más en su Silesia natal, reproduce la revuelta de los tejedores en 1844, tema también de uno de los más célebres poemas de Heinrich Heine. Se puede decir que esta fue la primera obra maestra proletaria del período. Los protagonistas son las masas de tejedores en su frustrado intento por luchar contra el hambre y la miseria impuestas por sus amos. La vitalidad sin precedentes tanto del trasfondo como de los personajes y los diálogos (en dialecto silesiano) hacen que sea uno de los más conmovedores retratos de este tipo.

Lo destacable del Freie Bühne fue que llegó a existir gracias a los esfuerzos de los socialistas y de la clase trabajadora dentro de la sociedad alemana. Esto también se aplica al caso de su rival, el Volksbühne, subvencionado por algunos de sus miembros con pequeñas contribuciones monetarias y creado para cuidar los intereses inmediatos del proletariado. Aunque su repertorio estuviera lejos de ser revolucionario, se concentraba en aquellas obras más cercanas a sus necesidades: *Los bandidos* e *Intriga y amor*, de Schiller; *Los pilares de la sociedad*, de Ibsen, y *Thérèse Raquin*. Ambos grupos teatrales movilizaban audiencias sorprendentes en tamaño, entusiasmo y comprensión. Ibsen, que presenció algunas funciones, quedó sorprendido. "¡Qué público!", exclamó. "Por primera vez —escribió el crítico Julius Bab—, desde la época de los griegos, un teatro se fundó de manera natural, organizado por el pueblo." A pesar del incesante acoso de la policía, el movimiento teatral popular prosperó hasta tal punto que al comienzo de la Primera Guerra Mundial las dos agrupaciones contaban con aproximadamente setenta mil miembros, cantidad sin precedentes en la historia del teatro.

Si bien muchas ciudades alemanas contaban con grupos actorales exitosos, Berlín se convirtió en el epicentro teatral del país. Podría decirse que en ningún otro lugar del mundo occidental se disfrutaba de la riqueza y variedad de obras que se ofrecían allí hacia principios de siglo. Max Reinhardt era un activo productor y director. En los numerosos teatros de la ciudad se podía ver en un corto lapso obras de Hauptmann, Hofmannsthal, Wedekind, Strindberg, Schnitzler, Shaw, Gogol, Molière, Shakespeare, Sófocles, Tolstoi y Grillparzer. El precio de las entradas era inusualmente bajo. Aunque las obras que se representaban no eran revolucionarias, dramaturgos como Shaw, Chéjov y Máximo Gorki brindaban una cuota considerable de protesta social. Los dramaturgos locales eran menos arriesgados. La censura era estricta, y las obras abiertamente proletarias estaban prohibidas, si bien esto radicalizaba los sentimientos antiburgueses.

Aparte de Gerhart Hauptmann, las más agudas acusaciones contra la sociedad contemporánea provenían de Frank Wedekind y Carl

Sternheim. Sobre Wedekind hablaremos posteriormente, en relación a Brecht. Carl Sternheim era el equivalente teatral de Heinrich Mann. Al igual que el novelista, desplegaba todo su ingenio acre y a veces malicioso contra la pequeña burguesía. Una trilogía titulada *Aus dem bürgerlichen Leben* [*Escenas de la vida burguesa*] retrata el nuevo "heroísmo" de la clase media alemana. Comenzando con *Die Hose* [*Los pantalones*], en 1911, *Der Snob* [*El snob*], en 1914, y finalmente *1913*, Sternheim traza la suerte de la familia Maske. Al comienzo el padre es un funcionario público insignificante, pero su hijo se hace rico y obtiene un título: "Freiherr von Buchow". La más celebrada de las comedias de Sternheim, *Los pantalones*, hilarante y despiadada al mismo tiempo, describe cómo la hermosa mujer de Theodore Maske pierde sus pantalones en un día crítico: cuando el Emperador Guillermo II está desfilando por las calles de Berlín. Este contratiempo le presagia al pobre Maske solamente desgracias y la posible pérdida de su empleo; nada menos que la destrucción de su pequeño mundo. Pero los dioses que cuidan a los pequeños burgueses son generosos. El desastre se convierte en buena suerte cuando potenciales inquilinos lo asedian en el barrio en busca del cuarto que él ofrece. Maske termina con una copiosa ganancia (a la cual su mujer no se opone) y luego de contabilizar las sumas que ha recibido y una vez asegurado el futuro, declara estar listo para tener un hijo. Así son los "héroes" de Sternheim. En su autosuficiencia, en la seguridad en sí mismos y en su egoísmo, se advierte el carácter de una época al borde de la explosión. Cuando uno de sus personajes señala: "Estamos maduros", la expresión resulta definitivamente ominosa.

La insurrección manifestada por el teatro de este período encontró su paralelo en las demás artes: pintura, escultura, música. Las corrientes dominantes en las artes plásticas venían de Francia e Italia; de Rusia y Viena la música. En los turbulentos círculos artísticos de Munich, Berlín y Dresde, el impresionismo, el expresionismo, el cubismo, el futurismo y el surrealismo competían entre sí por la supremacía. La creación del grupo Die Brücke, en Dresde, inició la revuelta artística en Alemania. Los nombres asociados con este movimiento pronto alcanzaron celebridad mundial: Ernst Ludwig Kirchner, Erich Heckel,

Emil Nolde. En Berlín, Herwarth Walden fundó un periódico y una galería de arte, ambos llamados *Der Sturm*, para exhibir a los futuristas "sin política". El cubismo de Guillaume Apollinaire y de Max Jacob fue rápidamente asimilado. Oskar Kokoschka llegó a Berlín en 1910 y en 1911; Vassili Kandinsky, Franz Marc, Paul Klee y Alexander Rubin formaron el grupo Blaue Reiter y comenzaron a exponer en Munich. En la izquierda política, el futurismo halló su lugar en la gaceta de Franz Pfempfert, *Die Aktion*.

Munich, ciudad en la que se editaba la publicación satírica más vanguardista y audaz, *Simplicissimus*, se convirtió en un centro artístico internacional. Los fauvistas franceses, los cubistas españoles y franceses y los futuristas alemanes se encontraban aquí asiduamente. Los lemas y manifiestos apocalípticos tenían amplia repercusión y sembraban discordia. La creatividad afloraba por la ciudad: el escultor Ernst Barlach escribía brillantes historias cortas y obras de teatro expresionistas; Oskar Kokoschka realizaba dramas del "absurdo"; Arnold Schoenberg componía música, escribía poesía y pintaba. Invectivas antiburguesas como las del italiano Marinetti –"¡Hagamos lo feo en literatura! ¡Queremos cantar el amor al peligro!"– encontraban un eco inmediato en el espíritu alemán.

No menos aguda y destacable fue la revolución en la música. La transformación de la década puede medirse a través de la obra de Arnold Schoenberg, que evolucionó desde la escuela posromántica de Richard Strauss, a principios de siglo, con *Verklärte Nacht,* a la atonalidad y el "Sprechstimme" de su *Pierrot Lunaire* de 1912.

Sin embargo, toda esta convulsión y agitación debe haberle parecido una especie de aullido de bárbaros a la mayoría de los súbditos del Káiser Guillermo, que preparaban los festejos para celebrar el vigesimoquinto aniversario de su ascenso al poder en 1913. Entre los hosannas al Emperador, la prosperidad, la paz y la grandeza nacional, se escuchaban voces discordantes con oscuras premoniciones. El científico social e industrial Walter Rathenau vio elevarse las sombras sobre Alemania y advirtió que la "insolencia ya tomaba visos de locura". Frank Wedekind, dramaturgo y poeta, escribió hacia fines de 1913:

> Con todo, pienso: Antes de que pase un año
> esta paz de cementerio acabará. Y funestos signos
> presagian una guerra – igual a ninguna,
> desde los orígenes de la tierra.
>
> Y el destino se mece de un pelo
> insondable hasta para el más sabio.
> ¿Cómo volveremos a encontrar este mundo –
> si antes nos encuentra él – el año próximo?

Y, con idéntico y certero sentido profético, Carl Hauptmann, hermano de Gerhart, escribió una obra de teatro titulada *Krieg: Ein Te Deum* [*Guerra: un tedéum*], visión pesadillesca en la que los distintos imperios, representados como bestias y aves de rapiña, se disputan la posesión de la tierra y la pueblan de tullidos. Al autor le habría complacido saber que, no mucho tiempo después, su libro caería en manos de un joven estudiante del *gymnasium* llamado Bertolt Brecht.

III
LA PRIMERA GUERRA MUNDIAL Y SUS SECUELAS

> *Recuerden que el pueblo alemán fue elegido por Dios. En mí, Emperador Alemán, ha descendido el espíritu de Dios. Yo soy su Arma, Su Espada y su Vicerregente.*
>
> Káiser Guillermo II

El 28 de junio de 1914, el archiduque austríaco Francisco Fernando fue asesinado en la ciudad bosnia de Sarajevo por un nacionalista serbio. El 1° de agosto Alemania le declaró la guerra a Rusia.

Una fiebre bélica que nunca antes había sido vista arrasó al país por completo. En círculos políticos se declaró una *Burgfrieden*, tregua política; los sentimientos antibélicos fueron desplazados, los partidarios de la guerra apoyaban con júbilo al Parlamento, con la sola oposición de Karl Liebknecht y Otto Rühle. La esperanza de que se tratara de una guerra breve tal como lo previera el célebre Plan Schlieffen, que aplastaría a Francia y posteriormente a Inglaterra, se frustró rápidamente. Los ejércitos enemigos se vieron atrapados en combate sin poder tomar una decisión inmediata. Los hechos, más allá de las estimaciones realizadas por los generales involucrados, llevaron a que se tomasen otras decisiones. El zar ruso Nicolás fue derrocado por su propio pueblo en febrero de 1917. En abril, Estados Unidos entró en guerra del lado de los Aliados. Dentro del mismo Reich, la prolongación de la guerra y los efectos del bloqueo fueron generando un descontento generalizado, especialmente entre la clase trabajadora. En enero de 1918 estallaron varias huelgas. En agosto, la iniciativa en el frente militar pasó a los Aliados y comenzó la retirada alemana. Dentro de las fuerzas armadas se producían motines. Alemania vivía la angustia de una revolución. Una huelga general arrasaba Berlín. El Káiser fue obligado a abdicar y Friedrich Ebert se convirtió en Canciller. El 10 de noviembre de 1918, una asamblea general integrada por consejos de trabajadores y soldados votó por un gobierno republicano con mayoría socialista.

Las grandes ocasiones generan idénticas responsabilidades en los líderes populares. Parecía que la dinámica de la revolución arrastraría a todo el país con ella. Nunca hubo un momento más propicio para los cambios radicales. La aristocracia feudal terrateniente y los grandes industriales carecían de poder. Los cambios radicales que se demandaban deberían haber sentado las bases de una democracia estable. Pero los dirigentes del movimiento socialdemócrata alemán no fueron capaces de estar a la altura de las circunstancias. Cargando con una estructura partidaria paternalista, conservadora y dubitativa, su visión de los consejos obreros recientemente creados fue primero de asombro y sospecha y luego de terror. Apenas tenían conciencia de que el país se había hecho pedazos. Se equivocaron trágicamente, por ejemplo, al dejar intacto el viejo ejército, conservando su oficialidad y llegando al extremo de ordenarle reprimir la insurrección obrera. En enero de 1919 el levantamiento de los trabajadores berlineses fue sofocado, y el 15 de ese mes Karl Liebknecht y Rosa Luxemburgo fueron detenidos y asesinados. En Baviera, el malogrado gobierno revolucionario de Kurt Eisner fue rápidamente derrocado y Eisner asesinado en febrero de 1919. Los elementos de derecha tomaron ventaja, asesinando no sólo a los de izquierda, sino también a liberales como Walter Rathenau. El papel equívoco jugado por el presidente Ebert durante la represión ha sido objeto de un cáustico debate, pues no quedan dudas de que sus lazos con el ejército eran muy cercanos. Incluso el periódico *Manchester Guardian* se vio forzado a comentar que parecía como si Alemania estuviese ahora "bajo el control de los mismos que aplaudieron y aprobaron la guerra".

Con la izquierda temporalmente fuera de la escena, quedaba allanado el camino para los derechistas y nacionalistas que querían enterrar a la pequeña República de Weimar. Todos los intentos de golpes de Estado no fueron más que escaramuzas experimentales: el *Putsch* Kapp de 1920, que forzó la salida del presidente Ebert, y el frustrado *Putsch* Brauhaus de Munich de 1923, donde los principales papeles estuvieron a cargo del general Ludendorff y de Adolf Hitler.

En enero de 1923, el marco alemán se depreció hasta el 0,0004 de su valor original. Un millón y medio de trabajadores estaba desempleado. Las clases medias se encontraron repentinamente desposeídas, y no por los socialistas sino por el mismo Estado burgués. Ante el potencial peligro de un colapso total, así como de levantamientos políticos y sociales impredecibles, el capital estadounidense se trasladó a Alemania y, fundiéndose con el de ella, logró estabilizar provisoriamente la economía con el Plan Dawes.

Primera parte

BERTOLT BRECHT EN ALEMANIA
1898-1933

Brecht en 1953

I
LOS INICIOS:
AUSBURGO Y MUNICH 1898-1920

> Llegué a las ciudades en tiempos de caos,
> cuando reinaba el hambre.
> Llegué a los hombres en tiempos de revuelta,
> y yo me rebelé con ellos.
> Y así pasó mi tiempo,
> el que me fue concedido aquí en la tierra.
>
> Brecht, "A los que vendrán"

Bertolt Brecht nació en Ausburgo, en el número 7 de Auf dem Rain, el 10 de febrero de 1898. Fue bautizado con el nombre de Eugen Berthold Friedrich Brecht. Sus padres procedían de Achern, en la Selva Negra, donde el negocio de tabaco de la familia, a cargo del primo de Bertolt, todavía existe. Su padre, Berthold, trabajaba en la fábrica de papel Haindl, en Ausburgo, y en 1914 se convirtió en gerente. Era católico de nacimiento y vivía en Ausburgo desde 1893. Su madre, Sophie Brezing, era protestante, y el joven Bertolt fue educado en esa fe. Su hermano menor Walter siguió la profesión de su padre y llegó a ocupar el cargo de profesor en tecnología del papel en Darmstadt. Era una típica familia burguesa.

> Crecí como hijo
> de próspera gente. Mis padres
> me anudaron la corbata y me criaron
> en el hábito de ser atendido
> y me educaron en el arte de mandar.

Arnolt Bronnen, que vivió con los Brecht durante un corto lapso luego de la muerte de la madre de Bertolt en 1920, describe al viudo como malhumorado, exigente y autoritario. Brecht fue siempre notablemente reservado en cuanto a sus sentimientos personales, y en sus escritos hay pocas menciones sobre la relación con su padre. La única evidencia de que la situación en el grupo familiar era algo más que tolerable se basa en que Brecht nunca compuso una obra "anti-paterna", como lo hicieron Bronnen, Hasenclever y otros escritores alemanes.

Su madre es mencionada ocasionalmente. En una oportunidad, ella lo reprende por su lenguaje soez, y el hijo anota en un poema, "¿Por qué hay tanto escrito sobre la Verdad en el catecismo, cuando ni siquiera se puede decir qué *es*?". Cuando su madre murió el 1º de mayo de 1920, él la recordó en dos poemas (inéditos en vida de Brecht). "¿Por qué –pregunta– no le decimos a la gente las cosas importantes mientras están vivas?"

> Cuando murió la sepultaron.
> Las flores crecen y las mariposas juegan sobre su tumba.
> Ella, que era tan ligera, apenas dejaba huellas de su paso.
> ¡Cuánto dolor hizo falta para hacerla tan ligera!

Cuando Bertolt Brecht era muy joven, la familia comenzó a prosperar y se mudaron a una vivienda más espaciosa, financiada por la fábrica, en el número 2 de la Bleichstrasse. Tanto la casa donde nació como ésta se encuentran intactas y mantienen algo de la serenidad y *Gemütlichkeit** de aquellos días. En este nuevo hogar, como él mismo lo describe, había una "avenida de castaños a lo largo de la acequia de la ciudad vieja; del otro lado se extendían los restos de las murallas que antiguamente rodeaban a la ciudad. Los cisnes nadaban en esas aguas lacustres. Los castaños dejaban caer sus hojas amarillas".

A los cuatro años de escuela primaria siguió su ingreso en el Realgymnasium (destruido durante la Segunda Guerra Mundial). Según cuenta en su "Carta del joven Brecht a Herbert Jhering", no parece haber sacado allí grandes ventajas:

---

* Comodidad. *[N. del T.]*.

La escuela primaria me aburrió cuatro años. Posteriormente, durante mis nueve años en el Realgymnasium de Ausburgo no logré educar a mis maestros. Mi inclinación a la indolencia y a la independencia me era inculcada por ellos. En la universidad, asistí a cursos de medicina y aprendí a tocar la guitarra. Durante mi paso por el *gymnasium* contraje cierta deficiencia cardíaca debido a mi descuido de los deportes, lo que me abrió las puertas a los misterios de la metafísica.

La curiosidad lo llevó a lugares más excitantes y vitales que la escuela, y quizá con peor reputación, tal como el barrio rojo cercano a la Catedral, en la conocida Hasengasse. Más respetable, pero no menos excitante, era la Herbstplärrer, la feria de otoño, con sus

> cabinas en "un terreno pobre", la música de muchas calesitas y "panoramas" que mostraban crudas fotos de hechos históricos como "El fusilamiento del Anarquista Ferrer en Madrid" o "Nerón observa el incendio de Roma" o "Los leones bávaros atacan las defensas de Düppel" o "La huida de Carlos el Valiente de la batalla de Murten". Recuerdo el caballo de Carlos el Valiente. Tenía unos ojos enormes, ojos asustados, como si sintiera el horror de la situación histórica.

Por supuesto que esto era mejor que la escuela. Muchos años después, Brecht recordaba que en el Realgymnasium

> nuestro mejor profesor era un hombre enorme e increíblemente desagradable que en sus días de juventud aspiró a una cátedra, pero había fallado en el intento. Esta desilusión llevó sus poderes dormidos a la exasperación. Le gustaba sorprendernos con exámenes y se regocijaba cuando no sabíamos las respuestas. Se fue volviendo cada vez más odioso; y tenía el hábito de ir detrás del pizarrón dos o tres veces durante la lección, para sacar del bolsillo del saco un pedazo de queso que procedía a masticar mientras se dirigía a nosotros. Nos enseñaba química, pero hubiera dado igual que se tratase de bordado... No aprendimos química, pero aprendimos a vengarnos. Una vez por año, el inspector de escuelas nos

visitaba, supuestamente para ver cómo progresábamos, pero todos sabíamos que venía a controlar cómo se nos enseñaba. Una vez aprovechamos la oportunidad para "quebrar" a nuestro profesor. No contestamos una sola pregunta y nos quedamos mudos como idiotas. Esta vez no se mostró muy feliz con nuestro fracaso. Tuvo ictericia, estuvo en cama un tiempo, y cuando regresó no volvió a comer queso en nuestra presencia.

Los otros profesores, que año tras año repetían la misma "cantidad" de conocimientos con mecánica estupidez, sublimaban en clase sus problemas personales y domésticos reprimidos e instruían a sus alumnos "en todo tipo de comportamiento fraudulento".

Brecht era muy bueno si se trataba de engañar a un profesor autoritario, como cuando descubrió que la mejor manera de levantar una baja nota en una composición deficiente en francés (calificada de acuerdo con la cantidad de errores) no consistía en borrar las notas en rojo, sino en agregarlas debajo de las respuestas correctas para confundir así al profesor y obligarlo a revisar el puntaje.

Brecht tenía dieciséis años cuando Alemania declaró la guerra a Rusia, el 1º de agosto de 1914. Como muchos de sus compatriotas, se volvió fervientemente patriótico. Había comenzado a escribir poesía, y a través de algunas producciones tomó contacto con el periódico de Ausburgo, el *Neueste Nachrichten*. Treinta y cinco años más tarde, uno de sus editores, Wilhelm Brüstle, recordaba cómo había "descubierto a Brecht":

> En los comienzos de la Primera Guerra Mundial –probablemente, alrededor de 1915– cuando era editor de un periódico de Ausburgo, un joven del *gymnasium* se me acercó –debería estar en quinto año– y me trajo sus primeros poemas. Estaban relacionados con la guerra. Tenían un ritmo compacto, casi embriagador, y sin dejar de ser convencionales e imitativos, eran tan encendidos que le dieron un nuevo color a la poesía alemana, parecido a lo que Baudelaire había hecho en la poesía francesa... Brecht estaba muy entusiasmado con mi recibimiento... y con la publicación de sus poemas. Era un joven tímido y retraído, que hablaba sólo cuando estaba obligado a hacerlo... Políticamente se in-

clinaba por la izquierda. Me enteré por uno de sus profesores que estuvo a punto de ser expulsado del colegio por escribir un poema antibélico durante la guerra; pero este profesor lo salvó persuadiendo a sus colegas de que se trataba de "un estudiante afectado por la guerra"... [Brecht] descargaba algo así como corrientes eléctricas.

Debemos hacer una aclaración, para no caer en una confusión cronológica o en una perspectiva difusa. En 1915, Brecht no estaba muy "inclinado por la izquierda", como pronto veremos. Pero la descripción es bastante certera. De hecho, durante el primer año de la guerra fue un patriota nato. Sus poemas no eran por cierto notables y Brüstle seguramente pensaría en uno o dos poemas que vinieron más tarde. Pero eran dignos de un joven como él, que firmaba como "Berthold Eugen". "El voluntario", que apareció en el periódico en 1914, relata las experiencias de un voluntario que advierte que, ahora que es un soldado alemán, los transeúntes que no le dirigían la palabra porque su hijo se había comportado mal le arrojan una rosa. "Una leyenda moderna" es más sobrio y describe el contraste entre vencedor y vencido; la alegría de un lado y el lamento del otro a medida que se conocen los informes sobre las bajas. Luego sigue la calma. "Sólo las madres lloraban, de ambos lados." Otros poemas ensalzaban al soldado valiente. "Las canciones alemanas, las banderas alemanas –exclamaba Brecht– flamearán sobre tu cabeza, soldado." Una sombra de duda surge en "La insignia". Un soldado le escribe a su madre que no puede aceptar más la guerra; pero a los tres días muere, habiendo cumplido heroicamente con su deber. En "El campo belga" glorifica a los soldados alemanes que siembran los campos belgas "desenterrando de los cementerios campos de pan".

Pero de repente, entre tantos versos pedestres, el joven Brecht de quince años revela el indiscutible don de un verdadero poeta. El poema "El árbol en llamas" apareció por primera vez en una publicación del Gymnasium.

> En la rojiza y nebulosa bruma de la tarde
> vimos alzarse las rojas, abruptas llamas;
> hinchadas se recortaban contra el cielo oscuro.

En los campos de silencio bochornoso
un árbol encendido crepitaba.

Rígidas, aterradas ramas
se extendían salvajemente anilladas
por loca lluvia de chispas.

A través de la niebla flamean las ardientes llamas.
Con siniestra locura danzan las hojas marchitas,
jubilosas, libres, carbonizan el viejo tronco con burla.

Pero magno y silencioso, iluminando la noche,
como un viejo guerrero cansado, muerto de agobio,
aunque regio en su trance,
se elevaba el árbol de fuego.

De pronto alza sus rígidas ramas negras.
hacia el cielo se lanza la llama purpúrea,
por un instante se yergue contra el cielo negro;
luego entre las chispas que brincan,
el tronco del árbol se desploma.

También muestra ya una pasión por el americanismo fanfarrón y brioso que mantendría durante muchos años. La "Canción de la Banda del Ferrocarril de Fort Donald", escrita en 1916, anticipa en algo el estilo que desarrollará más adelante:

Los hombres de Fort Donald —¡hola!—
viajaron río arriba, hacia bosques eternos sin alma,
pero un día vinieron las lluvias, los bosques se volvieron
mares,
y quedaron con el agua hasta las rodillas.
Y mañana nunca llegará, dijeron,
y nos ahogaremos antes del alba, dijeron.
Y sin más palabras oyeron el viento del Erie.

Su espíritu bélico al parecer se apaciguó. Leyó *Krieg* de Carl Hauptmann no bien apareció, pero aun en esta obra antibelicista sólo vio *Heldenmut*, coraje heroico e inmolatorio. Sin embargo, él mismo se encontró en problemas con un ensayo pacifista cuyo tema era "no es *dulce et decorum pro patria mori*". Sólo los burros, sentenciaba, pueden pensar en la muerte con ligereza. Lo salvó la mediación de su profesor, el benedictino Romuald Sauer, de San Esteban.

Brecht se matriculó en la facultad de medicina de la Universidad de Munich en 1917, pero rápidamente fue convocado por el ejército y transferido como camillero a un hospital militar de Ausburgo. Todo resto belicista que hubiera sobrevivido en él fue aplastado por las horribles experiencias que debió atravesar. Así describe sus sentimientos, muchos años después, al escritor ruso Serge Tretyakov, aun cuando la descripción esté intensificada por el paso del tiempo:

> Siendo joven fui convocado y enviado a un hospital. Allí vendaba heridas, aplicaba iodo, practicaba enemas y hacía transfusiones de sangre. Si un doctor me hubiera dicho: "Brecht, ampute esa pierna", le habría contestado: "A sus órdenes, excelencia" y hubiera amputado la pierna. Si alguien me hubiera dicho: "Brecht, haga una trepanación", le habría abierto el cráneo a un hombre y destrozado el cerebro. He visto con mis propios ojos cómo emparchaban gente a toda velocidad para despacharla al frente lo antes posible.

Es a partir de estas experiencias que nace el verdadero poeta. Por esa época compuso uno de sus poemas más conocidos, "Leyenda del soldado muerto", que no sólo lo hizo famoso sino que lo colocó en la lista negra de Hitler en 1923. Allí exhibe su maestría en la balada y el uso de la sátira y se manifiesta como el verdadero heredero de Heinrich Heine:

> La guerra entró en su cuarta primavera
> la paz no asomaba en ningún frente.
> El soldado cansado de tanta espera
> se decidió y murió heroicamente.

Pero el Káiser, no satisfecho con un deceso tan prematuro, manda una comisión para que desentierre al muerto y le cuelguen del cuello a dos enfermeras y a su mujer semidesnuda, y declara que el soldado está otra vez listo para cumplir con su deber. Con el acompañamiento de una banda militar y la ayuda de dos camilleros y un sacerdote, el soldado desfila por la ciudad ante el júbilo general, marchando una vez más hacia su muerte heroica:

> Y tanto hiede el soldado putrefacto
> que un cura rengo va delante
> echando incienso de su artefacto
> para que se lo aguante. [J.H.]

Las insurrecciones revolucionarias de fines de 1918 y principios de 1819 en Baviera, si bien no afectan a Brecht, tampoco profundizan su visión política. Cuando fue a Moscú en 1955 para recibir el Premio Stalin, relató sus impresiones durante esos días:

> Tenía diecinueve años cuando escuché sobre su gran Revolución. Tenía veinte y veía el reflejo del gran fuego en mi propia tierra. Fui camillero en un hospital de Ausburgo. Tanto las barracas como el hospital se vaciaban. De repente, la vieja ciudad estaba llena de hombres nuevos, que venían en procesión desde los suburbios con una alegría de vivir como nunca se había visto por las calles de los ricos, de los funcionarios y de los comerciantes. Durante unos pocos días, las mujeres de la clase trabajadora hablaron en los consejos que se habían improvisado velozmente, increpando a los jóvenes trabajadores que usaban vestimentas militares, y en las fábricas se respetaban las órdenes de los obreros. Fueron unos pocos días, pero ¡qué días! Por todos lados guerreros, y al mismo tiempo gente pacífica, gente que construía.

A decir verdad, su comprensión de la situación política de 1919-1920 era superficial. Brecht hizo una descripción más precisa en el *Berlin Film-Kurier* del 9 de noviembre de 1928:

> Por esa época, era miembro del consejo de soldados en un hospital de Ausburgo, debido a las presiones de algunos amigos que insistían en mi participación. (Como se verificó posteriormente,

yo no estaba en condiciones de cambiar la situación en algo beneficioso para ellos.) Todos sufríamos de cierta falta de convicción política y yo, en particular, no tenía capacidad para entusiasmarme. Tenía montañas de trabajo para hacer. El plan del Alto Comando del ejército para enviarme a la guerra había fracasado el año anterior. Por suerte, fui entendiendo cómo inhibir la educación militar y después de seis meses ni siquiera había aprendido el saludo militar y se me consideraba demasiado descuidado aun en esas épocas de poca actividad... En resumen, era bastante diferente de la gran mayoría de los soldados que, indiscutiblemente, sabían lo suficiente de la guerra pero no estaban preparados para pensar en términos políticos. No tengo buenos recuerdos de esa situación.

En realidad, lo que ocurrió durante esos días cruciales y brutales, en medio de las insurrecciones de Munich y con el establecimiento de un gobierno soviético de corta duración en Baviera, desestabilizó a Brecht, según le contó a Tretyakov:

> En 1919, Leviné alzó el estandarte del poder soviético en la cercana Munich. Ausburgo reaccionó con el fulgor purpúreo y el reflejo glorioso de Munich. El hospital era la única unidad militar en Ausburgo. Me eligieron para el comité revolucionario de Ausburgo... No teníamos un solo guardia rojo. No teníamos tiempo para emitir un solo decreto, o para nacionalizar un banco o cerrar una iglesia. Dos días más tarde, una patrulla militar de las tropas del general Epp –el pacificador– barrió la ciudad. Un miembro del comité revolucionario se escondió en mi cuarto hasta que pudo escapar. Baviera se hundió en el pasado.

Durante la manifestación de protesta por el asesinato de Kurt Eisner el 22 de febrero de 1919 se produjeron levantamientos en Ausburgo, con seis muertos y cuarenta personas arrestadas y procesadas. Brecht se horrorizó ante estos hechos, tal como le había sucedido ante el asesinato de Rosa Luxemburgo y Karl Liebknecht en enero.

Retomó sus estudios en la Universidad Ludwig Maximilian en Munich, pero comenzó a dudar, ya que sus intereses pasaban de la medicina a la ciencia en general y de la ciencia a la literatura. Probablemente estaba más interesado en el seminario sobre dramaturgia que dictaba el Dr. Arthur Kutscher, ferviente seguidor y futuro biógrafo de Frank Wedekind.

Sin embargo, Munich era algo más que una ciudad universitaria. La magnífica ciudad junto al río Isar se jactaba de ser la París del Sur y la Florencia del Norte. Aunque políticamente conservadora, nacionalista y, luego de los levantamientos revolucionarios, más reaccionaria que nunca, era el lugar de encuentro de las personalidades literarias y artísticas más vanguardistas de Alemania. Thomas Mann y su hermano Heinrich se habían establecido allí. Era la ciudad de Frank Wedekind y también el hogar del más atrevido y franco de los periódicos satíricos, *Simplicissimus*, con contribuciones de los más talentosos escritores y artistas de la época. En el Café Stefanie uno podía encontrarse con pintores, poetas, dramaturgos, periodistas, novelistas como Arnold Zweig, y hasta con el legendario Frank Wedekind.

Brecht se la pasaba yendo de Munich a Ausburgo. En su ciudad natal podía escribir sin mayores distracciones en el ático de su casa paterna, y lo único que se permitía era ir al cine. Escribió crítica teatral para el *Tageszeitung* de Ausburgo en 1918 y para el izquierdista *Volkswille* en 1919. Al morir su madre en 1920, sus lazos con Ausburgo y con su familia se cortaron y decidió trasladarse a Munich, instalándose en el N° 15 de la Akademiestrasse.

La vida en Munich distaba de ser placentera. En verdad, Munich era la cuna del nacionalsocialismo y sus manifestaciones eran harto evidentes. El antisemitismo rampante y el separatismo bávaro se sentían en el aire. Pero en compensación estaban los teatros, la ópera, las exposiciones y el no menos importante (al menos para Brecht) cabaret político: el así llamado *Überbrettl* y su *Bänkelsang* o *Moritat* —baladas y canciones de lenguaje franco, sumamente agudas, amargas y despiadadas, tomadas del modelo de las canciones del cabaret francés, a menudo punzantes sátiras políticas. El más célebre de los cabarets de Munich era el "Elf Scharfrichter" ["Los once verdugos"], donde recitaban sus versos poetas como Richard Dehmel, Detlev von Liliencron y Otto Julius Bierbaum. En el Kammerspiele de Munich, en la Maximilianstrasse, estaba la compañía teatral más vanguardista, dirigida desde 1913 por Otto Falckenberg, quien al poco tiempo descubrió a Brecht.

A Brecht le gustaba cantar sus propias canciones acompañándose con la guitarra y recitar sus poemas con voz estridente. Era un juglar de alma. Muy pronto se hizo miembro de una compañía de artistas en el Lachkeller, el "Sótano que ríe", grupo que conducía Karl Valentin. En una fotografía vemos al joven Brecht con su clarinete, la gorra caída sobre la frente (algo característico en él), sentado al lado de Liesl Karlstadt, que a menudo interpretaba el papel del "hombre serio" en el dúo cómico con Valentin.

¡Karl Valentin! Su nombre es prácticamente desconocido hoy en día, pero para sus contemporáneos era una leyenda. Lo llamaban "el payaso metafísico", y al igual que Charles Chaplin era considerado inimitable. Sus sátiras teatrales, monólogos, canciones e interludios cómicos interpretados en dialectos regionales, con mímica y gesticulación más que con palabras, fueron proverbiales. Escribía sus propias piezas cortas, recitaba sus poemas, y lo acompañaba un brillante grupo de asociados. Frecuentemente interpretaba al "hombrecito", el *kleine Seele*, una suerte de personaje chaplinesco a quien Walter Benjamin describió como el "héroe aporreado" y que interesó profundamente a Brecht. Algunas piezas cortas que éste escribió en los años 20 están directamente influenciadas por Valentin. Pero lo que más le impresionaba era su capacidad para la mímica, aquello que llamaría "gestus": las caricaturas del "antihéroe". Eran los Schweyks en estado embrionario.

Brecht nunca olvidó su deuda con Valentin. Tiempo después, describió la forma "mortalmente seria" en la que Valentin se movía en medio de la confusión y el bullicio de la taberna, de manera tal que "uno inmediatamente tenía la sensación de que este hombre no haría chistes. Él mismo es un chiste". Existe un inolvidable retrato de Valentin en la novela de Lion Feuchtwanger, *Éxito*, donde aparece con el nombre de Hierl,

> el melancólico payaso [que] estaba siempre tratando de resolver problemas absurdos con un falsa lógica lúgubre. Por ejemplo si se le preguntaba por qué usaba un par de anteojos sin cristales, contestaba que seguramente era mejor eso que nada.

En una de sus más célebres piezas satíricas, interpretaba a un violinista:

Estaba toscamente maquillado, su nariz de botella tristemente blanca y dos enormes lunares rojos en las mejillas. No se podía decir que se sentaba en su silla desvencijada, en realidad estaba adherido a ella como una mosca; usaba unos zapatos enormes y sus piernas flacas estaban enroscadas en la pata de la silla. Se suponía que se trataba de un ensayo de la orquesta. Hierl primero tocaba el violín; pero también tocaba el timbal ya que el ejecutante no estaba..., y la corbata del director iba perdiendo su forma, y uno le tenía que decir algo...

Así era Karl Valentin, en tajante contraste con el escritor que ejercería una influencia profunda sobre Brecht, Frank Wedekind. Es difícil que Brecht haya tenido contacto con Wedekind, quien murió en 1918, pero debe haberlo visto en alguna oportunidad. Conocía sus poemas y sus obras, y compartía con él la pasión por recitar y cantar (si se lo podía denominar canto) sus propios poemas. Una de sus primeras obras en prosa está dedicada a Wedekind.

El sábado pasado [escribió Brecht] nos sentamos en los bancos del Lech en Ausburgo, bajo un cielo cubierto de estrellas, y cantamos sus canciones con el acompañamiento de una guitarra. Cantamos la canción de Franziska, acerca del muchacho ciego, y una canción para bailar... La vitalidad era uno de sus mejores atributos. Si entraba a un auditorio donde había cientos de ruidosos estudiantes, o a un cuarto, o al escenario, con su peculiar modo de caminar, con su cabeza rapada y reluciente como el acero, inclinada hacia delante –algo torpe y perturbador–, todo quedaba inmóvil... Unas semanas antes había cantado con su guitarra esas canciones en la Bonbonière, con su voz quebradiza y algo monótona. Nunca hubo un cantante más conmovedor e inspirado... No parecía mortal. Junto con Tolstoi y Strindberg era uno de los grandes maestros de la nueva Europa. Su obra mayor fue su personalidad.

Pero Brecht no fue el único influenciado por Wedekind; y no es exagerado decir que en ciertos aspectos fue uno de los grandes maestros de la literatura alemana de principios de siglo. Era la *bête noire* de la burguesía alemana, su flagelo y su terror. Su primer *succès-de-*

scandale, *Despertar de la primavera*, de 1891, sacudió la moral de la sociedad y sus instituciones y sólo pudo ser estrenada muchos años después. Esta "tragedia sexual" de una adolescencia ignorante endilgaba a la sociedad la responsabilidad por el tratamiento hipócrita y la destrucción de los jóvenes. Mucho más chocante que la representación de un acto sexual fue la aparición en escena de un cadáver joven, con su propia cabeza bajo el brazo. Era la venganza del expresionismo... Wedekind indignó a sus compatriotas hasta el fin de sus días. Sus obras y poemas estaban llenos de bandidos, estafadores, amorales que castigaban a una sociedad complaciente. Todos eran Wedekinds vengadores, que a su vez debían ser castigados y decapitados por esa misma sociedad.

Actor, poeta, dramaturgo, y trovador al igual que Brecht, Wedekind tenía pasión por el circo, el zoológico y los cabarets. Genio atormentado, volcaba frascos de vitriolo sobre las convenciones y sobre Alemania. Uno de sus poemas satíricos en *Simplicissimus* (donde colaboraba frecuentemente) estaba dirigido contra el mismo Káiser, y por él fue hallado culpable de delito de lesa majestad y enviado a prisión. El mundo del Káiser Guillermo II era para él un zoológico habitado por el hombre, en realidad un animal salvaje, bestial, venenoso. Aun así estaba lleno de compasión, y en sus poemas había una piedad genuina hacia los oprimidos. En las obras de Wedekind, el mundo capitalista de la Alemania de Guillermo se vuelve grotesco y monstruoso. En *La caja de Pandora* (una de sus obras más famosas) sustituye el personaje bíblico de Lilith por el de Lulú, vampira demoníaca, símbolo y encarnación de la fuerza elemental del sexo que Wedekind consideraba como la absoluta *Ding-an-sich**, un poder trascendental e irreprimible. Era como si la Nana de Zola (esa encarnación de París, la cortesana), se convirtiera en una fuerza natural, un *Will*** erótico de Schopenhauer, natural e ingenua como la misma Naturaleza y desvergonzada e inexorable por igual. Ella era "la verdadera bestia, la salvaje y hermosa bestia", el Espíritu de la Tierra.

"La moral –dijo Wedekind, según cuenta Lion Feuchtwanger– es el mejor negocio del mundo y 'pecado' es el término mitológico de mal

---

*   Cosa en sí. *[N. del T.]*
** Voluntad. *[N. del T.]*

negocio." A diferencia de Ibsen, a quien detestaba, no adscribía a sus personajes una prehistoria de "culpa". Sólo hay una culpa: la de vivir en este mundo, y el "pecado" es el pecado contra el Espíritu Santo de la Vida misma, que es la Carne. La naturaleza lucha contra las costumbres fosilizadas, el orden corrompido del mundo. Las costumbres han quitado romanticismo a todo, y hasta Mefistófeles no es más que un agente de seguros. El horror de Strindberg ante el mundo y la existencia se convierte en Wedekind en una especie de loca exaltación ante el triunfo del instinto. El público de la clase trabajadora entendía estas obras como ataques a la sociedad capitalista, como el desenmascaramiento de un orden agonizante, y la irreprimible Lulú era la encarnación de esa fuerza que eventualmente destruiría dicha sociedad. Wedekind era también una suerte de animal salvaje y sin domesticar. Un gigante intelectual con un defecto físico (rengueaba); y era sorprendente cuando recitaba en el escenario sus poemas con voz entrecortada. Para Brecht representaba el presente y el futuro, y en su lenguaje maravillosamente disciplinado –grotesco, despiadado y feroz, con sus toques de jerga picante– descubrió los modelos con los que se podía identificar.

Por esos años Brecht era tan insaciable como Baal, su creación literaria. Sus poderes de absorción eran ilimitados. Se lo llegó a acusar de plagiario, cosa que admitió o rechazó con su acostumbrada sangre fría. Si Valentin y Wedekind representaban la seducción del presente, los *poètes maudits* franceses –Rimbaud, Verlaine y Baudelaire– no le atraían menos. Sabía poco francés, de modo que los leyó en traducciones. Pero la bohemia, el nihilismo y el satanismo de estos poetas encontraron en él un eco inmediato. Comprendía sus arrebatos y sus odios al proclamar el terror y la magia de las ciudades, cuando maldecían a la burguesía, cuando se regocijaban en la pasión y la seducción por lo corrompido, cuando predicaban sobre la noche. En el desafío que hace Rimbaud a la civilización, en su exaltación de lo salvaje, Brecht vio su propio reflejo y el de sus necesidades. "El barco ebrio" y *Una temporada en el infierno* le produjeron una impresión indeleble. También lo sedujo François Villon, poeta mártir del siglo XV, erudito, vagabundo, amante de las ciudades, de los burdeles, de la gente maltratada y descarriada. Los poetas alemanes Klabund, Wedekind y Morgenstern habían traducido sus *Testamentos*, y Brecht debe haberse sentido como otro Villon, situado entre dos épocas. *La ópera de tres centavos* contiene muchas reminiscencias suyas que, como veremos, los críticos no tardaron en señalar.

De todos los escritores alemanes del pasado, con quien Brecht se sintió más familiarizado fue con Georg Büchner, el "muchacho maravilloso" que murió en 1837 a los veintitrés años. Dos de sus obras estaban destinadas a ocupar un lugar decisivo en el teatro alemán de posguerra: *Woyzeck* –precursora del teatro expresionista moderno– fue exhumada en el Berlin Lessing Theater en 1913, seguida por las producciones que hizo Max Reinhardt de ésta y de otra obra maestra, *La muerte de Danton*. Al igual que Brecht, Büchner estudió medicina y fue además un científico sumamente original y un brillante zoólogo. Su perspectiva filosófica era materialista, y su visión política revolucionaria se expresa claramente en *El mensajero de Hesse*, que contiene su propia declaración de los derechos del hombre para Alemania. Su lema dice *¡Frieden den Hütten! ¡Krieg den Palästen!* "¡Paz en las cabañas! ¡Guerra en los palacios!". "A nuestra gente joven –escribió– se la reprende si usa la fuerza. ¿Pero no estamos viviendo en condiciones forzadas?"

Con la tragedia *Woyzeck*, Büchner creó la primera obra teatral alemana proletaria. Con *La muerte de Danton* se anticipó al teatro épico moderno. Pero además de su interés revolucionario, Büchner abrió a Brecht muchas puertas: en lo lingüístico, los patrones de habla quebrada, el llamado *Nebeneinanderreden*, forma de hablar de los personajes yuxtaponiéndose unos a otros*, y el hábil manejo del lenguaje coloquial subido de tono. En la estructura dramática, Büchner reforzaría la preferencia de Brecht por los dramas históricos isabelinos, abiertos y episódicos. Había además otros puntos de empatía. Ambos descubrieron una relación estrecha entre "comida y moral" –Büchner relacionaba siempre la comida con las papas–, y también es interesante la preferencia de ambos dramaturgos por el héroe "pasivo": Büchner a través de Woyzeck y Brecht con el personaje de Andreas Kragler en *Tambores en la noche* y otras obras.

---

* Según Walter Höllerer, esta forma permite "la yuxtaposición de estados de ánimo sin ninguna necesidad de explicación causal, en donde el suceso y el mismo personaje desfilan como desde un tiovivo, y mostrándose bajo los aspectos más diversos y desconectados entre sí. [...] La totalidad se logra por la agregación de cuadros individuales vistos desde ángulos diferentes y construidos a partir de una perspectiva que nace del examen de la cambiante situación individual, no del sistema". Citado por Rodolfo Modern en "Georg Büchner", *Lenz*, Bs. As., Corregidor, pp. 40-41. *[N. del T.]*

II
EL PARAÍSO DE LOS EXPRESIONISTAS

> *Nadie llora amargamente, ellos ríen y ríen*
> *ja, ja, al este del Gólgota*
> *arruinadas lunas crecientes –estrellas de ajenjo–*
> *La Orgía de 1920.*
>
> Gottfried Benn, "Prologo – 1920"

Gedanken sind frei, "Los pensamientos son libres", reza la vieja canción alemana. En los turbulentos años del período 1918-1923, una sociedad desarticulada –hambrienta, desempleada, convulsionada y confundida políticamente, reprimida en su potencial para realizar otras actividades– comenzó a reflexionar sobre sí misma. Como nunca antes, las nociones de *Zerrissenheit* y de *Innerlichkeit* marcaron la respuesta artística creativa de esos años. Allí donde el cuerpo parecía estar encadenado a la tierra, la mente remontaba vuelo. Así había sido en los tiempos de Schiller y de Goethe, cuando el arte parecía el refugio y la realización de ideales aparentemente inalcanzables. Ahora el caos se entremezcla con el Apocalipsis; los disturbios callejeros, con visiones milenaristas. Los ojos desesperados se vuelven hacia Rusia, donde las esperanzas de la humanidad descansan en el edificio del nuevo orden social. O se vuelven hacia el pasado germánico, con el sueño de resucitar el Sacro Imperio Romano. O miran hacia arriba, hacia el cielo. O simplemente hacia abajo, para descansar en la inactividad o titubear entre el cinismo sardónico, el desafío indirecto y la rebelión.

Brecht era un hijo de su tiempo y compartía con éste el caos y las esperanzas más salvajes. A su alrededor, en Alemania, advirtió una actividad artística infatigable que apuntaba hacia diversas direcciones. A primera vista había algo extraño, si no macabro, en las diferentes escuelas –dadaísmo, futurismo, surrealismo y demás 'ismos'– que se encontraban en el Café Grössenwahn de Berlín, por ejemplo, discutiendo, gritando y planificando cambios mundiales sobre el trasfondo del marco alemán cayendo a pique mientras subía el dólar, con la perspectiva de un menú de nabos, panecillos y café de baja calidad y, a la madrugada, la vuelta a un hogar helado. *Épater le bourgeois* (¡y también a ellos mismos!) se convertía en el pasatiempo favorito. Los dadaístas provocaban con sus desvergonzados absurdos, a la manera del poeta Hülsenbeck: *Die Kühe sitzen auf Telegraphenstangen und spielen Schach* ("Las vacas se sientan en los postes del telégrafo y juegan ajedrez"). Las revistas dadaístas y futuristas, que atacaban al gobierno, nacían y morían rápidamente o eran clausuradas. Esa suerte corrió *Pleite* [*Quiebra*], donde Georg Grosz publicaba sus caricaturas salvajes del burgués alemán contemporáneo. Todavía lo podemos ver en fotografías de esos días, junto a su colega el pintor John Heartfield, proclamando las glorias del arte constructivista y portando un cartel: *Die Kunst is tot. Es lebe die Maschinen-kunst Tatlins*, "El arte está muerto. Larga vida al arte de la máquina de Tatlin", que se usaba como publicidad para la primera exposición dadaísta en Berlín en 1920 (Vladimir Tatlin fue un célebre representante ruso de la escuela "constructivista" de arte).

Los futuristas y los dadaístas soñaban con que el arte, de alguna manera, produciría una nueva "revolución" del hombre con armas diferentes a las políticas o sociales. Hugo Ball, uno de los fundadores del dadaísmo junto con Hans Arp, Tristan Tzara y Hülsenbeck, relata de esta manera un incidente que tuvo lugar en Zurich (cuna del dadaísmo) en 1916:

> ¡Extraña coincidencia! Cuando teníamos nuestro Cabaret en Zurich, en la Spiegelgasse I, vivía justo enfrente, en el Nº 6, si no me equivoco, Herr Ulianov Lenin. Seguramente habrá escuchado nuestra música y nuestras diatribas cada noche, no sé si con verdadero placer. Y cuando estábamos inaugurando nuestra galería en la Bahnhofstrasse, los rusos viajaron a San Petersburgo, a fin de poner en marcha la revolución. ¿Tiene entonces el dadaísmo algo de la marca o el gesto de un adversario del bolchevismo? ¿Se opone a la destrucción y a la rendición de cuentas este quijotesco, incomprensible y desmotivado lado del mundo? Sería interesante observar qué sucede aquí y allá.

Sería interesante saber qué pensaría Lenin cuando Hugo Ball en persona le recitaba a la gente que entraba al Cabaret: "Gadji, beri bimba..." (etc. *ad infinitum*), ya que Dada estaba en campaña para "destrozar el lenguaje como instrumento social".

Pero el movimiento literario y artístico que probablemente haya reflejado de forma más gráfica el delirio de los años que van de 1918 a 1923 es el expresionismo. No es fácil de definir, ya que su núcleo es lo suficientemente amplio como para albergar producciones divergentes y a menudo contradictorias. El expresionismo ha sido definido como la "revolución intelectual contra la burguesía que está al borde del suicidio", y los expresionistas como "los prisioneros de una época sin libertad", en la cual "ellos reafirman la libertad absoluta". Theodor Däubler anunció en 1919: *¡Unsere Zeit hat ein grosses Vorhaben: einen neuen Ausbruch der Seele!¡Das Ich schafft die Welt!* ("¡Nuestro tiempo tiene un gran diseño: una nueva irrupción del Alma! ¡El *Yo* crea el mundo!"). En el caldero hirviente del expresionismo se encuentran ingredientes de Darwin, Freud, Marx, Hegel, Zola, Ibsen, Wedekind y Strindberg. Pero más allá de esta mezcla, tiene un elemento central: el Yo Absoluto. El idealismo subjetivo es nuevamente rehabilitado: el grito de batalla de los románticos alemanes así como el *dictum* de Novalis, *Nach innen geht der geheimnisvolle Weg* "El sendero secreto se abre camino hacia nuestro interior" volvían a escucharse con fervor.

Si el Yo es el centro creativo, entonces el Hombre es el objeto del discurso de los expresionistas. Ya hacia 1910 Franz Werfel, uno de sus mejores poetas, había proclamado *¡O Mensch!*

> Mi único deseo, Hombre, es ser amable contigo
> ya seas negro, o acróbata, o estés en brazos de tu madre,
>
> soldado, o aviador, paciente y aguerrido...
>
> Por eso pertenezco a ti y a todos.
> No te resistas, ¡te lo suplico!
> Oh, que pronto llegue el tiempo
> en que los hermanos nos abracemos como hermanos.

Tales exhortaciones evocan a Baudelaire, y probablemente también a Walt Whitman. Al grito de *¡O Mensch!* se une el de *¡Wandlung!*, ¡Cambios! ¡Transformación! La declamación conlleva la rebelión. Los libros y la varita mágica de Próspero son de repente resucitados para operar cambios impredecibles en el hombre.

El expresionismo es la autobiografía del alma. Sus fuentes son tan complejas como su naturaleza: el romanticismo alemán, el sueño y el mundo de la noche de Novalis; *Fausto* de Goethe. Sus raíces más modernas deben buscarse en figuras como Strindberg, Wedekind y Freud. Strindberg rompió el molde del drama naturalista (del cual fue un extraordinario exponente) y se volvió hacia el drama del "alma" en *El sueño* y en *El camino de Damasco*. En esta última trazó un mapa de su propio viaje rumbo a la salvación –su propio *via crucis*– a través de símbolos, pesadillas o visiones para alcanzar el nirvana de la resignación. No fue menos significativa para los expresionistas alemanes la tradición del inconsciente que va de Schopenhauer hasta Freud. Lo irracional, lo inconsciente, lo reprimido, el mundo de los sueños, son nociones esenciales en las obras teatrales de los expresionistas. La discontinuidad –con su propia lógica interna, el fluir de la conciencia–, el monólogo interior, la disociación y la ruptura temporal y espacial son utilizados para crear una imagen y una historia del alma. La realidad interior es exhibida descarnadamente a través de símbolos; los personajes se vuelven abstractos, ya que son concebidos como universales. El hombre aparece con mayúsculas, como Hermano, Hermana, Madre, Poeta, Profeta, Guerrero...

En las artes plásticas se destacaron especialmente Max Beckmann y Georg Grosz. En el teatro, aunque muchos de ellos hayan sido olvidados, su influencia ha sido profunda. Basta con nombrarlos para comprender el alcance del movimiento: Walter Hasenclever, Fritz von Unruh, Reinhard Goering, Ernst Toller, Franz Werfel, Georg Kaiser, Hanns Johst, Arnolt Bronnen... y sin pertenecer al grupo, pero muy relacionado con ellos, el joven Bertolt Brecht.

Dos elementos aparentemente contradictorios predominan en la literatura expresionista: una actitud pasiva y una activa. En Franz Werfel el expresionismo es milenarista y, por momentos, pesimista; en Ernst Toller es humanista y revolucionario. Pero su esencia es la rebelión: la rebelión de la juventud contra la madurez, del hijo contra el padre, del alumno contra su maestro, lo nuevo contra lo viejo. *Jugendkultur* y *Jugendautonomie*, "cultura juvenil" y "autonomía juvenil", se convierten en los gritos de batalla. La violencia que había sido reprimida en la arena política se manifiesta ahora con vigor en los dormitorios, en el escritorio del padre, en la clase. El paternalismo del puño y el guante, la disciplina del ejército, el celebrado *Kadavergehorsam und Wachtparade*, obediencia al cadáver y a los desfiles, fueron tomados por asalto con un vigor y una franqueza nunca vistos. El parricidio sobrevuela obras e historias desde el primer drama expresionista alemán, *El mendigo*, de Reinhard Sorge (1912), hasta la obra de su más conspicuo sucesor, Arnolt Bronnen, *Parricidio* (1920). *El hijo*, de Walter Hasenclever (1914), habla de rebelión filial y desafío en nombre de la "comunidad", exigiendo "Muerte a los padres que nos menosprecian".

La guerra contra los padres equivale a la venganza ejercida contra los príncipes cien años atrás. Las cabezas coronadas fueron a la cárcel y sus súbditos eliminados... "Hoy somos nosotros los que cantamos la Marsellesa", como escribió Walter Hasenclever.

Naturalmente, en el drama expresionista hay otros temas además del parricidio. Ludwig Rubiner, poeta que murió prematuramente, reclamaba una participación activa en lo que denominaba "vivir" y exigía el fin del letargo en el que habían caído los artistas. En *El Hombre en el centro* (1917) implora por el fin de la irresponsabilidad del escritor y lanza las siguientes consignas contra la impotente cultura tradicional de esos días:

Estamos contra la música – A favor de la comunidad
Estamos contra la poesía – A favor de un llamado al amor
Estamos contra la novela – A favor de un camino en la vida
Estamos contra las obras teatrales – A favor de un camino hacia la acción.

Pide que el hombre se convierta en el centro del universo. Como consecuencia de la fallida revolución, conjura a los "hombrecitos", que ya no son más "pequeños":

Ya no somos los hombrecitos. Hemos salido de la oscuridad a la luz, somos todos camaradas en la tierra.

Pero por sobre todo la dramaturgia expresionista está obsesionada por los problemas de la guerra y la paz. Los temas son más amplios que en las obras que proclaman el parricidio, y el trasfondo y los personajes más reales. La vena pacifista, el llamado apasionado a los seres humanos a redescubrir su humanidad, implica una cantidad de conversiones, tales como la de Fritz von Unruh, hijo de una aristocrática familia de militares, que oficializó su fervor patriótico en la obra *Offiziere* y que lo repudió en vísperas de la guerra. *Antes de la decisión* presenta a un soldado en pleno campo de batalla, a quien en una visión se le presentan dos alternativas: en una aparece el dramaturgo romántico Heinrich von Kleist, defensor del patriotismo prusiano, y en la otra Shakespeare como vocero del hombre. Shakespeare le suplica al soldado:

> Aquello que los himnos proclaman hoy como victoria
> no es el verdadero santuario del alma.
> Involúcrate en la solemne guerra por la paz:
> con justicia en la espada y amabilidad en tu corazón.

De manera similar, Walter Hasenclever utilizó el personaje de Antígona para convertirlo en la encarnación de la paz.

La voz poética más elocuente provino sin embargo del interior de una prisión, donde se encontraba Ernst Toller condenado a cinco años de reclusión por su participación en la Revolución Bávara. Poco antes de ser encarcelado escribió *Transfiguración*, obra que alude a la transformación simbólica de un artista judío, Friedrich, de soldado de las guerras coloniales en apóstol de la paz y la revolución. En trece escenas, muchas de ellas grotescas y macabras, Toller hace que su protagonista atraviese diversas experiencias, patrióticas o decepcionantes, hasta que, luego de destruir una estatua nacionalista de su autoría y abandonar su casa para siempre, enfrenta al pueblo reunido frente a una iglesia y pronuncia un apasionado discurso:

> Y ahora, hermanos, los conmino: ¡A marchar! ¡A marchar hacia la luz del día! Diríjanse a aquellos que tienen el poder y proclamen con voz estruendosa que su poder sólo los avergüenza. Diríjanse a los soldados y díganles: ¡Golpeen sus espadas contra las rejas del arado! Diríjanse a los ricos y muéstrenles cómo sus corazones se han transformado en despojos. Pero sean amables con ellos, porque también son almas pobres y errantes. Pero destruyan las ciudadelas con risas, sí, destruyan las ciudadelas, ya que están hechas de escoria –escoria seca. Marchen, marchen hacia la luz del día. Hermanos, levanten sus manos martirizadas, y

dejemos que resuene la alegría. ¡Dejen que avance a grandes pasos por nuestra tierra libre! ¡Revolución!

En su obra posterior *El hombre y las masas*, escrita en prisión, domina el eje pacifista utópico. La protagonista es una mujer que pelea contra la violencia, sin importar quién la ejerza. Ella es arrestada por las fuerzas contrarrevolucionarias. Pero en su última conversación con el "Anónimo Uno", líder del grupo revolucionario, dice:

> Si pudiera, traicionaría a las masas
> por la vida de un hombre.
> El activista puede ofrecer su propia vida.
> Oye: ningún hombre puede matar a otro
> en nombre de una causa.
> Maldita sea la causa que te lo exige.
> El que pida sangre humana en su nombre es Moloch:
> el Estado fue Moloch
> las masas fueron Moloch.

Así, frente a la muerte, cuando un sacerdote intenta persuadirla para que rece y afirma que "el hombre es malo desde su nacimiento", ella insiste:

> El hombre *desea* ser bueno...
> Ya que aun cuando hace el mal
> lo disfraza de bondad...
> ¡Yo creo!
> ¡Yo creo!

Menos humanista y revolucionario que Ernst Toller, Georg Kaiser recorrió todo el arco que va del pacifismo de preguerra en la obra *Los burgueses de Calais* hasta el mesianismo, el pesimismo y aun el nihilismo de la posguerra. Es el autor de la más célebre de las obras teatrales del expresionismo, *Del amanecer a la medianoche*, crónica que abarca doce horas de la vida de un empleado de banco fugitivo, que refleja la noche desesperanzada de un pequeño burgués alemán, así como el mundo alemán en sí mismo. Las profundidades de su desesperación aparecen expuestas en la trilogía *Gas*, que involucra a un millonario, su hijo y su nieto a través de fantásticos viajes exteriores e interiores, y que culmina con la destrucción del sueño utópico de retorno a la tierra primigenia cuando los obreros, a quienes el nieto ha tratado de reformar, rehúsan abandonar las fábricas aun cuando producen materiales de guerra letales. El mundo acaba en una colosal hecatombe.

Estos eran los caminos hacia la salvación que ofrecían los poetas y dramaturgos expresionistas. Pero hubo también otras voces menos apocalípticas que dieron cuenta del milenarismo. *La montaña mágica*, de Thomas Mann, publicada en 1924, aconsejaba el descenso desde las regiones de la enfermedad y la muerte hacia los valles de la decisión. Desafortunadamente se trataba, en este caso, de la participación en la guerra mundial. La espléndida obra gráfica de Käthe Kollwitz reprodujo las urgentes realidades sociales de esos años con sorprendente franqueza y vigor. En Berlín, Erwin Piscator revolucionaba el teatro. Johannes Becher fusionó el expresionismo poético con el comunismo. Bertolt Brecht también tuvo que aceptar el caos de su tiempo antes de trascenderlo.

III
CORALES BRECHTIANOS DE CAOS Y PERDICIÓN

Lo admito: yo
no tengo esperanzas.
El ciego habla de una salida. Yo
veo.

Cuando se hayan prodigado todos los errores,
la última compañía sentada frente a nosotros
será la Nada.

Brecht, "Der Nachgeborene"

En Brecht se refleja el caos de su época. En sus poemas del período 1918-1926, la contenida rebelión de una generación entera encuentra su expresión. El anarquista, el nihilista y el cínico; el alienado, los perdedores, todos hablan a través suyo. Él es el emblema de lo transitorio y lo perdido.

En contraste con los oscuros y apasionados apóstrofes del *O Mensch!* expresionista, Brecht utiliza una fórmula del desapego brutal y la frialdad calculada. Sospecha de la retórica tanto como del *pathos* o del sentimentalismo. Las invocaciones conmovedoras a la humanidad lo dejan mudo. Cuando compiló y publicó los poemas de esos años –primero en la edición limitada de *Taschenpostille* y posteriormente en la de 1927 de *Hauspostille*–, definió a esa época, con él incluido, como la de "la generación perdida", como el final de una era. Al escribir los poemas se sirvió de las canciones folclóricas y baladas alemanas, de las odas clásicas, de los himnos y coros religiosos, tal como lo hicieron Kipling, Villon y Rimbaud.

Su repulsión por el sentimentalismo –pero no por el sentimiento– toma la forma de una obscenidad brutal y deliberada, casi una apelación al libertinaje: sexo, cigarros, alcohol, opio. Pero también representa un desafío a la moral burguesa, autosuficiente y orgullosa. Los poemas están compuestos sobre el trasfondo del hambre, la miseria y la desesperación. Las exaltaciones de decadencia y las celebraciones de la putrefacción son amargos antídotos contra la dulzura y la luz. Búsquedas de un camino que lo distancie del caos, ¿son una pose, una verdad o, como las denominó un crítico, "depravación sintética"?

Por momentos, el nihilismo de Brecht nos recuerda al de *La tierra baldía* de T. S. Eliot, una obra de la misma generación. Exhibe el mismo desapego frío y calculado y un virtuosismo verbal y poético equivalente. Pero mientras *La tierra baldía* es un árido infierno poblado de maniquíes sin posibilidad de heroísmo o redención, el mundo de Brecht también es un infierno, pero poblado de seres humanos. En Brecht, los desposeídos y los extraviados, los traicionados y rechazados encuentran un espacio. Eliot ve nada en la Nada; Brecht ve a las víctimas de la Nada. También es distinta la celebración que Brecht hace del "Yo" en comparación con los expresionistas:

Yo, Bertolt Brecht, vengo de la Selva Negra.

Se declara en su elemento en las ciudades de asfalto, donde se aprovisiona de los "últimos sacramentos" modernos como diarios, tabaco y whisky. Hiede, como los otros seres humanos. En cuanto a las mujeres, le gustan lo suficiente, pero se describe como "del tipo en el que ellas no pueden confiar". La naturaleza carece de romanticismo, ya que en la madrugada los árboles orinan y los pájaros "chillan". Su propio sueño es "inquieto". Pero así debe ser, ya que todo pasa. Según él, de las sólidas ciudades que construimos sólo quedará el viento, y después de nosotros, nada digno de ser nombrado:

De estas ciudades quedará el que las atravesaba: ¡el viento!
La casa alegra al que en ella come: ¡y él la vacía!
Sabemos que somos provisorios
y después de nosotros: nada digno de ser nombrado.

Espero que durante los terremotos que vendrán
no se me apague el puro "Virginia" por amargura
a mí, Bertolt Brecht, que fui a parar a las ciudades de asfalto
viniendo de la Selva Negra, dentro de mi madre, a edad temprana. [J.H.]

La medida tradicional de la balada que utiliza en su poema "El pobre B. B." asombra por su simplicidad. Aunque sea completamente sofisticado, se permite la expresión ingenua. Su tono es tan destructivo que se apropia de las obscenidades más crudas, domesticándolas. Brecht está obsesionado por el devenir de las cosas. Camina por las ciudades y reflexiona:

Debajo de ellas, las cloacas.
Dentro de ellas, nada; encima de ellas, humo.
Estábamos dentro de ellas. No hemos disfrutado nada.
Desaparecemos rápido. Y ellas otro tanto.

En su interior hay soledad a medida que camina por las calles de asfalto. Simboliza a la naturaleza con un árbol destrozado por buitres que desgarran a pedazos su inmortalidad. ¿En qué lugar de esta creación está Dios?

> En el fondo de las negras sombras mueren los hambrientos,
> Tú les muestras el pan y los dejas morir.
> Tú dominas entronizado, invisible y eterno,
> Radiante y cruel por encima de tu eterno plan...
>
> Muchos afirman que no existes; y bueno sería.
> ¿Pero cómo puede engañar tanto lo que no es?

Algunos poemas que escribió durante esos años no se publicaron en *Hauspostille* y aparecieron después de su muerte. Son autorreferenciales, brutalmente francos y personales. Allí se refiere a sí mismo como "Bidi". Bidi es haragán, "engreído hasta reventar", tiene la boca entreabierta, fuma, lee los diarios, bebe, juega al billar, "se rasca las bolas"; es "frío como un perro... y sin una pizca de sentimientos". Naturalmente, sobre el amor es mucho más directo. ¡Uno se olvida tan rápido! A veces, especialmente de noche, aparecen los fantasmas del pasado:

> Pero a veces por la noche, cuando me ves beber,
> Veo su cara, pálida en el viento, fuerte, vuelta
> Hacia mí, y yo me inclino ante el viento...

Sobre la fotografía de una mujer se lee: "limpia, práctica, feroz". Y él desea "que se escriban esas palabras en su lápida... Uno descansa mejor debajo de esas palabras".

El amor entre un hombre y una mujer que implique una relación profunda le resulta totalmente extraño. Si se produce, como sucede en contadas ocasiones, se da en un contexto y en circunstancias sórdidamente crueles. En ese caso, la mujer es quien lo busca, esclavizándose con frecuencia al hombre. El amor de un hombre por otro, sin embargo, es expuesto más tiernamente y parece ser más profundo. Hacer el amor es desvalorizado con cinismo: "No lo puedes comparar con un cigarro".

El fluir y el carácter transitorio de la vida y de la naturaleza están simbolizados en el fluir de las aguas. Hundiéndose... yendo hacia la nada... de la vida animada a lo inanimado... descomposición... Ofelia: estos temas están siempre presentes. En el libro *Tage mit Bertolt Brecht*, su amigo Arnold Bronnen especulaba sobre el atractivo de estas aguas en la juventud de Brecht:

Justo detrás de la casa (en Bleichstrasse 2) había una laguna de aguas oscuras, casi negras. En ella coqueteaban las burbujas iridiscentes. Sin duda, inspiraron al joven Brecht para escribir sus poemas sobre los cadáveres acuáticos.

Una fuente no menos directa fue seguramente la poesía de Arthur Rimbaud y su inolvidable "El barco ebrio". "Cuando yo descendía los ríos impasibles, sentí que no me guiaban ya los sirgadores", "...donde, flotación pálida, absorta, desciende cada tanto un ahogado pensativo...", se convierte en Brecht en

> Nadando por las aguas de muchos mares
> me libré de toda carga y meta entre sacudones,
> flotando bajo la luna roja con los tiburones.

Esta es la balada de Brecht sobre el barco, "Das Schiff". El barco se entrega a las aguas y a una subsiguiente decadencia, hasta que finalmente se convierte en lugar seguro para gaviotas y algas; y los pescadores, al verlo, observan con asombro cómo flota corriente abajo, irreconocible, cubierto de luz de luna y muerte. Para los seres humanos, también, hay olvido en el agua: es placentero convertirse en vegetación en las tardes pálidas, o dejarse llevar por la corriente río abajo, sin hacer nada, "Tal como el Señor, cuando nada en la corriente de la tarde".

Sin duda se trata de corales que hablan de una perdición tranquila y apacible, cuyo texto completo está escrito en la "Balada para muchos botes", canción del navegante solitario en un bote que se va destruyendo, a quien acompañan los tiburones, y que se dirige a su destino final cantándole la despedida a su comitiva sedienta de sangre:

> Y luego una tarde del mes de octubre,
> Tras un día que pasó sin canciones,
> Lo vieron al timón, y le escucharon repetir:
> Y qué es lo que decía: «el mañana está condenado».

Pero Brecht puede dejar de lado su resignación y recriminar al Todopoderoso su indiferencia ante los problemas del hombre, las difíciles condiciones en la que viven los miserables en la tierra. Su preocupación queda reflejada en poemas conmovedores, como los que escribió sobre la Navidad y que le valieron un llamado de atención de las autoridades por sospecha de blasfemia. Estos se ubican entre sus versos más conmovedores. Uno de ellos se titula "María":

La noche de su primer parto había sido
fría. En los años que siguieron ella
fue olvidando
la escarcha de las rústicas vigas y la estufa humeante,
los ahogos con los restos del alumbramiento hacia la madrugada.
Pero sobre todo olvidó la amarga vergüenza
de no poder estar sola,
que es patrimonio de los pobres.
Y esa fue una de las razones por la que
en años venideros el hecho sería celebrado con una fiesta
 en la que todos estuvieran presentes.
Se acallaron los groseros comentarios de los pastores.
(Más tarde en la historia se transformarían en reyes.)
El aullido del viento helado
se transformó en coro de ángeles.
Sí, y del agujero del techo, por donde entraba la escarcha,
sólo quedó la estrella, que los observaba.
Todo eso
lo reflejaba la cara de su hijo, al que sentía liviano,
que amaba la música,
que se rodeaba de pobres,
que tenía la costumbre de vivir entre reyes
y ver una estrella sobre su cabeza por las noches. [J.H.]

Y en "Una leyenda de Navidad", hace hablar a los pobres:

Esta noche es Nochebuena y aquí estamos
Nosotros los pobres en este cuarto helado.
El viento aúlla dentro y fuera.
Ven dulce Jesús, escúchanos.
Esta noche la necesidad es cruel...

> Ven, dulce viento, deja de rondar,
> Pues tampoco tú tienes hogar...

Brecht cantaba o recitaba estos poemas y baladas a quien quisiera escucharlo, como si se tratara de su propia criatura, Baal. Peter Suhrkamp, amigo de toda la vida, admirador y posteriormente editor de Brecht, recuerda su primer encuentro con el juglar alemán:

> Mi relación personal con Brecht comienza en una taberna a principios del invierno de 1919. Allí encontré a un estudiante que cantaba baladas acompañándose con la guitarra, entre ellas el "Coral de Baal". Así empecé a conocer sus poemas.

Después de la publicación de *Hauspostille* en 1927, Brecht fue inmediatamente reconocido como *el* genio poético, tanto para ser ensalzado como defenestrado. El título del libro fue deliberadamente irónico y blasfemo: *Devocionario doméstico*. Las críticas hostiles lo tacharon de "Breviario del diablo". Se dividía en cinco secuencias de "Lecciones": las rogativas, los ejercicios espirituales, las crónicas, las canciones de Mahagonny y un calendario de difuntos. En una "guía" ácida para los poemas, Brecht enumera las ocasiones apropiadas para el uso de cada una de las secciones, como por ejemplo cuando la "Naturaleza es desafiante" o "cuando uno toma conciencia de su propia carne y de sus pretensiones". Era la contraparte brechtiana al libro protestante de la piedad, pero también tenía toques de compasión y de profundo sentimiento. Aquí está el romancero de los pobres: la historia de Apfelböck, de dieciséis años, que asesina a su padre y a su madre (un incidente real ocurrido en Ausburgo), y la balada de Marie Farrar, que se deshace de su hijo ilegítimo luego de intentar abortarlo. Esta es la súplica de Brecht (a la manera de Villon):

> A ustedes, les ruego, se abstengan de condenar
> Pues toda criatura necesita ayuda de todas las demás. [J.H.]

Como autor paródico, Brecht difícilmente ha sido superado. El poeta religioso del siglo diecisiete, Neander, había compuesto un gran himno:

Alabado sea el Señor, supremo Rey de Gloria,
Oh, mi alma querida, ése es mi deseo.
Vamos a reunirnos con el salterio y el arpa,
Despierta, oh, despierta, y elevemos Sus plegarias.

En manos de Brecht se transforma en el celebrado "Gran coral de Acción de Gracias":

Alabada sea la noche y la oscuridad que te envuelve.
Vamos a reunirnos.
Miren los cielos:
El día ya pasó.

Es una sombría glorificación de la inconsciencia. El hombre, en su devenir, no se diferencia de las bestias del campo. Brecht canta: "¡Alabado sea el Cielo que te ha olvidado! ¡Alabado sean el frío, la oscuridad y la decadencia! Alabada sea la muerte". Toma uno de los más famosos textos poéticos alemanes, "Wanderers Nachtlied", de Goethe, y lo convierte en su "Liturgia del aliento", una amarga denuncia de la indiferencia por la pobreza, el hambre y la muerte. Su odio por la guerra se refleja en la "Leyenda del soldado muerto", así como en la "Balada de la mujer y el soldado", donde por desatender la advertencia de la mujer, un joven soldado insiste en ir a la guerra y muere. Su amargura le quita todo romanticismo a la fallida revolución alemana de 1918-1919. "La canción del soldado del ejército rojo" (eliminada de las ediciones subsiguientes de *Hauspostille*) describe la marcha de los soldados rusos, esperanzados en la libertad por la cual pelean, "a menudo mirando el cielo rojo, esperando la luz del amanecer". Pero el tiempo pasa y "si ahora el cielo los viniera a buscar, tendría que arreglárselas sin ellos". La secreta congoja de Brecht se hace aquí evidente. El marginado arrojado a una tumba o al mar de color "amarillo sucio" tiene de él mucho más de lo que se cree.

Hauspostille fue aclamada por los críticos más perspicaces del momento. Julius Bab escribió: "Bertolt Brecht es un poeta. Pocos han tenido semejante dominio musical del idioma alemán". Y Kurt Tucholsky: "Él y Gottfried Benn me parecen los más grandes talentos poéticos en la Alemania de estos días". Ellos capturaron la novedad, la nota diferente. Como lo resumió posteriormente un crítico: "En vez de intoxicación, pathos y magia, Brecht ofrece sobriedad, ironía. En lugar de filigranas verbales, una moral agresiva y sin adornos".

Brecht era capaz de hacer amigos para toda la vida. Su círculo de Ausburgo incluía a compañeros de colegio como Caspar Neher, el artista que diseñó la escenografía de muchas de sus obras; Georg Pfanzelt, el "Orge" de sus poemas y de sus obras; Otto Müllereisert y H. O. Münsterer (que escribió una conmovedora memoria de los días en Ausburgo y que firmó el acta de defunción de Brecht). Posteriormente se hizo de más amigos en Munich: Carola Neher, mujer del poeta Klabund Peter Suhrkamp; Johannes Becher, el poeta; Karl Valentin; muchos actores, y el no menos importante Lion Feuchtwanger.

Feuchtwanger, reconocido hombre de letras, demostró no solamente ser uno de sus críticos más competentes, sino también un valioso colaborador y uno de sus escasos maestros. "A través suyo –dijo Brecht– aprendí cuáles eran las reglas estéticas que me interesaba romper. Él es un erudito y tiene además un gran corazón." Feuchtwanger tenía treinta y cinco años cuando el joven Brecht comenzó a mostrarle sus escritos a fines de 1918. Según la descripción que hizo de él Feuchtwanger, Brecht era "delgado, estaba mal afeitado, desaseado", hablaba en un marcado dialecto suabo y llevaba los bolsillos llenos de manuscritos. Entre ellos había una obra llamada *Spartacus,* que según le confesó Brecht, había escrito expresamente para ganar dinero. Feuchtwanger la leyó y, reconociendo allí un extraordinario talento, le reprochó a Brecht su apetito de dinero. "Definitivamente había escrito esta obra por dinero, pero tenía otra, que era realmente buena, y me la trajo. Se titulaba *Baal.*"

Brecht tenía una extraña figura, con "un cráneo largo y angosto, pómulos salientes, ojos hundidos, con pelo negro crecido hasta la altura de las cejas". Esta figura también impresionó a Feuchtwanger en otro sentido, ya que posteriormente aparecería como el personaje Kaspar Pröckl en su novela *Éxito*, de 1930. La novela trata sobre un ingeniero (a Brecht siempre le interesó la mecánica) que vive en

Munich a principios de los años 20, en vísperas del golpe de Estado de Hitler abortado en 1923; épocas de inflación, hambre, ataques a los judíos, a los católicos y a los socialistas. Este es Kaspar Pröckl: "Delgado, hosco… mal afeitado… gorra y chaqueta de cuero… El joven ingeniero, desconociendo la buena educación, había elaborado una teoría sobre cómo tratar a los demás: siempre les hablaba sobre lo que les interesaba a ellos, pero nunca de sus propios asuntos". Al capitalista Herr von Reindl no le resultaba agradable:

> La forma en la que se deja crecer el pelo sobre la frente dejaba traslucir cierto aire de ingenua coquetería. Era extraño que fuese tan popular entre las mujeres. El hombre literalmente apestaba a sudor, como un soldado marchando… e indiscutiblemente olía a revolución. Obviamente, serían sus vulgares baladas lo que las fascinaba. Cuando las cantaba con esa voz estruendosa, las mujeres se volvían locas.

El autor de la novela lo ve un poco más desapasionadamente:

> Se plantó en medio del salón y con total descaro comenzó a cantar con voz crispada sus baladas, acompañado por el sonido gangoso del banjo, pronunciando las palabras con un inconfundible acento cerrado. Pero las baladas trataban de acontecimientos cotidianos en la vida de un hombre común en una gran ciudad, como nunca se había escuchado antes… Pröckl… fijó sus hundidos ojos de fuego con firmeza [en Reindl] y gritaba sus versos indecentes y proletarios directamente hacia esa cara sólida y acicalada.

No es un retrato exagerado del Brecht de aquellos días. Tenía la capacidad de atraer a las mujeres, y las que se sentían atraídas por él le eran fieles aun después de que su relación se hubiera terminado. Un temprano asunto amoroso con una bella muchacha de Ausburgo ya había dado como resultado un niño (Högel, que murió en la Segunda Guerra Mundial). A los ojos de sus amigos de Ausburgo, él tenía algo de leyenda. Münsterer recuerda con nostalgia cuando Brecht y sus amigos se sentaban a orillas del río Lech en Ausburgo:

Nos sentábamos en el suelo, Bert, Otto Müller y yo. El cielo muy alto, ancho y maravillosamente azul, se iba tornando anaranjado y finalmente violeta. Debajo de nosotros, el río como un espejo con espuma blanca, y más allá la silueta oscura de la ciudad con sus torres y gabletes. El pasto húmedo por el rocío. Brecht cantaba.

Y así se quedaban, soñando con el Ganges. Entre 1919 y 1921, fue crítico teatral del periódico de Ausburgo, *Volksville*, órgano del Partido Socialista Independiente. Con sus comentarios francos, descarados e inflexibles, se ganó muchos enemigos. Sus observaciones mordaces sobre el teatro municipal, sus exigencias de un repertorio y de producciones social y culturalmente responsables le atrajeron la ira del personal del Stadtheater. Él contestaba con su acostumbrado aplomo. Acusó al teatro de falta de imaginación, un uso pobre de los actores, parsimonia, un equipo técnico inadecuado y, por sobre todo, del oportunismo de sus directores artísticos. Ensalzaba las virtudes de uno de ellos, Hermann Merz, que fue rápidamente despedido, y alababa a algunos actores. No tenía piedad respecto del *kitsch* estilo *Alt Heidelberg*, al que denominó "esa inmunda basura". Calificó a *Rose Bernd*, de Hauptmann, como digna de elogio y señaló que esta tragedia "describía nuestra propia miseria. Es una pieza revolucionaria". Pero juzgaba a las obras clásicas a la luz del presente. Al comentar una representación de *Don Carlos*, de Schiller, señaló: "Siempre me ha gustado *Don Carlos*, Dios lo sabe. Pero en estos días he estado leyendo *La jungla*, de Upton Sinclair, que es la historia de un obrero que muere de hambre en Chicago... Este tipo tiene un atisbo de libertad y lo golpean con bastones de goma. Su libertad, por lo que sé, tiene poco que ver con la de Carlos, pero no me puedo tomar muy en serio la sumisión de Carlos... De todos modos, vaya a ver *Don Carlos*... y cuando tenga oportunidad, lea *La jungla* de Sinclair".

Su sentido de lo concreto chocaba con el teatro expresionista. Del *Wandlung* de Toller dijo que era "un periódico poetizado... con visiones chatas, que se olvidan en el momento. Un cosmos tenue. El hombre es visto como un objeto, una proclama, en vez de ser considerado un hombre. Se trata de un hombre abstracto". El dramaturgo que más respetaba era Georg Kaiser.

"¿Dónde se encuentra –pregunta– la comedia política de dimensiones significativas? Las raíces de nuestra sociedad burguesa apenas han sido tocadas. Amplias áreas del interés humano no han sido tratadas. La imaginación de estas personas está congelada. Parece que se hubieran quedado sin capacidad inventiva. Ni siquiera tienen la ingenuidad suficiente como para inventar nuevas corbatas."

Otros críticos más experimentados compartían la misma desconfianza de Brecht. Herbert Jhering describe su depresión después de presenciar la adaptación de Schiller de la *Fedra* de Racine; y poco después, en una desafortunada noche de noviembre de 1918 (momento de los levantamientos revolucionarios), la producción de Reinhardt de *El mercader de Venecia*:

> Fue en esa noche sombría cuando ratifiqué mi convicción de que los refinamientos impresionistas de Reinhardt habían sobrevivido demasiado y que esa vacía exhibición de destreza técnica no podía utilizarse más en el teatro.

¿Estaba preparado Brecht para aceptar este desafío? Estaba seguro de poder hacerlo. Münsterer recuerda la jactancia de Brecht en 1917: "Puedo escribir obras mejores que las de Hebbel y más salvajes que las de Wedekind". A juzgar por sus primeros ejercicios teatrales en el *gymnasium*, tales como *Die Bibel* [La Biblia], publicada en el periódico escolar (un viejo creyente holandés protestante acepta voluntariamente la muerte antes que abandonar su fe), todavía tenía un largo camino que recorrer. Pero su progreso fue rápido. Preparado o no, compitió con obras de los mayores dramaturgos del momento: Fritz von Unruh, Reinhard Goering y Walter Hasenclever, con sus manifestaciones pacifistas; contra Franz Werfel y Carl Zuckmayer, con su posromanticismo y las elevaciones al estilo Fausto y Ahasuerus*; contra expresionistas como Toller, Georg Kaiser y el joven Friedrich Wolf; contra los que reivindicaban el gran pasado germánico y proponían una nueva comunidad folclórica y un "rey líder" como Hanns Johst.

* Nombre del Judío Errante y tema de innumerables obras, entre ellas la proyectada por Goethe sobre un encuentro de Ahasuerus con Spinoza. *[N. del T.]*

La originalidad de su trabajo siempre era apoyada por los esfuerzos de otros. Su primer intento dramático de importancia, *Baal*, estaba directamente inspirado en una obra de Hanns Johst, *Der Einsame* [*El solitario*]. Hanns Johst fue un talentoso escritor que pasó rápidamente del nihilismo al nazismo y terminó como líder cultural nazi y presidente de la Reichschriftskammer (Cámara de literatura del Reich). De joven, se había empapado con el pasado romántico de Alemania y mostraba un fuerte sesgo chauvinista. A Brecht no le agradaban ni él ni sus obras. Ridiculizó abiertamente una de sus novelas, *El comienzo*, cuando participó en un seminario de Arthur Kutscher en Munich, lo que generó el desconcierto y el malestar de su profesor, quien le devolvió la atención proclamando que Brecht no poseía el menor signo de talento literario y, además, ¿quién era él para comportarse de esa forma?

El solitario de Johst es la exaltación de un poeta desafortunado e infeliz de la escuela romántica, Christian Grabbe (1801-1836), contemporáneo y enemigo de Heinrich Heine y dramaturgo que generó adhesiones y antipatías. Grabbe era profundamente nacionalista y antisemita. Tuvo una vida miserable y murió trastornado. Desde los días de los clásicos alemanes, la glorificación del "Yo-poeta" como representación de lo profético, el liderazgo y la sabiduría constituía uno de los temas favoritos de los escritores. La vocación del poeta era proclamada como coronación de la vida y su miserable destino era sólo un síntoma de la ceguera y la crueldad del mundo. En una época más turbulenta y mecanizada, este poeta-regenerador del mundo a veces se volvía bastante violento, como en *El mendigo* de Sorge, donde para llevar a cabo su difusa misión, El Poeta (siempre en abstracto) mata a su padre demente y a su madre enferma. El Grabbe de Johst persigue su vocación poética de manera menos sangrienta pero no menos individualista. En una serie de episodios, se lo muestra en su ático, componiendo un vasto drama napoleónico mientras su amante embarazada muere a causa de un aborto. El poeta está quebrado emocionalmente. En una taberna insulta a sus amigos, proclama la grandeza y la individualidad del poeta, denigra a los judíos y a Heine en particular. A continuación, incapaz de resistirse a la sensibilidad femenina, conquista a la prometida de su amigo Eckhard (dado que la poesía trasciende todo, como ella le dice a su amante al rechazarlo).

Otra joven seducida por él se arroja al río. La fortuna de Grabbe, que nunca fue cuantiosa, comienza a mermar. Completamente despreciado, empieza a pasar hambre y, finalmente, se lo ve morir famélico en su ático, mientras una impaciente casera espera su deceso para volver a alquilar la habitación. Cuando agoniza, un grupo de amigos se acerca para darle una serenata con música de Beethoven. Johst subtituló esta obra "La caída del hombre"; se estrenó en la Kammerspiele de Munich en marzo de 1918.

El solitario fue el detonador del primer intento teatral de Brecht. Siempre se sentía seguro cuando podía entrelazar variaciones, a su manera particular y desvergonzada, alrededor de un arquetipo; en este caso uno que podía contrarrestar. La imagen de un poeta semejante al de Johst, con su típica *Schwärmerei* [exaltación] sirvió para que Brecht "la invirtiera totalmente". No es que rechazara algunas actitudes anárquicas de Grabbe, y especialmente su horror por la burguesía. Pero se rebela contra ese *Sehnsucht*, el anhelo por lo infinito e imposible que siempre caracterizó al romanticismo. Brecht también escribiría un *Untergang*, la caída de un poeta, pero se trataría de la glorificación de una derrota, escrita no solamente para llegar al cielo sino para absorber la tierra, con todo lo que tiene de elemental y obsceno.

De las tres versiones de la obra (la tercera fue finalizada hacia 1926), el primer borrador de 1918 presenta numerosas reminiscencias autobiográficas. Baal es un crítico teatral anárquico que trabaja para un diario respetable, que insulta con sus reseñas (como Brecht) y, al igual que su prototipo en la obra de Johst, tiene una madre fastidiosa que le demanda ser respetable. Ambos episodios desaparecieron en la versión de 1919 publicada por Brecht. En ésta, Baal es verdaderamente un *Einsamer*, un solitario.

Baal retoma los poemas individuales de Brecht y los convierte en un salmo dramático sobre el retorno a la naturaleza, a sus primitivas algas y malezas, a su existencia animal. Si existe la eternidad, se consigue viviendo el "ahora". Baal se mueve en un mundo de gente que está viva; trabajadores, burgueses, ladrones, prostitutas, desclasados, amantes masculinos y femeninos, un mundo de deseos y pasiones instintivos y primitivos —el hambre, la sed, la carne, el sexo, donde el ser humano es consciente casi sin pensar de que a la mañana él también será una partícula de tierra, de un árbol, de una planta o de un animal— es decir, decadencia, descomposición y renacer en un nuevo ciclo de existencia. Baal es el poeta del despilfarro, consumiéndose no sólo a sí mismo sino a otras personas por igual, consumiendo sin quedar nunca satisfecho. Le canta a la gente, pero no por dinero, ya que no hay ganancia material que valga un centavo.

Ausburgo es claramente reconocible en esta obra, como en sus poemas: el río Lech, las tabernas, las hosterías, los prados, los bosques. La compuso mientras caminaba junto a las acequias que rodeaban la ciudad, cerca de su casa, sobre hojas para máquina de escribir dobladas en cuatro: "Reuní palabras mezcladas como si estuviera mezclando bebidas, escenas completas con palabras sensuales y de un color bien definido". Con el nombre del dios fenicio de la naturaleza (execrado por los judíos debido a sus abominaciones sensuales), Baal, el poeta, se desplaza a través de veintiún escenas caleidoscópicas un hombre-animal hambriento de experiencias, tomándolas de donde puede, sin temor a la vida o la muerte; poeta laureado del animalismo craso, de un nihilismo cloacal y cósmico. Un salmo escatológico fija el tono de la obra. Al romanticismo de Johst, Brecht opone el naturalismo. A la alta ética de la competencia espiritual de Johst, opone la ética del hombre natural: "una clase mejor de hombre" en su antihumanismo fecal y erótico y en su desafío a la moral convencional. Baal practica sólo aquello que al mundo burgués le gusta esconder. Esta obra es, como bien la definió Muschg, *der Mythus des Fleisches*: el mito de la carne.

En muchos incidentes y escenas Brecht se identifica con Johst (aunque lo parodie): en la seducción de las jóvenes, en los suicidios, en la relación homosexual con Ekart (los nombres son iguales en ambas obras); en el modo en que los personajes principales de ambas obras sacrifican la amistad por sus caprichos o pasiones.

Pero la obra de Brecht es un himno a la disolución. "La putrefacción –dice Baal en un momento– está avanzando... Los gusanos cantan y se alaban unos a otros." La balada que compone para su amante ahogada en un instante de arrepentimiento, dice que "Dios la fue olvidando gradualmente, primero la cara, luego las manos y su largo cabello al final. Luego fue sólo carroña entre tanta carroña que pasa flotando". Este es un poema de un olvido famélico, de un mundo que "bajo una suave luz... aparece como el excremento del Señor". Es una apología del desclasado: "Tú, que fuiste conducido desde el cielo y desde el infierno; ustedes asesinos, cuya mayor enfermedad ya ha ocurrido, ¿por qué no se quedan en el vientre de sus madres donde todo era calma, y uno dormía, y *era*?". La muerte de Baal es, como su vida, la de un animal. Muere abandonado en una choza de leñadores, solo, como lo ha estado toda su vida.

Brecht alega que Baal está basado en la vida de un tal Josef K. de Ausburgo, que perpetró gran cantidad de acciones oscuras, como seducir mujeres y matar a un amigo, pero era un hombre de una personalidad sumamente magnética. Y es probable que la relación entre Verlaine y Rimbaud haya inspirado la relación entre Baal y Ekart. El lenguaje es con frecuencia el de *Iluminaciones* y *Una temporada en el infierno* de Rimbaud. También parodia al expresionismo con poemas de Johannes Becher y de Georg Heym; y el romanticismo musical de Johst y su culto de Beethoven es contrastado por el uso mordaz de los temas de *Tristán e Isolda*, poniendo sarcásticamente el acento en los amores carentes de romanticismo de Baal.

Brecht revolucionó el lenguaje poético. El discurso de *Baal* nunca había sido escuchado antes en un escenario alemán. Era el idioma popular de las ferias y los mercados, tomado directamente de los interlocutores pero fusionado con el lenguaje de la Biblia de Lutero y encuadrado en las estructuras quebradas aprendidas de Büchner, aunque todo era ya indiscutiblemente brechtiano. El poema que Peter Suhrkamp dice haber oído directamente de Brecht, con acompañamiento de guitarra, fue el "Coral del Gran Baal":

> Cuando Baal surgió del blanco vientre materno
> el cielo ya era quieto, macilento y eterno,
> desnudo y joven, milagroso y fantasmal
> y así lo amó, cuando llegó al mundo, Baal.
>
> A los lascivos buitres, Baal les guiña los dos ojos,
> allá arriba dan vueltas esperando sus despojos
> A veces se hace el muerto y si alguno se abalanza,
> Come Baal buitre a la cena, en venganza...
>
> Y si el oscuro seno del mundo se lo traga
> ¿qué queda en el mundo que a Baal lo satisfaga?

> Tantas estrellas se lleva Baal en las pupilas
> que ni muerto llega a consumirlas. [J.H.]

El ingenioso "cloaquismo" alcanza su apogeo en el coral de Orge sobre el retrete:

> De todos los lugares de la tierra que él amaba,
> No era el verde asiento de la tumba de sus padres,
> Ni el confesionario del cura, ni la cama de la ramera,
> Ni las suaves, blancas y gordas rodillas que ansían los hombres:
>
> Orge me dijo que de los lugares conocidos por el hombre,
> El más adorable de todos en la tierra es la letrina.

Y por otro lado, en una escena posterior, las conmovedoras líneas de "Muerte en los bosques":

> Y un hombre murió en los bosques eternos,
> Rodeado de tormentas y de inundaciones,
> Murió como una bestia, escarbando raíces,
> Y mirando las copas de los árboles, en los bosques
> Donde la tormenta rugía y rugía alrededor.

Baal era probablemente la obra que llevaba Brecht cuando fue a visitar a Feuchtwanger; y recién sería estrenada después de que *Spartacus* –rebautizada como *Tambores en la noche*– subiera a un escenario. El crítico Alfred Kerr (enemigo de Brecht de toda la vida) la denominó, en parte con justicia, "caos con posibilidades". Muchos años después, cuando Brecht quiso reeditar sus trabajos, evaluó esta obra a la luz de su marxismo posterior. Estuvo de acuerdo en que podría ocasionar algunas dificultades de comprensión a aquellos que no estuvieran relacionados con el pensamiento dialéctico, lo que quizá derivaría en que se la considerase una glorificación del individualismo más descarnado. De hecho, aclara Brecht, tenemos aquí el tópico "Yo" como opuesto a un mundo que no reconoce la productividad que puede ser utilizada, sino sólo aquella que puede ser explotada. "La forma de vivir de Baal comparte el mismo destino de todas las artes que se desarrollan bajo el capitalismo: se le hace la guerra. Baal es antisocial, pero en una sociedad antisocial."

IV

BERLÍN 1921-1922
TAMBORES EN LA NOCHE

> ¿Te puedes librar del ejército o del buen Señor? ¿Te puedes librar de toda la pena y sufrimiento que al hombre le enseñó el Diablo? No. No te puedes librar de esto, pero te puedes tomar un whisky.
>
> Brecht, *Tambores en la noche*

Berlín era la ciudad de los teatros. Allí estaban los dramaturgos y directores experimentales; críticos influyentes como Alfred Kerr, Julius Bab y Herbert Jhering; directores como Max Reinhardt, Leopold Jessner, Felix Höllander, Erwin Piscator, Erich Engel, y los más célebres actores y actrices del momento: Alexander Moissi, Albert Bassermann, Agnes Straub, Werner Krauss, Alexander Granach, Emil Jannings, Emanuel Reicher y muchos otros. Berlín tenía también un gran dinamismo social, con un alto porcentaje de clase trabajadora, y aunque su arquitectura fuera opaca y poco atractiva, era un centro cultural extremadamente activo.

A partir de 1921, Brecht viajó con frecuencia a Berlín, donde finalmente se radicó en 1924. En una ciudad donde gran parte de la población vivía miserablemente, también él comenzó a pasar hambre. Sabía el significado de ahorrar un penique extra evitando viajar en tranvía, y también el valor de llevarse un pancito de la cafetería. Pero así vivían muchos escritores y artistas. Brecht tenía alguna experiencia teatral, ya que en el Kammerspiele de Munich había ocupado el cargo de "dramaturgo" (escritor, corrector, lector) bajo la dirección de Otto Falckenberg. En Berlín se sintió como en su casa y se hizo de nuevos amigos. A principios de 1922, Arnolt Bronnen (joven dramaturgo y personaje emblemático del expresionismo, aunque no todavía el Proteo político en el que se transformaría) se encontró con Brecht en la casa del escritor Otto Zarek. Se refirió a él de la siguiente manera:

> En algún lugar alguien había dejado la colilla de un cigarro humedecido, había tomado una guitarra, y con una voz estridente y ronca empezó a entonar una canción:
>
> *Era tan blanca y venía del cielo*
> *quizás los ciruelos estén floreciendo...*
>
> Miré al cantante: un hombre joven, veinticuatro años, con una cara delgada, seca, cetrina y marcada; ojos penetrantes y pelo corto, oscuro e hirsuto, que le caía sobre la frente en dos rizos... Unos anteojos baratos de marco de aluminio le colgaban de las orejas, notoriamente marcadas, a través del puente de su afilada y angosta nariz. Su boca era extremadamente delicada y parecía estar soñando. En ese hombre pequeño e insignificante late el corazón de nuestros tiempos... Quiero ser su amigo, exclamé... [Mi anfitrión, Otto Zarek] me tomó de la mano y me llevó hasta el cantante. "Bien, Arnolt Bronnen", dijo, "este es Bert Brecht."

Fue el comienzo de una prolongada relación entre Brecht y Bronnen, un hombre cuya carrera lo llevó desde la insurrección expresionista de los años 20 y la adoración por Nietzsche y Stefan George hasta los brazos de Hitler y un cargo importante en el nacionalsocialismo, para pasar posteriormente a la resistencia contra el nazismo y luego al comunismo.

¿Cómo veían las mujeres a Brecht? He aquí la descripción de Lotte Eisner:

> Un hombre alto y joven –tímido y orgulloso a la vez– con esa timidez que los buenos burgueses confunden con la arrogancia. Muy delgado –casi macilento– y algo encorvado, parecía flotar en sus ropas que se veían demasiado grandes para él. Era de movimientos

bruscos y desgarbados, como de un cachorro hambriento. Lo que más me impresionaba eran sus bellas manos, de dedos largos y delicados, y sus ojos profundos y penetrantes al mismo tiempo. Su frente, bajo un flequillo encrespado y desparejo, era muy suave. Siempre tenía puesta su gorra, típica de los bajos fondos, que le caía sobre la frente, su chaqueta de cuero gastado y un enorme cigarro. Su imagen era la de su poesía. Un duro cinismo, con algunos toques de melancolía de comediante, desconcertaba en un primer momento. Le gustaba dar una apariencia de hombre duro, y con esta actitud inflexible se ganó muchos enemigos. Sin embargo, podía ser encantador y seducir cuando lo deseaba. Escribió: "En mí tienes a un hombre con el que no puedes contar"; pero, de hecho, fue un amigo con el que podíamos contar sin reservas.

La talentosa dramaturga y novelista Marieluise Fleisser lo conoció íntimamente durante esos años, y en el relato autobiográfico *Avantgarde* nos brinda un retrato más ambiguo y complejo, aunque muy auténtico y preciso. Allí aparece como una especie de Baal, atractivo y repelente a la vez, aterradoramente resuelto, insaciable, y rodeado de un aura intocable –ese mítico aislamiento que enmascaraba sus pasiones interiores. Pájaro de paso, se enojaba y abandonaba rápidamente a las mujeres que se encariñaban con él.

Pero ojos menos amistosos lo vieron bajo otra luz. El periodista Willy Haas recuerda sus encuentros con él en las calles de Berlín, vistiendo su vieja chaqueta de cuero ("como un comisario ruso de alguna misteriosa agencia secreta de Moscú"); pero debajo de la chaqueta –Haas estaba seguro– "Brecht usaba una camisa de seda muy cara, que sólo la gente rica podía comprar". Su cabeza estaba afeitada como la de un "preso de Sing Sing, o un recluta del ejército. ¡Y esos anteojos con marco de aluminio! Pero también tenía algo de director de escuela, dictando 'banalidades' con voz dura y algo afectada, y muy lenta". Obviamente, a Haas no le agradaba.

De cualquier modo, los primeros años de Brecht en Berlín no fueron precisamente prósperos. De hecho, en la primavera de 1922 estaba tan débil que debió ser internado en el Hospital Charité. "Estaba desnutrido –le dijo a Herbert Jhering–, y lo que gana Arnolt Bronnen como empleado no alcanza para alimentarnos a los dos. Después de ver la luz del día durante veinticuatro años, no soy más que piel y huesos."

Bronnen y Brecht se hicieron íntimos amigos y planearon trabajos en común. Brecht insistía en que era la única persona competente para dirigir la inminente producción de *Parricidio* de Bronnen en el Deutsches Theater de Berlín. Como señalara anteriormente, parricidio, incesto y "libertad personal" eran los principales temas de esta tragedia arrasadora. El elenco estaba encabezado por dos estrellas sobresalientes: Heinrich George y Agnes Straub. El joven Brecht no respetaba ni la reputación de los actores ni las tradiciones teatrales, pero sus criterios no eran siempre bien recibidos. Bronnen describe una de estas situaciones:

> Allí en la cima de su estilo expresionista estaba la poderosa actriz Agnes Straub y también el actor Heinrich George; y aquí el delgado y magro ausburgués les estaba diciendo, en tono preciso y seco, que todo lo que hacían eran pavadas. Hubo un estallido. Seeler (el productor) se retorcía las manos y corrió a mi lado... Yo estaba sentado cerca de Brecht en el auditorio vacío y oscuro y transpiraba, ya que en el escenario, George, entonces en la cima de la fama, estaba interpretando mis palabras. Brecht separó a los dos actores con resultados previsibles. George arrojó el libreto hasta la fila quince y Straub se marchó llorando en medio de un ataque de furia. Brecht me felicitó con un sarcasmo que ratificaba su triunfo: "De todas formas, nunca podría haber sido hecho con esas personas".

Finalmente Bertolt Viertel asumió la dirección. Y aunque el estreno fue postergado, la pieza resultó un éxito. Quizá se pueda hacer alguna interpretación del estado de ánimo de épocas turbulentas a partir de las palabras finales de *Parricidio*. El hijo acaba de asesinar a su padre y de acostarse con la madre. La madre, Frau Fessel, lo llama: "Ven conmigo, oh, oh, oh, ven conmigo". Y Walter, el hijo, le responde:

> Ya tuve suficiente de ti. Ya tuve suficiente de todo. Vé a enterrar a tu marido. Eres vieja. Pero yo soy joven. No te conozco.

> Soy libre. No hay nadie delante de mí, ni a mi lado, ni por encima de mí. Mi padre muerto. ¡Cielos! Salto hacia ti. ¡Vuelo! Cómo presiona, tiembla, gime, se lamenta. ¡¡Debe salir!! Se hincha, chorrea, estalla, vuela. ¡¡¡Debe salir!!! Yo rejuvenezco...

Pero sin molestarse por este episodio, Bronnen y Brecht decidieron planear una película. Nuevamente surgieron diferencias y Bronnen siguió su camino sin pelearse. De todas formas hubiera sido toda una experiencia ver *Parricidio* dirigida por Brecht.

En la vida de Brecht no faltaban emociones. Se había enamorado de Marianne Zoff, hermana de uno de sus amigos escritores, y *Tambores en la noche* iba a estrenarse en el Kammerspiele de Munich. Para asegurarse al menos un crítico amigo, le pidió a Herbert Jhering que fuera a Munich. Jhering era el influyente crítico del *Börsen-Courier* de Berlín. Brecht le escribió:

> Sé lo que te estoy pidiendo, pero dependo muchísimo de esto. Desde que Berlín dejó de dar oportunidades a las cosas nuevas, se volvió una maldición conseguir reseñas decentes cuando uno más las necesita.

Jhering estuvo de acuerdo y asistió al estreno. Hans Otto Münsterer, un amigo de Brecht, describe la velada:

> Viernes, 29 de septiembre... Entradas agotadas. Estábamos todos muy nerviosos. Las cortinas tardaban en alzarse. Un excitado Brecht susurraba que los críticos berlineses habían llegado, principalmente Jhering. Todos los Brecht estaban presentes: el padre, el hermano Walter, la casera Röckert y Bie (una de sus novias). A mí me tomaron por su hermano... Por último, las cortinas se abrieron y la mala suerte intervino... Buenos ensayos, mal estreno; esa es una vieja superstición teatral y parecía que se iba a cumplir. Todo lo que había funcionado bien durante los ensayos, ahora no funcionaba. No obstante, la obra tuvo un gran éxito, debido a su fuerza y al lenguaje de Brecht, un discurso que no se había escuchado en la escena alemana durante años. Esperamos y sufrimos dos días más, ya que las críticas no aparecían hasta el lunes.

Herbert Jhering no desilusionó al joven dramaturgo. En una de esas reseñas con las que sueña todo artista que se inicia, el crítico del *Börsen-Courier* alabó a Brecht con indudable entusiasmo:

> El joven poeta de veinticuatro años, Brecht, ha cambiado la fisonomía literaria de Alemania de la noche a la mañana. Con Bert Brecht surge un nuevo tono, una nueva melodía, una nueva visión... Sus personajes son fosforescentes... Experimenta el caos y la desintegración de manera física... Permite hablar al ser humano desnudo, pero en un lenguaje que no hemos escuchado en años. Y con las primeras palabras de la obra lo comprendemos todo: *La tragedia ha comenzado*. No atravesamos tan apabullante experiencia ni siquiera en épocas de Wedekind. Otto Falckenberg y el Pequeño Teatro de Munich... han hecho más por el teatro alemán con esta producción de Bert Brecht que Berlín con todos sus teatros funcionando.

El crítico Julius Bab, no menos influyente, habló de "una estimulante y elevada energía... Un grito descarnado desde una garganta sangrante". Su gran opositor, el crítico Alfred Kerr del *Berliner Zeitung*, quien en privado había dicho que *Baal* era el "caos con posibilidades" (Brecht le había enviado una copia de la obra), consideró que *Tambores en la noche* era "obviamente talentosa, pero sólo se trata de una obra más, a pesar de su frescura natural" –no tanto al estilo de Toller, sino más bien en el de Georg Kaiser. "Brecht debe conservarse como una esperanza."

Más allá de las críticas, Brecht se convirtió en una celebridad. Su repentino y asombroso ascenso a la fama aparece ilustrado en una anécdota de Jhering. Felix Holländer, gerente general y director artístico del Deutsches Theater de Reinhardt, lo llamó por teléfono y le dijo: "Herr Jhering, debe conseguirme a Brecht, el único genio vivo que conozco hoy en día". Cuando Brecht se encontró con Holländer, este último, sin siquiera saludarlo le dijo: "Herr Brecht, de ahora en más sus estrenos se realizarán en el Deutsches Theater, tal como se hizo con los de Hauptmann anteriormente", y de inmediato aceptó *Baal* y *Tambores en la noche*. Desdichadamente, continúa Jhering, durante los ensayos se produjeron desinteligencias entre Brecht y

Holländer respecto de *Tambores en la noche* bajo la dirección de Falckenberg. Tiempo después, cuando Holländer fue nombrado crítico del *Achtuhr Abendblatt*, se convirtió en uno de sus más decididos detractores, después de Kerr.

Si bien se habían escrito después de la Primera Guerra Mundial centenares de obras sobre el tema (como *Transformación* y *El rengo*, de Toller) la producción de Munich de *Tambores en la noche*, con la espectacular actuación de Erwin Faber como Andreas Kragler, había causado admiración.

La obra de Brecht se desarrolla sobre un trasfondo revolucionario: el levantamiento Espartaco de Berlín. Su protagonista es el soldado Andreas Kragler, que regresa al hogar desde África, donde se lo había dado por muerto, tras una ausencia de cuatro años. Al regresar a Berlín descubre que su novia está comprometida con un especulador enriquecido con la guerra, y que además está embarazada. Kragler, un delgado y enfermizo espectro, sigue a la pareja acompañada por los padres de Anna hasta el Bar Picadilly, donde se celebrará la boda. Afuera, los insurrectos han tomado las armas, y los disparos acentúan el drama de las relaciones personales. La pesadilla se intensifica cuando la figura fantasmal de Kragler aparece durante la fiesta y se enfrenta a la brutalidad de Murk, el prometido de Anna, y al oportunismo y sangre fría del padre de su ex novia. El prometido se dirige al soldado en estos términos: "¿Qué deseas? ¡No eres más que un cadáver! ¡Hueles horrible! [Se tapa la nariz] ¿Quieres ser canonizado sólo porque tragaste algo de sol africano? Yo también estuve trabajando. He trabajado hasta que la sangre me llegó a las botas. Mira mis manos...". Cínicamente, se ofrece a comprarle las botas. "Pertenecen al museo militar. Te ofrezco cuarenta marcos por ellas." Y el padre de Anna dice:

> Sí, el sol estaba caliente, ¿eh? Bien, eso es África. Está todo en los libros de geografía. ¿Fue usted un héroe? Quedará todo escrito en los libros de historia. Pero en el libro mayor no habrá nada. Por eso el héroe debe regresar a África. Punto. Camarero, saque esta cosa de aquí...

Kragler levanta a Murk y lo saca del cuarto. "Ven conmigo, Anna", dice.

Él quería comprar mis botas... La escarcha me llegó hasta la piel, que se puso morada y se agrietó con el sol. Mi cartera está vacía y no tengo ni un centavo. Te quiero, feo como soy.

Los disparos resuenan desde el exterior, acompañados por el canto de *La International*. Balicke, el padre, reacciona de inmediato:

¡Espartaco! ¡Tus amigos, Herr Andreas Kragler! Tus sombríos compañeros. Tus camaradas. Están atronando por el barrio del periódico, apestando a fuego y muerte. Bestias. Bestias. Bestias. Si alguien pregunta: ¿Por qué bestias? Ustedes comen carne humana y deben ser aplastados.

El mozo, conmovido, objeta esta clase de insulto y le dice a otro de los personajes: "¿Por qué me importa? Las estrellas se salen de su curso cuando la vileza deja a un ser humano indiferente".

Lo que sigue es una extraña "Cabalgata de las Valquirias", cuando varios de los personajes salen a recorrer las calles de la ciudad. Anna busca a Kragler, que ha partido. Desesperado, Klager oye los disparos y se pregunta, "¿Quizá me necesiten allí?", pero no va. En cambio cae en un bar, se encuentra con la prostituta Marie y escucha al dueño de la taberna cantar la "Balada del soldado muerto".

La desesperación de Kragler aumenta con el alcohol: "...No hay más tiempo para la injusticia. El mundo es demasiado viejo para esperar los buenos tiempos, el whisky es más barato y los cielos están completamente alquilados, mis queridos amigos". Pero cuando se encuentra con Anna, todavía la desea. Y no se une a los revolucionarios: "Es preferible que cada uno se ocupe de sí mismo... Soy un cerdo y el cerdo se va a casa... Mañana a la mañana los gritos habrán terminado y yo estaré tirado en mi cama y reiniciaré la carrera, así que no voy a morir. No me miren tan románticamente, miserables... Asesinos... [Tambores]... Cobardes sanguijuelas...". Y las indicaciones concluyen: "Su carcajada se ahoga, se tambalea, arroja el tambor a la luna, que en realidad es un farol, y tambor y luna caen al río, que no tiene agua".

Se trataba de un teatro diferente. Alfred Kantorowicz comenta que la diferencia surge porque en *Tambores en la noche* no hay invocaciones del tipo "O Mensch!", ni gritos horripilantes, ni súplicas trascendentes, ni una desesperación exacerbada, ni conflicto padre-hijo, ni fórmulas —salvo la lúgubre relación "realismo-realidad"—, ni respuestas adecuadas ni deseos cumplidos.

No ha existido drama del "regreso a casa" como el de Brecht. Esto era, para acordar en un punto con Kerr, el caos encarnado. El caos que toma forma. En *Tambores en la noche* Brecht muestra una sorprendente afinidad con *Woyzeck* de Büchner, escrita casi cien años antes. El personaje de Büchner, el soldado Woyzeck, como el Kragler brechtiano, refleja el pathos sin esperanza y la desesperación de un hombrecito privado de autoestima e incapaz de expresarse por sí mismo. Woyzeck es pobre, está desesperado, es insultado; sin embargo tiene una sabiduría natural e instintiva. Woyzeck es el "héroe golpeado" que carece de oportunidades: se ve sometido a investigaciones "científicas" por parte del médico del ejército; es sermoneado y malinterpretado por un capitán pletórico de frases hechas, es engañado por su amante y finalmente asesina a esta y (en una versión) se suicida. Él es una fatalidad social. Pero Andreas cuenta con una ventaja sobre Woyzeck. Tiene una oportunidad, y elige sobrevivir. El mundo, dentro y fuera de la revolución, no significa nada para él. Él no puede trascender su sueño pequeñoburgués. Es la representación del caos y del desencanto que siguieron al colapso de la revolución de 1918, y también representa el caos del propio Brecht.

Las afinidades entre Brecht y Büchner son muchas y aparecen con frecuencia; por ejemplo, cuando escuchamos decir a Woyzeck:

> Sí, Capitán, no soy muy bueno... Mire, nosotros —la gente común— carecemos de bondad, todo lo que tenemos es naturaleza. Pero si fuera un caballero y tuviera un sombrero y un reloj y un monóculo, y pudiera hablar con clase y elegancia, me gustaría ser bueno. Debe ser muy agradable ser bueno, pero sólo soy un pobre tipo.

El idioma medular y cotidiano de Büchner también está en Brecht, pero controlado y perfeccionado.

Había comenzado a "desromantizar", o sea a practicar ese "distanciamiento" que se convertiría en parte fundamental de su teoría dramática. Las indicaciones escénicas en la producción de Munich hablan de pantallas que sugirieran habitaciones detrás de las cuales se vea perfilada una Berlín de aspecto infantil, con una luna que brille intermitentemente. En la sala había carteles dirigidos al público: "Es preferible que cada uno se ocupe de sí mismo" y "No mires tan románticamente".

La preparación del estreno de Berlín le causó a Brecht muchas preocupaciones. No estaba satisfecho con Otto Falckenberg, y deseaba secretamente hacerse cargo de la dirección. Aparecía lo menos posible en los ensayos, ya que cada visita terminaba en una discusión. Finalmente, la obra se estrenó en el Deutsches Theater el 20 de diciembre de 1922. El elenco era notable e incluía a Alexander Granach, Blandine Ebinger, Paul Graetz, Heinrich George. Pero la representación no satisfizo ni a Brecht ni a Jhering. Desde Munich, Brecht le escribió con tristeza a su crítico amigo:

> Holländer ha arruinado *Tambores en la noche*. El hombre tiene un corazón negro en su pecho. El buen Señor lo juzgará. Eso será bastante desagradable para él. Pero yo también me sentaré a juzgarlo, y eso va a ser aún más desagradable.

Gracias a la influencia de Jhering, el muy codiciado Premio Kleist, que se concede al más promisorio dramaturgo joven, le fue otorgado en 1922.

En el caso de *Baal*, cuando Brecht reeditó la pieza junto con sus otras obras en 1954, expresó una cantidad de reservas. Respecto de *Tambores en la noche* dijo:

> Tan sólo la consideración de que la literatura pertenece a la historia y que esta última no debe ser falsificada, no menos que la sensación de que mis actuales opiniones y capacidades no tendrían valor sin el conocimiento de mis obras previas –en el caso de que haya habido un progreso–, me han prevenido de montar un pequeño auto de fe. Más aún, la supresión no es suficiente. Lo Falso debe ser rectificado.

Como corolario de estas reservas, Brecht realizó algunos cambios en *Tambores en la noche*, con la intención de darle un tono más "positivo".

Al tabernero Glubb se le agregó un sobrino, "un joven trabajador, que participa y cae en los levantamientos de noviembre". Sin embargo, aunque los cambios en el texto hayan sido numerosos, no fueron lo suficientemente profundos como para alterar la esencia de la obra. Todavía es una obra de principios de los años 20, y Brecht era consciente de ello:

> Aparentemente mi comprensión no era en ese momento lo suficientemente profunda como para captar la seriedad del levantamiento del invierno de 1918-1919, pero bastó para que me diera cuenta de la falta de seriedad de mi héroe rebelde y su participación en la insurrección. Los iniciadores de la lucha fueron los proletarios, pero Kragler era el beneficiario. Ellos no necesitaban contar con una pérdida personal para justificar su rebelión. Kragler pudo ser indemnizado. Estaban preparados para unírsele en su causa, pero él sacrificó la de ellos. Ellos eran las figuras trágicas; él era el cómico. No logré mostrarle al espectador la Revolución, salvo a través de los ojos del "héroe", Kragler, y éste la veía como algo romántico. Todavía no manejaba la técnica del "distanciamiento".

Una curiosa y macabra apostilla a *Tambores en la noche*, fechada en 1919, la proporciona Lion Feuchtwanger:

> El manuscrito de *Spartacus* [tal como se conocía entonces *Tambores en la noche*] me deparó una desagradable experiencia. En la primavera de ese año (1919), un gobierno ruso se estableció en Munich. Sólo duró un corto tiempo y la ciudad se pobló de guardias blancos. Las casas de los intelectuales fueron requisadas. Los soldados, a punta de pistola y con granadas de mano, entraron en mi casa y me obligaron a abrir mi escritorio. Lo primero que cayó en sus manos fue el manuscrito de *Spartacus*. En aquellos días la gente era tratada con absoluta descortesía en Munich, las balas corrían fácilmente y el número de víctimas sumaba centenares. La razón por la cual no sufrí ninguna consecuencia fue que, entre los soldados, se encontraban algunos estudiantes de Dusseldorf que habían visto mis obras y habían leído algunos de mis libros, y por lo tanto consideraron que *Spartacus* no era material de propaganda revolucionaria.

V
EN LA JUNGLA DE LAS CIUDADES

Fourmillant cité, cité pleine de rêves,
Où le spectre, en plein jour, raccroche le passant!
Baudelaire, "Les sept vieillards"

En las ciudades de asfalto estoy en mi elemento.
Brecht, "Balada del pobre B. B."

Aun cuando la producción de *Tambores en la noche* en Berlín no fue el éxito que se esperaba, se hablaba de Brecht en toda la ciudad. Su mente trabajaba sin descanso planificando nuevas ideas; películas, historias, adaptaciones, y por supuesto nuevos poemas y obras de teatro. Brecht había abandonado el proyecto de realizar una película con Bronnen, pero comenzó por su cuenta la adaptación de la famosa novela de Selma Lagerlöff *Gösta Berling*, de la cual escribió dos secuencias. Todavía estaba entusiasmado con la idea de dirigir otra de las obras de Bronnen, *Traición*. La historia le interesaba; y además estaba buscando nuevos materiales para una obra histórica, ya que tenía la intención de desmitificar a los héroes y al heroísmo tradicionales y reinvindicar a los olvidados y a los "antihéroes". Le atraía tanto Roma como Grecia, y le había pedido a Bronnen que buscara material sobre Aníbal, personaje que ya había sido utilizado en una obra de Christian Grabbe.

Max Reinhardt le pidió que adaptara esta obra para el Grosses Schauspielhaus de Berlín. Tenía que ser una de esas obras "monumentales" y "operísticas" que tanto le gustaban a Reinhardt, y su escenografía debía incluir una gigantesca estatua de Moloch al fondo. Brecht tenía la esperanza de poder dirigirla. Esto no se pudo concretar, pero algunos bocetos que elaboró sobre el personaje de Aníbal iluminaron el proyecto en cuanto a la manera de encarar el personaje histórico, y también respecto de sus propios métodos de trabajo.

Uno de los más sobresalientes hombres de la historia —escribe—, a quien sólo conocimos a través de los ojos de sus enemigos, los romanos... Creo que era de raza negra. Los historiadores romanos no conocen un hombre que haya odiado tanto a Roma. Y sin embargo este hombre [Aníbal] se comportó como cualquier trabajador. Su vida en tiempos de paz estaba dedicada a los experimentos técnicos que con posterioridad utilizaba en las batallas (algo así como Rockefeller en el negocio petrolero).

Brecht rescata la capacidad de Aníbal para conservar una imagen popular durante treinta años. Estos son los comienzos de su interés por la historia y sus revisiones, que continuarían hasta el fin de sus días, cuando escribió una novela histórica sobre Julio César.

También lo mantenían ocupado sus cuestiones personales. Marianne Zoff, su mujer, estaba esperando un bebé, y vivían en un departamento modesto en la Akademiestrasse en Munich. El trío sumamente unido compuesto por Caspar Neher, Bronnen y Brecht se la pasaba pensando en nuevas ideas y proyectos.

Brecht había estado trabajando en dos nuevas obras, *Im Dickicht der Städte* [*En la jungla de las ciudades*] y en una adaptación de *Eduardo II* de Christopher Marlowe. Para *Tambores en la noche* y *Baal* ya había contratos firmados. *Eduardo II*, en la que había trabajado en colaboración con Lion Feuchtwanger, se encontraba en manos de Heinz Lippman, dramaturgo del Berlín Staatstheater.

En ese momento pululaban por Munich los esperanzados y alborotados "Camisas pardas", preparando un *Putsch*. El antisemitismo era cada vez más notorio y, aunque no fuera judío, a Brecht le preocupaba lo que estaba pasando. Cuando le escribía a Bronnen sobre estos incidentes, los calificaba como "esa suerte de excrementos" o "las cabalgatas de esos funestos hijos de puta" hitlerianos. Estas cartas, tan divertidas como obscenas, le parecían maravillosas a Marianne, al punto de suplicarle a Bronnen que se las guardara, porque pensaba que algún día "iba a hacer mucho dinero con ellas".

El año 1923 comenzó con novedades: el nacimiento de Hanne y el proyecto para que *En la jungla de las ciudades* se estrenara el 9 de mayo en el Prinzregententheater en Munich.

"Querido Arnolt —le escribió a Bronnen—, el miércoles es el estreno de *En la jungla*. Debes venir sin falta." Bronnen, que estaba atravesando una crisis personal, no asistió. Quizás otros sentimientos menos nobles lo hicieron desistir. La nueva obra tuvo una discreta aceptación. La dirigió Erich Engel; Caspar Neher diseñó la escenografía y Otto Wernicke y Erwin Faber asumieron los roles protagónicos de Shlink y Garga respectivamente.

Primero bajo el título *En la jungla* o *Garga* y finalmente *En la jungla de las ciudades*, ésta fue su primera obra de ambientación "estadounidense", ya que transcurría en Chicago.

La Alemania de posguerra se había hecho una imagen de los Estados Unidos como de un lugar fabuloso; elucubración parcialmente irreal y basada esencialmente en la fantasía. La realidad había sido, por supuesto, la presencia de tropas estadounidenses en Europa, la ocupación del territorio alemán, el colapso del sueño del presidente Wilson respecto de un nuevo mundo y una nueva Europa, sin olvidarse del atractivo siempre presente del dólar estadounidense, considerado una visión radiante frente a la pesadillesca caída del marco. También había reminiscencias del pasado, el "sueño americano" transmitido a Europa por Walt Whitman; el Oeste y los indios celebrado por Fenimore Cooper y domesticado por Karl May; las grandes aventuras en las praderas abiertas, los búfalos, los *cowboys* y el atractivo adicional que representaban las grandes ciudades norteamericanas con sus *Wolkenkratzer*, sus rascacielos. Incluso Brecht le cantaba a los Estados Unidos:

Hallo, wir wollen mit Amerika sprechen...

¡Hola! queremos hablar con los Estados Unidos
a través del Atlántico, con las grandes ciudades
de los Estados Unidos. ¡Hola!

Durante esos días vibrantes, cuando Alemania se sentía encerrada en una prisión, el atractivo de los "lugares abiertos" se complementaba con las maravillas de los rascacielos, la búsqueda de la excelencia, los boxeadores estadounidenses, las carreras de bicicletas de seis días, la jerga estadounidense, el jazz y los *negro-spirituals*. Toda Europa, y no sólo Alemania, estaba cautivada por esta invasión norteamericana. A eso había que sumarle el sobrecogimiento que inspiraban sus ciudades tortuosas y laberínticas, con su inextinguible potencial para el misterio, el crimen y la aventura. Así iban surgiendo ante los ojos alemanes Nueva York, Chicago y San Francisco.

¿Importaba realmente que se tratase de Chicago o Londres, Nueva York o Berlín? La ciudad era un símbolo. Desde los románticos y la Revolución Industrial, este sentimiento ambivalente respecto de la ciudad se fue haciendo más evidente: atracción y repulsión. Mientras Wordsworth y Coleridge se habían ido al Distrito de los Lagos* para escapar de la ciudad, Charles Lamb escribía sobre las maravillas de Londres y William Blake se lamentaba de sus "oscuras fábricas satánicas". La ciudad era al mismo tiempo un gran hospital, una llaga y un objeto de temerosa fascinación. De la misma forma en que Baudelaire, Verlaine y Rimbaud se sentían atraídos por su querida París, con sus horrores, sus pasiones y misterios que reflejaban las propias profundidades de horror y pasión de sus almas, la Naná de Zola no era otra que la opulenta y pecadora París, toda una cortesana imperial. Por el contrario, Walt Whitman le había cantado a las bellezas y maravillas de Manhattan y Brooklyn, aunque posteriormente los novelistas estadounidenses Frank Norris y Upton Sinclair tuvieran una visión completamente distinta de las ciudades. *La jungla* de Upton Sinclair parecía representar la encarnación de Chicago. Para los berlineses, que no tenían una hermosa París a quien cantarle (Berlín era célebremente desagradable), parecía natural que se superpusiera la figura de Walt Whitman con la de Upton Sinclair, generando imágenes confusas donde los grupos raciales, las nacionalidades y las clases se entremezclaban y combatían, se descubrían nuevos territorios, se construían rascacielos, se constituían bandas de delincuentes, todo dentro de un mismo conjunto de aventura y expansión: mataderos atestados y ferrocarriles, puertas de entrada a infinitas posibilidades y a tierras salvajes. Estados Unidos significaba todo eso; además de Charlie Chaplin, mucho dinero, alimentos, energía y aquello que los alemanes no envidiaban menos: la idea de futuro.

¿Qué importaba entonces un poco de distorsión de la realidad? Brecht escribió:

> Escuché decir:
> Habla de América

---

* Se refiere al Distrito de Lagos de Cumberland y Westmoreland (hoy, Cumbria) a principios del siglo XIX. *[N. del T.]*

sin saber nada.
¡Claro, ni siquiera estuvo allí!
Pero créanme:
Cuando hablo de América me entienden muy bien.
Lo mejor de América es
Que todos la entendemos.

Así eran los Estados Unidos que Brecht llamó "nuestro familiar e inconfundible amigo de infancia". *En la jungla de las ciudades* transcurre en Chicago en el año 1912.

Usted está observando [escribió Brecht en el prólogo de la obra] el inexplicable match de box entre dos hombres, y está siendo testigo de la decadencia de una familia que se trasladó desde las sabanas a la jungla de la gran ciudad. No se exprima el cerebro pensando en los motivos de este encuentro, sólo concéntrese en las apuestas humanas involucradas, juzgando objetivamente el estilo de los antagonistas, y preste especial atención al final.

Se trata de una de sus obras más extrañas y desconcertantes. En la superficie, nos enfrentamos con un encuentro de box "metafísico", observado sin pasión alguna tanto por el espectador como por Brecht, donde desdichadamente las apuestas son altas: la vida y la fortuna de los participantes y sus asociados. De hecho, no se trata de Chicago sino de Berlín, y el citado "match de box" es en realidad un drama sobre la soledad y la lucha por comunicarse, aunque sea a través de una pelea, en un mundo que rechaza la comunicación. Los principales adversarios son Shlink –comerciante malayo en muebles usados, de mediana edad y enfermo– y George Garga –un joven pobre que trabaja como empleado en la biblioteca de C. Mayne. Entre ellos se desarrolla un violento combate por la "posesión del alma". Shlink ofrece a Garga comprarle el proyecto de un libro; Garga lo rechaza. Shlink utiliza todos los medios a su alcance para derrotar a Garga, pero éste permanece imperturbable. Aunque le transfiere su próspero negocio a Garga, empobreciéndose, y con la ayuda de sus socios del hampa –el Gusano y el Babuino– prostituye a su hermana y a su novia, Shlink se encuentra indefenso. Garga, por su parte, involucra a

Shlink en un negociado que puede enviarlo a la cárcel, lo ataca arrojándole carbón, y termina preso en lugar de Shlink. Pero lo denuncia por haber seducido y violado a las dos jóvenes, y se asegura de que Shlink sea linchado. Al final, los dos adversarios se enfrentan mientras una turba se aproxima para linchar a Shlink. Ambos se enfrentan a su propia soledad. Shlink se suicida, y Garga, heredero de todo lo que ha quedado, prende fuego al negocio y huye a Nueva York, a otra "jungla", en busca de su libertad.

¿Qué elementos componen este drama y cuál es su significado? Dejando de lado el entorno de Chicago, lo que está presente una vez más es Alemania, y Berlín como su "jungla". Pero la verdadera jungla es la vida misma; la desintegración de la familia de Garga es la desintegración que Brecht ya había expresado en *Baal* y *Tambores en la noche*. ¿Cuál es la naturaleza de la "libertad" que Garga defiende de los incesantes ataques de Shlink? Es su propio desapego, su rechazo a ser poseído; en realidad su rechazo a participar. No es que no exista afecto o atracción. De hecho, aquí como en *Baal* el elemento homosexual es muy fuerte. Verlaine y Rimbaud están presentes una vez más.

Este tipo de relaciones parece haber tenido para Brecht una fascinación especial. En un cuento notable, "Bargan deja que suceda", escrito durante ese período, describe la decadencia de Bargan, un maleante exitoso y experimentado, que no puede resistir la atracción y el afecto que siente por un socio degenerado que lo lleva a la ruina y la destrucción.

En la obra de Brecht, Garga resiste para sobrevivir. En cambio Shlink lo hace por afecto, en un mundo que se caracteriza por la soledad, y donde el contacto es inalcanzable aun en una pelea. Garga sólo puede sobrevivir como un ser aislado; esta es su "libertad". Y el precio (voluntariamente aceptado) es su distanciamiento, tanto de personas como de objetos. Es un anarquista en una sociedad anárquica. De hecho, la pelea en la que están involucrados tiene menos de box que de ajedrez mortal, donde los contrincantes son como peones humanos. Los seres humanos son "cosas", "mercancías" utilizadas a voluntad. Shlink corrompe a la hermana de Garga (Marie, que está enamorada de Shlink) así como a su novia, mientras que Garga, en la batalla mortal contra Shlink, juega el papel de alcahuete. El carácter deshumanizado y abstracto del estadio refleja el mundo deshumanizado tal como Brecht lo veía, y lo mismo sucede con los contrincantes. El concepto mismo de libertad está deshumanizado, y tiene muy poco que ver con la familia o la comunidad. Pero ¿acaso es factible esta clase de libertad? Garga lo sabe:

> No... No somos libres. Comienza con café por la mañana y con una paliza si te haces el tonto; y las lágrimas de una madre salan la comida de los niños y su sudor limpia sus camisas y estás seguro hasta el Día del Juicio Final y sus raíces se entierran profundamente en tu corazón. Y cuando eres adulto y quieres hacer algo con tu piel o con tu pelo, te pagan, te admiten, te golpean, te venden a un precio alto y tú ni siquiera tienes la libertad de ir a las carreras de perros.

Lo único que siente Garga por la mediocridad del mundo laboral cotidiano y sus integrantes es desprecio. Pero, ¿dónde se puede librar uno de todo eso? ¿Nueva York es el terreno virgen, el lugar inmaculado que colmará la búsqueda? Brecht tenía presente a Rimbaud, que partió en una aventura anárquica hacia África para convertirse en mercader de esclavos.

Rimbaud escribió:

> Je reviendrai, avec de membres de fer, la peau sombrée, l'œil furieux...

que *En la jungla de las ciudades*, se vuelve literal en la traducción de Brecht,

> Iré allí [a Nueva York] y volveré con brazos de acero, la piel oscura y la furia en los ojos.

Rimbaud escribió en *Una temporada en el infierno*:

Le combat spirituel est aussi brutal que la bataille d'hommes.
[El combate espiritual es tan brutal como la batalla entre los hombres.]

Hacia el final de la obra de Brecht, Shlink le dice a Garga:

> No entiendes nada. Tú querías acabar conmigo, pero yo quería la pelea; no la física, sino la espiritual.

Y Garga le responde:

> Ahora ves que lo espiritual no significa nada. No importa ser el más fuerte, sino el que sobrevive. Yo no puedo derrotarte. Sólo puedo pisotearte.

Sabemos por su poesía de esos años que a Brecht le gustaba creerse desapasionado y desapegado. Asimismo, se imaginaba que la vida era un deporte. Uno de sus objetos de admiración fue el campeón de peso mediano Samsom-Körner, del que planeaba escribir su biografía y con quien se fotografió en varias oportunidades. A Garga le corresponden los dichos de Rimbaud, principalmente sus latigazos contra la sociedad contemporánea y sus glorificaciones del primitivismo y la brutalidad. Para el título, Brecht se inspiró en la novela de Upton Sinclair, *La jungla*. Sin embargo, con quien tenía una gran deuda era con el novelista danés H. V. Jensen, cuya obra *La rueda*, publicada en 1905, causó una profunda impresión en Brecht. Jensen adoraba Norteamérica como la reencarnación de su mítico ideal teutónico, y vio en Chicago y en la industria y la tecnología estadounidenses la realización de las *Edda**. En *La rueda*, que transcurre en Chicago a principios de siglo, describe una pelea metafísica entre dos personas, basada en la dominación personal y con un tono explícitamente homosexual. El extraño combate se da entre un escritor, Winnifred Lee, y Joseph Evanston, un predicador charlatán y delincuente –aunque dueño de una personalidad magnética– que le declara abiertamente su amor y que al final es asesinado por Lee. Su semejanza con los temas de *Bargan* y de *En la jungla...* no necesita mayor justificación La diferencia radica en la concepción de Chicago. Para Brecht era una "jungla", para Jensen una "rueda" que abarca la industria, el comercio, la maquinaria, y que genera bienestar.

Jensen describe la "lucha metafísica" entre los dos contrincantes:

---

* Corpus de literatura islandesa antigua, contenido en dos libros del siglo XIII, que constituye la fuente más completa y detallada de la mitología germánica. *[N. del T.]*

Y así comenzó la batalla entre los dos hombres; dos sistemas nerviosos totalmente distintos, una batalla implacable que sólo podía concluir con la destrucción de uno de los combatientes, ya que fue asumida por uno de ellos ciegamente, con toda la energía de un apetito elemental, mientras que para el otro la batalla no representaba otra cosa que la vida misma.

La producción *En la jungla...* en Munich, el 9 de mayo de 1923, dirigida por Erich Engel, con escenografía de Cáspar Neher, y la siguiente que se realizó en el Deutsches Theater de Berlín el 29 de octubre de 1924 con Fritz Kortner en el papel de Shlink, generó reacciones diversas de parte de los críticos. Herbert Jhering fue casi el único en valorarla incondicionalmente, insistiendo en que Brecht dominaba la "complejidad dramática" interrelacionando los personajes entre sí. "Garga sólo vive por Shlink, y con Shlink sucede lo mismo." Arremetió contra el gusto teatral dominante, que sólo aprobaba lo convencional y filisteo, y despreciaba la originalidad y lo anticonvencional. En cierta forma, puso el dedo en la llaga al declarar que la obra refleja fielmente el espíritu de la época, donde las líneas de combate no están trazadas en el campo político sino en el de la cultura y en el de la moral. En este drama, expresó, "los seres humanos se vampirizan unos a otros, y en esta situación lo bueno se entrega a la destrucción... y los pantanos exudan luz". Julius Bab fue más reservado, aunque no menos incisivo. Estaba especialmente impresionado por el efecto inolvidable de la "jungla de piedra" de la ciudad, donde no se pueden diferenciar los interiores de los exteriores y parecería que el cielo y el aire fueran también de piedra, "en un estado salvaje, donde el hombre es el lobo del hombre". Podría haber sido una gran obra, continúa, ya que "Brecht tiene un verdadero caos dentro de sí. Pero en tanto que sus peligrosos amigos intentan persuadirlo de que el caos tiene valor y se constituye como un fin en sí mismo, él nunca creará estrellas perdurables".

Brecht fue ganando el respeto y la admiración de sus contemporáneos, como lo prueban las interpretaciones de Fritz Kortner, reconocido como actor sobresaliente. Kortner había recitado en público los poemas de Brecht, entre ellos el popular "Leyenda del soldado muerto". Cuando surgió la oportunidad de participar en *En la jungla...* la aceptó de inmediato y declinó una oferta más interesante de

Max Reinhardt para trabajar en *Santa Juana* de Bernard Shaw. "Brecht —dijo— fue denigrado sistemáticamente por la prensa, excepto por Herbert Jhering. Me fascinaba. Fue mi propia voluntad lo que me llevó a decidirme por él. Trabajar con el director Engel y con el poeta, que participó activamente en los ensayos y que luego de consultarnos reescribía escenas completas, me preservó de la vanidad que sólo se preocupa por el éxito. Ante mí se abrieron nuevas perspectivas."

Ahora, al fin, Brecht iba a lograr que se representara su primogénito, *Baal*, aunque no en Berlín. Berlín no era lo suficientemente atrevida, Leipzig sí. El inminente estreno de una obra ya conocida de la *bête noire* del teatro alemán resultaba estimulante, a pesar de los rumores de un posible escándalo. El público no se iba a desilusionar.

Amigos, enemigos y neutrales se dieron cita la noche del 8 de diciembre de 1923 en el Altes Theater de Leipzig. La función fue interrumpida de repente, mientras el actor Lothar Körner recitaba uno de los pasajes más conmovedores, por alguien que gritó: "¿De qué se trata esta obra?". Pero al terminar hubo una ovación. Herbert Jhering estaba exultante: "Leipzig se atrevió a hacer con recursos limitados aquello que Berlín podría haber llevado a cabo triunfalmente". Pero por orden del alcalde de Leipzig la obra fue retirada del repertorio. Aparentemente el alcalde coincidía con el crítico Egbert Delpy, que dijo que se trataba de "un baño de barro".

Sin embargo se hicieron nuevas producciones; primero en Munich y luego en Berlín. Allí, en el Deutsches Theater, el 14 de febrero de 1926, Brecht la dirigió junto a Oscar Homolka, que también desempeñaba el papel de Baal. El dramaturgo Hanns Henny Jahn nos brinda una descripción vívida de lo sucedido:

> En determinado momento —creo que después de la Canción de Orge, "El lugar más dulce del mundo"— el público se descontroló... Silbidos, gritos, aplausos... La actriz se balanceaba arriba del piano y tocaba las teclas con los pies mientras cantaba "Allons enfants de la patrie!" Pensé que se iba a desatar el pánico, pero sólo se limitaba al ruido... De repente se hizo un silencio total y una voz gritó desde la galería: "¡No estás tan impresionada! Sólo lo haces porque—", seguido por el sonido de una bofetada. Aplausos. Más aplausos. Y la obra continuó.

Baal se trasladó a Viena. Que esta ciudad junto al Danubio aceptara producir la obra era una señal de que el mundo había cambiado. Viena siempre había sido la capital cultural más conservadora de Europa. Mucho más asombroso era que el mayor poeta austríaco, Hugo von Hofmannsthal, se hubiera interesado en escribir un prólogo de *Baal* y producir la obra. Este prólogo, "Teatro de lo nuevo. Una proclama", es una pieza fascinante. Utiliza a los actores del elenco (Oscar Homolka entre ellos) para discutir la trascendencia de *Baal* en el teatro contemporáneo. Cuando uno de los actores, completamente asombrado, pregunta si se trata de una obra histórica, ya que se titula *Baal*, y si será entendida, Homolka responde:

> Este es el mito de la Existencia, la configuración elemental de nuestro Ser. Hoy el hombre penetra en todo, se compenetra de todo lo que está vivo, para retornar finalmente a la tierra... El poeta que estamos presentando hoy no dialoga... Es un poeta en tiempos de caos..., un visionario buscando un objetivo.

A lo cual otro actor, Egon Friedell, agrega que nuestro tiempo desea ser redimido de la individualidad, esa individualidad europea que "ha estado cavando nuestra propia tumba". Eso era lo que Brecht estaba representando. Este es el tributo de Hofmannsthal a Brecht. Pero también es un tributo al espíritu del mismo Hofmannsthal.

En cuanto a los escándalos, podemos estar seguros de que Brecht saboreó cada momento de ellos en relación con sus obras. También podía reírse de sí mismo. En una de sus farsas más breves, aparece el siguiente diálogo:

JOVEN. ¿Ha visto en el teatro la obra llamada *Baal*?
HOMBRE. Sí, es asquerosa.
JOVEN. Pero hay algo poderoso en ella.
HOMBRE. Bien, entonces es una poderosa asquerosidad. Y eso es peor que una obra endeble. Si un hombre tiene talento para la bestialidad, ¿eso lo excusa? Eso no se justifica en una obra de teatro.
PADRE. Con estos dramaturgos modernos, la vida familiar ha sido arrastrada al fango. ¡Y eso es lo mejor de lo que nosotros, los alemanes, nos podemos jactar!

VI
EDUARDO II
Y EL CULTO DE LO HEROICO

> *El mundo se está hundiendo. ¿Qué es un juramento? Te daré la absolución.*
>
> Brecht, *Eduardo II*

El culto de lo heroico, popularizado por Thomas Carlyle con su "culto de los héroes", no había muerto en Alemania, aunque se encontraba severamente devaluado. Lo "heroico" se relacionaba con las deslucidas figuras del Káiser Guillermo II, el general Von Hindenburg y otros líderes militares, sin mencionar a Ludendorff, aunque a los ojos de los nacionalistas ortodoxos su gloria permanecía intacta.

Pero para el alemán en general, había una urgente necesidad de reemplazos. Los años 20 del nuevo siglo estaban dedicados a buscar personajes históricos que recuperasen una pátina de heroísmo para un presente desvaído. Los escritores se volvieron hacia las figuras de Napoleón, Martín Lutero o Maximiliano de Habsburgo. Walter Hasenclever hizo de Napoleón el arquitecto del paneuropeísmo; Fritz von Unruh lo convirtió en un vástago del Iluminismo y el dramaturgo Blume en un pacifista. Franz Werfel transformó a Maximiliano en el delicado y democrático líder de un México bárbaro; Hanns Johst glorificó a Lutero como liberador alemán, a expensas de un anabaptista como Thomas Münzer, a quien llamó perro sarnoso. Y en el gran teatro de Berlín Max Reinhardt ponía en escena *Santa Juana* de Bernard Shaw, resucitando a otra gran figura histórica.

En ese momento, Brecht estaba muy interesado en el drama histórico. Como vimos, trabajaba en la adaptación del tema de Aníbal, sin dudas estimulado por la obra de Grabbe, *Hannibal,* de 1918. Le gustaban los dramas isabelinos, porque su estructura y lenguaje le parecían próximos a lo que él mismo buscaba. Como dramaturgo del Kammerspiele de Munich, fue responsable de la puesta de al menos una de las obras de Shakespeare. Brecht consideró la posibilidad de adaptar el *Macbeth*, pero finalmente se decidió por la tragedia de Christopher Marlowe *El azaroso reinado y lamentable muerte de Eduardo II,* y Lion Feuchtwanger se ofreció a ayudarlo. En ese momento era una empresa mucho más segura que montar una tragedia muy conocida de Shakespeare.

Seguramente existieron también otras razones para la elección de esta obra y de su autor. Se trataba de otro *poète maudit*, una compañía perfecta para los ídolos Rimbaud y Villon, un librepensador sospechoso, un bohemio relacionado con los bajos fondos y que murió joven. El tema de la tragedia de Marlowe también tenía sus atractivos. Una relación antinatural entre un rey y un subalterno, que desemboca en un final trágico. Las relaciones del rey Eduardo y Piers Gaveston se equiparaban con las de Bargan y Croze, Garga y Shlink, sin mencionar la de Baal y Ekart.

Brecht siempre rechazó las formas cerradas del teatro clásico, con su división en actos, sus clímax y resoluciones. La forma abierta de la obra histórica, con su libertad de movimientos, su discontinuidad y cambios de escena –en otras palabras, su carácter "épico", como solía decir– se adaptaban más a sus necesidades y a su estilo.

Una vez más se mudó del bullicio de Munich a la paz de Ausburgo, y regresó trayéndole a Feuchtwanger páginas con nuevos versos. Feuchtwanger criticaba y corregía, y muchas veces transformaba los versos en "torpezas". Se trataba de una tarea arriesgada, en una época en que un director de la talla de Jessner había logrado éxito y fama con un estilizado *Ricardo III*, y lo mismo había sucedido con Berthold Viertel y su *Ricardo II* en el estilo del ruso Tairov* y el teatro Kamerny. Toda aquella adaptación se exponía al tipo de respuesta que Feuchtwanger describe muy agudamente:

> Yo, por ejemplo, a veces hago adaptaciones.
> Algunos las llaman "versión libre",
> y es verdad. Tomo algo viejo
> y lo transformo en algo nuevo.
> Y debajo del título pongo el nombre del poeta muerto;
> alguien muy famoso, por supuesto, pero totalmente desconocido,
> y delante del nombre del poeta muerto
> coloco las palabritas "basado en".
> Entonces algunos dicen: "Él es muy respetuoso".

* A. Y. Tairov, fundador y productor-director (1914-1949) del teatro (de cámara) Kamerny, que, en la época de la revolución rusa competía con el Teatro de Arte de Moscú. Su estilo era vanguardista, en particular en lo que hacía a las puestas. *[N. del T.]*

Y otros: "No le tuvo el menor respeto".
Y lo que está mal me lo atribuyen,
y lo que está bien se lo atribuyen al poeta muerto,
quien, como usted sabe, es muy famoso y totalmente desconocido,
y de quien en realidad nadie sabe
si es el autor o el adaptador.

Eduardo II de Christopher Marlowe fue escrita alrededor de 1592 y es la obra más acabada y, afortunadamente, la mejor preservada del dramaturgo. Registra los hechos de la vida del rey inglés desde 1307 a 1330, desde el regreso de su amante Gaveston hasta su muerte. Describe las desdichadas guerras, seculares y espirituales, de los barones y otros señores feudales, el odio definitivo de éstos por el "patán advenedizo" de Gaveston, su asesinato y, finalmente, la abdicación forzada del rey, su tortura y persecución por parte del amante de la reina, Mortimer, y su eventual asesinato en la cárcel. La obra concluye con el exilio de la reina y la ejecución de Mortimer por orden del joven rey Eduardo III.

En la tragedia de Marlowe, basada en la relación fatal y desdichada del rey y su amante, el papel de Gaveston se destaca por sus inclinaciones "italianizantes" tal como las concebían los ingleses isabelinos: corrupción y afeminamiento, libertinaje y placer voluptuoso, con máscaras italianas de sátiros danzando "con sus patas de carnero en una carnavalesca escena sexual". Para los señores y los altos dignatarios de la Iglesia, él es un "hongo surgido de la noche a la mañana", de extracción vulgar. El pueblo inglés no aparece en la obra –ni soldados ni campesinos ni ciudadanos– excepto como testigos mudos o bien como víctimas de las sangrientas batallas. Para Marlowe no tenían entidad. Hay tambores sólo para anunciar la presencia de reyes, señores y cardenales. Pero la obra es de una gran belleza, sus caracterizaciones y su desarrollo tienen fuerza y precisión, y el lenguaje es rico. Las escenas de la prisión y muerte del rey sólo fueron igualadas por Shakespeare.

La adaptación de Brecht y Feuchtwanger del texto de Marlowe arroja luz sobre sus autores. En su forma final, *Vida de Eduardo II de Inglaterra* es esencialmente una obra de Brecht. La acción está acelerada y el lenguaje es más tenso. A diferencia del original, los elementos políticos y sociales aparecen enfatizados. Se intercalaron escenas con el pueblo de Londres expresando su rencor contra el rey y su "prostituta" masculina. Una típica balada callejera brechtiana se queja del despilfarro y la opresión del rey y su amante:

> La ramera de Eddy tiene pelo en pecho,
> Ruega por nosotros, ruega por nosotros.
> Y la guerra contra Escocia tuvo que esperar,
> Ruega por nosotros, ora pro nobis.
>
> El par de Cornualles lleva oro en la manga,
> Ruega por nosotros, ruega por nosotros,
> Pat no tiene brazos, ni O'Nelly nariz,
> Ruega por nosotros, etc.
>
> Eddy está ocupado despiojando a su «novia»,
> Ruega por nosotros, etc.
>
> Y Johnny grazna en los pantanos de Banockbride,
> Ruega por nosotros, etc.

En lugar de la opulencia de Marlowe, Brecht introdujo un laconismo y una economía verbal y argumental que le permitió destacar con toda precisión el caos moral de la época, donde una traición seguía a otra, un perjurio a otro, y todo estaba en manos de los nobles, los hombres de la Iglesia y los reyes. Los dos Mortimer de Marlowe, padre e hijo, se condensan en una sola persona, un hombre de Estado mayor de edad, un filósofo y erudito cínico, quien al aconsejar el destierro de Gaveston se dirige al Parlamento en un típico lenguaje brechtiano. Él traza una analogía con la guerra de Troya:

> ¿Qué importa si Helena fue una puta
> O gran dama de rancia prosapia?
> Troya seguiría en pie, cuatro veces
> mayor que nuestra Londres. Héctor
> no habría sido desmembrado, vejado, y sus soldados mutilados,
> ni la temblona cabeza del anciano Príamo
> destrozada por los perros;
> ni una raza de guerreros

arrasada en su plenitud.
Quod erat demonstrandum. Desde luego,
en ese caso, tampoco hubiéramos tenido la *Ilíada*.

Sólo se condena una traición, la del despreciable Baldock contra el rey. Baldock es un erudito pobre y vacila frente a su carencia. Brecht, con el registro bíblico en mente, modifica la escena después de otra traición más importante:

> La Biblia nos enseña cómo hacerlo:
> cuando lleguen vuestros hombres
> con cadenas y grilletes,
> he de decir al Rey: Estimado señor,
> tranquilizaos; tomad un pañuelo.
> Y aquél a quien lo entregue, ése será.

Y cuando el rey mira al que lo traiciona, Baldock solloza:

> Mi madre en Irlanda necesita pan.
> Mi señor, usted me perdonará.

"El cálculo prospera" en todos lados, pero el pueblo empobrecido es el perdedor. La Iglesia, no menos que la nobleza, se transforma en socia en este drama sobre el engaño. El arzobispo de Winchester le dice a Mortimer: "La Iglesia estaba con quien Dios estaba". "¿Y con quién estaba Dios?", pregunta Mortimer. "Con aquel que resultase triunfador, Mortimer", es la respuesta.

El rey Eduardo de Brecht, diferente al de Marlowe, hacia el final de sus días en la prisión recuerda sus fechorías, sus desmesuradas exigencias a los pobres, su maltrato a la reina. Con las palabras y el tono que evocan los sombríos corales brechtianos, dice:

> Alabada sea la carencia, alabada sea la tortura
> alabada sea la oscuridad…

Brecht compensa la maravillosa retórica de Marlowe con analogías precisas y con la exuberancia de su lenguaje. Es oportunamente crudo, y utiliza un ritmo deliberadamente entrecortado para plantear la marcha y la destrucción de los tiempos. Las inversiones deliberadas de la estructura gramatical son sorprendentes. Así describe Gaveston su estado mientras escapa:

> Desde el sonar de los tambores, los pantanos que devoran caballos y catapultas –la cabeza del hijo de mi madre– todo se ha vuelto loco. ¡No jadees! ¿No están todos ahogados y destruidos? Y sólo queda el ruido, suspendido entre el cielo y la tierra. No correré más.

> [En el original: "Seit diese Trommeln waren, der Sumpf ersäufend/ Katapult und Pferde, is wohl verrückt/ Meiner Mutter Sohn Kopf. Heuch nicht!..."]

Brecht dirigió la obra, estrenada en el Kammerspiele de Munich el 18 de marzo de 1924, con Erwin Faber y Oskar Homolka en los papeles principales, y con escenografía de Caspar Neher. Respecto del talento de Brecht como director, tenemos la primera referencia de la época en las palabras de Bernhard Reich, quien se hizo cargo de la gerencia general del teatro en 1923. Describe la manera de hablar de Brecht como tranquila pero engañosa: "Hacía indicaciones formulándolas de manera paradójica". Pero era seguro; y si no encontraba objeciones –dice Reich– seguía adelante. El novato de veinticinco años exigía a los actores mayores y consagrados cosas "sorprendentes e inauditas" por aquel entonces. Cuestiones tales como la estricta atención a los más mínimos detalles en el acto de comer, beber o batirse a duelo se transformaron bajo la dirección de Brecht en hechos de capital importancia y en una marca de estilo. Se trabajaba horas enteras sobre los detalles, ya que insistía en que la audiencia debía comprender exactamente qué estaba sucediendo en el escenario. Durante los ensayos modificaba los diálogos a medida que avanzaban, a veces para sorpresa de los actores que debían memorizarlos:

> Cuando se aproximaba el ensayo general, Brecht se volvía más y más activo; desde la sala entregaba a los actores las hojas del nuevo texto. Si alguno se quejaba, lo miraba con evidente sorpresa, de

modo que el actor rápidamente tomaba el nuevo texto y se preparaba a memorizarlo.

Brecht insistía en escenografías muy simples y primitivas. A pesar de las diferencias, no hay dudas de que los que trabajaban con él lo respetaban tanto como a sus métodos. "Tuvimos muchas alegrías con esta producción –continúa Reich–, ya que se superó tanto el sentimentalismo como la retórica". Su trabajo meticuloso es lo que atrajo a actores como Erwin Faber, Oskar Homolka, Agnes Straub, Werner Krauss, Ernst Deutsch, Heinrich George, Alexander Granach y Elisabeth Bergner.

Brecht desarrolló en esta puesta algunos elementos de la teoría del "distanciamiento" [*Verfremdung*]. La situación de Eduardo en la prisión era acentuada por la forma en la que rascaba el último resto de comida de su tazón de madera y el rechinar de la cerca que lo separaba de la audiencia cada vez que el rey se frotaba contra ella. El fondo lo constituía un grupo de casas londinenses, con muchos batientes de ventanas golpeándose y descubriendo al pueblo cantando la balada contra el rey y su "prostituta", que sugería una revolución en ciernes. En determinado momento en que Brecht no estaba satisfecho con la interpretación de los soldados, le preguntó a Karl Valentin: "¿Cómo se comportan los soldados?". Y éste le contestó: "Están asustados". Ante esa respuesta, Brecht hizo maquillar de blanco las caras a los soldados, e inmediatamente logró la atmósfera que buscaba.

Julius Bab reaccionó desfavorablemente ante el "distanciamiento", comentando que a pesar del efecto de terror que logra, él sentía que Brecht se mantenía al margen: "el pregonero Brecht... con su puntero invisible". Herbert Jhering registró una intención más esencial en Brecht: la desmitificación del carácter heroico de la realeza. En un momento en el que el heroísmo estaba siendo cuestionado,

> Brecht substituyó el concepto de grandeza por el de *distancia*... No redujo al ser humano, ni lo atomizó. Lo "sacó"... Esta producción de Munich se convirtió en un punto de viraje del teatro clásico.

Convirtió la tragedia de Marlowe en una desmitificación irónica.

Aunque Munich le ofrecía la posibilidad de montar producciones a las que Berlín no estaba dispuesta a arriesgarse, la vida en la ciudad se volvía progresivamente insoportable. Su matrimonio no era feliz y estaba a punto de terminar. Los excesos de los "camisas pardas" eran cada vez más frecuentes y virulentos. En esos días, Brecht inventó el término "Mahagonny". Se le ocurrió mientras observaba los desfiles de los pequeñoburgueses con sus camisas pardas, como figuras de madera con sus estandartes decorados y desagradables. En ese verano de 1923, "Mahagonny" representó para él la Utopía filistea, ese estúpido y cínico "estado de cervecería", que además de la anarquía y el alcohol destilaba la más peligrosa poción mágica para Europa. "Si Mahagonny viene, yo me voy", dijo como despedida. Bronnen, que cita esta frase, agrega que él mismo sintió una fuerte atracción por este tipo de brebaje, al que de hecho sucumbió más tarde.

Feuchtwanger y Arnold Zweig estaban al tanto de la amenaza que se aproximaba y le avisaron a Brecht. Bronnen y Brecht asistieron a un mitin masivo de Hitler y escucharon al futuro Führer. Brecht destacó: "Tiene la ventaja de un hombre que conoce el teatro desde la galería".

En noviembre de 1923 el abortado *Putsch* de la cervecería fue reprimido y Hitler enviado a prisión. Brecht figuraba en la lista negra de Hitler, un candidato a eliminar de haber triunfado la contrarrevolución. De modo que Berlín parecía un lugar más cómodo para vivir y trabajar. Invitado por Reinhardt a ocupar el puesto de dramaturgo adjunto en el Deutsches Theater, Brecht se estableció en la Spichernstrasse de Berlín hacia fines de 1924.

"Tenía que subir cinco pisos —escribió Bernhard Reich— y balancearse en una escalera ideal para romperse el cuello. Después abrir una puerta de hierro y caminar a lo largo de un corredor hasta llegar a su buhardilla. Desde los ventanales se tenía una vista de Berlín. Brecht se la pasaba mirando ese océano de techos, como si planeara conquistar la capital."

De inmediato se puso a trabajar en una nueva comedia, *Un hombre es un hombre*. La comedia era su medio. No en vano había ido a la escuela con Karl Valentin. Tenía la esperanza de que cierta cantidad de números cómicos que venía escribiendo desde 1919 pudieran ahora, a la luz de su creciente reputación, llegar a escena. Estas farsas breves, como la *sotie* francesa o el *fabliaux* dramatizado, eran producciones de music-hall llenas de payasadas y humor ácido de carácter folclórico. La más divertida es *El casamiento pequeñoburgués*, una pieza de mímica satírica sobre una fiesta de casamiento, donde la desintegración de los buenos sentimientos de los invitados se equipara al colapso gradual de los muebles que el novio había fabricado. El suegro es un hombre aburrido, la novia está embarazada, un invitado coquetea con ella, la pareja se pelea, y cuando se van apagando las luces se oye en la oscuridad cómo se destroza el último mueble.

Una pieza más sutil es *Lux in Tenebris*, típicamente brechtiana. La obra transcurre en el distrito rojo, que probablemente Brecht conocía de sus épocas del gymnasium. El personaje principal, el ventajero Paduk, monta una carpa "educativa" frente a un prostíbulo y allí informa sobre los espantosos efectos de las enfermedades venéreas, por un precio, por supuesto. Sus carteles rezan: "¡Que se haga la luz! ¡La gente debe ser iluminada!". Paduk también da conferencias y tiene numerosos clientes, entre ellos un capellán acompañado por setenta y tres miembros de su congregación. La madama del burdel, Frau Rogge, está indignada por la competencia; especialmente porque Paduk fue uno de sus clientes y ella lo echó de su casa. Con un discurso convincente, persuade a su competidor de que lo mejor que puede hacer es asociarse a ella, pues los clientes de Paduk sólo necesitan verlo una vez, mientras que los de ella... Además, si su empresa se viene abajo, ¿qué pasaría con la de él? Paduk se convence de que este argumento económico es irrefutable y renuncia.

Las otras farsas breves también son divertidas: *El mendigo, o el perro muerto*, *Él expulsa al demonio* y *La trampa*, estas dos últimas algo obscenas.

Bernhard Reich, que preparaba una versión teatral de *Camille* de Alejandro Dumas (Elisabeth Bergner iba a ser Marguerite), estaba preocupado por el final extremadamente sentimental de la obra y pidió a Brecht que reescribiera el último acto. Siguiendo su estilo, se dedicó a desenmascarar el romanticismo burgués de la escena de la muerte: Marguerite no iba a morir con la certeza de ser amada, sino miserable e infelizmente desencantada. Horrorizada por esta amenaza a la taquilla, Bergner rechazó la nueva versión.

Pero la principal preocupación de Brecht era *Un hombre es un hombre*. Reich recuerda que después de leerle un par de borradores, Brecht preguntó: "¿Atraerá a la audiencia?" y Reich le contestó: "No". Brecht decidió entonces hacer cambios siguiendo el gusto popular, y a los pocos días le mostró los resultados. Para diversión de Reich, resultó que no había hecho ningún cambio significativo. "Nos reímos a carcajadas –cuenta– ante su intento fallido de hacer concesiones. Brecht sólo podía escribir como debía hacerlo."

VII
LA ABDICACIÓN DE LA IDENTIDAD: *UN HOMBRE ES UN HOMBRE*

> GUILLEMIN: *¿Y en qué está trabajando ahora?*
> BRECHT: *En una comedia llamada* Un hombre es un hombre. *Se refiere al desarmado y armado técnico de un ser humano en otro con un propósito determinado.*
>
> Entrevista con Bernard Guillemin en *Die Literarische Welt*, 30 de julio de 1926

Lo que "el hombre ha hecho del hombre" ha sido un tema de la literatura desde tiempo inmemorial y el lema revolucionario de Robert Burns "Porque un hombre es un hombre" ha recorrido el mundo entero. Brecht estaba interesado en investigar "qué es lo que el hombre hace del hombre" y "en qué puede transformarse un hombre" en la sociedad actual. Pasará un tiempo hasta que llegue al tema "qué *debería* hacer el hombre por el hombre".

Desde 1921 se venía preguntando qué tipo de hombre puede convertirse en personaje de una obra. Ya había delineado el personaje de Galy Gay, que inicialmente se llamó "Galgei":

> El personaje de "Galgei" tiene algo de bárbaro. Es el retrato de un pedazo de carne... que, al carecer de corazón, resiste toda clase de cambios, como el

agua que se introduce en todo tipo de recipiente. El triunfo cruel y desvergonzado de una vida sin sentido, que se desarrolla con exuberancia en cualquier dirección, utiliza todos los formatos y carece de límites. Así vive el asno, que ha deseado vivir como un cerdo. La pregunta es, ¿realmente vive? La respuesta: Está siendo vivido.

Además de la exótica América, la India de Rudyard Kipling también servía de imán para la imaginación errante de los alemanes. Una extraña fantasía, que va de las *Baladas de las barracas* a las brillantes novelas y cuentos cortos, condimentada con cierto saber sobre el imperialismo británico tamizado por una imaginación que no tenía demasiado en cuenta la realidad, alimentó un territorio de ensueños. Tal es el trasfondo de *Un hombre es un hombre*.

El lugar es Kilkoa, India. Galy Gay, un pobre sereno de puerto de origen irlandés, sale un día a comprar pescado para él y su mujer, y en el camino se hace amigo de tres soldados ingleses que deben encontrar a toda costa un reemplazante para su cuarto compañero, ya que éste, de nombre Jip y con quien intentaron ingresar en una pagoda, había perdido parte de su pelo en la aventura y no podía dejarse ver sin arriesgarse a ser acusado del delito. El desgraciado Jip, al que dejan atrás, es capturado por el bonzo de la pagoda y convertido en un "dios", para confundir a los verdaderos creyentes. Simultáneamente, se pone en marcha un proceso curioso y fascinante para convertir a Galy Gay en Jip; proceso al que el irlandés se somete de muy buen grado previendo la recompensa, aunque al precio de negar hasta a su propia mujer. Para tenerlo aún más atrapado, sus compañeros lo incitan a vender un elefante falso (hecho con materiales del ejército), lo acusan de estafa, lo sentencian a una ejecución falsa, y por haber negado su pasado y su propio nombre lo llevan al punto de tener que pronunciar él mismo una oración fúnebre sobre su falso cadáver. Tan completa es la transformación de Galy Gay en el soldado Jip, que se convierte en una eficiente máquina de guerra que arremete por su cuenta contra la fortaleza de El-Dschur. Cuando el verdadero Jip finalmente aparece, nadie lo reconoce y se convierte en Galy Gay.

¿Tenía esta obra la intención de convertirse en una suerte de contraataque antirromántico al *Wandlung* expresionista –la gran transformación del hombre en Hombre? No lo sabemos. Pero es de destacar que, por primera vez en los escritos de Brecht, el elemento de *cambio* comienza a ocupar un papel. El hombre es susceptible de cambio. Desgraciadamente, esa capacidad de cambio es negativa. Galy es masilla moldeable en manos de fuerzas externas que hacen con él lo que quieren. Anteriormente, Brecht nos había pedido que nos sentáramos (preferentemente con un cigarro) y que observáramos, como si fuera una pelea de box, el conflicto fútil de los seres humanos y su lucha por comunicarse en un mundo informe y vacío, un caos inmutable. Ahora nos pide (también con un cigarro) que observemos con atención a un hombre (Galy Gay) que permite voluntariamente ser transformado según los deseos de la sociedad. Aunque en otras obras ya había sugerido la interacción de los factores de poder (por ejemplo, el nexo monetario con el cual Shlink intenta conquistar a Garga es obvio), las fuerzas sociales que actúan sobre Galy Gay en *Un hombre es un hombre* se hacen más evidentes. Martin Esslin tiene razón al señalar que esto representa una transición de su temprano "nihilismo anárquico" a una forma preliminar de "conciencia y didactismo social". Pero dicha conciencia es limitada; la descripción del "cambio" es unilateral y su comprensión del contexto social es estrecha. Se trata de un período de transición.

También por primera vez en sus obras, Brecht se dirige directamente a la audiencia utilizando su propio nombre. La propietaria de la cantina, la viuda Begbick, da un paso al frente y anuncia el tema a los espectadores.

Herr Bertolt Brecht behauptet: Mann ist Mann.
Und das ist etwas, was jeder behaupten kann.

"El señor Bertolt Brecht afirma que un hombre es un hombre. Y es algo que pueden afirmar todos." Lo que el señor Brecht está probando –dice– es que con un hombre puede hacerse todo lo que se quiera. Esta velada mostrará cómo un hombre puede ser desarmado igual que un automóvil. Más aún: se lo puede incluso transformar en carnicero. Pero no sólo Galy Gay es modificable; todo es modificable en el mundo: el suelo que pisamos, y por supuesto el hombre también.

Si Galy Gay es mostrado como el objeto pasivo del cambio, la viuda Begbick será su analista filosófica y su defensora. Ella puede no ser consciente (aunque sí Brecht) de estar repitiendo a Heráclito cuando dice:

> No puedes bañarte dos veces en el mismo río,
> Pues aguas renovadas siempre fluyen hacia ti.

Su canción sobre la mutabilidad afirma que

> No importa las veces que mires al río
> Fluir perezoso, las mismas aguas nunca verás,
> Ni una gota regresa, para volver a fluir,
> Ni una sola gota regresa a su fuente.

y sabiamente aconseja "no aferrarse a la ola que rompe a tus pies", ya que otras volverán a romper mientras permanezcas en la corriente. Ella es un apóstol brechtiano de la supervivencia, con su amarga lección: ¡Cambio! Su propio hombre ha muerto, pero así y todo ha ido lejos desde entonces. En tanto que el hombre es como una máquina, puede desmontarse y ensamblarse. Es un objeto en una cinta de montaje.

El señor Brecht, dice ella antes, ha advertido que la vida en esta tierra es algo peligroso. Y la posesión más peligrosa es la "individualidad". Galy Gay será enterrado como el último individuo. Llegará incluso a pronunciar la sentencia de muerte de su propia individualidad –y realmente ¿qué importancia tiene? "Entre Sí y No la diferencia no es tan grande." El hombre, de alguna manera, es algo "usable"... "Mi Yo o mi otro Yo" es puro azar. Especialmente si, como dice, se encuentra de lo más cómodo en su "nueva carne".

Hay un episodio secundario, en el que el sargento Fairchild, apodado el "Sangriento Cinco" (ha matado deliberadamente y a sangre fría a cinco hindúes) está tan aferrado a su personalidad –que alterna períodos de crueldad y períodos de sensualidad igualmente intensos– que a fin de preservarla intacta se castra. Una vez más la personalidad es una posesión peligrosa. Galy Gay exclama: "¡No hagas nada en tu nombre! Un nombre es algo inseguro; no puedes construir sobre esa base". Cuando ocurre la mutilación, Galy Gay reflexiona: "Eso es tener suerte; ahora veo hasta qué grado de obsesión se puede llegar y qué horrible confusión puede alcanzar un hombre siempre insatisfecho de sí mismo y que hace tanto alboroto por un simple nombre". Uria, uno de los soldados, opina que la capacidad de cambio de Galy es una prueba de su vitalidad. Y Galy sostiene ese punto de vista cuando, al final, señala: "Yo hubiera sido mucho más feliz si me hubieran bautizado Nadie-En-Absoluto, en vez de Galy Gay".

De esta forma, Brecht ha vislumbrado la alienación del hombre hecho máquina y el conformismo social. La voluntad de ser transformado en algo nulo provoca en él una mezcla de admiración y desprecio. ¡Qué maravilloso es el hombre! Arrójalo a una laguna, dice, y le crecerán dedos palmípedos.

El soldado Jesse le enseña a la viuda Begbick que este fenómeno de transmutación que acaba de suceder es algo "histórico". La tecnología ha tomado el poder, dice. "En el tornillo del banco de trabajo o en la cinta sinfín, el gran hombre y el pequeño son semejantes cuando se los considera desde el punto de vista del tamaño." Y concluye que la ciencia demuestra que todo es relativo. "La mesa, el banco, el agua, el calzador... Usted, viuda Begbich, y yo, somos relativos." En cuanto a la "reconstrucción" del hombre, ¿qué puede ser más eficiente que la herramienta militar? Galy Gay es "tan natural" como una máquina de guerra. ¿Importa qué guerra se libra o contra quién?

> Cuando necesitan algodón es el Tibet y cuando buscan lana es Pamir... No nos han dicho todavía qué país tenemos que invadir. Pero parece ser cada vez más el Tibet.

Así es la India de Brecht, vista a través de Kipling. Tommy Atkins, Fuzzy Wuzzy, Danny Deber se han convertido en Uria, Jip, Polly y Jesse. Como la soldadesca de Kipling, le cantan al licor en la cantina de la viuda Begbick, donde se puede tomar "durante veinte años" desde "Singapur hasta Cooch Behar". De Kipling, Brecht aprendió a advertirles a los soldados ingleses para que no los atrapen robando, que trabajen en pareja cuando –como dice Kipling– estén "rondando un dios de oro birmano", con sus ojos de piedras preciosas.

Un amigo de Brecht, el novelista Alfred Döblin, suministró otro incidente para esta obra. La novela *Los tres saltos de Wang-lun* apareció en 1915 y cuenta la historia de Wang-lun, hijo de un pescador de la provincia de Hai-ling, que pasa a convertirse de malviviente y ladrón en líder de un movimiento pacifista para liberar a la sociedad china, pero que finalmente es derrotado por el enemigo. Un episodio del libro cuenta cómo Wang-lun irrumpe en el templo del dios de los músicos para robar la limosna de los fieles oculta en la estatua del dios.

> Pero, cuando comenzó a descender sobre la silla, sintió que algo lo tomaba de la trenza, o más bien que la coleta exquisitamente trenzada había quedado atrapada entre el techo y una pared del cuarto. Buscó a tientas con su mano izquierda que tenía libre, arriba, abajo y atrás, y sintió una masa como de brea, densa y grasosa. Con dificultad, liberó su mano... Luego, pudo retorcer su coleta hasta liberarla de esa sustancia pegajosa, lo cual le produjo, además de dolor, una gran pérdida de pelo. Maldiciendo en voz baja al bonzo, se deslizó hacia la calle.

Es una pérdida de pelo similar a la que sufre el soldado inglés, Jip, y el comienzo de la transformación de Galy Gay en Jip.

Los anacronismos y las incongruencias deliberadas abundan en esta obra. ¿Importa realmente que la reina Victoria esté viva en 1925 y que los creyentes chinos asistan a templos tibetanos? Deli, Kilkoa, Berlín, Nueva York, ¿cuál es la diferencia? El núcleo es la mutabilidad del hombre en la era de las máquinas. El lector actual puede agregar sus propias notas al pie, si los mecanismos de cambio son la computadora, la publicidad "subliminal" u otras presiones y sobornos. Que el hombre también pueda transformarse en un animal –y Galy Gay lo logra– no requiere mayores comentarios a esta altura de la historia. Cuando Galy Gay grita: "Jesse, Uria, Polly, la batalla recién comienza y ya siento deseos de clavar mis dientes en el cuello del enemigo", sólo podemos estremecernos al reconocer la situación. Si deseamos algo menos siniestro, basta recordar las transformaciones de Chaplin en *Tiempos modernos.*

Junto a *Un hombre es un hombre,* y como una suerte de entreacto para ser interpretado "en el foyer del teatro", Brecht compuso *El elefantito,* una farsa casi surrealista y seguramente deudora de Karl Valentin y la comedia folclórica bávara. Los críticos –John Willet, por ejemplo– advirtieron toques de Pirandello y los psicoanalistas aficionados reflejos del inconsciente brechtiano. El interludio enuncia las recomendaciones favoritas de Brecht para el buen teatro: fumar, beber y apostar durante la representación. En otras palabras, actividades para una cervecería o un estadio. Se producen diálogos entre el público y los actores que interpretan a la madre del elefantito, al elefantito, a la luna y al árbol de bananas. Al elefantito se lo acusa de asesinar a su propia madre. Galy Gay, el cachorro de elefante, sostiene que rompió la jarra de leche contra una roca y no contra la cabeza de su madre. Esta bufonada ridícula, interrumpida cada tanto por soldados revoltosos, continúa con la prueba del asesinato, que consiste en obligar al elefantito a arrastrar a la madre fuera de un círculo de tiza como evidencia de que él no es su hijo. (Aquí Brecht se anticipa a su propio *Círculo de tiza caucasiano*.) Todo termina con una canción, y Galy Gay reta a un soldado a una pelea de box.

> Oh, qué fiesta era Uganda,
> Siete centavos por una silla en la veranda,
> Y jugar al póquer con el viejo Tigre...

La farsa es, de hecho, una manifestación embrionaria del principio de "distanciamiento", con la utilización de gente de afuera como observadores y jueces "desinteresados".

Volviendo a *Un hombre es un hombre*, obra de transición, marca ya un paso importante y necesario en su desarrollo. El "Yo", largamente celebrado desde la época de los románticos hasta Walt Whitman y los expresionistas, está muerto. La personalidad y la individualidad se han convertido en ficciones. Lo colectivo es tan falso como lo individual, ya que engaña tanto a los actores como a los que sufren sus efectos. Los soldados compañeros de Galy no son diferentes. El ejército imperialista es también algo colectivo: un colectivo de destrucción. Hay algo horrible en el momento en que Galy se rehúsa a mirar dentro del ataúd donde se supone que yace su propio cuerpo. *A fortiori*, ¿cómo pueden aguantar otros hombres, más educados e informados, mirarse a sí mismos en sus propios ataúdes mentales y morales?

En *Un hombre es un hombre* nos encontramos con el elemento de cambio. Baal, Kragler, ninguno de ellos ha sobrellevado transformaciones semejantes. Galy Gay sí. Aunque los cambios ejemplifican el antiheroico "heroísmo" de nuestro tiempo, ya que son desapasionados, falsos y oportunistas, en Brecht reflejan la verdadera imagen de la sociedad burguesa (incluidos los trabajadores) convertida en seres sin rostro y sin nombre; meros "documentos de identidad", que pueden ser intercambiables. Galy renuncia no sólo a sí mismo, sino a todo y a todos los que lo rodean.

El estreno de *Un hombre es un hombre* tuvo lugar en el Landestheater, en Darmstadt, el 26 de septiembre de 1926, bajo la dirección de Jacob Geis y con escenografía de Caspar Neher. No fue un éxito. El crítico Diebold vio en el título una consigna bolchevique, y la obra misma le pareció una confusión de comedia y *pathos*, con muy poco de verdaderamente moderno tratándose de "este muy moderno dramaturgo".

Lion Feuchtwanger escribió una reseña fervientemente laudatoria, señalando el manejo de lo inverosímil, así como la maravillosa "lógica interna" en la transformación de Galy Gay. Estaba profundamente conmovido por la oración fúnebre de Galy Gay frente a su propio cadáver, y pensaba que no había escena escrita por un contemporáneo que se le acercara "en la grandeza de su invención grotescamente trágica ni en la esencia de su concepción". Herbert Jhering opinó que en esta obra Brecht fue el primer dramaturgo alemán "que no celebró ni atacó el mecanismo de la máquina, sino que lo dio por sentado y a partir de allí lo trascendió".

Con *Un hombre es un hombre* nos encontramos ya en camino hacia el nuevo teatro de Brecht. Los fragmentos musicales están completamente separados de la trama principal, una especie de "cesura en la regularidad de la acción". El uso de títulos intermedios, el "distanciamiento" producido en la audiencia en la escena de la venta del elefante falso (lo "extraño" es verlo como la contracara de muchos "negocios" que se realizan en el mundo exterior) y la conmoción que indiscutiblemente produce la transformación de Galy Gay: estos son los antecedentes directos del teatro épico.

VIII
LA BÚSQUEDA DE LA IDENTIDAD: EL CAMINO HACIA EL TEATRO ÉPICO

Años atrás, estudiando los detalles del mercado
de trigo de Chicago
de pronto comprendí cómo se administraba
el trigo del mundo.
Pero al mismo tiempo fracasé en comprender,
dejé el libro a un lado y me dije:
has dado con algo malo...

No había amargura en mí, ni me aterraba
la injusticia —sólo pensaba y pensaba.
La cosa no es así. No, no como lo hacen...

Esa gente, según vi, vive de hacer daño
a los demás en lugar de ayudarlos.
Una situación que sólo puede continuar
a través del crimen; algo malo para casi todos.
De modo que cada logro de la razón,
inventos y descubrimientos,
llevan a una miseria mayor.

[...]

Brecht, "Als ich vor Jahren"

Para Alemania, así como para Brecht, el período de 1923 a 1930 sería tan crucial como instructivo. Poco a poco el país entraba en una etapa de aparente "equilibrio" económico y político. El marco tendía a estabilizarse y las tensiones internacionales parecían haber alcanzado una tregua con la firma de algunos pactos –entre ellos el de Locarno–, y la influencia política y económica del capital estadounidense era indiscutible. La crisis y la amenaza de una guerra civil quedaron momentáneamente superadas. El *Putsch* del 9 de noviembre de 1923 por parte de Hitler y los que adherían a su causa había fracasado. Parecía que los malos años habían pasado –años de desocupación, hambre y subsidios de desempleo, donde (como señalara un cínico) el único que hacía horas extra era el Estado emitiendo papel moneda. Sin embargo la inflación y la especulación, al mismo tiempo que empobrecían al pueblo, resultaban un don del cielo para empresas como la de Hugo Stinnes, que logró amasar "la fortuna más espectacular y el consorcio de empresas más impresionante en la Alemania de posguerra. Del acero al aluminio, sus ramificaciones se extendían a las compañías navieras, las empresas de transporte, la madera, los hoteles, el papel, los periódicos y la política", como observa Koppel Pinson.

La inminente catástrofe social y económica se frenó por la intervención de capitales estadounidenses, que a través del Plan Dawes de 1924, el Plan Young de 1929 y el otorgamiento de enormes préstamos lograron levantar el país, que se transformó rápidamente en uno de los gigantes industriales del mundo. ¿Quién no estaba familiarizado, antes de 1933, con los nombres de Siemens, Hapag, Vereinigte Stahlwerke o IG Farben?

Pero estas fortunas no se ocupaban de las necesidades de la población, que se iba pauperizando y perdiendo su trabajo de manera creciente. La escena política seguía siendo confusa. Los partidos de izquierda se escindieron violentamente a causa de la polarización Trotsky-Stalin en la Unión Soviética, que repercutió en el comunismo alemán. En 1925 murió el presidente Friedrich Ebert y lo sucedió el general Von Hindenburg. Tiempo atrás, Adolf Hitler había abandonado la comodidad de su prisión de Landsberg y vuelto a la actividad política. Con la colaboración de Gregor Strasser, el general Von Epp y Josef Goebbels, fundó el Partido Nacionalsocialista, cuyas primeras armas en la política fueron nulas. En las elecciones de 1928, el nuevo partido totalizó 800.000 votos. Otras ramas de la extrema derecha, como el Partido Nacional, la Liga Pangermánica de Alfred Hugenberg y el Stahlhelm de Franz Seldte consolidaban su posición anti-Weimar y se quejaban duramente contra los planes Dawes y Young y el Tratado de Versailles. Sin embargo, a pesar del disenso, tanto los socialistas como los comunistas tuvieron importantes alzas en 1928 y llegaron a representar el 40 % del electorado.

En arte y literatura, los días del expresionismo y su humanismo cósmico terminaron. Un nuevo realismo, que no quería tener relación alguna con el "O Mensch!" expresionista o el dadaísmo, comenzó a ocupar su lugar.

Se denominaba *Neue Sachlichkeit* ("nueva objetividad"). Su modo de presentación era el documento, y su divinidad tutelar los Estados Unidos. Los lemas eran la eficiencia tayloriana, el comportamiento watsoniano, el funcionalismo, el jazz, la maquinaria y la tecnología, el boom, Lindbergh y, por sobre todo, el pragmatismo estadounidense.

Nos apoyábamos en los Estados Unidos [escribió Hans A. Joachim]. Estados Unidos representaba las "buenas ideas"; era la tierra del futuro. Se sentía cómoda consigo misma y así había sido durante una década. Aunque éramos muy jóvenes para saberlo, igualmente amábamos esta tierra.

La *Ding-an-sich* de esta "nueva objetividad" representó el triunfo de la tecnología moderna. Su correlato teatral fue el *Zeitstück*, la pieza de ocasión, tal como en el mercado mundial la búsqueda de petróleo, el gas venenoso, la guerra, la paz, la justicia social, el aborto, la pena capital y la moral burguesa. El teatro se plagó de estos *Zeitstück*. El grito de batalla era "La utilidad por encima de todo".

Entre los dramaturgos que habían alcanzado notoriedad se produjo una diáspora de intereses, ya que el expresionismo había pasado de moda. Franz Werfel y Carl Zuckmayer recayeron en el romanticismo o el misticismo religioso; Georg Kaiser y Walter Hasenclever se contentaron con éxitos intrascendentes o de escaso contenido; Hanns Johst, Reinhold Goering y Arnolt Bronnen se inclinaron por la derecha y se fueron volviendo crecientemente nacionalistas, chauvinistas y reaccionarios. Toller, Piscator, Brecht y Friedrich Wolf se identificaron cada vez más con la izquierda.

El teatro siguió ocupando el lugar más estimulante de la vida cultural de esos días. Las visitas del Teatro Artístico de Moscú, dirigido por Stanislavsky, dejó una huella profunda en el teatro alemán. Pero para las generaciones más jóvenes fue Vsevolod Meyerhold, el socio de Stanislavsky, el que los fascinó con las novísimas técnicas teatrales soviéticas. Meyerhold vio en la revolución rusa una oportunidad sin precedentes para la renovación del teatro, y para hacer un corte con la tradición de Stanislavsky. Adhería al principio de la "biomecánica", es decir la transformación de la emoción dramática en "gestualidad", la abolición de la caracterización individual y el énfasis en el "nudo central" de la representación dramática. En cierto sentido se anticipó a Brecht al buscar que el espectador no olvide ni por un momento que está en el teatro, en oposición a Stanislavsky, que quería que el espectador se olvidara de ello. Meyerhold también puso un gran énfasis en el teatro popular y el drama folclórico ruso. Su escenografía constructivista ubicaba de inmediato a la gente en el teatro, no usaba telón sino escenografías móviles, e intentó crear una "sinfonía del movimiento" con la audiencia como "coautora de la obra". "Nuestro artista –decía Meyerhold– debe arrojar el pincel y los compases; debe tener en la mano el martillo y el hacha con el fin de rearmar la escenografía según la imagen técnica de nuestro siglo."

Otra importante contribución fueron las teorías de Platon Kerzhenev, que abogaba por la creación de un teatro "de masas" proletario, "a cielo abierto". Y estaba además Alexander Tairov, experto en el teatro de la India y en la *commedia dell'arte* italiana, que aportó lo que él llamaba "tridimensionalidad", simultaneidad y constructivismo. Utilizaba cubos, cuadrados, pirámides, niveles y pendientes, con telones de colores. Su "actor sintético" debía ser especialista en diversas artes.

Bajo la influencia soviética, la clase obrera organizó los grupos teatrales llamados movimiento "agit-prop" (agitación y propaganda). En la Unión Soviética, las asociaciones de "culto al proletariado" se utilizaron para llevar el mensaje de la revolución a todo el país, y eran particularmente influyentes debido a que gran parte de la población era iletrada. El equivalente alemán tomó la forma y hasta los nombres de dichos grupos: "Camisas rojas", "Camisas azules" y "Cohetes rojos". Con sus periódicos "en vivo" y sus "enjuiciamientos teatrales de la burguesía reaccionaria" representaban un fermento en esa época convulsiva.

Agrupaciones como *Spartacus* o *Der arme Konrad* estaban integradas por más de mil participantes y llegaron a congregar hasta cincuenta mil espectadores. Entre 1928 y 1930 había alrededor de trescientos grupos en Alemania, con unos cuatro mil socios. No todos eran talentosos; pero el *Tendenztheater* (teatro de tendencia) fue eficaz, dado que podía desplazarse a cualquier lugar y representar sus obras satíricas, recitales y canciones populares en las calles, las fábricas y las cervecerías. Junto a ellos estaban las asociaciones de "agit-prop", entre las cuales *Die junge Volksbühne* –inspirada en Erwin Piscator– se hizo célebre por la calidad de sus producciones, escritas a menudo por dramaturgos reconocidos.

Tampoco se puede pasar por alto el impacto que produjeron el Teatro de Moscú y Stanislavsky al llevar a un grupo excepcional de artistas, que hicieron de las obras de Chéjov o de Gorki sinfonías de movimiento, actuación y puesta en escena. Las películas jugaban también un papel importante: ya se tratara de Eisenstein o Chaplin. Estos estímulos contribuyeron al surgimiento de una de las personalidades más creativas y revolucionarias del teatro alemán: Erwin Piscator, creador del teatro épico, ligado a los más talentosos artistas de los años 20 y que ejerció una profunda influencia en Brecht y en sus teorías.

En un diálogo de 1947, Brecht y Piscator intercambiaron elogios. Brecht dijo:

> Quiero que quede registrado que, entre la gente que "hizo" el teatro durante esos años, nadie estuvo más cerca de mí que usted.

Y Piscator contestó:

> De mi parte, creo que ningún escritor se acercó más a mi idea del teatro que usted.

Sin duda los dos tenían razón. Cinco años mayor que Brecht, Piscator descendía de una antigua familia protestante. Como muchos de sus coetáneos, sufrió una transformación radical durante la Primera Guerra Mundial, pasando del entusiasmo juvenil en sus comienzos a las amargas experiencias en el ejército, el desencanto total y la conversión a la causa revolucionaria.

> Mi historia [escribe] comienza el 4 de agosto de 1914. ¿Qué es eso llamado "desarrollo personal"? Nadie se desarrolla "personalmente". Algo más lo "desarrolla". Ante ese joven de veinte años se presentaba la guerra. El destino. Eso hizo que cualquier profesor me pareciera superfluo.

Al salir del ejército era ya un comunista convencido y se unió a la Liga Espartaco. Su primer emprendimiento teatral independiente fue

Das Tribunal, que se desarrolló en Königsberg durante los años 1919-1920. Allí planeó poner en escena la pieza de Ernst Toller *Transformación*. La empresa duró apenas una temporada y Piscator se trasladó a Berlín. Allí se encontró con el teatro político tradicional del Volksbühne, que recordaba los años 90 del siglo anterior, con una tradición de radicalismo –si no político, al menos literario– y era apoyado por un gran número de asociados. Hasta Max Reinhardt se había dado cuenta de la necesidad de cambio y apoyó la creación de *Das junge Deutschland* en 1917, grupo teatral que hizo de la guerra y sus consecuencias el principal tema de interés de su repertorio.

Con su amigo Hermann Schüller, Piscator fundó en 1919 el *Proletarisches Theater*, el "escenario del trabajador revolucionario", y anunció en el primero de sus programas:

> ¡Camaradas! El espíritu de la revolución, el alma de la futura sociedad de la cultura comunal y sin clases representa nuestros sentimientos revolucionarios. El Teatro Proletario desea encender este sentimiento y ayudar a mantenerlo vivo. Las experiencias que despierta en nosotros el arte socialista nos ayudan a fortalecer nuestra conciencia en la seriedad y la grandeza de la misión histórica de nuestra clase.

"Habíamos suprimido la palabra *Arte* de nuestros programas –dice Piscator–. Nuestras piezas eran incitaciones con las cuales deseábamos involucrarnos en la historia viva *y actuar* en política."

Los comunistas reaccionaron con ambigüedad ante el proyecto de Piscator. Pero afortunadamente el Volksbühne, que necesitaba una renovación, lo invitó en 1924 a hacerse cargo de la dirección de una obra de Alfons Paquet, *Banderas*, que ningún otro director quería asumir. La obra transcurría durante los procesos del Haymarket de Chicago en 1886, que dieron lugar a los llamados disturbios de Haymarket Square de ese año, donde en medio de una manifestación de trabajadores que reclamaban por una jornada laboral de ocho horas, explotó una bomba que mató e hirió a cierto número de personas. La histeria generada provocó que ocho anarquistas fueran condenados y cuatro de ellos ahorcados. La obra era muy intensa. Se trataba de una novela "teatralizada" y fue anunciada en el programa como "drama épico". Esta denominación pasó a describir una nueva forma teatral donde la acción era interrumpida por la narración y por recursos didácticos como películas, proyecciones de fotografías y discursos a la audiencia. Títulos intermitentes suministraban textos explicativos a ambos lados del escenario. La obra tenía cincuenta y seis personajes.

Alfred Döblin, defensor y practicante de la novela épica, comprendió el significado profundo de estas innovaciones:

> Paquet ha dramatizado el levantamiento anarquista de Chicago de tal forma que el producto está en equilibrio entre la narrativa y el drama... Las obras orientadas políticamente siempre tendrán esa inclinación dramática y sus autores se conmueven "épicamente", no poéticamente... Esta zona fronteriza es muy fértil y tendremos que prestar atención a aquellos que ya no se sientan cómodos con la forma petrificada de nuestro teatro... En la novela-drama de la época de Esquilo estaba la esencia del drama. Puede volver a suceder.

El teatro de Piscator era "móvil", lo podía trasladar adonde quería, siempre y cuando hubiera espacio o público. Desarrolló su estilo peculiar a partir de estos tres elementos: lo político, lo épico y lo técnico. "La fluidez, la simultaneidad y la edición cinemática del material objetivo, tópico e histórico... está comenzando a invadir las artes". Era un teatro con "mensaje", que según Piscator estaba dirigido concretamente —como un "manifiesto de Lenin"— a un nuevo público.

> ¿Se puede sostener [preguntaba Piscator] que frente a esta monstruosa convulsión de la cual nadie queda excluido, la imagen del Hombre, sus sentimientos, sus relaciones continúen siendo eternos, absolutos e inmodificados por el tiempo? (...) El factor heroico del nuevo drama ya no es el individuo con su destino privado y personal... Lo central es ahora la relación del hombre con la sociedad, no la relación consigo mismo ni con Dios. Donde se encuentre, su profesión lo acompaña. Siempre que entra en conflicto, sea moral, espiritual o instintivo, es con la sociedad. Si la Antigüedad lo colocó en una posición central respecto del Destino, la Edad Media respecto de Dios, el Racionalismo respecto de la emoción... la época actual sólo lo puede considerar en

relación con la sociedad y los problemas sociales –es decir, como un ser político.

Quizás no sea necesario aclarar que en una época en la que hasta una obra política moderada como *Guillermo Tell* de Schiller se convertía en ocasión de disturbios, los esfuerzos de Piscator causaban conmoción. Durante la campaña del Partido Comunista para las elecciones parlamentarias de 1924, Piscator montó *Revue Roter Rummel*, un espectáculo musical muy provocativo y excitante, que concibió de manera romántica como una "posibilidad de acción directa". La concurrencia fue enorme. Contamos con la descripción detallada de un testigo, Jacob Altmeir:

> Cuando llegamos había centenares de personas en la calle pugnando en vano por entrar. Los obreros peleaban por los lugares. En la entrada, multitudes, el aire lo suficientemente viciado como para que uno se desmaye. Música... Las luces se apagan... Silencio... En la sala dos hombres se pelean. El público se alarma. Los que discutían se adelantan hasta el centro de la sala. Las luces del escenario se encienden y los contrincantes se colocan delante del telón. Dos trabajadores discuten sobre la situación que se ha generado. Llega un hombre vestido de gala. Un burgués. Tiene sus propias opiniones e invita a los contrincantes a que pasen la noche con él... Se levanta el telón... *Kurfürstendamm*. Un portero con galones dorados; veteranos de guerra lisiados, mendigos. Caderas, panza y papadas. Esvásticas. El mendigo es echado a la calle por el portero. Los trabajadores tiran abajo el establecimiento. El público participa silbando, aullando, manifestándose. Gran excitación... Inolvidable.

Estos espectáculos eran costosos, en exacta proporción con el efecto que producían. A continuación, Piscator montó *A pesar de todos* –palabras pronunciadas por Karl Liebknecht–, un espectáculo sorprendente que abarcaba la historia de las revoluciones desde el estallido de la Primera Guerra Mundial hasta el asesinato de Rosa Luxemburgo y Karl Liebknecht. Por primera vez las películas estaban integradas orgánicamente a la puesta; los documentales provenían de los archivos nacionales y se proyectaban fotos auténticas de la guerra sobre una escenografía gigantesca, conformada por aquello que Piscator denominaba *Praktikabel:* terrazas, pendientes, escaleras, plataformas sobre planos giratorios. Todo estaba allí: discursos, ensayos, recortes periodísticos, mensajes, fotos, películas sobre la guerra y la revolución, personalidades históricas, Liebknecht y Luxemburgo entre ellos –¡todo junto en la enorme Grosses Schauspielhaus que Max Reinhardt había mandado construir expresamente para el teatro clásico! Una vez más el público pasaba a actuar y la película se fundía con el escenario. El crítico del periódico conservador *Frankfurter Zeitung* se quedó sin aliento al ver en el escenario una sesión del Reichstag durante la guerra, luego a Karl Liebknecht hablando y a un soldado que lo interrumpía con abucheos, quien al minuto siguiente repartía panfletos en la calle y pronunciaba discursos antibélicos.

> Arrestan al soldado; y como la multitud permanece impasible y ve cómo se lo llevan sin hacer nada, el público del teatro rugió su consternación y su culpa.

A Piscator no lo intimidan los escándalos. La transformación radical que hizo de *Los bandidos* de Schiller provocó una lluvia de protestas. Pero incluso esta versión fue superada por la producción de la obra de Ehm Welk, *Tormenta sobre Gothland*, de 1927; un drama histórico que Piscator actualizó, al punto de que uno de los personajes aparecía con la máscara de Lenin y la obra concluía, según lo informara un crítico hostil, con la "estrella soviética flameando soberbia sobre el escenario". Extrañamente, Alfred Kerr salió en su defensa, pero la administración del Volksbühne se alarmó y ordenó retirar la película sobre la revolución rusa. El asunto llegó hasta la Asamblea Parlamentaria prusiana; y los periodistas hicieron su día: "Allí, en el Volksbühne, vimos cómo se organizaban las tropas de ataque bolcheviques".

Los gastos de estas empresas eran gigantescos, y las experimentaciones de Piscator hubieran desaparecido por completo de no ser por un mecenas como el marido rico de la actriz Tilla Durieux, que además estaba dispuesto a financiar un nuevo teatro diseñado por Walter Gropius. Esto no llegó a concretarse, y Piscator se trasladó al Theater am Nollendorfplatz, donde entre 1927 y 1930 alcanzó sus máximos logros. Con un elenco incomparable, que incluía a Helene Weigel, Paul Graetz, Ernst Deutsch, Ernst Busch, Alexander Granach y Max Pallenberg, formó una cooperativa de trabajo realmente excepcional. Escritores y artistas como Brecht, Georg Grosz y John Heartfield se le unieron. Este brillante período de Piscator incluyó excelentes producciones como *¡Arriba!, vivimos*, de Ernst Toller, con la cual el teatro inauguró su temporada el 3 de septiembre de 1927. Siguieron *Rasputin* de Alexei Tolstoi, *Coyuntura* de Leo Lania y *El buen soldado Schweyk* de Jaroslav Hašek. *Rasputin* dio lugar a demandas legales que involucraron al anterior Káiser Guillermo y a un financista ruso. Piscator perdió los dos juicios y algunos fragmentos de la obra debieron ser modificados. Los dibujos sardónicos de Georg Grosz para *Schweyk* le valieron una demanda por blasfemia. *Coyuntura* fue atacada tanto por la derecha como por la izquierda y también debió ser modificada a último momento.

Piscator tuvo la suerte de que sus escritos colectivos incluyeran –además de a Leo Lania y Félix Gasbarra– a Bertolt Brecht. Las dificultades aparecían con frecuencia, y debían resolverse rápidamente. Por ejemplo, la adaptación de la novela de Hašek, *Schweyk*, escrita por Max Brod y Hans Reimann, fue considerada inaceptable; y Brecht y un equipo tuvieron que hacer una nueva adaptación. Fue uno de los esfuerzos más memorables de Brecht. En cuanto a Piscator, se trataba de la oportunidad de su vida. El héroe "antiheroico" del ejército austríaco, Schweyk, que con sus modales ingenuos, torpes y astutamente ineptos se enfrenta a guerras y ejércitos, pero que sin embargo logra "desplazar" la historia, era realmente atractivo. Georg Grosz realizó los bosquejos. Piscator introdujo dos cintas sinfín (ruedas de molino) que corrían en direcciones opuestas. "Por primera vez –dijo– un actor podía representar su personaje caminando, corriendo, trotando en el escenario." Para completar el significado de la obra, los colaboradores idearon una escena que transcurría en el cielo, donde Schweyk se confrontaba con las "autoridades superiores", iguales a las de la tierra. Una procesión de tullidos (verdaderos) aparecería en escena, con el acompañamiento de la marcha militar austríaca "Radetzky". Pero la idea era demasiado revulsiva, aun para Piscator, y fue dejada de lado. Películas trucadas, marionetas, máscaras –la pluma aguda de Grosz estaba en su apogeo–, y el incomparable Max Pallenberg en el papel principal... Sin dudas Piscator había triunfado.

El método de trabajo de los colaboradores aparece ilustrado por un incidente divertido. La obra *Coyuntura* –que trata sobre las maquinaciones imperialistas para apoderarse del mercado del petróleo– incluía el personaje de una aristocrática agente soviética, que despertó críticas de la izquierda. Antes del estreno fueron necesarias algunas modificaciones. Piscator cuenta el resto:

> Afuera amanecía. Era el día del estreno. Caras demacradas por no dormir, sucios, sin afeitar, totalmente exhaustos luego de tres semanas de labor ininterrumpida... Teníamos el trabajo listo ante nuestros ojos, y sin embargo no lo podíamos estrenar esa noche. Fue la prueba más difícil de toda nuestra experiencia teatral. La única persona serena y hasta de buen humor –con el eterno cigarro en la boca, la gorra de cuero echada sobre su frente– era nuestro viejo amigo Bert Brecht. Todavía creía posible cambiar a la protagonista femenina de la noche a la mañana y se ofreció a hacerlo con Lania y Gasbarra... Eran las cinco de la madrugada de un hermoso día de primavera... Los llevé hasta mi departamento, y hacia la tarde la nueva versión del personaje de "Barsin" estaba lista.

La atractiva agente resultaba ahora ser espía ¡para un complot sudamericano!

La afilada espada de Damocles de los gastos y el escándalo pendía peligrosamente sobre la cabeza de Piscator. Cada nueva producción era más cara que la anterior: Piscator tenía adoración por las maquinarias complicadas y siguió utilizándolas durante un tiempo. Pero los disturbios provocados por la oposición de derecha se fueron dando con mayor asiduidad y poder destructivo, y el teatro cerró en medio de la crisis económica mundial de 1930.

De acuerdo con su ideología, Piscator se había propuesto servir a la causa de la izquierda revolucionaria, fortalecer la conciencia de clase del público proletario y utilizar el material clásico y contemporáneo de acuerdo con las necesidades sociales y económicas de la época. Su estilo teatral, la "épica", tenía que ser simple, directo, antiexpresionista, y sus técnicas debían ser las más modernas. En cuanto a la actuación, desarrolló un estilo "duro, inequívoco, poco sentimental", en total desacuerdo con la forma emocional y declamatoria que prevalecía en la mayoría de los teatros. Organizó un teatro "cooperativo" –que incluía a la audiencia–, y logró la colaboración de un grupo extraordinario de actores, escritores y artistas. Los cinco mil asociados permitieron a su teatro sobrevivir durante un tiempo. Pero para sostener la magnitud de sus experimentos debía confiar en el capital burgués, y ese apoyo era incierto. La clase trabajadora asistía, pero era incapaz de financiar un teatro tan oneroso.

Piscator había llevado al escenario un estimulante experimento social donde la audiencia podía participar y sentirse integrante de un hecho artístico. Ese estímulo era compartido por los actores. La actriz Tilla Durieux recordaría años después que en una representación de *Rasputin* en la que interpretaba a la zarina, sobre el fondo del escenario se comenzó a proyectar una película donde desfilaban soldados rojos. Estaba sorprendida. "Imagínese –decía– lo que debe haber sido para el público."

Brecht quedó profundamente agradecido con Piscator, y lo homenajeó repetidas veces en sus escritos.

> Los experimentos de Piscator [escribió Brecht] produjeron de inmediato un caos profundo en el teatro. De la misma manera que transformaba un escenario en una sala de máquinas, el auditorio se transformaba en una sala de encuentros. Para Piscator el teatro era un parlamento, y la audiencia el cuerpo legislativo. Ante este cuerpo se planteaban las grandes preguntas públicas que requerían respuesta. En lugar de discursos referidos a ciertos hechos inaceptables, teníamos una reproducción artística de esos hechos. La puesta cumplía la función de aguijonear a la audiencia –el Parlamento–... para que asumiera decisiones políticas. La puesta de Piscator no era indiferente a la aprobación, pero le interesaba más promover la discusión. No apuntaba sólo a brindar al espectador una experiencia, sino que buscaba estimular sus conclusiones prácticas, que se haga cargo de su vida y participe activamente en ella.

No está de más agregar que uno de los factores decisivos en el desarrollo de Brecht fue su asociación con Piscator; pero fue sólo una de sus actividades durante esos años. Brecht estaba interesado en el boxeo. En uno de sus poemas, hace un relato cronológico de los grandes boxeadores de la historia, desde Bob Fitzsimmons hasta Jack Dempsey. También consideraba la posibilidad de escribir la biografía de Samson-Körtner. Su teatro ideal, como lo hemos visto, se parecía a un cuadrilátero de box, con los espectadores fumando cigarros. También había empezado a gustarle el jazz, que según confesó ¡lo había reconciliado finalmente con la música!

Como escritor reconocido, fue invitado en 1926 a participar como jurado en un concurso de poesía organizado por el *Literarische Welt*, con importantes premios en dinero. Brecht provocó un escándalo al rechazar a cuatrocientos de los casi quinientos inscriptos por "sentimentalismo, deshonestidad, falta de carácter mundano" y al sugerir que, en cambio, se premiara el "poema" de alguien que no había participado en el concurso. Se trataba de un mejunje titulado "He, he, the Iron Man" (en inglés en el original) de un tal Hannes Küpper, una pieza burda y sin sentido, tributo a Reggie McNamara, el corredor de los seis días en bicicleta. Suena a algo así (¡no hay traducción que pueda estropear este poema!):

> Dice una leyenda extranjera
> que sus brazos, piernas y manos
> están hechas de hierro forjado...
>
> Je, je, el hombre de hierro...
>
> Si no es más que una leyenda,
> una cosa es segura
> ¡Es un hombre milagroso este Reggie McNamara!
> Je, je, el hombre de hierro.

Más indignante que su propia recomendación fue el comentario que hizo sobre los poemas enviados. Confesó su baja estima por el trabajo poético de Rilke ("aparte de eso, un muy buen hombre"), de

Stefan George y de Franz Werfel, a quienes todos los concursantes imitaban. Dijo que estos jóvenes participantes eran

tranquilos, refinados, gentiles, criaturas de ensueño; el lado sensible de una burguesía decadente, con quienes no quiero tener trato alguno.

Obviamente, fue despedazado por el crítico Rudolf Borchardt, del *Deutsche Allgemeine Zeitung*, quien atacó a Brecht diciendo que "no tenía talento" y acusándolo de "oscuro pendenciero".

Mientras se sucedían estos incidentes menores, Brecht supervisaba las producciones de *Un hombre es un hombre* y de *Baal*, trabajaba con Piscator, escribía ensayos periodísticos y cuentos, asistía a eventos deportivos, preparaba una compilación de sus poemas, leía, estudiaba y se involucraba en disputas. Acudió en ayuda de su amigo Bronnen cuando el crítico Alfred Kerr (el rechazo era mutuo) escribió una reseña desfavorable de su obra *Katalaunische Schlacht* (que Kerr ni siquiera había visto). La obra era, a decir verdad, particularmente agresiva. Una de sus escenas mostraba un grupo de soldados muertos en un refugio subterráneo. Sin embargo, Brecht se estaba vengando de Kerr por las observaciones que el crítico hiciera en su momento sobre sus primeras obras: "Ruido sin contenido. Golpes bajos gratuitos". El satírico ataque de Brecht –muy en la línea de Horacio, aunque difícilmente pase por una gema horaciana– es contundente:

Si alguien insiste en escribir,
sólo será feliz al tener tema.
cuando se hizo el Canal de Suez
cierto personaje se volvió famoso
por manifestarse en contra...

Cuando los ferrocarriles eran jóvenes,
los dueños de diligencias se burlaban
diciendo: «No tienen cola. No comen avena.
tampoco dejan ver el paisaje a gusto.
¿Y dónde se vio una locomotora defecando?»
Y cuanto mejor hablaban,
más eximios oradores parecían.

Otra muestra de grosería, aunque más sutil, tuvo lugar cuando Brecht, Bronnen y Alfred Döblin fueron invitados al estreno de gala de *La fuerza del destino* de Verdi, en Dresde, en una nueva versión de Franz Werfel. Al llegar, nadie los estaba esperando, y en un poema conjunto se burlaron de sus anfitriones tan descorteses y cambiaron el nombre del río Elba por Alibe, Dresden por Alibi y Franz Werfel (en alemán, Würfel significa dados) por el latino Alea.

> Invitaron a tres dioses
> a Alibi en el río Alibe
> hicieron grandes promesas
> de 150 hecatombes para cada cual,
> y honores, tantos como desearan.
> Pero cuando llegaron,
> sólo estaba la lluvia para recibirlos.

De modo que al presentarse en la sala sólo encontraron lugar en el guardarropas, con los abrigos totalmente empapados, y cuando fueron a "recoger las migas" de la mesa de Alea... bien, no había nada para recoger. Nada pudo apaciguar sus sentimientos heridos, ni siquiera una disculpa tardía ni un programa especial donde se les pidió que leyeran sus propios trabajos. Brecht se vengó leyendo una sátira, ligeramente divertida aunque algo oscura.

Entre estos divertimentos ligeros, tuvo lugar la publicación de *Hauspostille* en 1927 (aparecido en forma privada como *Taschenpostille* el año anterior). Brecht se dedicaba principalmente –según decía– a escribir historias y piezas cortas para ganar dinero, y con *Die Bestie* ganó un premio de tres mil marcos. Su círculo de amigos y admiradores iba en aumento. Entre ellos se encontraba Elisabeth Hauptmann, su colaboradora, consejera y traductora del inglés; el pintor Georg Grosz; Piscator; los compositores Paul Hindemith, Kurt Weill y Hanns Eisler, y sociólogos como Fritz Sternberg y Karl Korsch. Además, seguía viendo a sus buenos viejos amigos de los días de Ausburgo y Munich.

Lotte Eisner lo describe así dirigiendo un ensayo:

> Desde mi lugar en la orquesta podía seguir su modo al mismo tiempo paciente y ardiente. Cómo contrapesaba el valor de cada

oración, adaptándola al gesto, delineando el contrapunto de la expresión facial o corporal, modulando al mismo tiempo la composición y dicción de sus actores.

O leyendo en voz alta la Biblia de Lutero:

...saboreando las oraciones de esa poderosa épica cincelada por la mano de Martín Lutero, prestando atención a aquellos giros del fraseo que le interesaban y anotándolos en un pequeño cuaderno de apuntes. Hacía lo mismo con los proverbios alemanes, que le gustaban especialmente por sus cualidades sensibles y prácticas así como por su sabiduría esencial.

Comenzaba a prosperar, si bien era bastante difícil deducir tal cosa de su aspecto. Pero ahora los editores lo perseguían. En cuanto a su vida personal, se produjo un cambio importante. El 21 de noviembre de 1927, Marianne Zoff y Brecht se divorciaron. Al año siguiente se casó con Helene Weigel, a quien había conocido durante una de las representaciones de Bronnen. Por una de esas extrañas coincidencias, ella ya le había impresionado como actriz en una de las obras de Hanns Johst, el escritor que fue una de las fuentes de inspiración para *Baal*.

Hacia mediados de 1926, Brecht empezó a estudiar ciencias políticas y economía. En octubre de 1926, le escribe a Elisabeth Hauptmann: "Estoy completamente sumergido en *El capital*. Debo saber con precisión". Comenzó a asistir a cursos de marxismo en la Karl Marx Arbeitschule, así como a las conferencias de Karl Korsch, el futuro biógrafo de Marx. Mantenía con Korsch discusiones de café en la Alexanderplatz, que continuarían hasta su muerte. Brecht comenzaba a proyectar estos nuevos intereses en sus obras: quería, por ejemplo, escribir una comedia sobre la inflación. Reescribió *Un hombre es un hombre* (Elisabeth Hauptmann cree que por séptima vez); leía *Pobre blanco* de Sherwood Anderson, y planificaba una obra sobre Dan Drew y el ferrocarril del Erie. Estados Unidos lo encandilaba. Tenía la idea de una serie de obras sobre el tema de "la evolución de la humanidad en las grandes ciudades", para demostrar y explicar el ascenso del capitalismo. De hecho comenzó a trabajar en una obra llamada *Joe Fleischhacker* [*El carnicero Joe*], ubicada en Chicago, y sobre el tema del mercado de cereales. Mientras preparaba esta obra, le pidió ayuda a Elisabeth Hauptmann.

> Reuníamos [recuerda E. H.] el material técnico. Yo misma investigué con varios especialistas el movimiento de las Bolsas de Breslau y de Viena, y al final Brecht comenzó a estudiar economía política. Sostenía que las maquinaciones del mercado financiero eran bastante impenetrables; debía averiguar cómo sucedían realmente las cosas, por lo menos en lo que se refiere a la teoría monetaria.

Agrega un dato muy importante para demostrar lo íntimamente relacionados que estaban los estudios económicos de Brecht con sus teorías estéticas, ya en 1926:

> Sin embargo, antes de hacer lo que para él eran importantes descubrimientos en ese campo, reconocía que las actuales formas dramáticas no se adecuaban a procesos modernos como los de la distribución mundial del trigo o la crónica de nuestros días; en una palabra, todas acciones humanas de importancia. "Estas cuestiones –dijo Brecht– no son dramáticas en el sentido estricto de la palabra; y si se trasladan a la literatura ya no son verdaderas y el drama deja de serlo. Cuando nos damos cuenta de que nuestro mundo no se ajusta al drama, entonces el drama ya no se ajusta al mundo."

En una anotación del 23 de marzo de 1926, escribió:

> Brecht encuentra la fórmula para el teatro "épico"; y en sus escritos apunta en esa dirección. Así, lo que él llama "escenas reveladoras" han salido a la luz.

De hecho, el camino hacia el teatro épico iba a ser lento y ramificado; sujeto a alteraciones significativas, ya que Brecht nunca consideró que sus obras o sus declaraciones teóricas fueran definitivas. Creía en el cambio y consideraba todos sus esfuerzos como *Versuche,* tentativas.

Pero sus teorías sobre el teatro, al igual que sobre la sociedad, se volvieron más concretas y claramente orientadas hacia un objetivo. Por un lado, continuaba su aguda crítica al teatro contemporáneo. "El viejo teatro —escribió— no tiene fisonomía... El teatro sin contacto con el público no es teatro." Le resultaba difícil entender por qué hasta los ancianos iban al teatro. En cuanto a los jóvenes, no tenían motivo alguno para hacerlo. Para las generaciones mayores había por lo menos un resto de memoria. A él le bastaba con ir a un estadio en cualquier momento. Allí el público sabe "exactamente por qué compra la entrada y qué le van a ofrecer". Obtiene "diversión", "deportes", "tranquilidad". Brecht señalaba que los alemanes eran propensos al aburrimiento y la falta de humor. "Un individuo solitario fumando un cigarro en una función de Shakespeare provocaría el derrumbe del arte occidental... Me encantaría ver al público fumando durante una función —principalmente, para bien de los actores. Para un actor sería imposible —creo— trabajar ante un fumador de manera antinatural, afectada o anticuada."

El sociólogo es el hombre que necesitamos, exclama. Lo necesitamos ya que sabe que existen situaciones imposibles de mejorar. Es el caso del viejo teatro. El esteta piensa de otra forma. Pero el sociólogo es inmune a los "encantos" de las viejas obras sólo porque éstas resulten "hermosas", aunque de hecho hayan sobrevivido a su propia utilidad. La caída del viejo teatro sólo puede ser pospuesta, pero es inevitable. Un nuevo teatro —el teatro épico— se corresponde con la situación social dominante, pero será interpretado sólo por aquellos que puedan entender la nueva situación.

Estas ideas surgen del intercambio de correspondencia entre Brecht y el sociólogo Fritz Sternberg, donde se preguntaban sobre la conveniencia de "liquidar las viejas estéticas". Brecht consideraba banal tratar de modernizar o recrear a clásicos como Shakespeare o los griegos. Pensaba que los grandes dramas de Shakespeare, base del teatro moderno, pertenecían a otra época y "fueron exitosos durante trescientos años en los cuales el individuo se transformó en capitalista; y trascenderán no como productos del capitalismo sino por el capitalismo mismo". En una entrevista radial del 24 de octubre de 1927, previa al estreno de la adaptación de *Macbeth* hecha con Alfred Braun, destacó la relación particular entre la obra, su autor y su época. ¿Cómo entender "lo ilógico", la "salvaje arbitrariedad", la indiferencia por la organización escénica y la falta de un núcleo en las obras de Shakespeare?, se pregunta. Y responde que Shakespeare tenía un contacto muy íntimo con su época. En "la desconexión entre escenas uno puede reconocer la desconexión del destino humano". Nada, continúa, es más absurdo que tratar de representar a Shakespeare como si escribiera "claramente". Shakespeare, por naturaleza, era "poco claro". Opinaba que Shakespeare practicaba el estilo "épico" y que sólo la representación de Shakespeare dentro del estilo "épico" podía revitalizarlo.

Brecht concebía un Shakespeare más bien descuidado escribiendo *Hamlet* (en cierto sentido a la manera del propio Brecht). Imaginaba un momento en el que la escritura se atascaba, para desesperación de los escritores y actores colegas de Shakespeare. "A William –como lo llamaba– se lo instruyó para que adaptara una pieza vieja y cruda con el tema de la 'limpieza de los establos de Augias a cargo de un joven'." Originariamente, prosigue Brecht, ese personaje era para un actor gordo y asmático que representó el papel de Ricardo III. "Y William le armó una escena breve que compuso en su casa... y el asmático se salvó." Esta era la escena (que los alemanes con su bella lógica omiten) en la que Hamlet descubre a Fortinbrás marchando con un escuadrón militar y de repente comprende que la guerra no necesita motivos para convertirse en algo verdaderamente sangriento. "Y lo descubre justo en el momento indicado, es decir, media hora antes de que el público abandone el teatro."

Al igual que Piscator, Brecht insiste en que el teatro del individuo está *passé*, ya que en la sociedad moderna el individuo ha desaparecido, y el teatro que insiste sobre este punto (y en esto Brecht se incluye) ha demostrado ser una experiencia deprimente para el público. "No importa si se trata de *Edipo*, *Otelo* o *Tambores en la noche*." En una entrevista radial desde Colonia, donde participaron también Fritz Sternberg y Herbert Jhering, Brecht se refirió especialmente al tratamiento que Shakespeare le daba a la individualidad. "Shakespeare promueve sus grandes individualidades –Lear, Otelo, Macbeth– a lo largo de cuatro actos", lejos de las relaciones con la familia o el Estado, hacia "los matorrales" donde se quedan solos con su grandeza y su decadencia. Se manejan por sus pasiones, cuyo fin último es la "gran experiencia humana". Sternberg estaba de acuerdo con este argumento: Shakespeare es el teatro del individualismo, en una época en la que el individualismo estaba desapareciendo. En las etapas más débiles del capitalismo, el individuo como entidad indivisible e intransferible desaparece y lo colectivo se transforma en el factor determinante. Los tres interlocutores coinciden en señalar que existe la necesidad de un nuevo tipo de teatro que refleje este nuevo hombre "colectivo", a lo cual Jhering agrega que eso se encuentra en el teatro "épico" de Brecht. Este último acepta el cumplido y se lo retribuye homenajeando a sus predecesores Bronnen y Georg Kaiser, así como a los naturalistas.

Podría haber agregado el nombre de Bernard Shaw, a quien junto con otros escritores le rinde tributo en ocasión del septuagésimo aniversario de su nacimiento. En cierta forma Bernard Shaw era pariente de Brecht, como lo expresa en "Ovación para Bernard Shaw". Brecht admira el terrorismo de su humor y su placer en "desequilibrar nuestras asociaciones convencionales". Esto es un anticipo de la propia teoría del "distanciamiento". Le encanta el mundo de Bernard Shaw, por ser un mundo de "opiniones". "El destino de sus personajes son sus propias opiniones." Admira su afilado razonamiento, que secciona todas las mistificaciones hasta la médula misma de la realidad social.

La lectura que hace de aquellos a quienes llama los "clásicos" –Marx, Engels, Lenin– se empieza a notar en sus escritos y sus teorías. Brecht exige un examen más profundo para determinar si el teatro está arraigado en la "superestructura de la sociedad", es decir, el medio social. Pide que el teatro genere la "superestructura ideológica" para un "reacomodamiento real y efectivo de nuestro medio de existencia actual".

Sus propias asociaciones convencionales también comenzaban a desestabilizarse, y empezó a ver sus obras desde este nuevo punto de vista:

> Cuando leí *El capital* de Marx, entendí mis propias obras. Es obvio que deseo una amplia difusión de este libro. No descubrí, desde luego, que había escrito inconscientemente un puñado de obras marxistas, pero Karl Marx es el espectador ideal de mis obras. Pues para un hombre con tales intereses, estas piezas deberían haberle interesado, no por inteligentes, sino porque provenían directamente de él. Para él hubieran sido un material ilustrativo.

Con estas herramientas reexamina *Un hombre es un hombre* y el problema del "cambio". En una introducción a la transmisión radial de la obra en abril de 1927, menciona una vez más la necesidad de un nuevo teatro que se corresponda con el "nuevo hombre". El que permitió que lo cambiara la máquina –dice– está desapareciendo. Se deduce que sus ideas eran todavía un poco confusas, a partir de sus argumentos sobre el personaje de Galy Gay, "quizás un predecesor de la nueva clase de hombre a la que me refiero". A pesar de que Galy Gay no puede decir que no, no se trata de una persona débil, como puede imaginar la gente. Al contrario: él es "el más fuerte" al dejar de ser un individuo en función de la "masa". Brecht no aclara de qué tipo de masa se trata ni cuáles son sus acciones específicas.

Sin embargo, utiliza sus nuevos conocimientos para profundizar sus opiniones sobre la tragedia, pasada y presente. Cuando reexamina obras de Hauptmann como *Rose Bernd* y *Los tejedores*, concluye que las situaciones que se nos presentan no pueden ser consideradas actualmente como verdaderamente trágicas (en el primer caso una seducción y en el otro la revolución de los tejedores), dado que se prestaban a correcciones "civilizadoras". El tema de la obra se vuelve anticuado a medida que la historia y las condiciones se modifican. Por otra parte, Brecht se pregunta cómo pueden plantearse en la escena tradicional situaciones contemporáneas de gravedad, como la lucha por el trigo o el petróleo. La respuesta es: no se puede. Nuevos temas requieren formas nuevas.

IX
EL ZOOLÓGICO SOCIAL:
LA ÓPERA DE TRES CENTAVOS

No más de esto, se lo suplico. Dele comida y un hogar.
Una vez que haya cubierto su desnudez, la dignidad vendrá sola.
Friedrich Schiller, *La dignidad del hombre*

Erst kommt das Fresen, dann kommt die Moral.
[Primero la comida, después la moral.]
Brecht, *La ópera de tres centavos*

El Theater am Schiffbauerdamm, ubicado sobre uno de los muchos canales de Berlín y cerca de la concurrida Friedrichstrasse, permanece igual que en el otoño de 1928. Ha sido reconstruido completamente después de la guerra y tiene todas sus gárgolas, ninfas, cupidos y ese magnífico dorado que cubre casi todo y se eleva hasta llegar al cielo raso estrellado de ángeles, conservando una pintoresca vetustez. Tiene casi ochocientas butacas. En 1928 había caído en desuso y el actor Ernst Robert Aufricht se había propuesto rehabilitarlo. En busca de una obra para su reinauguración, se le ocurrió consultar a Brecht. Ese fue el origen de uno de los más grandes éxitos teatrales de Berlín, *Die Dreigroschenoper* [*La ópera de tres centavos*], que se estrenó el 31 de agosto de 1928 con música de Kurt Weill, diseño escenográfico de Caspar Neher y dirección de Erich Engel.

Nada hacía prever un gran éxito. Por el contrario, tal como cuenta Lotte Lenya, todo apuntaba en la dirección contraria. Una serie de fatalidades, desencuentros y pretensiones de *prima donna* tuvieron a Berlín en ascuas y a Aufricht al borde del colapso. La actriz Carola Neher tuvo que partir apresuradamente debido a que su marido, Klabund, agonizaba en Davos; Helene Weigel sufrió un ataque de apendicitis; Rosa Valetti, una famosa cantante de cabaret, se sintió de repente ofendida por la letra supuestamente obscena de las canciones; el nombre de Lotte Lenya había sido omitido accidentalmente del programa, lo que provocó la furia de su marido Kurt Weill, habitualmente apacible. Un público expectante y ansioso de nuevos escándalos se reunió la noche del estreno. La sala se oscureció. Sobre el escenario, antes de que se corrieran las cortinas, apareció un cantante callejero, tocando mecánicamente en un organito *Moritat* (al día siguiente todo Berlín silbaría esa canción) y el público escuchó y esperó. En la segunda escena de la obra, que transcurría en un establo, Mackie Messer [Mackie Navaja] y Tiger Brown, jefe de policía y antiguo camarada de Mackie en la armada india, cantan a dúo la "Canción del Cañón".

> Se desató una tormenta increíble y sin precedentes. La audiencia aullaba. Desde ese momento nada anduvo mal. La audiencia estaba con nosotros, fuera de sí. No podíamos dar crédito a lo que veíamos ni a lo que escuchábamos.

Esta es la descripción que hace Lotte Lenya del estreno. Ella misma tenía a su cargo el papel de la prostituta Jenny, y de la noche a la mañana se convirtió en una celebridad, como muchos otros del elenco, así como Brecht y Weill. Y Aufricht disfrutó de todo esto: estaba feliz y era rico.

La inspiración inicial para *La ópera de tres centavos* le llegó a Brecht a través de Elizabeth Hauptmann, quien lo informó sobre una reposición hecha en Londres algunos años atrás: la ópera sobre las baladas del siglo dieciocho de John Gay, *La ópera del mendigo*, con arreglos de Johann Christian Pepusch, se había convertido en un éxito extraordinario en Inglaterra. Nigel Playfair la había repuesto en el Lyric Theatre en 1920 y permaneció en escena durante casi dos años. Frau Hauptmann la tradujo del inglés y Brecht se puso a escribir su propia versión. Obviamente, las viejas melodías, maravillosamente compuestas por Pepusch, no servían a sus propósitos. Kurt Weill, uno de los *enfants terribles* de la música atonal, discípulo de Ferruccio Busoni, ya había hecho arreglos para unas canciones de Brecht, y cuando comenzó a trabajar en el texto lo hizo con tanta facilidad como Brecht con el de Gay.

Se dice que la historia no se repite. Y el ingenio inglés agrega que son los historiadores los que se repiten. Pero los paralelos históricos realmente se producen. Pasemos a un ejemplo: el paralelo entre la ópera de Brecht y la de Gay. A principios del siglo dieciocho, John Gay –una luminaria menor aunque importante de la época augusta inglesa, amigo de Swift, Pope y otros "ingenios" de esos días– buscó probar suerte en una parodia de las pastorales, muy populares por ese entonces. Las transformó en una serie de poemas, pero la moda de la ópera italiana y el prestigio de Handel dieron nuevos ímpetus a su esfuerzo renovador. Decidió convertirlos en una pastoral de Newgate –o sea, una pastoral que tomara como motivo la prisión de Newgate con sus pillos, ladrones y prostitutas, condimentada con todos los aditamentos y artificios de la ópera tradicional, aunque atemperando al mismo tiempo sus oropeles aristocráticos. Gay era un brillante compositor de sátiras, con un gran sentido de la oportunidad. Descargó sus municiones sobre la sociedad de la época, especialmente sobre los estratos sociales superiores, y también su resentimiento contra la corte, que no le había asegurado una buena renta. Pero su principal objetivo era Robert Walpole, el primer ministro.

Era una época especial para la sátira. El trono de Inglaterra no estaba ocupado por los corruptos y opresivos Estuardo, sino por los respetables monarcas "burgueses" de la familia Hannover. Dos revoluciones marcaron este período, y una nueva era había comenzado. El comerciante y su mujer se pavoneaban orgullosamente junto a los cortesanos. El dinero, el comercio y las ganancias estaban en el aire como nunca antes. La especulación, la Burbuja de los Mares del Sur, había arruinado a unos y enriquecido a otros. Robert Walpole fue acusado por decir que todo hombre tenía su precio; y las especulaciones en la corte y la comunidad comercial, la manipulación de los votos parlamentarios, municipales y administrativos convirtieron ese dicho en una perogrullada demasiado explícita. ¿Hay algo más natural que el hecho de que la "desvergonzada" actitud del mundo exterior encuentre también un lugar en el mundo de las letras? La picaresca española, las historias realistas sobre pillos y vagabundos precursoras de la novela realista moderna, se habían convertido en algo cotidiano en Inglaterra. Los desamparados y los despojados de la sociedad –aventureros, bohemios, rateros por necesidad, elección o profesión, estudiantes errantes– atraían y aterrorizaban, generando al mismo tiempo simpatía y desconfianza. Representaban un antídoto contra los héroes y heroínas ligeramente nauseabundos de los romances pastoriles que leían la clase alta y baja, y pronto encontraron en Inglaterra un maestro que dio a su país pillos clásicos, masculinos y femeninos: Daniel Defoe. Gay abrevó en Defoe, pero también en modelos que se encontraban a mano en Newgate: leyó las crónicas sobre pillaje y asesinatos del registro del penal, estudió la escena londinense en los dibujos realistas de William Hogarth, y en la vida real siguió la pista de los más famosos salteadores de caminos de la época, como Jonathan Wild.

La ópera del mendigo de John Gay se estrenó en el Lincoln's Inn Fields el 29 de enero de 1728. Le siguieron noventa y ocho representaciones consecutivas hasta el 19 de junio. Según dicen, Gay se hizo rico y Rich fue feliz*. Rich era el productor.

La ópera cuenta la historia de Mr. Peachum, un reducidor de objetos robados, y su venganza contra Macheath, un salteador de caminos que se ha casado con su hija. La forma en la que acecha a su odiado yerno hasta llevarlo a la horca fue el elemento empleado por Gay para desenmascarar a la sociedad de la época. Los comentarios empezaron a circular y los personajes de la obra fueron siendo identificados. ¿Peachum era

---

* Juego de palabras entre "gay" (feliz, alegre) y "rich" (rico): *Gay was rich and Rich was gay*. [N. del T.]

Robert Walpole? ¿Y Mrs. Peachum era otro prototipo de la misma clase social? ¿Y Macheath? Él era mucho más que el célebre salteador de caminos y degollador Jack Shepard o Jonathan Wild. Las similitudes entre los personajes de la obra y los caballeros que apuestan, pelean, contrabandean y a veces asesinan, los matrimonios ventajosos o las propiedades familiares despilfarradas aparecen tan claramente sugeridos que es imposible pasarlos por alto. La "sociedad acaparadora" le ofreció a Gay la posibilidad de describir el mercado del dinero, no sólo a través de objetos sino también de personas. Peachum insulta a su hija por haberse casado en secreto con Macheath, principalmente porque ella ha desperdiciado sus encantos y ha dejado de ser una "carnada" apetecible.

> Mi hija, para mí, debería ser como una dama de la corte para un ministro de estado, una llave para toda la pandilla.

Sin embargo, una vez casada, ella debe aprovechar sus ventajas. Debe convertirse rápidamente en viuda y heredera. Peachum destaca que el negocio que mantiene "por debajo" es administrado con la misma delicada hipocresía con que lo hacen "los de arriba", aunque quizás sea más honorable en sus manos.

Macheath pregunta, "¿Por qué las leyes nos acusan a nosotros? ¿Somos más deshonestos que el resto de la humanidad? Lo que ganamos, caballeros, nos pertenece por la fuerza de las armas y el derecho de la conquista". La traición está tan difundida por todo el mundo que en su pandilla hay tan poca confianza como en todos lados y, como los "grandes estadistas", sus hombres apoyan a quienes traicionan a sus amigos. La naturaleza depredadora del comportamiento humano encuentra un interlocutor válido en el carcelero Lockit, quien sostiene que "los leones, los lobos y los buitres no viven juntos en manadas, rebaños o bandadas. De todos los animales de rapiña, el hombre es el único sociable. Cada uno de nosotros ataca a su vecino, y así y todo nos agrupamos en manadas".

Pero como se trata de una parodia de la ópera, su final no tiene que ser trágico. De esa forma, el narrador mendigo opta por cambiar el final, evitando el ahorcamiento de Macheath.

> Su objeción, Señor, es muy justa y puede retirarse. Ya que estará de acuerdo en que en esta clase de drama no importa cuán

absurdo sea el origen de los hechos. Así que... dejemos que el prisionero vuelva con su mujer, triunfante.

Doscientos años después de la primera producción de *La ópera del mendigo*, nos encontramos en el Theater am Schiffbauerdamm de Berlín, en 1928. El hombre del organito termina de cantar su "Balada del tiburón", o sea Mackie Messer, Mackie Navaja o Macheath, ese Don Juan del mundo clandestino, salteador de caminos, amante, caballero y ladrón. Nadie lo puede atrapar en la escena del crimen, pero está allí de todos modos. El telón se levanta y nos encontramos en el local de Jonathan Jeremiah Peachum, tendero y sastre de mendigos y ladrones, un hombre de negocios que vive a costa de la caridad y la miseria humanas. ¡Qué apropiado que comience su día con un coro matutino, un himno!:

¡Despierta, gusano cristiano!
Sigue con tu vida criminal
Muestra lo villano que eres,
El señor te lo pagará.

Vende a tu hermano, truhán sifilítico,
Y canjea por otra a tu mujer,
El Señor —¿es algo más que palabras?—
Te compensará en el Juicio Final.

Sin embargo, ese día está de malhumor ya que su hija Polly se ha enamorado de Mackie Navaja y planean casarse. La simple idea del casamiento lo indigna, ya que lo considera un "negocio sucio". Pero mientras tanto, en el corazón del Soho, un establo sufre una milagrosa transformación a medida que los socios de Mackie depositan accesorios y muebles robados de diferentes lugares para el casamiento de Mackie y Polly. Se esperan invitados muy distinguidos: el Pastor Kimball y Tiger Brown, jefe de policía de Londres. De nuevo en casa, surgen los problemas. "Si eres tan inmoral como para casarte –le grita Peachum a Polly–, ¿tenía que ser con un ladrón de caballos o un ladrón de caminos?" Con la ayuda de la eficaz Señora Peachum, planea atrapar a Mackie usando a su propio amigo, el jefe de policía Tiger

Brown, a fin de que Polly quede viuda y rica. La ética de la traición es enunciada por el Señor y la Señora Peachum en la balada relacionada con "la incertidumbre de la condición humana" donde Peachum, "Biblia en mano", proclama el derecho del hombre a la felicidad. Desdichadamente, éste y otros impulsos de bondad se frustran, debido a que no se trata de "las mejores circunstancias". Cuando no hay suficiente para dos, tu propio hermano te golpeará en la boca. Y ¿quién no dejaría de ser leal y honesto? Polly está de acuerdo con este sentimiento. "El mundo es pobre y el hombre es malo."

Mackie, que no puede resistir sus urgencias carnales, debe buscar regularmente alivio en el burdel de Turnbridge; y su prostituta favorita, Jenny, lo delata a la policía después de haber cantado a dúo la "Balada del rufián", donde describen la relación feliz del rufián con la prostituta en ritmo de tango:

> Fue tan hermoso, ese medio año,
> En el burdel que era nuestro hogar...

Mackie escapa de la cárcel con ayuda de Lucy, la hija del carcelero y otra de sus conquistas, lo cual enfurece a Peachum. Pero su estadía fuera de la cárcel es breve, ya que la carne es débil. Y ahora lo van a colgar en serio. Las masas se encaminan a presenciar la ejecución, y allí Mackie hace su discurso final:

> Damas y caballeros: Tienen delante al representante desaparecido de una clase desaparecida. Nosotros, pequeños profesionales de la clase media, que trabajamos con nobles palanquetas en las cajas fuertes de los pequeños comerciantes, somos expulsados por las grandes compañías que apoyan a los Bancos. ¿Qué significa asaltar un Banco comparado con fundarlo? ¿Qué es asesinar a un hombre comparado con un contrato de trabajo? Compatriotas, me despido de ustedes... Algunos estuvieron muy cerca. Me sorprende que Jenny me haya traicionado. Es la prueba más evidente de que el mundo no cambia... Muy bien, entonces me retiro.

Y continúa con la balada, al estilo François Villon, pidiendo perdón por todo:

Oh, compañero que nos sobrevivirás,
No cierres tu corazón a los pecadores,
Ni te rías al vernos colgar de la horca.

Perdona a hombres y mujeres, ladrones, prostitutas y alcahuetes; a todos menos a esos perros, ¡la policía! Sin embargo, justo cuando lo van a colgar, Peachum da un paso al frente y, al igual que el narrador-mendigo de Gay, anuncia al público que verá que "al menos en la ópera la piedad prevalece sobre la ley". Entonces se aproxima a caballo el emisario del Rey. Se trata del mismo Tiger Brown, trayendo el perdón de la Reina, un título de nobleza y una pensión de diez mil libras ¡para Mackie! ¡Salvado! "Qué agradables y pacíficas podrían ser nuestras vidas —reflexiona la Señora Peachum—, si tan sólo dependieran de la llegada de un mensajero real." Peachum, dirigiéndose a los actores, agrega:

> Les solicito a todos que permanezcan en sus sitios y canten el coral del más pobre de los pobres, cuya dura vida han representado hoy, ya que en la realidad su final siempre es malo. Los mensajeros a caballo del Rey aparecen muy raramente, y aquel que fue pateado sólo quiere devolver la patada. Por lo tanto, no sean injustos.

No injurien a la injusticia,
Que pronto muere de frío pues es fría.
Recuerden la escarcha de la vida, y también la oscuridad,
En este valle de lamentos y de lágrimas sin cuento.

La ópera de tres centavos es en realidad un "coral del más pobre de los pobres"; cínico y amargo, a veces triste y conmovedor. Entre los temas que se entremezclan, el de Mackie Navaja es esencial:

Ustedes, caballeros, que enseñan la vida honesta,
Y traman actos de vicio y de pecado,
Den primero algo con qué llenar nuestra panza,
Y luego podrán hablar, y arrimar el hombro.

Muestren primero cómo un mísero patán
Puede conseguir su porción en el gran reparto.

¿Para qué vive un hombre? Para engañar, robar y despellejar a sus congéneres, olvidando que es un hombre.

> Erst kommet das Fressen, dann kommt die Moral.
> Primero el estómago, después la moral.

Frase que se repetiría por toda Berlín durante los años subsiguientes.

> Así que, caballeros, suficiente con toda esa estupidez.
> El hombre sólo vive para hacer el mal.

Otra canción igualmente amarga es la de la "Pirata Jenny", que se refiere al feroz resentimiento de los sumergidos en una vida de disipación y alcoholismo, y al deseo de Jenny de que llegue "un barco con ocho velas y cincuenta cañones" cuya tripulación elimine a todos sus perseguidores, la suban a bordo y partan.

El público salió del teatro tarareando la memorable tonada de Mackie Navaja, el *Moritat* del tiburón con sus dientes afilados y visibles, y la navaja de Mackie que es invisible:

> Und der Haifisch, der hat Zähne
> Und die trägt er im Gesicht
> Und Macheath, der hat ein Messer
> Doch das Messer sieht man nicht.

Una canción que ni Brecht ni Weill, el compositor, previeron que daría la vuelta al mundo.

¿Qué pensaron los primeros espectadores de esta obra? ¿Era una parodia? ¿Era en serio? ¿Era una ópera? ¿O se trataba de otro *Schlager* ("éxito"), que se sumaría a otros de la temporada, con el habitual *Kitsch* a la manera de *Es liegt in der Luft*, con la incomparable Marlene Dietrich, o el éxito de Max Reinhardt *Victoria*? *La ópera de tres centavos* fue un éxito descomunal, con más de mil representaciones. Las críticas iban desde el elogio absoluto hasta tratarla de ramplona; y la derecha la acusó de "locura bolchevique".

Sin duda sorprendió a todos. Para una parte del público, se trató de una excursión audaz e indirecta a las profundidades del crimen y la prostitución; para otros, la obra les ofrecía las delicias del cinismo y la mordacidad, expresadas brillantemente en música y palabras. La crítica a la sociedad era lo suficientemente amplia como para no herir a nadie en particular. Cada espectador podía volver su mirada farisea sobre su vecino y murmurar: *De te fabula!** Las invocaciones de Peachum a la piedad y la caridad se aceptaban sin demasiada incomodidad. ¿Y quién podía disentir cuando proclamaba "lo inadecuado de los esfuerzos humanos"?

> Vive el hombre por su cabeza,
> Pero esta cabeza no alcanza.
> Intenten y verán que con su cabeza
> Apenas crían piojos.
>
> Sí, para vivir esta vida,
> El hombre no es bastante listo,
> Nunca parece ver
> Que todo es trampa y engaño.

¿Se estaba trazando un paralelo entre la vida fuera del teatro y lo que acababan de presenciar en el escenario? Los negocios de Peachum, que utilizaban la piedad como fuente de ingresos; su colaboración, así como la de Mackie, con la policía; las traiciones recíprocas, ¿no representarían para la audiencia un enjuiciamiento de su propia moral burguesa? ¿Los espectadores no veían en Mackie, el "caballero", una réplica de los caballeros tan respetables con quienes se asociaban y cuyas empresas eran igualmente oscuras?

Si no se daban cuenta, la culpa no era exclusivamente de ellos. ¿Cómo podían estar seguros de que las canciones y los sentimientos expresados en la obra no pertenecían a Brecht, sino que reflejaban la sociedad burguesa en la que vivían? De hecho hay dos Brecht en la *Ópera de tres centavos*, y ambos se entrecruzan. Está el nihilista irreverente, el laureado de la jungla de asfalto, y el iniciado en el marxismo que intentaba equiparar las duplicidades y traiciones más bajas, la inmoralidad del submundo, con las aparentemente más respetables iniquidades del mundo establecido. ¿Pero podría considerarse seriamente a Mackie como

---

* "Habla de ti". *[N. del T.]*

representante de la burguesía explotadora contemporánea? ¿Y qué contenido social se le podía otorgar al mandamiento "No ser demasiado duro con la injusticia, ya que ésta se consume a sí misma"? No hay nada que espante al espectador, excepto a aquel con conciencia social, que sabe que la injusticia *puede* ser eliminada.

Brecht se dio cuenta de la ambigüedad de la obra y en posteriores anotaciones trató de aclararlas, enfatizando la analogía entre el personaje de Macheath y la burguesía moderna. Y dio instrucciones precisas al actor para que represente al asaltante como "un personaje burgués" con hábitos sociales establecidos, como visitar determinadas "cafeterías de Turnbridge":

> Por lo tanto, los actores deben evitar representar a estos bandidos como una pandilla de individuos de aspecto triste, con pañuelos de colores, que viven en barrios de mala muerte y con quien nadie se sentaría a tomar un trago. Se trata, obviamente, de personas educadas aunque corpulentas; y sin excepción, muy afables más allá de sus compromisos profesionales.

Aun así, y a pesar de las inconsistencias y ambigüedades, la *Ópera de tres centavos* representa un gran paso adelante respecto de *Baal* y *Tambores en la noche*. Pocas obras de esa época reflejan tan claramente determinados aspectos de los años 20. Su ironía ácida y la parodia del sentimentalismo y las fantasías de la ópera se adaptan a los requerimientos de ese período. Brecht reemplazó el tradicional y a menudo incoherente libreto de ópera por otro más fácil de entender, sumamente poético pero realista y contemporáneo. También buscó un "distanciamiento crítico" por parte del público, a fin de evitar el habitual "dominio del sentimiento". Utilizó determinados recursos (que luego se sintetizarían en su concepto de "distanciamiento"), tales como establecer una deliberada dicotomía entre palabra y música –realizado impecablemente por Kurt Weill–, separando elementos de la obra como la acción y la canción, utilizando la proyección de carteles con frases bíblicas y refranes, dirigiéndose directamente al público, o bien revolucionando el carácter musical de la ópera. Los espectadores nunca dejaban de advertir que estaban en un teatro. De todas formas, existía también la tradicional unión y atracción con el viejo *Singspiel* de Mozart y la comedia de costumbres vienesa, el cabaret y el *vaudeville* francés.

Si el universo de *En la jungla de las ciudades* estaba regido por el espíritu de Arthur Rimbaud, los aspectos más oscuros y profundos de la *Ópera…* estaban influenciados por François Villon, que Brecht había leído en la traducción de K. L. Ammer. Alfred Kerr advirtió los "plagios". En el *Berliner Tageblatt* del 1° de septiembre de 1928 se mostró especialmente laudatorio, diciendo que había sido una "noche memorable" y que la obra era un drama excepcionalmente original. Celebró las baladas del *Moritat*, aunque se mostró sumamente perspicaz al preguntarse si en comparación con la ópera de baladas de Gay, Brecht no había sacrificado la crítica social y reprimido "sus ataques contra el presente inmediato". ¿No había diluido su tesis con un contenido vagamente ético? Pero luego de la edición de las *Canciones de La ópera de tres centavos*, en 1929, Kerr armó un revuelo, acusándolo no sólo de plagiar la traducción de Ammer de Villon, sino también de haber plagiado a Kipling. El escándalo no era algo nuevo en la vida de Brecht; y él contestó con su típica desfachatez en *Die schöne Literatur* de julio de 1929:

> Un periódico de Berlín ha señalado, con un poco de retraso, pero lo hizo de todas formas, que en la edición de Kiepenheuer de las *Canciones de la Ópera de tres centavos*, falta el nombre del traductor alemán debajo del nombre de Villon, aun cuando de los 625 versos de la excelente traducción de Ammer sólo 25 son iguales. Declaro con toda honestidad que me olvidé de mencionar el nombre de Ammer. Y, de esta forma, puedo explicar mi fundamental falta de rigor en relación al asunto de la propiedad intelectual.

Posteriormente se sumó otro comentario abonando la tesis del plagio y se redoblaron las acusaciones, típico entretenimiento de la burguesía siempre preocupada por el tema de la propiedad. Él trajo a colación la generosidad con la que Shakespeare cubrió con un manto "todo lo que se dice en un escenario bajo su nombre". Después de todo –agregó–, lo que cuenta es la línea del drama y lo que nunca podría ser robado.

Irónicamente, el escándalo reavivó el interés por la versión de Ammer aparecida en 1908 y que se reeditó con un poema de Brecht como prefacio:

> En efímeras hojas ves aquí
> Su Testamento –una vez más– reimpreso,
> Donde esparce basura entre los conocidos.
> El que reclame su parte que diga «¡presente!»

Por el precio de unos cigarros, ahora se pueden comprar estas gotas amargas, así que cada uno tome todo lo que pueda. "Les puedo asegurar que ya he tomado mi parte."

Como resultado de este incidente, Brecht encontró inesperadamente un nuevo campeón. Karl Kraus, conocido por ser uno de los escritores satíricos más talentosos y virulentos de esos años y editor del provocativo periódico vienés *Die Fackel* (escrito en su mayor parte por él mismo), contestó a las "Revelaciones de Kerr". "En su meñique –escribió Kraus–, con el que tomó unos veinticinco versos de la traducción que hizo Ammer de Villon, Brecht demostró ser más original que el señor Kerr, que tanto lo acosa."

Sin embargo mucha gente se burló de Brecht; por ejemplo el humorista Kurt Tucholsky:

> ¿Quién escribió esa pieza?
> Es de Bertolt Brecht.
> Bien, ¿quién escribió esa pieza?

De haber estado familiarizado con la siguiente cuarteta de Kipling, Brecht podría haberla utilizado para dar por concluido el incidente:

> Cuando Homero su frondosa lira tocó,
> había oído cantar en tierra y mar.
> ¿Cómo lo hizo?, podrías preguntar.
> Pues fue y tomó... ¡lo mismo que yo!

Herbert Jhering ensalzó la obra en el *Börsen-Courier*. Escribió que el trabajo proclama un nuevo mundo, donde las fronteras de la tragedia y del humor fueron trascendidas. Es un triunfo de la forma abierta... Brecht ha sacado de su aislamiento la letra y la música de Weill. Una vez más hemos escuchado en el escenario un discurso ni literario ni manoseado, y una música que no se basa en armonías y ritmos gastados.

La Ópera de tres centavos llevó a la fama a principiantes como Lotte Lenya y le dio aún más fama a otros como Erich Ponto, Kurt Gerron, Roma Bahn, Ernst Busch, Carola Neher, Rosa Valetti, Hermann Thimig. El éxito de Berlín se repitió en Munich, Leipzig, Praga y Riga, aunque con insultos y abucheos. En lo que se refiere a Brecht, *él* era un éxito. Por primera vez estaba haciendo dinero. Sin embargo no cambió sus hábitos, o la vestimenta desaliñada que usaría hasta en las recepciones que le ofreció el Estado soviético donde, según relata su amigo Wieland Herzfelde, continuó discutiendo... ¡sobre el teatro!

La Ópera de Brecht, así como la música de Kurt Weill, constituyeron una crítica no sólo a la sociedad sino también al teatro mismo y a la ópera en particular. "Y así se creó un nuevo género", escribió Weill. El trabajo de Brecht, como vimos, estuvo siempre ligado de una forma u otra a la música. Sus gustos musicales eran muy particulares y hasta bizarros. Llevaba consigo esa tensión "popular" que nunca lo abandonó. Pero también tenía concepciones originales sobre la relación entre letra y música que impresionaron a los compositores con quienes colaboraba, sin importar sus antecedentes musicales. Que haya podido llamar la atención de personajes tan talentosos como Kurt Weill, Hanns Eisler, Paul Hindemith y Paul Dessau, y en muchos casos descubrir con ellos un terreno común de objetivos e intenciones, habla del carácter persuasivo de sus convicciones y sus teorías estéticas, ya que sus asociados eran, por lo general, representantes de las escuelas de música más avanzadas.

La actividad musical de los años 20 estaba abierta a las nuevas tendencias y movimientos, y en este sentido la década resultaría una de las más creativas e inspiradoras del siglo. En Alemania, como en el resto del mundo, el papel de los Estados Unidos se volvió realmente central a partir de la introducción del jazz, el *negro spiritual* y los avances tecnológicos. Brecht no coincidía con los compositores que desarrollaban los nuevos sistemas tonales, ni tampoco con el *Pierrot Lunaire* de Schoenberg o el *Woyzeck* de Alban Berg. Por el contrario, estaba abierto a las influencias musicales de los Estados Unidos y se sentía mucho más unido a los que cultivaban ese lenguaje musical. Los franceses habían comenzado a abrir el terreno: Cocteau escribía libretos al estilo norteamericano, y Milhaud compuso el ballet negro para jazz *La creación del mundo*. El ruso Igor Stravinsky incorporó el jazz norteamericano en *Historia del soldado*, de 1918, y el austríaco Ernst Krenek utilizó la misma base para *Jonny spielt auf* en 1927. La *Rapsodia en blue* de George Gershwin cautivaba a toda Europa.

Bajo el auspicio de Paul Hindemith y de Heinrich Burkard, se realizaron festivales de la nueva música en Donaueschingen en 1921, donde participaron compositores alemanes y extranjeros. Lo mismo ocurrió posteriormente en Baden-Baden. Allí se presentó en 1927 la primer esfuerzo conjunto de Brecht y Weill, el Singspiel *Mahagonny* (conocido como *Das kleine Mahagonny –La pequeña Mahagonny*).

Si muchas de estas producciones resultaron tan efímeras como a veces excepcionales, ello no les resta mérito en cuanto a su importancia y a la influencia que ejercieron. Sirvieron para unir públicos diferentes, introdujeron nuevas técnicas como las del cine y la radio, y tuvieron un fuerte atractivo popular (en el mejor sentido de la palabra) al imponer la *Gebrauchsmusik* (música utilitaria o funcional) y la *Gemeinschaftsmusik* (música comunitaria), especialmente bajo el liderazgo de Paul Hindemith. Las composiciones musicales eran escritas y ejecutadas por grupos especiales, a menudo aficionados, de edades y condiciones diferentes, combinando así aprendizaje e interpretación. Ese es el origen del *Lehrstück*, o pieza didáctica, que Brecht habría de convertir en un género propio en los años venideros.

Kurt Weill era consciente de las implicancias sociales de este movimiento, así como de la importancia de su participación en las obras de Brecht.

> En una época de sofisticación creciente –escribió–, el jazz surge como la expresión artística más poderosa y saludable, que en virtud de su origen popular se convirtió inmediatamente en *música popular internacional* de la más amplia influencia.

Destacaba que *La ópera de tres centavos,* producto del nuevo género, había llegado en el momento oportuno, tanto desde el punto de vista de los creadores como del público. El origen y la naturaleza aristocrática de la ópera –dijo en otra oportunidad– hacía que fuera imposible de representar en un escenario teatral. La ópera de Brecht, así como su trabajo en general, representaron una vuelta al "original" primitivo; la música se escribía para ser cantada por los actores, es decir, para seglares. De esta forma se creó un nuevo género.

Años más tarde, Brecht comentó el carácter revolucionario de este trabajo, al cual se refirió como una prueba exitosa del teatro "épico":

> Esta obra representó la primera utilización de la música teatral de acuerdo a este nuevo punto de vista. Su innovación más destacada consistió en la separación estricta de la parte musical del resto de los elementos. Esto se podía advertir de inmediato, ya que la pequeña orquesta estaba visiblemente instalada en el escenario. En las partes musicales se iluminaba la orquesta, mientras que en la pantalla del fondo se proyectaban los títulos de las piezas individuales, como "Canción de la inutilidad de los esfuerzos humanos"... Los actores cambiaban de ubicación antes de cada número... La música se desarrollaba de manera puramente emocional, sin incluir los recursos narcóticos habituales, y colaboraba plenamente en el desenmascaramiento de la ideología burguesa.

De lo que habla Brecht es del *Verfremdung,* el "distanciamiento" producido por el contraste entre la música de Weill, aparentemente convencional pero absolutamente original, y el carácter casi brutal de la letra, con el objetivo de sorprender a la audiencia e incitarla a pensar.

Brecht en el Lachkeller
de Munich con Karl
Valentin, 1919-20

Brecht en 1927

Brecht y el boxeador Samson-Körner

Brecht en 1927

"Bertolt Brecht"
por Leonard Baskin

Kurt Weill
en los años veinte

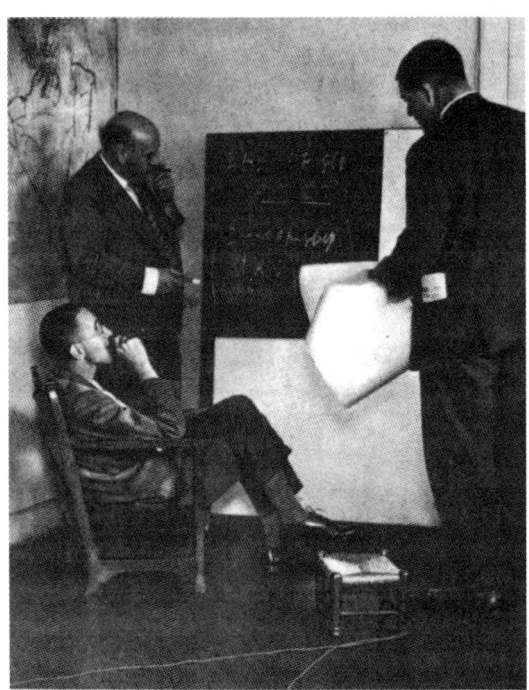

Brecht, Hans Eisler y Slatan Dudow trabajando para *Kuhle Wampe*

Arnolt Bronnen

X

EL PARAÍSO DE MAHAGONNY, 1930

> *No necesitamos huracanes.*
> *No necesitamos tifones.*
> *Todo lo terrible que producen*
> *podemos también hacerlo nosotros.*
>
> Brecht, *Mahagonny*

Un historiador que escribiera sobre el período que va entre 1927 y 1931 no dejaría de advertir los siguientes hechos significativos:

En octubre de 1927, un grupo de agradecidos industriales obsequió al presidente alemán Hindenburg una propiedad, Neudeck. En agosto del año siguiente, el ministro de Relaciones Exteriores, Streseman, firmó en París el Pacto Kellog, rechazando cualquier situación bélica. En París se escucharon gritos de júbilo: "¡Vive Stresemann! ¡Vive la paix!". Al mismo tiempo, como todo el mundo parecía saber pero nadie decía, Alemania se estaba rearmando en secreto. Cuando en abril de 1929 el órgano del partido liberal *Die Weltbühne* publicó la noticia de que la fuerza aérea alemana se estaba rearmando, hecho que se venía haciendo en forma ilegal desde 1921, su editor Carl Ossietzky y el escritor Walter Kreiser fueron condenados por un juzgado de Leipzig por "divulgar secretos militares y alta traición". De acuerdo con el general británico J. H. Morgan, los gobiernos aliados y su comisión de control probablemente conocían esta situación, pero no deseaban hacerla pública.

En 1929, las manifestaciones del Día del Trabajo fueron prohibidas por el gobierno socialista. A los trabajadores berlineses se les ordenó que se dispersaran, y la policía abrió fuego provocando la muerte de veinticinco personas e hiriendo de gravedad a otras treinta y seis. El 4 de mayo de 1929, el jefe de la policía prusiana, Zoergiebel, un socialista, dictó edictos para los habitantes del distrito de trabajadores de la ciudad de Berlín: "Entre las 9 de la noche y las 4 de la mañana la circulación por las calles que se mencionan a continuación queda prohibida. (...) Durante el día no se le permitirá a persona alguna merodear por los distritos y calles mencionadas, ni permanecer en balcones, esquinas o entradas de edificios".

El *Hamburger Nachrichten* publicó lo siguiente: "Debemos recordar a nuestros lectores las palabras de Napoleón: que cada rebelde muerto significa la salvación de cien mil ciudadanos. Si en lugar de muchos arrestos y unos pocos muertos la proporción hubiera sido inversa, la clase media confiaría en el actual gobierno". El "actual gobierno" estaba a cargo del canciller del Reich, Hermann Mueller, el ministro del Reich, Severing, el primer ministro prusiano, Otto Braun, y el ministro del interior prusiano Grzesinski, todos socialistas.

En las elecciones de mayo de 1928, los socialistas y los comunistas controlaban más de doscientas bancas, y los nacionalsocialistas cincuenta y cuatro.

A continuación cito un fragmento de una conversación entre el ministro de Relaciones Exteriores de Francia, Aristide Briand, y su par alemán, Gustave Stresemann, en agosto de 1928:

BRIAND: Lo que más me inquieta son las organizaciones nacionalistas alemanas. ¿De qué se trata todo este tema del Stahlhelm?
STRESEMANN: ...Desde el punto de vista militar, no representan nada. Es más, el Stahlhelm ni siquiera puede ser considerado una organización reaccionaria.(...) Los hombres quieren color, alegría y acción; de ahí surge el Stahlhelm.
BRIAND: Bien, así es como lo entiendo. Un hombre disfruta colocándose un casco de acero y comportándose como si fuera un guerrero poderoso. En realidad, no le otorgo ninguna importancia a todo esto.

En octubre de 1929 se produjo la caída de Wall Street. Sus consecuencias iban a manifestarse muy pronto.

En marzo de 1930 Heinrich Brüning se convirtió en canciller, y en su discurso al Reichstag dijo: "Damas y caballeros, les ruego que no me asocien, de forma alguna, con los acontecimientos del 9 de noviembre [1918] (...) Déjenme terminar... –¿Dónde estaba el 9 de noviembre?.. –Caballero, estaba encabezando las tropas del Grupo Winterfeld, creado para derrocar a la Revolución".

Las elecciones del Reichstag del 14 de septiembre de 1930 arrojaron los siguientes resultados:

> Socialistas   143 bancas
> Comunistas   107 bancas
> Nacionalsocialistas   77 bancas

El partido nacionalsocialista cosechó seis millones y medio de votos. El 16 de octubre de 1930, el *Völkischer Beobachter* publicó:

> El Reichstag ha resuelto: Las propiedades de los banqueros y magnates de la Bolsa en manos de los judíos del Este y de otros extranjeros (...) serán confiscadas en beneficio del pueblo alemán sin compensación alguna. ...Todos los grandes bancos, incluyendo el llamado Reichsbank, se convertirán sin demora en propiedad estatal.

En enero de 1931 había 4.765.000 desempleados en Alemania.

Podemos estar seguros de que Brecht observaba estos hechos con gran preocupación. Fritz Sternberg, sociólogo y amigo suyo a pesar de que sus ideas políticas eran diferentes, cuenta que en 1930, a medida que la situación se agravaba y aumentaban las tensiones, Brecht se sintió realmente alarmado:

> Me pidió que le prestara textos de Marx y Engels. Un día me dijo que había comprado cinco ejemplares del *Manifiesto comunista*, cinco de *El camino al socialismo* y otros textos marxistas —entre ellos uno de mi autoría— y los había colocado en un estante. En ese entonces Brecht era muy conocido, y muchos jóvenes dramaturgos lo consultaban o le pedían opinión sobre sus obras. Me dijo que a todo el que iba a su casa le señalaba el estante y le preguntaba si estaba familiarizado con esa literatura en particular. Si el joven escritor le decía "No" (lo que sucedía generalmente), Brecht le contestaba: "Se lo regalo. Si después de leerlo todavía considera que su obra se sostiene, vuelva a verme".

Sternberg estaba con Brecht cuando se produjeron los enfrentamientos entre trabajadores y la policía, el 1º de mayo de 1929. Sternberg nos cuenta el hecho:

Desde mi ventana [en la Koblanckstrasse] del tercer piso podíamos ver con claridad cómo la policía dispersaba a los manifestantes. Los trabajadores estaban desarmados, pero la policía abrió fuego una y otra vez. Al principio pensamos que se trataba de disparos de advertencia. Pero inmediatamente vimos que empezaban a caer y que los transportaban en camillas. Por lo que recuerdo, hubo veinte muertos ese día. Cuando Brecht oyó los disparos y vio que los manifestantes eran asesinados a mansalva, comenzó a ponerse pálido como nunca lo había visto antes... Creo que fue esta experiencia lo que influyó en su acercamiento a los comunistas... Luego recorrimos Berlín en auto... La policía parecía increíblemente cordial con nosotros, ya que teníamos auto, y como lo señalara uno de ellos, definitivamente no éramos "agitadores". Que los trabajadores que manifestaron el 1° de mayo fueran considerados "agitadores" por la policía es algo que Brecht nunca olvidó.

Luego de *La ópera de tres centavos*, Brecht aspiraba a otro éxito, y con Elisabeth Hauptmann concibieron *Happy End*. Pero la obra no tendría un comienzo ni un final feliz. El nuevo *Singspiel* fue retirado de los escenarios casi inmediatamente después de su estreno en septiembre de 1929, y con una justificación adecuada. Elisabeth Hauptmann dijo que fue la primera en advertir a Brecht sobre las posibilidades de utilizar al Ejército de Salvación como un tema de raíz estadounidense. De todas formas, la idea de combinar el mundo subterráneo de *Dreigroschenoper* con los ministros supraterrenales del Ejército de Salvación resultaba muy atractiva. Kurt Weill participó en la música, y el elenco incluía a Carola Neher, Helene Weigel, Oskar Homolka, Peter Lorre y Kurt Gerron. Seguramente se convertiría en otro éxito. La obra fue anunciada deliberadamente como una "adaptación" de un relato norteamericano de una tal Dorothy Lane.

Una vez más, la acción se desarrollaba en Chicago. En el salón de baile de Bill Cracker, los criminales se reúnen liderados por la "mujer de gris", conocida también como "La mosca", para planear el asalto a un banco. A esta cueva de teatral iniquidad norteamericana llega Lilian Aleluya, del Ejército de Salvación, para convertir a los pecadores; pero en un momento de distracción se toma tres whiskies y canta una provocativa "Canción del marinero" (que le hace perder su trabajo). Pero en determinado momento se las arregla para convertir a Bill Cracker. ¿Es necesario agregar que "La mosca" reencuentra a su marido, fugitivo desde hace mucho tiempo (y que anteriormente había sido ¡un jefe de policía!)? A esto hay que sumar un asesinato y el epílogo con una rehabilitación general de los criminales, un sermón de parte de "La mosca" (¡recuerdos de Macheath!) diciendo que los criminales baratos pertenecen al pasado, ya que los pesos pesados se han hecho cargo de la situación; todo acompañado por un coro, con cuadros iluminados de los "santos" del Ejército de Salvación como San Ford, San Morgan y San Rockefeller, que canta su "Hosanna a los millonarios":

> Dale a los ricos riquezas. ¡Hosanna!
> Y dales también virtud. ¡Hosanna!
> Al que tiene, dale más. ¡Hosanna!
> Y dale el país; la ciudad también...

Esto puede dar una idea de lo que era esta obra imposible.

De no ser por las brillantes canciones de Kurt Weill, todo hubiera pasado al olvido: la "Canción de Bilbao" en honor al salón de baile de Bill (por un dólar, tienes todo el ruido y el placer que desees); la "Canción de Surabaya Johnny" con el toque ligero de la música de organito (¿estilo americano?): "No tienes corazón, Surabaya Johnny, por eso te amo", y la escandalosa "Canción del marinero" (estilo "Mandalay") de Lillian. "Jo, jo –canta burlonamente–, ahora nos vamos para Birmania", donde existen infinitas posibilidades de cosas buenas y no se necesita Dios ni buen nombre. Y concluye con la ominosa advertencia de una tormenta y el barco que se hunde, y "el fin de todo este cacareo", ya que "con la boca abierta te pararás frente al trono de Dios" y "tartamudearás padrenuestros":

> Sí, el mar es azul, tan azul, tan azul,
> Y todo sigue su curso,
> Pero una vez que termina, no puedes recomenzar...

Mucho más promisoria, aunque sólo existan fragmentos, era una obra llamada *La caída del egoísta Johann Fatzer*, escrita para el teatro de Piscator, que se anunció para la temporada de 1929-1930, junto con otra de las obras inconclusas de Brecht, *Aus nichts wird nichts* [*De nada resulta nada*]. Los fragmentos de *Johann Fatzer* indican la posibilidad de que Brecht la haya escrito como contrapartida de *Tambores en la noche*; un tema difícil que iba a encarar con más determinación en los próximos años: la transformación de un individualista en un ser social. Johann Fatzer y tres camaradas de guerra, miembros de una división de tanques, desertan del ejército hacia fines de la guerra y Fatzer recorre la ciudad de Mülheim buscando provisiones para él y sus camaradas. Fatzer espera ver señales de descontento o de rebelión, pero no las encuentra. Por el contrario, unas mujeres que están haciendo la cola para el pan, lo amonestan tratándolo de alarmista y provocador. No está clara cuál era la intención de la pieza, pero los fragmentos fuertemente poéticos y dramáticos sugieren que, con su comportamiento, el "egoísta" Fatzer pone en peligro la seguridad del escondite, y se ve obligado a justificarse (con reminiscencias del tono de Kragler):

> El aire y las calles son para todos, ¿no? Para escuchar voces, ver rostros, para circular libremente por el torrente de seres humanos –¡no me pueden privar de eso!

Avasallado por la soledad, "se levanta en el medio de la noche y sale a recorrer las calles gritando: '¡Hey! ¿Dónde están todos? Aquí estoy, soy Fatzer. No aguanto más. ¿No hay nadie que me dispare? ¡Soy una mierda!'". Un coro conmovedor sugiere que encontrará su lugar en la comunidad y así cambiará el mundo alrededor suyo. Pero primero debe tocar fondo.

> La víctima no puede escapar al saber.
> Agárrate y húndete.
> ¡Teme!
> Pero húndete. En el fondo
> Encontrarás instrucción.
> Tú al que siempre hicieron las preguntas
> Toma ahora una porción de la inapreciable
> Instrucción de las masas.
> Asume tu nuevo puesto

De estadista, para el que estás hecho.
Pero el estado no está terminado.
Permítenos alterarlo según las necesidades.
También somos estadistas, estadista...
El estado ya no te necesita,
Devuélvelo.

Otro coro canta: "La injusticia es humana, pero más humana todavía es la guerra contra la injusticia".

En medio de esta situación, exitosa o no, el escándalo cayó sobre Brecht. Se vio envuelto en un caso judicial.

En el otoño de 1929, la Compañía Nero-Film, entusiasmada con lo que había significado a nivel popular *La ópera de tres centavos*, decidió filmarla, y contrató a Brecht y a Weill para que escribieran el guión, con la colaboración de Slatan Dudow, Caspar Neher y Leo Lania. G. W. Pabst sería el director. El verano siguiente Brecht envió el tratamiento, que resultó demasiado fuerte para Pabst y los productores. Eso se debía a que se había distanciado considerablemente de la posición social expresada en la obra. Al haberse acercado a los comunistas, quería despejar algunos malos entendidos surgidos de las ambiguas opiniones sobre la sociedad que allí se planteaban. El guión de la película, que tituló *Die Beule* [*El azote*] era sustancialmente distinto de la ópera original. Macheath pasaba de ser un vulgar ladronzuelo a banquero, a quien Peachum se le unía en sus negocios. Sin embargo, antes de la fusión, la contienda entre ambos toma un giro desafortunado, ya que uno de los subordinados de Peachum es atado y azotado cuando trata de frenar a los secuaces de Macheath, que están robando los muebles para la boda de Macheath y Polly. Peachum clama por venganza, y el azote se convierte en el símbolo de la batalla y de la villanía de Macheath. Otros incidentes incluyen la movilización de las hordas de mendigos de Peachum hacia Londres con la intención de interrumpir el desfile de Coronación, sólo para descubrir que las fuerzas desatadas, a las que se unen los verdaderos pobres y mendigos de Londres, amenazan destruir por completo el status quo. Una de las partes más vívidas representa un sueño del jefe de policía Tiger Brown, en el que toma el mando de las tropas de desheredados y desposeídos que avanzan sobre la ciudad, arrasando todo a su paso. Otra escena brillante describe el asalto a un banco por parte de Macheath y sus tropas, que descienden de un auto robado y cuando comienzan a subir la escalera se transforman de repente en ejecutivos elegantemente vestidos y prestigiosos.

La transformación de ladrón en banquero es celebrada con una canción: Si no puedes heredar, debes conseguir el dinero de otra forma; y para eso son mejores los papeles que un arma o que un cuchillo. El viejo *Moritat* (balada acompañada por un organillo) de Mackie Navaja y el Tiburón tiene una variante: Mackie se instala en el banco, mientras aquel al que ha dejado en bancarrota se sienta en Hyde Park.

Pruébalo, si puedes.

El tema social de la película es subrayado en la canción final con la melodía del *Moritat* del Tiburón, pero con la letra completamente cambiada:

Denn die einen sind im Dunkeln
Und die andern sind im Licht
Und man siehet die im Lichte
Die im Dunkeln sieht man nicht

Unos viven en lo oscuro
Otros viven a la luz
A la luz se puede verlos
A los otros no los ves.

Una transformación tan radical —el cambio de la ambientación del submundo criminal por la del mundo superior del banquero y el capitalista— difícilmente podría haber sido recibida con entusiasmo por los productores de la película. Aquí se remarca una acusación general contra la sociedad. Los productores propusieron cambios que disgustaron tanto a Brecht como a Weill, quienes iniciaron una acción legal para impedir el rodaje de la película. Brecht perdió el juicio debido principalmente a que no había trabajado con seriedad la versión fílmica; y además era muy difícil localizarlo para hacerle consultas. La audiencia tuvo lugar durante los días 17 y 20 de octubre de 1930, y todo Berlín estaba pendiente. Finalmente Brecht llegó a un arreglo conveniente: resignó la apelación y la película fue dirigida por Pabst según el guión original de Bela Balázs. El film resultó sumamente exitoso, y a pesar de su forma atenuada se trata de una acusación poderosa. Brecht se benefició económicamente con esta experiencia, aunque, al margen del aspecto financiero, la situación lo llevó a considerar con extrema seriedad la relación del escritor con la industria en general y el cine en particular.

Por supuesto que hubo burlas y comentarios irónicos. El periodista de Frankfurt Ludwig Marcuse escribió un artículo mordaz titulado "Brecht es Brecht", en el cual, al estilo de *Un hombre es un hombre*, contaba cómo había salido de Ausburgo para introducirse en la espesura berlinesa. "Herr Brecht de Ausburgo propone y el marxismo dispone... En esta película se le mostrará como Herr Brecht de Ausburgo es reconstruido y re-ensamblado... Tal es el producto de la campaña de Brecht por la pureza del arte contra la suciedad de la industria: una campaña que concluye con el rechazo de Brecht a apelar a cambio de una indemnización de 21.000 marcos."

A diferencia de muchos de sus contemporáneos, Brecht estaba fascinado por los avances tecnológicos de lo que hoy llamamos "los medios de comunicación". Le interesaban en particular las películas y la radio, porque ofrecían medios directos y rápidos para difundir ideas. Movido por su experiencia reciente, escribió un largo artículo acerca de la relación del escritor con la industria cinematográfica: "La ópera de tres centavos. Un experimento sociológico", valioso y certero análisis de la naturaleza de la producción cinematográfica, el consumo y el consumidor.

"El caso *La ópera de tres centavos*" comienza con un breve lema: "En las contradicciones descansan nuestras esperanzas". El artículo se extiende sobre el excitante potencial que el medio cinematográfico tiene para un escritor. Menospreciarlo, como lo hacen muchos escritores, es privarse de una extraordinaria oportunidad, así como de un medio válido para la propia formación. Decir que "se puede hacer arte sin el cine", o que al escritor que no le guste puede permanecer al margen, es una tontería; y es dañina no sólo para el escritor, ya que lo priva de una herramienta nueva y maravillosa, sino también para el cine.

Brecht no estaba hablando en el vacío. El cine se aproximaba de muchas maneras a su concepción del teatro épico; entre ellas, representaba la emancipación del psicologismo. Brecht sostenía que el cine describía la realidad sin recurrir a la "psicología introspectiva". El cine, según su opinión, no utiliza ni "la empatía ni la mímesis": el ser humano es visto "objetivamente" en su conducta. Por lo tanto, la "psicología introspectiva de la burguesía es aplastada". El comportamiento social se visualiza en forma de "reflejos".

Como no podía realizar la película que quería, basada en *La ópera...*, Brecht decidió escribir una novela basada en ella. Ignoraba que el resultado, la *Dreigroschenroman* [La novela de tres centavos], no vería la luz hasta después de su partida de Alemania.

El 9 de marzo de 1930, se estrenó en Leipzig *Der Aufstieg und Fall der Stadt Mahagonny* [*Ascenso y caída de la ciudad Mahagonny*] de Brecht y Weill. El crítico Alfred Polgar estuvo presente y describe la recepción del público:

> Al lado mío sucedió lo siguiente: la mujer sentada a mi izquierda sufrió un espasmo cardíaco y pidió salir del teatro, pero finalmente no lo hizo y prefirió seguir en su asiento cuando se le advirtió que estaba frente a una ocasión histórica. A mi derecha, un anciano sajón le apretaba las rodillas a su mujer con ansiedad. Un hombre detrás de mí murmuraba: "Sólo espero que aparezca Brecht"; y se pasaba la lengua por los labios, relamiéndose. La disposición es lo más importante en estos casos... Por último, *levée en masse* de los disconformes, que a su vez quedaron desencantados al escuchar el estruendoso aplauso. Hubo episodios impresionantes: un caballero muy digno, con una expresión entre furiosa y avergonzada, tomó un manojo de llaves, y a modo de espada o de lanza quería emprender un asalto contra el teatro épico... El tono de su voz tenía algo de implacable, esas voces que revuelven las tripas. Debe haber sido la llave de su alcancía... Su mujer no lo abandonó en ese instante supremo. Una robusta valquiria, con un rodete y un vestido azul con volados amarillos. Introdujo dos dedos gordos en su boca, entrecerró los ojos, infló sus carrillos y con un silbido agudo eclipsó el despliegue de su marido. Era la primera experiencia de Brecht en el teatro épico y el escándalo, que ya había comenzado, presagiaba el futuro derrumbe del país.

Mahagonny, parafraseando a Oscar Wilde, era el espejo sostenido por Brecht y Weill que reflejaba al burgués Calibán; y a Calibán su imagen le desagradaba. *Mahagonny* era la sociedad –la República de Weimar y su anarquía–, una sociedad que no comprendía cuán cerca estaba del precipicio. Se comenzaban a sentir los efectos de la crisis económica mundial; sin embargo, no había manera de ignorar la agresividad creciente de los nacionalistas y nacionalsocialistas, ni el rearme secreto de los grupos de derecha, ni la debilidad con la que el régimen de Weimar enfrentaba estas amenazas. La población estaba desconcertada, en especial la clase trabajadora, ante las incontables crisis parlamentarias, los cambios de gobierno y, más perturbador aún, la recurrente utilización de decretos por parte de Hindenburg y Brüning. Los desacuerdos en la izquierda –la incapacidad de los comunistas y los socialistas para enfrentar el creciente desempleo y el descontrol evidente–, socavaron la confianza en su liderazgo. Los escándalos en los cargos superiores se repetían involucrando a funcionarios de la República de Weimar y a prominentes socialdemócratas (el conocido "caso Sklarek"); generando una actitud cínica en la sociedad, que daba por sentado que los grandes industriales y financistas apoyaban abiertamente al partido nacionalsocialista.

Mahagonny decía: "Todo está permitido". La pregunta era: ¿A quién?

Ascenso y caída de Mahagonny fue el producto de un *Singspiel*, anterior y mucho más breve, llamado *Pequeña Mahagonny*, que se había representado en la Deutsche Kammermusik de Baden-Baden el 17 de julio de 1927, con música de Kurt Weill. Se trataba de una sátira que comenzaba con un disparo de pistola y cuyo esquema contenía la idea completa de la futura *Mahagonny*, con seis canciones aparecidas en *Hauspostille* en 1927 y con canciones originales de Brecht.

En su versión definitiva, *Ascenso y caída de Mahagonny* presenta a cuatro personajes desagradables perseguidos por la policía. Entre ellos está nuestra vieja amiga Leokadya Begbick (de *Un hombre es un hombre*). Todos se dirigen hacia las minas de oro de los Estados Unidos, "allá en el Oeste", y deciden fundar una ciudad de la alegría, Mahagonny, la ciudad "trampa" donde se incautarán de los cargamentos de oro provenientes del Oeste y Alaska. En la ciudad de la felicidad habrá "gin, whisky, muchachas y muchachos". Reinarán la paz y la armonía, ya que en el mundo exterior "no hay nada a lo que uno pueda aferrarse". No bien los personajes arriban y fundan la ciudad milagrosa y su hotel, a un ademán del Hombre Rico llegan "las chicas". Y entre ellas Jenny, que canta en inglés la "Canción de Alabama".

> Muéstrame el camino al próximo bar...
> Oh, luna de Alabama
> Ahora debemos decir adiós...

y continúa con "muéstrame el camino hasta el próximo chico lindo", y "hasta el próximo pequeño dólar". Los clientes llegan confiados –entre ellos cuatro leñadores de Alaska con los bolsillos llenos de dinero– cantando "Vayamos a Mahagonny", donde además de otras diversiones "nos curaremos de la sif-sif-sifilización". Pero rápidamente descubren que no todo es un paraíso. A Paul Ackerman, uno de los leñadores, no le gusta cómo se vive en esta ciudad. Algo está faltando. De hecho hay demasiados "No se debe", y cuando está a punto de irse, un huracán amenaza destruir toda la región. Mientras los otros cantan un coral sobre la audacia y la confianza, "Levántense y no tengan miedo, hermanos", Paul se regocija:

> Vean, así va el mundo:
> Paz y armonía, son todas mentiras...

Compara huracanes y tifones con los esfuerzos del ser humano por divertirse, y la Viuda Begbick se le une:

> El huracán es malo.
> Peores son los tifones.
> Pero lo peor de todo es el Hombre.

A continuación, Paul Ackerman proclama la doctrina universal de Mahagonny: "Todo está permitido", la moral del *laissez-faire*. El huracán milagrosamente deja intacta la ciudad, y el nuevo evangelio es puesto en práctica, con sus cuatro principios fundamentales anunciados por el coro:

> Primero, recuerda, viene tu estómago,
> luego el acto sexual.

Y no te olvides que está el boxeo
y que emborracharse es obligatorio.
Y lo mejor de todo, existe un precepto verdadero:
Todo lo que desees, lo puedes hacer.

Y deciden ponerlo en práctica. Jacob el glotón come hasta morir; los otros se juntan con las prostitutas; a Joe lo mata Trinity Moses en una pelea de box y Paul hace el amor con Jenny. El dúo entre ellos es una de las canciones más bellas que haya escrito Brecht o a la que Weill le haya puesto música:

JENNY: Sieh jene Kraniche in grossem Bogen!
PAUL: Die Wolken, welche ihnen beigegeben
JENNY: Zogen mit ihnen schon, als sie entflogen
PAUL: Aus einem Leben in ein andres Leben...

Mira esas grullas: describen grandes arcos
Bajo ellas las nubes avanzan a un tiempo
Como si vivieran una misma vida.
El viento las lleva a la misma altura
Y la misma rapidez las une al azar.

Esa nube y esa grulla parecen compartir
El hermoso cielo que tan raudas cruzan.
No se distraen ni se demoran
Solo ven cómo el viento ligero
Las alza y eleva como una ola
En su vuelo lado a lado.

A la nada puede llevarlas el viento,
Si ninguna cambia, mengua o se dispersa,
Así nada podrá tocarlas ni herirlas,
Así se alejarán de esos lugares
Donde acecha la lluvia o resuenan disparos.

Bajo los cambios insensibles del sol y la luna,
Vuelan fusionadas una en la otra.

> ¿A dónde van? A ninguna parte.
> ¿De quiénes huyen? De todos.
> ¿Cuánto tiempo estarán juntas? Un instante.
> ¿Cuándo se separarán? Pronto.
> Así es el amor de los amantes. Apenas un instante.

Pero Mahagonny tiene un defecto. Necesita dinero. Esto es lo que descubre Paul Ackerman inmediatamente después de haber malgastado el suyo y no poder pagar sus deudas. Debe comparecer ante una corte "que no es peor que otras"

> debido a la falta de dinero
> que es el peor crimen
> en el mundo.

Paul es condenado a muerte, y cuando suplica a la Viuda Begbick diciéndole "¿No sabes que hay un Dios?", ella le contesta pidiéndoles a los demás que interpreten la escena de la llegada de Dios a Mahagonny borracho de whisky. Dios les dijo a los borrachos: "Ustedes beben como esponjas, año tras año, y han malgastado mi cosecha. Ahora ha llegado el día del Juicio final. Todos irán al infierno. Así que apaguen sus cigarros y váyanse al infierno". Pero los hombres de Mahagonny dicen: "No. No nos pueden mandar al infierno, porque ya estamos en él".

Paul Ackerman es ejecutado, y la última escena comienza precedida por la leyenda:

> En la creciente confusión, el aumento del costo de vida agudizó las rivalidades de unos contra otros. Durante las últimas semanas de la ciudad trampa, hubo manifestaciones de aquellos que todavía no han sido eliminados y ni siquiera han aprendido algo en nombre de sus propios ideales.

Al fondo del escenario se puede ver la ciudad de Mahagonny en llamas, a medida que los manifestantes pasan delante del público portando carteles:

Por Precios más Altos. Por la Guerra de unos contra otros. Por el Caos en nuestras ciudades. Para que siga la Edad del Oro. Por la Propiedad Privada. Por la Distribución equitativa de los Bienes del Otro Mundo. Por la Distribución Desigual de los Bienes Terrenales...

"Ya estamos en el infierno." Tal era el retrato de Brecht sobre la sociedad: un infierno de parásitos donde el hombre puede ser peor que los tifones, donde todo se puede comprar con dinero, donde el evangelio dice:

> En la cama que tú hiciste debes yacer.
> Nadie se preocupa por ti.
> Si hay que dar patadas las daré,
> Si alguien debe ser pateado serás tú.

Esta obra fue una provocación y así lo sintió la audiencia burguesa, que respondía de acuerdo con su mala conciencia. Sentían como si los proletarios unidos de todo el mundo los fueran a atacar. El paraíso burgués había sido destrozado por manos sacrílegas, y su vacío completamente expuesto. Atrás había quedado el sentimiento de alegría que acompañara a *La ópera de tres centavos*, que podía ser tomada como una broma. *Mahagonny* implicaba un esfuerzo.

Cuando se estrenó en Berlín, en diciembre de 1931, la situación había cambiado: la crisis se había profundizado y la anarquía que se describía en el escenario parecía una réplica de lo que sucedía en el mundo. Durante la segunda función, un grupo de nazis provocó tal alboroto que alrededor de cien de ellos fueron echados del teatro. Previamente se habían reunido en la Opernplatz y gritaban *¡Deutschland erwache!*, "¡Alemania, despierta!".

Mahagonny es el testamento burgués de Brecht. Poco comprometida a pesar del irónico desenmascaramiento del nexo entre el dinero y la sociedad y sus efectos sobre la vida humana, la obra no da mayores datos respecto del *proceso* que genera tamaña destrucción o de las fuerzas involucradas en ese proceso. No hay verdadero conflicto. Paul Ackerman debe hundirse lo suficiente como para que lo derroten (y lo ejecuten), sin comprender siquiera cuáles son las fuerzas que lo han destrozado. Las "lecciones" aprendidas por él y sus compañeros no son el resultado de su percepción de la verdadera naturaleza de las relaciones sociales, sino el resultado de un tifón. Una vez más, la anarquía se enfrenta a la anarquía. Paul intenta retirarse de la anarquía general a un mundo propio. Está perdido. El hombre es visto en abstracto como una fuerza volcánica destructiva, superior a las fuerzas naturales, irresistible e incomprensible. El hecho de que los leñadores proletarios se conviertan en los portavoces del *ethos* de la explotación y que pequeños parásitos como las Begbicks y los Joes sean sus instrumentos sólo contribuye a la confusión.

Pero más allá de estos desajustes, *Mahagonny* sigue siendo una obra maestra. Representa a Brecht y Weill en la cumbre de su originalidad en este período. La obra es menos convencional en su base argumental; el espectro es más amplio y complejo. El trasfondo norteamericano es, por supuesto, mera fantasía. Mahagonny es Alemania; es el mundo del capitalismo. La música de Weill sirve para remarcar la irrealidad de una situación muy real. Los elementos tradicionales y del jazz atemperan los elementos esencialmente serios de la obra. Se trata en realidad de una "misa negra" capitalista, del destronamiento de la solemnidad. Al final, las posesiones terrenales de Ackerman son traídas sobre un almohadón de lino: su reloj, su revólver, la chequera y la camisa; y el coro entona "Oh, luna de Alabama". Previamente, cuando Paul está en sus mejores días y proclama el evangelio del "Que tú hayas", las indicaciones escénicas señalan que todos los presentes "se levanten y descubran sus cabezas", mientras afuera se escucha el canto sagrado "No se preocupen".

De esta forma, Brecht resumió el mundo de Weimar. Él mismo, ahora en los umbrales de un nuevo continente, podía contemplar lo que iba dejando atrás –tal como lo describió con sus propias palabras– "como el gran diluvio arrasó el mundo burgués. Al principio quedaba algo de tierra a la vista, luego se fue convirtiendo en charcos y canales; y después por todos lados, aguas negras e islotes frágiles". Él había formado parte de ese mundo arrasado por las aguas; al principio como un espectador de la fatalidad, alabando "la frialdad, la oscuridad y la decadencia"; disfrutando del caos como un Kragler huyendo del llamado del deber hacia la satisfacción sexual; por último, había logrado consumar su oda a la noche en *Hauspostille*. De allí en más, tomando una nueva dirección, empieza a recorrer senderos difíciles e inciertos, pero encaminados a un objetivo seguro. Comienza a vislumbrar que el caos es la sociedad, y que la sociedad son hombres y mujeres, con o sin ataduras sociales, movidos por fuerzas que controlan los mismos seres humanos. La barca que maniobraba encontraría su ruta en esta dirección, siempre que supiera interpretar los vientos y las mareas. Con mano más segura, en 1930 se encaminaba hacia el éxito.

XI
LA RECUPERACIÓN DE LA IDENTIDAD: EL TEATRO ÉPICO

> *No fue gracias a Marx que usted se dio cuenta de la decadencia del drama. No fue por Marx que usted comenzó a hablar del teatro épico. Es más, digámoslo claramente, teatro épico: eso es usted, mi querido Herr Brecht.*
> Fritz Sternberg a Brecht, 1927

> *Pensar o escribir o producir una obra también significa: transformar la sociedad, transformar el Estado, someter las ideologías a un escrutinio severo.*
> Brecht, 1931

1

Luego de *Ascenso y caída de la ciudad de Mahagonny*, Brecht había alcanzado un estadio de su desarrollo suficiente como para cristalizar la teoría del teatro épico. Aun cuando se considerara como un "experimentador" y a sus obras como "esfuerzos" o "experimentos", los años siguientes los dedicó a refinar, alterar y modificar muchos de sus conceptos. Pero los principios fundamentales del teatro épico permanecerían esencialmente los mismos. Brecht cambió el término "épico" por "dialéctico" cuando el primero dejó de resultarle satisfactorio. Sin embargo, el teatro épico ha quedado asociado al nombre de Brecht. Para evitar confusiones, sería útil establecer con claridad los fundamentos y la naturaleza básica del teatro épico de Brecht, que lo diferencia de esfuerzos similares de otros autores, aun cuando se los encasille bajo el mismo rótulo.

Las teorías de Brecht están constituidas por la fusión de dos elementos primordiales, lo formal y lo ideológico. Para él eran inseparables, e impensable la discusión de uno sin el otro. Algunos de los elementos formales o técnicos ya han sido mencionados en estas páginas en su asociación con el teatro de Erwin Piscator, y serán reconsiderados a la luz de su relación con el elemento ideológico.

El teatro épico de Brecht presupone una teoría general, una *Weltanschauung*, en este caso el marxismo, que unifica los diferentes elementos que constituyen el teatro: el público, los intérpretes, la forma y el contenido de la obra, la puesta en escena, la música. El teatro épico exige no sólo una renovación de los viejos elementos, sino un cambio total.

Pocos dramaturgos han dedicado tanto esfuerzo intelectual y tanto tiempo a teorizar respecto de su trabajo y el producto resultante. Los nombres que surgen inmediatamente son los de Lessing, Hebbel, Schiller, Strindberg, Bernard Shaw y Corneille. Él es el único dramaturgo moderno que ha compuesto un *organum* teatral que puede ubicarse junto al de Aristóteles y Hegel. Brecht comenzó a teorizar sobre el teatro no bien empezó a escribir; y aun cuando sus observaciones tempranas resulten poco desarrolladas, demostraron que entre sus teorías teatrales y su puesta en práctica no existe ese salto que algunos críticos estuvieron siempre ansiosos por explorar.

Brecht tomó su teoría con seriedad. Teniendo en cuenta lo que habían señalado previamente Piscator y otros autores, fue capaz de ponerla en práctica en virtud de sus múltiples dotes, ya que era poeta, dramaturgo, director de escena de primer nivel, y en menor medida músico. Pero su pensamiento no abarcaba sólo lo que sucedía en el escenario, sino también los efectos en el público y lo que ocurría en el mundo fuera del teatro.

Sería exagerado imaginar, como hacen algunos, que Brecht inventó esta teoría para encuadrar o justificar una práctica poética o teatral defectuosa o que no se ajustaba a los métodos tradicionales. Por ejemplo, la presunción del director Rudolf Frank, quien recuerda (luego de varios años) haber hablado con Brecht después de una función de *Eduardo II*:

> Usted [Brecht] tiene algo mucho más importante para dar que aquello que se ajusta a las convenciones. Usted sabe que, cuando hablen de su obra, van a subrayar que usted ha roto con las normas establecidas. ¡Invente una teoría, querido Brecht! Cuando los alemanes tienen una teoría, se tragan todo el resto.

Brecht consideraba al teatro como una entidad donde el público no era el elemento menos importante. En consecuencia, creía necesario desarrollar el arte del espectador al mismo nivel que el del escritor o el actor. Consideraba a la audiencia como un "productor", y la parte que le correspondía tenía una importancia central. Transformar el teatro significaba también transformar al público. Había que dar a la audiencia un carácter "productivo", dejando de lado su papel de "masilla" a expensas de lo que Brecht denominaba el teatro "culinario" –un teatro servido o "condimentado" para ser saboreado, degustado, engullido y consumido– o, cambiando la analogía, una audiencia que tuviera el paladar satisfecho como para irse a casa relamiéndose.

¿Cómo veía Brecht al público de aquellos días?:

> Saliendo de las estaciones de subterráneo, ansiosos por ser modelados por manos mágicas, puestos a prueba en la lucha diaria por la vida, corren a la taquilla. Allí dejan sus sombreros y también sus hábitos, su actitud habitual ante la vida cotidiana. Una vez que dejan el guardarropa, se ubican en sus asientos con una dignidad de reyes.

Brecht se refiere aquí al público de la ópera, pero es obvio que considera al teatro en general. Sigamos a Brecht a la representación de una ópera de Wagner:

> Entremos en uno de esos teatros y observemos el efecto que se produce en los espectadores. Cuando miramos en derredor, vemos algo así como figuras inmóviles en un estado muy particular:

parecen estar tensando los músculos con gran esfuerzo, aun cuando pueden estar débiles y exhaustos. Se comunican escasamente entre ellos, lo único que los une es que todos parecen estar dormidos, pero a la manera de los que sueñan sin descanso... Es decir, sus ojos están abiertos, pero no ven; están mirando fijamente. No oyen; escuchan con atención. Miran al escenario como si estuvieran en trance, con una expresión típica de la Edad Media –época de las brujas y los clérigos–. Ver y oír pueden ser actividades placenteras. Pero estas personas parecen estar ausentes de toda actividad y se comportan como si estuviesen haciendo algo para ellos.

"Como si estuviesen haciendo algo para ellos." Dado que esta noción es fundamental para comprender la teoría general de Brecht, continuemos con esta visita a la ópera: demos otro paso y contemplemos a un espectador imaginario en una ópera específica de Wagner, *Tristán e Isolda*. Nos encontramos en el maravilloso segundo acto. El espectador observa las murallas de un castillo medieval entre tinieblas. Dos figuras surgen de la oscuridad (junto con el pasado medieval romántico), dos amantes, Tristán e Isolda, atrapados por un amor desafortunado, pero a la vez irresistible y prohibido. La noche termina, trayendo consigo aquello que los amantes desean (y cantan) –"la pérdida de la conciencia", es decir de todo contacto con el mundo exterior, destacado por el sonido distante y misterioso de los cornos de la partida de caza del Rey Marke, marido de Isolda. El erotismo metafísico se impone sobre el físico a medida que la música sensual de Wagner se eleva y desciende. Él ha lanzado su red y nuestro espectador se siente (junto con otros centenares) atrapado, uniéndose decididamente a la pasión de los amantes:

> O sink hernieder
> Nacht der Liebe,
> gib Vergessen
> das ich lebe...

> ¡Oh! Desciende
> noche de amor

> Hazme olvidar
> que vivo...

La noche efectivamente desciende, pero está concluyendo y los amantes deben darse prisa. La canción y la música continúan hasta que escuchamos la "Muerte de amor":

> Ewig einig
> Ohne End'
> Ohn' Erwachen
> Ohn' Erbangen
>
> Unidos eternamente.
> Nunca separados.
> Sin despertar.
> Sin angustias...

Y vicariamente nuestro espectador muere de amor, al igual que los amantes. Al finalizar, regresa a su casa sintiendo el mismo apetito sensual –"por la pasión perdida"– pero con una dosis de pesimismo schopenhaueriano proveniente del amor y de la muerte, de la oscuridad y la renuncia terrenal de Wagner. Se ha rendido, intencional o involuntariamente, al teatro de la "ilusión" que lo colocó deliberadamente en trance. Ha sido avasallado y, como lo expresara recientemente un exitoso dramaturgo:

> Hay algo atractivamente violento en esto, ante lo cual puede rendirse, pensarlo y sentirlo.

Para conseguir este efecto en su máximo nivel, es necesario emplear una maquinaria completa de elementos altamente desarrollados, tanto psicológicos como materiales. Richard Wagner, mucho antes que los publicistas de Madison Avenue, ya había utilizado esas técnicas "subliminales". Para ello, diseñó su propio teatro y exigió la construcción del "golfo místico" donde se ocultara la orquesta para establecer una distancia espacial entre público y escenario, "separando lo real de lo ideal" y permitiendo a los personajes adquirir "proporciones sobrehumanas". El "cuadro", como señalara Wagner, "se distancia del espectador, como en un sueño...".

> Mientras que la música, que surge como una voz espiritual del foso de la orquesta, o como el vapor que se eleva de las profundidades sagradas de la Tierra bajo el trípode de la Pitia, induce en él un estado espiritual de clarividencia donde la representación escénica se convierte en la imagen perfecta de la vida real.

Nadie hubiera podido describir más claramente el opuesto absoluto a lo que Brecht esperaba de *su* espectador. Brecht afirma que las ilusiones que ofrece la ópera conllevan una función social de importancia, debido a que sus elementos "tóxicos" son indispensables para el público. Es en esa clase de atmósfera donde el ser humano tiene la oportunidad de sentirse "humano" una vez más, viniendo como lo hace del mundo exterior donde "sus funciones colectivas racionales han sido durante largo tiempo exprimidas hasta el límite de la desconfianza más ansiosa, del cálculo egoísta y de la explotación de sus propios congéneres". Extrañamente, Brecht cita a Sigmund Freud para apoyar su teoría.

> Existen [dice Freud] quizás tres paliativos reconocidos: los desvíos que sirven para aligerar nuestra miseria; las gratificaciones sustitutivas que la disminuyen y las sustancias tóxicas que nos hacen insensibles... Las gratificaciones sustitutivas, como las que ofrece el arte, son ilusiones que contrastan con la realidad, pero que son psíquicamente efectivas gracias al papel que asume la fantasía en nuestra vida intelectual.
> Los que nos proveen los tóxicos en la búsqueda de la felicidad y para mantener a distancia el sufrimiento, son tan apreciados que los individuos y los pueblos por igual les han dado un lugar establecido en la economía libidinal. Les debemos no sólo el placer inmediato, sino también un grado de independencia, altamente deseado, del mundo exterior... Como bien sabemos, es esta propiedad de los tóxicos la que también determina su peligro y su perjuicio. Son responsables, en ciertas circunstancias, del uso inútil de una gran cuota de energía que podría haber sido empleada para mejorar a la especie humana.

En lo que se refiere al teatro, poco importa si el "tóxico" viene con la música de Richard Wagner o Richard Strauss, o en la forma del drama clásico. Brecht insiste en que

> lo más importante en estos teatros, en lo que se refiere a los espectadores, es que tengan la capacidad de cambiar el mundo contradictorio por uno armonioso, un mundo que escasamente conocen por otro que anhelan.

El drama tradicional (sin mencionar sus falsas analogías) puede ofrecer tales tóxicos mediante su estilo retórico, declamatorio y altamente emocional (que los alemanes llaman *pathos*), su carácter sentencioso, la irrealidad del argumento y la puesta en escena, a fin de que el espectador se identifique con el destino individual del héroe y llegue al punto de que "el peso mismo de la existencia" desaparezca temporalmente. Para Brecht, el público contemporáneo de un espectáculo convencional es transportado fuera de sí, manipulado mediante la sugestión, y se le brinda una imagen del mundo como una entidad fija e inalterable. Además, se le inculca la noción de que el pensamiento determina el ser. Los sentimientos son entonces "liberados", el mundo se ha vuelto "visible" para él, aunque no "transparente". Se le ha permitido *verlo*, pero no *ver a través de él*.

Y el espectador que asiste a esta clase de teatro reflexiona: "Sí, he tenido esa sensación. Así soy yo, es natural. Eso seguirá siendo siempre así. Los sufrimientos del hombre me afectan profundamente, ya que éste no tiene salida. Así es el gran arte: todo es evidente por sí mismo. Lloro cuando alguien llora y río cuando alguien ríe".

Aunque recién aparezcan incluidas en su *Breve Organon* algunos años después, estas reflexiones son lo suficientemente representativas de su pensamiento de esa etapa –hacia 1930– como para sugerir que su teoría estaba completamente organizada. En una oportunidad –estando todavía en el exilio– se dirigió a un grupo de actores de la siguiente manera:

> Para muchos el teatro es el reino
> Donde son creados los sueños.
> Ustedes los actores, de droga vendedores,

> En sus casas oscuras convierten a la gente
> En reyes que realizan heroicas hazañas
> Sin riesgo. En un rapto o llenos de piedad,
> Se sientan en alegre distracción,
> Y olvidan los afanes cotidianos. Desertores.
> Claro que si alguien aparece ensordecido
> Por el perpetuo rugido de lo urbano,
> Todavía sobrio, apenas reconoce allí,
> En la escena, el mundo que acaba de dejar.
> Y al dejar vuestra casa no sabrá mucho
> Del mundo —ya no más rey sino hombre vil—
> Y no encontrará familiar la vida real.

¿Qué clase de espectador busca Brecht? En primer lugar, aclara, el teatro actual no alcanza a comprender que trata con "el público de una época científica". Frente a tal audiencia, la "sola piedad" consiste en valorar su inteligencia lo máximo que se pueda. "Apelo –dice– al juicio de los seres humanos." Este público llevaría al teatro su armamento intelectual y lo mantendría despierto. Se acercaría como un *observador* y un *crítico* de la acción que transcurre en el escenario; se mantendría, por así decirlo, al margen. En vez de permitir que sus sentimientos sean manipulados, se lo incitaría a tomar decisiones. En otras palabras, se convertiría en un "productor", de manera que "en vez de participar *en* el teatro, se involucre *con* el teatro".

Un público que en su casa está rodeado por la ciencia y el deporte, puede combinar ambas cosas al ir al teatro. Sus símbolos son las antenas, las chimeneas gigantes del Ruhr y los estadios y los palacios de deporte de las ciudades.

Echemos un vistazo a la mente del hipotético espectador de esta nueva clase de teatro. A diferencia del otro espectador, éste reflexionaría de la siguiente manera: "No había pensado en eso. No debería ser de esa forma. Es muy extraño... casi increíble. ¡Debe detenerse! Los sufrimientos de ese hombre me afectan profundamente, porque hay una salida para él. Eso es el gran arte –nada aquí es evidente por sí mismo. Me río de aquel que está sufriendo y sufro por aquél que está riendo".

En un poema posterior, Brecht nos brinda el retrato de su espectador ideal:

> Recientemente encontré mi espectador.
> En una calle polvorienta
> una perforadora esgrimía con el puño.
> Por un instante me miró. Yo pronto
> Monté mi teatro entre las casas.
> Miraba con expectativa.
> En el bar volví a encontrarlo, sentado
> En la barra y sudado. Bebía,
> con un sándwich en la mano. Pronto monté mi teatro.
> Miraba asombrado.
> Hoy la suerte volvió a visitarme.
> Frente al galpón del tren
> Lo vi entre fusiles y sonar de tambores.
> Iba a la guerra. Allí, en medio del gentío,
> Monté mi teatro. Él se volvió para mirarme
> Y asintió.

Obviamente, Brecht no está hablando sólo de la audiencia, sino también de la clase de teatro a la cual esta audiencia debería "asentir".

2

La creación de esta nueva clase de teatro, según sus propias palabras, era un acto revolucionario. Debía ser un teatro radical, es decir, centrado a la raíz de las cosas. Esto presuponía no sólo una nueva estética y un nuevo tipo de drama, sino también un examen de los verdaderos fundamentos de estas formas e instituciones; de la sociedad en sí misma.

Su propia actividad artística atravesó dos fases esenciales. La primera estaba marcada por un fuerte sentimiento antiburgués bajo una pátina de nihilismo, individualismo y cinismo que sin embargo no excluía la compasión por los "ejércitos ignorantes" de los olvidados y marginales de la sociedad, rechazados, subestimados y humillados por su condición de tales. La segunda fase se centra en un estudio profundo de los nexos sociales que subyacen en estos fenómenos y revela una mayor conciencia del impacto del capitalismo en el mundo. En esta fase, Brecht interpreta o describe el mundo de Weimar, sin indicar la forma en que se podría modificar. Si en la primera fase el hombre es visto como enemigo del hombre –un lobo del hombre– y el mundo como un campo de batalla de apetitos insatisfechos, en la segunda fase –que incluye *La ópera de tres centavos* y *Mahagonny*– la lucha del hombre se transforma en una lucha por la supervivencia, fuertemente ligada a la necesidad y a la falta de dinero. En esta etapa, la anarquía y una parcial comprensión social van a la par.

En los años 30 comienza la tercera fase de la carrera de Brecht, cuando logra sintetizar sus opiniones sociales y políticas con sus opiniones respecto de la naturaleza y la función del drama y el teatro. Esta fusión de marxismo, teatro y vida ha causado dificultades a sus jueces. Los críticos literarios que retrocedían espantados ante la idea de que alguien pudiera hacer una descripción inteligente de T. S. Eliot sin referirse a su temprano nihilismo y su posterior conversión al anglicanismo, la monarquía y el antisemitismo, o –para citar nombres aún mayores– de John Milton sin mencionar su puritanismo y su posición contraria a la monarquía, o de Dante sin tener en cuenta su relación con el catolicismo y su sueño imperial, podían exhibir una mojigatería virginal al abordar el tópico del marxismo de Brecht, refiriéndose a una especie de obscenidad desviada e indecente, a cierto desarreglo mental del talento literario, por no decir genio. Al inmiscuirse en su subconsciente, lidiaban con conceptos tales como "masoquismo" potencial o latente o patente, "sadismo", "fabulación", "desplazamientos" u otros conceptos psicoanalí-ticos para encubrir sus propias proyecciones. Por ejemplo, el periodista Willy Haas atribuía la conversión de Brecht al comunismo a las estratagemas amazónicas de su esposa Helene Weigel. Un crítico estadounidense sugiere (a la luz de la experiencia académica actual) que la conversión y las convicciones de Brecht se adaptaban a las demandas de sus empleadores que le daban lo que pedía –por sobre todo, un teatro. Recordemos entonces las palabras de Virgilio a Dante: *Non ragionam di lor, ma guarda e passa.*

La visión del mundo que subyace y que abiertamente adopta el teatro épico de Brecht es marxista. También fue lo que determinó su actitud respecto del teatro. Parafraseando las célebres palabras de Marx en las

"Tesis sobre Feuerbach" sobre la función de la filosofía, Brecht sostenía que el teatro debía interesar a los filósofos, "al menos a aquellos que no sólo querían interpretar al mundo, sino también modificarlo".

3

¿En qué medida el teatro contemporáneo podía cumplir esta demanda? ¿Era posible utilizar el viejo teatro para reflejar el mundo y el hombre en proceso de cambio? ¿El ser humano se encuentra, como sostiene Hegel, en un "proceso constante de disolución y regeneración"?

> Hoy en día, cuando el ser humano debe entenderse como la "suma de todas las relaciones sociales", la forma épica es la única que puede abarcar estos procesos y brindarle al drama el material necesario para un cuadro comprensivo del mundo. De la misma forma, el hombre –el hombre de carne y hueso– sólo puede ser entendido mediante los procesos en los cuales y por los cuales existe.

En *Un hombre es un hombre*, Brecht había aludido al desmantelamiento de una personalidad humana y su reconstrucción en una pieza nueva. Pero la operación, por decirlo así, era unidimensional. Galy Gay, el objeto humano, no es sino el recipiente pasivo de la acción. El elemento dialéctico está ausente.

El teatro épico brechtiano termina de desarrollarse cuando aparece el elemento dialéctico que lo diferenciará de sus predecesores y sucesores. Brecht comenzó a sustituir lo dialéctico por lo épico ya a principios de los años 30. En el mismo sentido que el *Novum Organum* de Francis Bacon y la nueva matemática, elaboró su *Breve Organum* como contrapartida de la *Poética* de Aristóteles; y lo caracterizó como una poética no-aristotélica para un nuevo mundo y una nueva teoría del teatro. "El arte sigue a la realidad", escribió.

Tal como lo hizo Marx en relación a la mitología y el arte griegos:

> ¿Es posible la visión de la naturaleza y las relaciones sociales que moldearon la imaginación y el arte griego en la era de las

máquinas, los ferrocarriles y el telégrafo? ¿Cómo se ubica Vulcano frente a Roberts & Co., Júpiter frente al pararrayos o Hermes frente al Crédit Mobilier..? ¿En qué se convierte la Diosa Fortuna en la Printing House Square?

Brecht se pregunta cómo es posible hablar de dinero en pentámetros yámbicos:

> El valor del marco cotizó anteayer a 50 por dólar, ahora se encuentra en los cien y mañana estará aún más alto... El petróleo resiste una estructura de cinco actos y las catástrofes contemporáneas no siguen una línea recta sino que se dan en crisis cíclicas. Los "héroes" cambian con las fases individuales, son intercambiables, etc. La gráfica de las acciones humanas se complica con las fallas. El destino ya no es un poder unitario; en cambio existen campos de fuerza con corrientes opuestas; los grupos de poder revelan movimientos no sólo contra otros grupos sino también en el interior de ellos mismos.

El viejo teatro se construye presuponiendo la eternidad de lo "típico". ¿Pero cuán típico considerarán nuestros sucesores a lo eterno? ¿En qué sentido entonces estaba construyendo Brecht una poética "no aristotélica"? Apuntaba (y atacaba) sus tres elementos fundamentales: la catarsis, la empatía y la mímesis. Los dos primeros se conectan con la tragedia y el último con la poesía en general. Brecht tomó de Aristóteles el término "épico", para definir la forma narrativa capaz de describir "cierto número de incidentes simultáneos" que no están sujetos a la estructura orgánica de la tragedia como unidades, ni en términos de trama, acción creciente, crisis y desenlace. Brecht ya había utilizado el término "épico" para definir obras teatrales en los años 20.

Pero no se limita exclusivamente a Aristóteles para discutir la naturaleza del teatro épico.

> Aquello que Aristóteles establece como el objetivo de la tragedia, la catarsis, es decir la purgación de los sentimientos de temor y compasión que el espectador experimenta a través de la inter-

pretación de incidentes que generan estas emociones, representa para nosotros un hecho de gran importancia social. Esta catarsis se basa en un acto psíquico particular: la empatía del espectador con los individuos cuyas acciones son imitadas por los actores. Designamos una dramaturgia de este tipo como aristotélica, ya sea que acate o no las reglas sostenidas por Aristóteles. El acto psíquico de la empatía se produce simultáneamente en diferentes momentos y de diferentes maneras.

De hecho, a Brecht no le atraía discutir los conceptos aristotélicos de la tragedia, sino más bien las interpretaciones que hicieron sus sucesivos críticos y los dramaturgos. ¿Qué había dicho Aristóteles sobre la tragedia?

> Una tragedia... es la imitación de una acción importante, que por su magnitud es completa en sí misma; con un lenguaje enriquecido con delicados accesorios; cada uno integrando la obra; con una forma dramática y no narrativa; e incidentes que generan temor y compasión, y que permiten hacer la catarsis de tales emociones.

(El lector interesado en comparar el párrafo precedente con las versiones de otros traductores hallará notorias diferencias.* Han corrido ríos de tinta para tratar de explicar el significado de los términos aristotélicos.)

Las discusiones más cruciales han girado en torno de la catarsis. Es en este aspecto donde Brecht se concentró para redefinir la naturaleza del teatro. Es probable que el mismo Aristóteles haya pensado la catarsis en términos médicos; al menos así la discute en relación a los efectos purgativos de la música. Este comentario se halla en la *Política*, donde expresa que ciertas formas de música sirven para curar a personas

---

* Damos, a modo de ejemplo, la traducción de García Bacca (México, UNAM, 1946): "Es, pues, tragedia reproducción imitativa de acciones esforzadas, perfectas, grandiosas, en deleitoso lenguaje, cada peculiar deleite en su correspondiente parte; imitación de varones en acción, no simple recitado; e imitación que determine entre conmiseración y terror el término medio en que los afectos adquieren estado de pureza". *[N. del T.]*

afectadas por alguna enfermedad (por ejemplo de un "frenesí") – "como si hubieran hallado cura y purgación..., aliviadas y complacidas sus almas". Según Aristóteles, esto incluye también a aquellos que están "bajo la influencia de la compasión y el temor".

En lo que se refiere a Brecht, el concepto de catarsis está ligado al término más moderno de "empatía". El término empatía (*Einfühlung*) fue acuñado por los ensayistas alemanes del siglo XIX para definir la proyección del receptor respecto de una obra de arte: su identificación con ella.

En el drama, la identificación se produce con los sentimientos de los actores y con las acciones que se desarrollan en el escenario; a través de la compenetración del observador con el actor y con el personaje que interpreta. La noción de empatía fue introducida por Aristóteles al discutir la naturaleza de la experiencia poética:

> Los poetas más persuasivos son aquellos que tienen la misma naturaleza que sus personajes, y que penetran en sus sentimientos; aquel que siente dolor representa dolor; aquel que siente odio puede representarlo de una forma más genuina.

En el mismo sentido lo expresó Horacio en su famoso *dictum*: "Para hacerme llorar, antes debes sentir pena por ti mismo". Para producir esta clase de identificación, el dramaturgo, según la tradición, genera en el espectador los sentimientos de compasión y temor, de los cuales se libera al presenciar la tragedia.

Tratando de llegar a un acuerdo con el problema de la "catarsis" –o sea con la verdadera naturaleza de la tragedia–, Brecht tocó uno de los puntos más sensibles de la historia y la teoría teatral. De hecho, estaba preparando el terreno para asaltar el baluarte de la estética teatral. ¿Cuál es la naturaleza de la tragedia y de la catarsis que se intenta activar? ¿Qué tipo de "orden-mundial" (o de desorden) presupone? ¿De qué se trata esta purgación de los sentimientos? ¿Y por qué sucede o debería suceder? ¿De qué se trata este "equilibrio" de pasiones que Goethe considera necesario para toda obra dramática, esta "reconciliación" entre compasión y temor?

Para aproximarse a un tema tan complejo y controvertido, es útil repasar las opiniones de Schopenhauer y de Hegel sobre la tragedia y la catarsis.

Para Schopenhauer, el poder de la tragedia y su catarsis consiste en persuadir al espectador acerca de la necesidad de resignarse ante un mundo dominado por fuerzas irracionales (la "voluntad" –*Will*– de Schopenhauer) y aceptar el sufrimiento, porque se halla en la naturaleza del universo –el "reconocimiento de que ni el mundo ni la vida nos pueden satisfacer por completo, y que por consiguiente no vale la pena comprometernos". A partir de allí, aconseja una aceptación del mundo tal como es. La vida es una tragedia.

Para Hegel, la "resolución trágica" implica el hecho de que "la justicia eterna es operativa… de una forma según la cual se restablece la sustancia ética y la unidad en y junto a la perdición del individuo que interrumpe su reposo". Una vez más, la "racionalidad del destino" se hace presente. La razón eterna de Hegel triunfa, ya que "el Destino retrotrae la personalidad hasta sus límites y la quiebra por completo cuando ha crecido con arrogancia". Las contradicciones son "anuladas"; el carácter trágico despierta nuestro "temor" cuando contemplamos "el poder de la moral violentada", y nuestra "compasión" cuando contemplamos las consecuencia de su propio accionar. Una vez más, las emociones del espectador se reconcilian con el "orden mundial eterno y justo".

Teniendo en cuenta estas visiones muy diferentes (aunque representativas) de la tragedia y la catarsis, se pueden resumir sus características esenciales. El elemento común es la confirmación de que algo "absoluto" subyace en la visión trágica: la voluntad, la justicia o razón eterna, o una tendencia edípica (en el psicoanálisis). La catarsis, de una forma u otra, produce un equilibrio satisfactorio. Los sentimientos del espectador, compenetrado con estas acciones y su producto, son "expurgados".

Brecht somete estas interpretaciones a un análisis social. Enfoca su microscopio incluso sobre el problema del "sentimiento". Así como el teatro necesita capturar a su audiencia en la "ilusión" escénica, para hacer que se olvide del mundo exterior, también tiene la imperiosa necesidad de explotar sus sentimientos. Cuanto más fuerte sea la sensación de decadencia o desintegración de un período histórico en particular, mayor será la demanda de una "cuota excesiva" de sentimientos que disimulen el verdadero estado de las cosas y eviten las reacciones sociales. Brecht sostiene que los sentimientos están tan condicionados históricamente como otras actividades humanas. No es casual que, precisamente por ser alemán, se sienta tan involucrado en un análisis de los "sentimientos". A los estudiosos de historia alemana no es necesario recordarles las "crisis de sentimientos" que caracterizan a este país. Del *Sturm und Drang* al expresionismo, sus manifestaciones han sido explosivas y sorprendentes. Para Brecht, los sentimientos tienen un encuadre y hasta una historia social. La necesidad de "sentimientos" puede representar, en un período determinado de la historia, una demanda social positiva, mientras que en otro –bajo la forma de lo primitivo, instintivo o antirracional– puede resultar ominoso. La dicotomía artificial entre el corazón y la cabeza puede cubrir todo el espectro que va desde el "llamado" socialmente válido de los románticos ingleses hasta la noche de Walpurgis del nazismo. La verdadera historia social de los sentimientos todavía está por escribirse, y Brecht apenas la esbozó.

No hay que olvidar que Brecht escribía en Alemania, en medio de fuertes ambigüedades y premoniciones. A principios de los años 20 pudo observar el manejo de la empatía por parte de Hitler. Su teatralidad deliberada y consciente estaba dirigida al hombre de la calle, no al teatro, y tenía como objetivo hacer que "la gente, o su público, repitiera lo que él estaba diciendo, o más precisamente que sintiera lo que él sentía". Brecht agrega que eso es "empatía de parte del público... que al ser manipulado se convierte en una masa unificada, que es lo que se demanda del arte". El rechazo de la empatía, insistía, no surge de un rechazo a lo emocional, ni apunta en esa dirección.

Es necesario tomar la misma posición crítica respecto de las emociones que la que tenemos con las ideas. El pensamiento está sujeto a correcciones, y de igual forma los sentimientos. Históricamente, las emociones que acompañan al progreso persisten durante largo tiempo; y si hoy podemos experimentarlos y compartirlos a través de una obra de arte, se debe a que los muertos del pasado nos hablan en un idioma que representa los intereses de la vanguardia del progreso humano. Ese no es el caso del fascismo, que promueve emociones que no se relacionan con los verdaderos intereses de aquellos que los expresan. Si la catarsis y la empatía han sobrevivido a sus funciones históricas y no son ya instrumentos viables de un nuevo teatro, ¿qué podemos ofrecer en su lugar?

Brecht contesta: *Verfremdung –distanciamiento.*

4
¿Qué es el distanciamiento?

El distanciamiento [escribió Brecht] de un incidente o de un personaje, sencillamente significa sacar de ese incidente o personaje aquello que es evidente en sí mismo, conocido u obvio, y sostener lo que nos genera sorpresa o curiosidad.

Hegel había dicho: "Lo conocido, por ser conocido, es lo desconocido". En la misma línea, los poetas románticos habían hecho de lo familiar algo extraño. Brecht nos pide que miremos algún hecho cotidiano con la actitud de lo extraño. Por ejemplo, que miremos el reloj en nuestra muñeca:

> ¿Alguna vez miró su reloj con detenimiento? El que pregunta sabe que he mirado mi reloj muy frecuentemente, pero con su pregunta sustrae aquello que es habitual en mí, aquello que no tiene nada para decirme.

Uno empieza a descubrir el extraordinario mecanismo que sostiene en su muñeca. Ahora examínelo con detenimiento. El distanciamiento es el proceso de colocar el objeto a cierta "distancia", volver a mirarlo, encontrarlo "extraño" y redescubrirlo. Por lo tanto, es otro aspecto del proceso dialéctico que puede ser esquematizado de la siguiente manera: Yo entiendo (es decir, pienso que entiendo porque lo doy por hecho). Yo no entiendo (¡me parece extraño!). Lo vuelvo a entender. He transformado algo familiar en algo extraño a fin de conocerlo verdaderamente. He efectuado una transición del "qué" al "cómo".

Sin embargo, la teoría brechtiana del *Verfremdung* y su terminología han creado confusión. El uso que hace del término *Verfremdungseffekt*, a veces interpretado como "efecto de alienación", tiene la ambigüedad de poder ser interpretado desde las diferentes utilizaciones que hacen la filosofía, la sociología y la psicología de la palabra "alienación" (en alemán, *Entfremdung*), concepto introducido en el pensamiento europeo a través de Hegel y Marx. Para evitar confusiones, en adelante utilizaré el término "distanciamiento" para el *Verfremdung* brechtiano y la palabra "alienación" para el *Entfremdung* tradicional.

Como veremos, la teoría brechtiana del "distanciamiento" y su praxis surgieron con la intención de combatir la alienación en nuestra sociedad, y en particular sus manifestaciones en el teatro. Según lo expresara Herbert Jhering, el "distanciamiento" de Brecht no representa

> estar distanciado o alejado de los seres humanos, sino el distanciamiento y alejamiento de aquello que está desgastado, que es sentimental, barato; de lo banal y del lugar común.

Esto significa, tal como lo describiera Proust, romper con el "efecto anestésico de la rutina". Uno podría decir, sin resultar frívolo, que el *Verfremdung* de Brecht es una alienación de la alienación –o sea una "alienación positiva".

Pero cuando hablamos hoy de alienación, nos referimos a un proceso y un resultado que se relacionan con los cambios históricos de la sociedad desde una economía simple hasta una altamente compleja. El hombre ya no se siente por derecho propio como una fuerza de producción, sino que la fuerza de producción se le presenta como extraña y exterior, algo cuyas manifestaciones cambiantes se conciben como independientes de su voluntad y su accionar, aun cuando sea él quien las gobierne.

La alienación es la pérdida del control. Productor y producto, en las diferentes acepciones de ambas palabras, se han separado. El hombre se ha atomizado, y así como perdió relación con el producto de su trabajo, también ha perdido relación con los otros hombres. Representa una mercancía, una cosa única y singular, sin el poder de comunicarse con otros ni consigo mismo. La dicotomía entre mundo privado y mundo público parece infranqueable. Las fuerzas de control se vuelven cada vez más anónimas y poderosas. Pero él también se va convirtiendo en algo anónimo, una entidad sin nombre y empequeñecida, al igual que los "héroes" de Kafka convertidos en una inicial o, como en *La metamorfosis*, en un insecto lleno de desprecio por sí mismo, cínico y autodestructivo. "Mental y físicamente deshumanizado" –según lo expresara Marx–, se ha convertido en una "mercancía autoconsciente y autodeterminada".

Ideológicamente, el hombre alienado, al haber despojado sus fuerzas directrices de la investidura teológica, las ve ahora como incomprensibles, irracionales e inexorables. El absurdo propiamente dicho es Mefistófeles convertido en una enorme computadora, que le sonríe alegremente desde una tarjeta programada con personas insignificantes. Brecht difícilmente haya podido anticiparse a esta nueva versión de Galy Gay. ¿Aceptará el nuevo Galy Gay alegremente su "destino"? ¿Deseará seguir siendo la "cosa desechable"? ¿Continuará pronunciando oraciones fúnebres a su propia individualidad?

Estas son las preguntas que plantea el teatro épico de Brecht. Es un proceso de desmitificación de estas fuerzas anónimas e innominadas: primero se las nombra y se las ubica, luego se las desacraliza, y por último se las desmitifica. Lo esencial del nuevo teatro consiste en desalienar al hombre, devolverle la conciencia de su poder y recuperar para él su potencial creativo –o sea, *provocarlo* para que vea que el cambio es posible.

¿Cómo pueden hacerlo el teatro y el distanciamiento?

> El distanciamiento [dijo Brecht] tiene las mismas cualidades del historicismo; es decir, considera las personas y los acontecimientos como históricamente condicionados y transitorios... El espectador ya no verá a los personajes sobre un escenario como si fueran inalterables o entregados sin más a su destino. Los verá en cambio como un hombre con determinadas características, de acuerdo a las circunstancias. Y las circunstancias son de determinada manera debido a que el hombre es de determinada manera. Él, por su parte, se concibe no sólo por lo que es realmente, sino también por lo que podría llegar a ser –de hecho, es así–, y lo mismo ocurre con las circunstancias. De ahora en más, el espectador tiene una nueva actitud en el teatro, la misma que un hombre del siglo veinte respecto de la naturaleza. Será recibido en el teatro como el gran "transformador", capaz de intervenir en los procesos naturales y sociales, y que ya no acepta al mundo sino que lo domina.

El distanciamiento es el "shock" del reconocimiento y el autorreconocimiento. Pongamos como ejemplo el poema "Ulm 1592", que a menudo se recita en la Bertolt Brecht Platz de Berlín:

> Obispo, yo puedo volar
> le dijo el sastre al obispo.
> Presta atención que allí voy... [J.H.]

Pero el obispo es despreciativo: "No son más que mentiras —dice—. El hombre no es un pájaro. Jamás volará hombre alguno". El sastre trata de volar, pero se estrella contra el piso.

> Son las mentiras de turno
> un hombre no es un pájaro
> jamás volará hombre alguno
> dijo el Obispo a la gente. [J.H.]

Esto es el *distanciamiento*. Los lectores contemporáneos sabemos que el hombre vuela. El hombre *ha aprendido* a volar. "Destruyamos el *Inkubusgewohnheiten*! ¡Destruyamos los hábitos del íncubo —o el íncubo del hábito!", exige Brecht. Veamos a continuación otro ejemplo de distanciamiento, en este caso referido a una experiencia teatral familiar, *El Rey Lear*:

> Por ejemplo [dice Brecht]... la furia de Lear ante la ingratitud de su hija. A través de la técnica de la empatía, los actores interpretan la furia de Lear para que los espectadores la acepten como el hecho más natural del mundo, sin que se les ocurra pensar que Lear pudo evitar su enojo, y así se identifican con él y adoptan su misma actitud, sienten como él y se enojan como él. Por medio de la técnica del distanciamiento, el actor interpreta la furia de Lear sólo para sorprender al espectador, de modo que pueda imaginar otras reacciones más allá de la simple furia. La actitud de Lear es "distanciada" —es decir, interpretada como algo peculiar, sorprendente, destacable, como un fenómeno social que no es evidente en sí mismo.

Supongamos, dice Brecht en otro momento, que Lear está a punto de repartir su reino en tres partes, va a romper un mapa en tres, concentrando la atención del espectador no sólo en el reino, sino en la idea de que Lear lo considera como algo propio. Se adquiere entonces otra perspectiva de los fundamentos de la sociedad feudal.

De esta forma, superando la imagen del padre universal que enfrenta una aparente ingratitud, accedemos a otras emociones condicionadas temporal y socialmente, surgidas de la estructura particular de la sociedad feudal. En lugar de pedirnos que nos dejemos llevar, Brecht quiere que tomemos distancia para ver el mundo tal como es. La supuesta fatalidad que determina los destinos humanos quedará al descubierto. Brecht ya había tratado con hombres alienados. Baal, Kragler, Galy Gay, Shlink y Garga: cada uno es a su manera un marginado en un universo caótico; sus actos están determinados por una lucha infructuosa contra las circunstancias o por su derrota ante ellas. El universo que habitan es inmutable e inescrutable. El distanciamiento desmitificará esa "fatalidad". El espectador, transportado del reino de la ilusión al de la realidad, se preguntará: ¿Qué está sucediendo? ¿Por qué tiene que ser de esta manera y no de otra? ¿Qué puedo hacer al respecto?

El término *Verfremdung* surgió recién en 1936, cuando Brecht estaba exiliado, en relación con la producción danesa de su obra, *Cabezas redondas y cabezas puntiagudas*. Al hablar de Galy Gay en 1927, utilizaba la palabra *befremden*, "sorprender". "Aquello que Galy Gay pueda o no hacer, probablemente lo sorprenda." Todavía en 1936 habla de un *Entfremdungsprozess* (proceso de alienación), utilizando el término tradicional de Hegel y Marx. Se ha sugerido que fue después de su visita a la Unión Soviética en 1935 cuando fijó el concepto; y que podría haberlo tomado del teórico formalista ruso Victor Shklovski, que en su obra *Arte y artificio* había señalado que "el proceso del arte es el proceso del distanciamiento... En la obra de Tolstoi el proceso de distanciamiento consiste no sólo en llamar a las cosas por su nombre, sino en describirlas como si las viésemos por primera vez". Shklovski también se había referido a "recursos para hacer extraño algo" –un acto de "deformación creativa" que restablece la agudeza de nuestras percepciones, liberándolas de su habitual entumecimiento. Reclamaba un procedimiento artístico que "obstruya deliberadamente" y provoque un mayor esfuerzo del lector y su compromiso con el mundo.

Otros estímulos surgieron de la familiaridad que adquirió durante su estadía en Moscú con el teatro chino y con uno de sus actores más famosos, Mei Lang-fang, que lo llevó a escribir un ensayo sobre "El efecto de distanciamiento en la actuación china", publicado en inglés en 1936. En ese escrito señalaba que el teatro chino venía utilizando efectos de distanciamiento desde hacía tiempo, tales como los "símbolos", las máscaras y la gesticulación codificada. Los escenarios cambiaban durante la función y el actor se comportaba como si supiera que era observado, y daba la impresión de que él mismo se observaba actuar. Por ejemplo, "en relación a la aparición de una nube, su carácter inesperado o su rápido crecimiento o su ligera y gradual transformación, hacían que el actor mirase al mismo tiempo a la audiencia como diciendo: ¿No es así como sucede? Exactamente".

Pero no hay dudas de que la teoría del distanciamiento se desarrolló antes de su partida de Alemania en 1933.

También es probable que *La paradoja del comediante* de Denis Diderot, escrita en 1770, lo haya influenciado. Diderot escribió:

> ¿Alguna vez ha visto grabados de juegos de niños? ¿No ha notado la presencia de un niño travieso surgiendo de la espantosa máscara de un anciano que lo cubre de pies a cabeza? Detrás de la máscara, él le sonríe a sus amiguitos que pasan aterrorizados delante de él. El niño travieso es el verdadero símbolo del actor; sus amiguitos simbolizan el público.

En resumen, me permitiría utilizar una analogía familiar para nosotros fuera de los límites del proceso psiquiátrico. Dicho con total crudeza, el distanciamiento se asemeja al proceso mediante el cual el paciente es separado de sí mismo para que pueda observarse. Le hacen olvidar sus hábitos solipcistas, por los cuales reconoce lo que es "normal", y se lo induce a considerarlos cada vez más extraños. El paciente pasa de una "normalidad" asumida a otra verdadera. La efectividad del cambio se relaciona con la capacidad del paciente para "funcionar", es decir para actuar. Se ha acercado un poco más a la realidad. La maldición de lo familiar (es decir, lo insalubre) queda destruida. De un recipiente pasivo y sufriente a merced de fuerzas oscuras, se convierte en un ser activo que decide el curso de su vida. Se ha despojado del "íncubo del hábito".

5

Acompañemos a nuestro hipotético espectador al nuevo teatro, y, sentados a su lado, sigamos el proceso de *Verfremdung* del teatro épico tal como es interpretado en la actualidad.

Al ingresar al teatro ve que el telón está a medias levantado y no cubre completamente el escenario:

...¡Y que la cortina quede a media altura,
que no me cierre el escenario!
Repatingado en su asiento, el espectador percibirá
los afiebrados preparativos que para él, astutamente, se realizan:
una luna de estaño que desciende suavemente,
un techo de paja que traen a escena.
¡No les muestren demasiado, pero muéstrenle algo!
Y que se convenza de que aquí no se trata de magia,
sino que trabajan, amigos. [J.H.]

Sobre el telón se ilumina un cartel: puede ser una consigna, un título o una breve oración explicativa. No se trata de las sorpresas habituales.

La cortina se abre, y nuestro espectador queda sorprendido por la escenografía. En lugar de un cuarto elaboradamente amoblado (o de lo que trate la escena) hay muebles sencillos: una silla, una mesa... meros indicadores, por decirlo así, aunque constituyan una parte orgánica de la obra. La utilería, exige Brecht, debe estar elegida con el mismo cuidado

> con el que un granjero elige la semilla que siembra o un poeta las palabras apropiadas. Hay que buscar aquellos elementos que acompañen a los personajes en el escenario... todo debe estar relacionado con la época, la intención y la belleza, utilizando los ojos y las manos de un experto en la realidad, alguien que hace su propio pan, teje o prepara una sopa.

Supongamos que la escena se desarrolla en una fábrica. Comúnmente, nuestro espectador esperaría una escenografía con una estructura complicada, chimeneas, vías de ferrocarril, cadenas colgantes, etc. Pero una fábrica de este tipo puede encontrarse en cualquier lugar, tanto en un país capitalista como socialista. En cambio, ¿qué se ve en el escenario épico? Un cartel anunciando escalas salariales; la fotografía del dueño, una página del catálogo de productos; quizás una fotografía de los trabajadores en un día de picnic, o un domingo en el comedor de la fábrica.

Un actor o actriz sale a escena y se dirige al público. ¡Qué diferencia con zambullirse de inmediato, como en una obra de Ibsen, en una intriga familiar donde ya casi todo ha sucedido y lo único que esperamos es el desenlace! "Soy tal y cual –dice el intérprete brechtiano–, y este es mi hijo que... y nosotros..." El intérprete suena como si estuviera demostrando algo. Parece distante del papel que interpreta, como si lo estuviera analizando. Y de pronto parece que supiera más del personaje que el personaje mismo. Es más un intermediario entre el actor y el espectador que el intérprete de la acción.

> Este imitador
> nunca se pierde en la imitación:
> jamás se transforma en el que imita.

Brecht explica cómo se logra este efecto con el famoso ejemplo del accidente callejero, una situación "elemental", contemplada y relatada por un peatón. Dirigiéndose a los actores, les enseña a observar a este hombre a medida que describe lo sucedido; cómo imita al conductor y a la víctima. Habla de las dos personas; pero no como si el accidente no hubiera podido evitarse, sino cómo *debería* haberse evitado.

> No hay nada supersticioso en el testigo:
> Él no abandona a los mortales a las estrellas
> sino a sus propios errores.

Pero el testigo sigue siendo el mismo; el que "muestra". "El otro no le ha contado sus secretos, ni ha compartido con él sus sentimientos ni su interpretación de los hechos. En realidad sabe muy poco de él".

Este actor callejero de hecho ha "distanciado" la acción, señalando posibilidades alternativas; por ejemplo, si la víctima hubiera puesto su pie derecho adelante (y muestra la acción). Estas posibilidades alternativas pueden desarrollarse más acabadamente en el teatro épico utilizando documentos, coros, proyecciones, películas y canciones.

Quizás nuestro hipotético espectador presencie una función de *Un hombre es un hombre* en la versión revisada de 1931. En esta versión los actores utilizan zancos y máscaras. Todo está exagerado. Nuestro espectador advierte que Peter Lorre, en el papel de Galy Gay, aparece con máscaras que representan cuatro situaciones diferentes y que su forma de hablar y actuar cambia de acuerdo a ellas. Las cuatro máscaras marcan los cambios en Galy Gay durante la obra (dirigida por Brecht): la cara de embaucador hasta el momento del juicio; la cara "natural" hasta su despertar posterior al disparo; la cara de "hoja en blanco" hasta su reaparición tras la oración fúnebre, y finalmente "su cara de soldado".

En cada una de estas situaciones Brecht (y Lorre) fijaron otro elemento esencial para la nueva actuación: el *gestus* o *Grundgestus*, el gesto básico o el gesto social. El *gestus* no se refiere solamente a la gesticulación del actor, sino a una síntesis de "postura corporal, acento y expresión facial". Se trata tanto de lo gestual como del discurso, su intención, la musicalidad... todo aquello que le brinda a la audiencia a través de la acción y no de recursos psicológicos. Es la suma, se diría, de la expresión y el comportamiento de los seres humanos en relación. El *gestus* sería una especie de "referente" que marca claramente el tipo de relación social del personaje con otras personas. La interpretación no es el *gestus* –escribió Brecht– "a menos que integre una relación social, como la explotación o la cooperación".

Hay otros ejemplos: el mero pavonearse de un fascista no representa un *gestus* social; pero su pavoneo delante de cadáveres sí. El miedo a los perros no es un *gestus* social, pero un hombre mal vestido atacado constantemente por perros guardianes sí lo es.

El discurso también tiene su carácter gestual, obligando casi al que habla a una actitud acorde con su estructura. Por ejemplo, la cita "Arráncate el ojo que te ofende" es menos gestual que "Si tu ojo te ofende, arráncatelo".

En lo que se refiere a los músicos, el espectador notará que la orquesta no está en el foso sino en el escenario. Cuando el actor tiene que cantar, interrumpe la acción, da un paso al frente y canta. Una vez más (como si utilizara tijeras, diría Brecht) se ha separado del personaje de la obra. El cantante no necesariamente tiene la habitual "buena voz" de una estrella de ópera. La música tiene también su autonomía: no es un mero acompañamiento, sino más bien es un comentario que posee su propio *gestus*.

Además hay carteles, estadísticas, fotografías, películas y pasajes corales. Brecht sugería que el espectador debía comportarse como si estuviera leyendo las notas a pie de página en un libro. Es lo que denominaba "la literalización del teatro".

¿Se trata de una provocación?, se pregunta nuestro espectador. Definitivamente es una provocación al pensamiento. Una provocación a lo que Brecht consideraba entre las actividades más placenteras –aprender, participar y hacer una crítica productiva. Se trata de una exigencia elevada para la audiencia, pero esa audiencia en parte existía y en parte debía crearse: la audiencia crítica de una "era científica" en el mejor sentido del término; es decir una audiencia creativa.

> Modificar el cauce de un río
> hacer injertos en árboles frutales
> educar a un hombre
> reformar un Estado
> son ejemplos de crítica productiva.
> Y también
> ejemplos de arte.

6

Nos preguntaríamos, ¿qué queda entonces de la tragedia luego de esta nueva visión del teatro épico y el reemplazo de la tradicional catarsis y empatía por el distanciamiento? ¿Es concebible, o al menos posible, la tragedia en términos brechtianos?

La gradual desaparición de la tragedia en los tiempos modernos ha sido la dolorosa y principal causa de preocupación de numerosos críticos de nuestro siglo. Desde Joseph Wood Krutch hasta Friedrich Dürrenmatt y George Steiner, el problema ha sido analizado y diseccionado. La tragedia, según determinados autores, se ha convertido en una entidad discutible en una época tan decididamente carente de heroísmo como la nuestra. Esta supuesta desaparición del heroísmo en la sociedad burguesa ha eliminado también la compasión y el terror. Por lo tanto, la tragedia no desaparece porque sus causas u orígenes hayan sido eliminados, sino debido a que las grandes empresas y conflictos heroicos de una época pasada han cedido su lugar a compromisos comerciales insulsos y a temas menores como las riñas entre personas insignificantes. Una persona no puede entristecerse o sentirse orgullosa de la humanidad (aun en su caída) si la sobrevivencia depende de un millón de dólares y no de la pérdida de un imperio. Los temas trágicos han desaparecido.

Sobre los héroes y el heroísmo, Brecht tiene cosas importantes que decir. El heroísmo se encuentra donde se lo busque y según se lo mire. Debe admitirse que desde su posición estratégica —como materialista dialéctico— la tragedia desaparece, mejor dicho: la tragedia existe, pero no los temas trágicos. Al ver al mundo en un proceso de constante cambio, donde el hombre interviene para moldearlo en un sentido social constructivo, no puede considerarlo como algo definitivamente trágico. Para la tragedia, el hombre se encuentra en una lucha ineluctable con fuerzas trascendentes. Por lo general son consideradas irracionales e inalterables, y terminan por destruir los esfuerzos y objetivos del hombre, aunque a menudo sirvan para desplegar su grandeza. Estas fuerzas presumiblemente castigan la *hubris* del hombre, su excesivo orgullo frente a un universo justo. O simplemente lo castigan por "existir", una existencia que se ha convertido en un pecado original o en algún tipo de violación a la ley o al orden divinos. Al ser esta la naturaleza de la tragedia, Brecht sostiene que no puede describir adecuadamente al mundo tal como es en la actualidad.

Podemos redefinir la tragedia y su representación de la "visión trágica de la vida" como la forma de arte dramático que muestra la búsqueda frustrada de la libertad en un mundo que no es libre. Para el marxismo, se trata de un mundo de transición; y la tragedia también representa formas y actitudes de transición relacionadas con el período particular en el cual se produce o se expresa. Al ser los conflictos esenciales a la vida, la tragedia permite comprender mejor los grandes valores de la naturaleza y el heroísmo del hombre. Pero a medida que éste va develando la naturaleza de aquellos poderes que supuestamente lo frustran y lo destruyen, y en la medida en que convierte a los dioses inmortales en fuerzas naturales para posteriormente controlarlas, la tragedia como tal desaparece, aunque no suceda lo mismo con las situaciones trágicas. En una época como la nuestra, en la que lo viejo combate contra lo nuevo, seguirán existiendo desilusiones, derrotas y desastres. Y tampoco serán los últimos, en la medida en que la conciencia humana no devele sus causas.

El filósofo Ernst Bloch ha descripto la situación actual de la tragedia de otra manera:

> Si en la actualidad las bases de la emoción trágica ya no son el temor y la compasión, tampoco lo es la admiración. Más bien se trata de *rebeldía* y *esperanza*, características visibles dentro de los mismos personajes trágicos. Estos son los dos estados emocionales primarios de una situación revolucionaria y no se rendirán ante la fatalidad.

Pero el teatro épico de Brecht también incorpora elementos de una época de transición en proceso de cambio radical. Tomará algo de la tragedia y de la comedia, sin ser ninguna de las dos. Preservará aquello que Ernst Bloch llama la "felicidad" en el descubrimiento de lo nuevo, lo creativo, lo socialmente útil, sin importar el costo. La rebeldía de Bloch se funde en los conceptos de Brecht con la razón y el entendimiento, buscando el dominio de la naturaleza y de las circunstancias. Y la esperanza –con frecuencia ridiculizada como utópica y que sin embargo pertenece a lo mejor del hombre– se convierte en reconocimiento de la necesidad de cambio.

Si se nos desafiara a buscar el término más preciso para el drama brechtiano, bien podríamos denominarlo "comedia seria". "Comedia", ya que en ella el espectro de posibilidades es infinito y se mueve en el terreno de la felicidad lograda –donde además las contradicciones entre los seres humanos pueden ser expuestas como incongruentes, irracionales y de posible solución. Y "seria" porque entre las posibilidades y la solución definitiva hay un abismo profundo. La comedia de Brecht es también una comedia seria "positiva", al fundarse en el racionalismo crítico y la ciencia, y por creer en la transformación del hombre y la sociedad a través de medios sociales.

Brecht dijo en una oportunidad que incluiría el temor y la compasión en el teatro en la medida en que el temor sea el temor ante otros seres humanos y la compasión la que se siente por los seres humanos; y que en ese sentido el teatro sirviera para eliminar las condiciones que generan mutuo temor y exigen mutua compasión. Ya que el destino del hombre es el hombre mismo.

Sin duda habría aprobado las opiniones de Bernard Shaw:

> No quiero que haya más compasión en el mundo, ya que no quiero que haya algo que tenga que ser compadecido; y no quiero que haya más temor, ya que no quiero que haya gente que tenga miedo.

Así, el teatro épico de Brecht surgió de una fusión de la dialéctica marxista con elementos estético-formales. Pero esto no quiere decir que haya querido independizarse por completo de las fuentes tradicionales. Brecht lo reconoció sin ambages, ya se tratase de su ídolo Charles Chaplin y su "estilo de interpretación gestual", de las obras históricas isabelinas, del *Sturm und Drang* y los románticos con su *Illusionsdurchbrechung* (ruptura brusca de la ilusión teatral), de novelistas del siglo veinte como James Joyce y su *Ulises* que conoció a través de Alfred Döblin (cuyo experimento más ambicioso fue *Berlin Alexanderplatz*), de Karl Valentin, o del teatro chino o japonés.

Dado que la denominación "teatro épico" se utiliza a menudo para referirse a cualquier otra cosa, puede servir para aclarar la contribución de Brecht examinar un ejemplo de este estilo, desarrollado por uno de sus más eximios practicantes, el francés Paul Claudel. En *Cristóbal Colón*, escrita en 1927, Claudel aspiraba a "disolver" –al igual que Brecht– las viejas formas del teatro y la ópera, empleando concepciones igualmente radicales de puesta en escena. De hecho, Claudel va más lejos que Brecht en su multiplicidad y complejidad, acercándose en esto a Piscator. La devoción de Brecht por la sencillez no le permitía semejantes gigantismos. Ideológicamente, Claudel se diferencia de Brecht en que se convirtió al catolicismo en 1886, lo que hizo que este sustrato prevaleciera en su obra, así como el marxismo en Brecht.

Ignoramos si Brecht vio el montaje del *Cristóbal Colón* de Claudel, con música de Darius Milhaud, estrenado en Berlín en 1930. Claudel introdujo una innovación: el cine. Compuso un gran "espectáculo" en veintiocho escenas, "como un misa donde el público participa". La obra describe, como en un ritual, el *via crucis* de Cristóbal Colón, concebido como misionero de la verdadera fe y ministro de Cristo. Los motivos centrales de esta ópera podrían ser "el martirio, la muerte y la transfiguración". El estilo épico aparece en el narrador que anuncia la naturaleza de la obra, al que sigue el coro con oraciones. Las proyecciones mostraban simbólicamente la Creación, con la paloma sobrevolando un globo, la tierra. Posteriormente se lo ve a Colón al final de su vida, cuando vuelve empobrecido y rechazado a Valladolid. El narrador y el coro lo invitan a morir: "Ven con nosotros. Nosotros somos la posteridad. Sólo hay que cruzar una pequeña frontera. Esto es la Muerte". Los dos aspectos de la vida de Colón son interpretados por actores diferentes, Colón I y Colón II.

Tan antitéticas como pueden ser, tenemos aquí dos clases del llamado teatro "épico", el de Claudel y el de Brecht. Las similitudes se advierten en los medios técnicos utilizados; aunque también aquí existen grandes diferencias. Pero las diferencias ideológicas y sus consecuencias son aún más importantes. Dejando de lado sus virtudes literarias, el de Claudel es un drama estático. Es una pieza didáctica en profundidad, pero como escribió Jhering, "la pieza didáctica que busca hacer participar al espectador termina volviéndolo otra vez pasivo". Claudel ve a su héroe transfigurado por la muerte; Brecht, por su parte, considera que la transfiguración sólo es posible en y a través de la vida.

XII
LO INDIVIDUAL Y LO COLECTIVO: LAS "LEHRSTÜCKE"

> ¿Quién recuerda todavía
> la gloria de la gigantesca ciudad de Nueva York,
> en la década siguiente a la gran guerra?..
> ¡Qué pueblo! Sus boxeadores los más fuertes
> sus inventores los más prácticos,
> sus trenes los más veloces
> y atestados.
> Y todo parecía destinado a durar mil años...
>
> Hasta que un día se escucharon rumores
> de un extraño eclipse en un famoso continente...
> ¡Qué bancarrota! ¡A qué velocidad
> se desvaneció su gloria!
> ¡Qué revelación fue darse cuenta
> que su sistema social
> tenía más debilidades vergonzosas
> que sus habitantes más humildes!
>
> Brecht, "La gloria perdida de la gigantesca
> ciudad de Nueva York"

La crisis política y social alemana se acercaba al punto de ruptura. Brecht buscaba los medios más eficaces para su talento y su saber. Muchos otros escritores y artistas, antes distanciados de la arena política, comenzaban a participar activamente y se unían para instruir y movilizar a la población. Fue el camino emprendido por los compositores Kurt Weill y Paul Hindemith, el pintor Georg Grosz y el humorista Kurt Tucholsky.

El campo de operaciones más fértil eran las escuelas, los sindicatos y los partidos políticos. La *Gebrauchsmusik* y la *Gemeinschaftsmusik* (música funcional y música comunitaria, respectivamente) fueron específicamente pensadas y compuestas para estos interlocutores. Otros artistas utilizaban formas más directas para llegar al pueblo: Brecht y

Hanns Eisler, Helene Weigel y Ernst Busch llevaron sus canciones a las tabernas y establecimientos aún más grandes. Eisler recordaba que los cuatro no encontraban lugar que resultase demasiado grande o pequeño o elegante para presentarse. De este modo, el viejo Philharmonic Hall en la Bemburgerstrasse fue testigo del estreno de la Lehrstück [obra didáctica] *La medida*; "pero a la mañana siguiente –recuerda Eisler–, Ernst Busch cantó conmigo al piano en una pequeña taberna cerca de la Alexanderplatz con el mismo entusiasmo... Participábamos en los enfrentamientos políticos cotidianos. Cuando sucedía algo grave, el primero en llamarme era Brecht: 'Tenemos que hacer algo rápidamente'".

Las discusiones que se suscitaban por aquellos días en los hogares de estos escritores deben haber sido muy acaloradas. Serge Tretyakov describe un encuentro en casa de Brecht, "cubierta por el humo azul de los cigarros". La gente se sentaba en círculo. En los bares cercanos, los comunistas y los fascistas se enfrentaban y corría la sangre. El desempleo aumentaba. Con cierta ironía, Tretyakov continúa:

> Todo el mundo participaba de la charla. En tono mesurado, sin movimientos o entonaciones innecesarios, iban surgiendo de estos intelectuales alemanes –economistas, críticos, científicos, políticos, periodistas, filósofos– las consignas sobre los acontecimientos del día...

Y luego sigue una pregunta retórica:

> Camarada Brecht, levántese de su humilde asiento y explíquenos, ¿por qué está toda esta gente aquí y no con sus células partidarias o en las asambleas de los desempleados?

Brecht también participaba en las discusiones, elaborando "una trama sutil de contraargumentos... Su cara, con su nariz ganchuda, se parece a la de Voltaire o a la de Ramsés".

A partir de la crisis, y de la necesidad de enfrentarla, las obras didácticas de Brecht empezaron a tomar forma. Compuestas más para los participantes que para el público, marcan un estadio sumamente interesante aunque controvertido.

> Los filósofos burgueses [escribió] hacen diferencias entre el hombre activo y el hombre reflexivo. El hombre pensante no se preocupa por semejante distinción.

Una de las funciones de la Lehrstück era hacer de sus participantes seres activos y reflexivos. El principio que subyace a estos intentos era el de "la práctica colectiva del arte", que contenía ciertas ideas políticas y morales. Los orígenes de la Lehrstück se remontan al jesuítico y humanista "drama de instrucción". Sus ímpetus contemporáneos provienen del movimiento de la *Neue Musik* de Donaueschingen y Baden-Baden. El principal objetivo consistía en la elaboración de "un sentimiento comunitario mediante prácticas teatrales" buscando el surgimiento de "una sensibilidad y una conciencia colectiva", o, como lo describiera Brecht, *lernend zu lehren* ("enseñar aprendiendo").

Por esos días, Brecht se interesó especialmente en el teatro no japonés. Su amiga Elisabeth Hauptmann tradujo algunas de las versiones inglesas de Arthur Waley. Este teatro le atraía, ya que las obras japonesas tradicionales se representaban sobre un escenario despojado; el actor se movía de manera estilizada y con el rostro enmascarado o carente de expresión. La utilería se usaba con moderación y siempre tenía un significado específico; los escasos músicos y los coros eran visibles sobre el escenario. La voz del actor japonés "fluctuaba entre el recitado y el canto, cumpliendo la función de un instrumento musical".

En su expresión más simple, el teatro no consistía en una danza precedida por un diálogo que explicaba su significado o las circunstancias que la generaron.

El actor no a veces se dirigía al público en forma directa, o bien era interrumpido por el coro, y todas las acciones de la obra se representaban como si se tratara de un ritual, con un propósito didáctico determinado.

Obviamente, esta clase de teatro impresionó fuertemente a Brecht. Casi se podría decir que sus obras didácticas eran piezas de teatro no, trasladadas de su contexto del siglo catorce al presente y reemplazando la ideología budista por la dialéctica marxista.

Debido a que el mundo en el que se mueve la Lehrstück de Brecht es el de la ciencia moderna, se debe tener en cuenta que su base moral está fundada en la creencia de que "hacer" es mejor que "sentir". Su objetivo no radica en brindar placer sino instrucción.

El vuelo solitario de Charles Lindbergh a través del Atlántico en 1927 había impresionado al mundo. Para Brecht se convirtió en la revelación del poder del hombre sobre la naturaleza. La primera de sus piezas didácticas, escrita entre 1928 y 1929, fue dedicada al aviador estadounidense. Originalmente la tituló *Der Flug der Lindberghs* [*El vuelo de los Lindberghs*], pero la posterior identificación de Lindbergh con la derecha lo llevó a cambiar el título por *Der Ozeanflug* [*Vuelo sobre el océano*], y su protagonista fue rebautizado como "El Aviador". La esencia de la pieza –escrita como un radioteatro para adolescentes– siguió intacta: la glorificación de uno de los temas favoritos de Brecht, la conquista y la transformación de la naturaleza, y su significado para el futuro del hombre. Cuando se representó en Baden-Baden, se utilizó una partitura de Kurt Weill y Paul Hindemith, una orquesta de radio y cantantes, un "oyente" que por momentos cantaba o decía la parte de Lindbergh, "sin identificarse con el texto –insistía Brecht– ni detenerse al final de cada verso". Al fondo del escenario, en letra grande, se leía la "teoría" que se iba a demostrar: "Este ejercicio debe estar subordinado a la disciplina, que es la base de la libertad".

Este Lehrstück [primera obra didáctica] se publicó como el primero de una serie de panfletos denominados *Versuche* [Tentativas]. Sus notas sobresalientes, aunque algo inmaduras, resonarán con una orquestación más profunda y segura en *Galileo*, a la cual esta pieza didáctica puede servir de prólogo.

Una parte de la obra, denominada "Ideología", proclama orgullosamente el tema central:

> Muchos dicen que el Tiempo es viejo
> pero siempre supe que se trata de un Tiempo nuevo:
> casas como montañas de acero no crecen solas,
> ni multitudes a la espera de algo
> circulan en las ciudades porque sí.
>
> Y en el continente de las sonrisas se escucha
> que el vasto y terrorífico mar es en realidad
> sólo una pequeña laguna.

El texto y la música muy simples –a veces deliberadamente ingenuos– tienen una contundencia arrolladora. La radio (en el comienzo) convoca a todos los participantes, en nombre de la comunidad, a la representación del primer vuelo solitario sobre el Atlántico, y dirigiéndose al Aviador le pide que suba a su máquina, ya que Europa lo está esperando. El Aviador responde simplemente: "Estoy abordando el avión". Cada una de las diecisiete secciones lleva títulos como "Exhortación a todos", "Diarios estadounidenses elogian la valentía del Aviador", etc. Lindbergh dice:

> Mi nombre es Charles Lindbergh.
> Tengo veinticinco años.
> Mi abuelo era sueco...
> Vuelo solo.
> En lugar de acompañante llevo gasolina.
> Vuelo sin radio...

A medida que progresa el vuelo, la poesía se hace más destacada. Otros participantes de la obra comienzan a expresarse a través de la Radio: Nueva York, el barco *Empress of Scotland*, la Niebla, la Tormenta de nieve, el Agua, Norteamérica.

Lindbergh pelea contra las fuerzas naturales, asegurando "No estoy solo", ya que siete hombres lo ayudaron a construir el *Spirit of St. Louis* en San Diego (de allí el plural *Lindberghs* en el título original). Por lo tanto, hay ocho de ellos aquí, dice. Lucha contra la nieve, el hielo y el sueño, pero declara: "No estoy cansado".

La sección "Ideología" refuerza la naturaleza de la misión del Aviador, al declarar que es una guerra contra lo primitivo, "un esfuerzo por mejorar el planeta, como la economía dialéctica, que transformará el mundo desde los cimientos". Según declara el mismo Aviador, este es un vuelo para desterrar a los dioses, donde sea que aparezcan.

> Cuando vuelo, soy
> un verdadero ateo.

El Aviador sostiene que Dios aparece donde hay ignorancia y explotación. Y desaparece "bajo los microscopios más sensibles" con "la purificación de las ciudades y el aniquilamiento de la miseria".

La pieza concluye con un "Informe sobre lo inconquistable": Durante miles de años sólo las aves se sostuvieron en el aire; todo el resto caía. Pero hacia el fin del segundo milenio,

> nuestra sencillez de acero
> se elevó en el aire
> mostrando lo que era posible,
> sin hacernos olvidar
> *lo inconquistable.*

A ello está dedicado este informe.

La siguiente Lehrstück, *Der Badener Lehrstück vom Einverständnis*, [*Pieza didáctica de Baden sobre el acuerdo*], representada en Baden-Baden el 28 de julio de 1929, con música de Paul Hindemith, trata el mismo tema que la anterior, pero de una forma diferente y en ciertos aspectos más atractiva.

Un aviador y tres mecánicos se han estrellado tratando de cruzar el Atlántico. Están en peligro de muerte y necesitan ayuda. Piden agua. ¿Los ayudarán o no? Esta es la pregunta que el coro debe responder. De hecho, hay dos coros que debaten sobre el tema: un coro "experto" y otro "de masas" (la multitud).

Del problema surge una pregunta clave: ¿El hombre ayuda al hombre? El Director del Coro Experto enumera los avances científicos y mecánicos de los que la época se puede enorgullecer: la máquina a vapor inventada "por uno de nosotros", la astronomía, la fisiología, la historia natural; el hecho de que "uno de nosotros voló sobre el océano y descubrió un nuevo continente". Pero a cada una de estas aseveraciones el Coro Experto contesta: "No por eso el pan fue más barato"; y agrega: "Pero la pobreza aumentó en nuestras ciudades y desde hace tiempo nadie sabe ya qué es un hombre". En la pantalla se proyectaban fotografías de hombres asesinando a otros hombres. La conclusión es: *El hombre no ayuda al hombre*. El argumento toma un giro extraño y la "multitud" proclama que la violencia gobierna al mundo y que se utiliza tanto para negar ayuda como para obtenerla: "Por eso no pidas ayuda y elimina la violencia". En otras palabras, ¡transforma al mundo! El coro entonces insta a los caídos a resignarse a la muerte. Pero el piloto rechaza el veredicto. "Nunca moriré", dice. Pero debe perecer. Ya no cumple ninguna función social. No pertenece al reino de lo colectivo, el de aquellos que entienden la naturaleza del mundo.

El coro se dirige a los otros tres que han aceptado la sentencia y, ya que "están de acuerdo con el curso de las cosas", les ordena que no se hundan nuevamente en la nada sino que se eleven ("muriendo su muerte como hicieron su trabajo") y reconstruyan "nuestro avión... para volar por nosotros... y marchar como nosotros cambiando con nosotros el mundo", eliminando las clases sociales, la explotación y la ignorancia. Previamente a transformarse en algo, los mecánicos deben convertirse en "nada"; deben lograr sus "pequeñas grandezas" a través del reconocimiento de su nada individual.

El *Badener Lehrstück* va más lejos que *El vuelo de los Lindberghs*. Los aviadores, al repetir líneas del "Relato sobre lo inconquistable", lo hacen más preciso:

> Hacia fines del segundo milenio
> nuestra sencillez de acero
> se elevó en el aire
> mostrando lo que era posible
> sin hacernos olvidar
> *lo aún inconquistable.*

Se ha recorrido un largo camino desde el individualismo nihilista de *Baal*. Allí, la disolución de la personalidad equivalía a la unidad con la naturaleza; algo positivo. Para Galy Gay era una forma de supervivencia. Ahora, la extinción es el preludio a una resurrección social positiva.

En otras palabras, Brecht se abría paso en la jungla con la ayuda de un machete. Esta erradicación de la personalidad individual resultó atractiva a algunos de sus antiguos opositores, que veían allí una aproximación secular al ideal cristiano del renunciamiento, así como una búsqueda de un consenso religioso. Vista de esta forma, la pieza fue bienvenida. Para apoyar esta posición, se basaron en el lenguaje casi litúrgico del texto, el lenguaje del "acuerdo":

> Cuando el pensador superó la tormenta,
> la superó porque conocía a la tormenta

y aceptaba la tormenta.
Por lo tanto, si quieres superar a la muerte,
la vencerás cuando conozcas a la muerte
y aceptes la muerte.

Sin embargo, a los críticos parece habérseles escapado el hecho de que este *Einverständnis* no era para Brecht un "consentimiento" pasivo sino más bien activo, al que se llega a través de un entendimiento *con* algo: personas, cosas, ideas. Pero Brecht cometió un error. El problema fue enunciado con descarnada precisión y la pregunta hecha de manera tan abstracta que resulta confusa. Se ordena al individualismo abstracto transformarse en un sentimiento colectivo abstracto. Obviamente, su desconfianza ante la filantropía burguesa y su moral anacrónica se manifiesta con claridad: "En un sistema fundado en la violencia, toda ayuda es sospechosa e interesada. Se debe atacar a la cruel realidad con mayor crueldad".

El paradigmático Brecht ha asumido el problema. En nuestro mundo, el individualismo es inútil y sin sentido, y aprenderlo es esencial. Pero ¿también es necesario sostener este argumento cuando se le niega la ayuda más elemental a alguien que la necesita, aun cuando se trate de un individualista? Pocos hombres, sin importar sus creencias religiosas, sean o no marxistas, estarían dispuestos a aceptar una conclusión tan drástica.

Como si la cantata no hubiera sido lo suficientemente provocativa, Brecht incluyó un interludio grotesco y macabro para realzar el tema de que el hombre no ayuda al hombre. Aparecen tres payasos, y uno de ellos –un gigante llamado Herr Schmitt– permite que los otros dos le corten con una sierra las extremidades, ilustrando así la forma en que "el hombre ayuda al hombre". Como era de esperar, fue un escándalo; potenciado por la proyección de películas con escenas de asesinatos. Gerhart Hauptmann, uno de los espectadores, abandonó la sala indignado. Posteriormente surgieron las diferencias entre Hindemith y Brecht, pues cada uno quería introducir cambios que el otro sistemáticamente vetaba. En medio de estas discrepancias, la obra bajó de cartel.

Brecht recordaría años más tarde:

Durante la representación del *Badener Lehrstück*, el dramaturgo y el compositor estaban presentes en escena e intervenían constantemente. El escritor indicaba dónde debía actuar el payaso, y cuando el público manifestaba ruidosamente su desagrado ante la película con escenas de gente muerta, el dramaturgo le ordenaba al narrador que anunciara al final: "Habrá otra exhibición de escenas de muerte ya que han sido tan rechazadas". Y la película se volvía a pasar.

Había llegado el punto en que el péndulo del individualismo daba una vuelta completa. Pero Brecht no había solucionado el problema. La aceptación voluntaria y racional de la extinción de la personalidad –el "acuerdo"– continuó acechándolo. Entre las versiones de Arthur Waley del teatro no, se interesó en una pieza que abordaba el tema del "acuerdo". Se llamaba *Taniko*, había sido escrita por Zenchiku, y pertenecía a la escuela de teatro no fundada por el gran maestro y teórico Seami Motokiyo (1363-1444). Al igual que Brecht, Seami adaptó los materiales tradicionales a la escena de su época, y existían además otras coincidencias sobre la cuestión teatral.

Elisabeth Hauptmann tradujo para Brecht *Taniko*, o *El abandonado en el valle*. Un Maestro anuncia su intención de hacer una peregrinación de alpinismo ritual. Un discípulo cuyo padre ha muerto y su madre está enferma, le suplica que le permita acompañarlo para pedir por el restablecimiento de su madre. Es una tarea difícil y peligrosa. Sin hacer caso a las súplicas de su madre, el muchacho insiste en hacer la peregrinación. El viaje lo agota por completo y cae enfermo. De acuerdo a la "Gran Tradición", debe ser arrojado al valle. El muchacho acepta su destino con estoicismo. Apesadumbrados, los peregrinos cumplen las exigencias de la "Gran Tradición":

> Los peregrinos, suspirando
> por los tristes hábitos del mundo
> y sus amargas leyes
> se prepararon para arrojarlo.
> Un pie junto a otro pie
> uno al lado del otro
> empujaron a ciegas,
> ninguno más culpable que su vecino.

En la obra japonesa las plegarias afortunadamente son efectivas, y aparece un espíritu transportando en sus brazos al muchacho recuperado de su enfermedad.

Der Jasager [El Consentidor] de Brecht es una imitación de esta pieza no y se estrenó el 23 de junio de 1930 en el Zentralinstitut für Erziehung und Unterricht de Berlín. Kurt Weill compuso la música y sus intérpretes eran estudiantes y una orquesta de aficionados. La obra comienza con el Gran Coro recitando que "lo esencial es aprender a estar de acuerdo". En la versión de Brecht, la expedición del profesor tiene como meta buscar ayuda y medicamentos, ya que se ha desatado una epidemia. El muchacho se le une con la intención de conseguir remedios para su madre enferma. Cae a la vera del camino, y la "Gran Tradición" indica que se le tiene que pedir su consentimiento para abandonarlo. El muchacho asiente: "No deben preocuparse por mí. Acepto que me abandonen, pero les ruego que me arrojen al valle, ya que me da miedo morir aquí solo". Y lo hacen. Tres estudiantes se colocan delante del muchacho, ocultándolo al público, y sólo se escucha su voz diciendo:

> Sabía bien que en este viaje
> podía perder la vida.
> Tomen mi cántaro
> llénenlo de medicina
> y llévenselo a mi madre
> cuando regresen.

Lamentándose por los tristes hábitos del mundo y sus amargas leyes, lo arrojan al valle.

> Estaban muy juntos, pierna contra pierna
> al borde del abismo.
> Cuando lo arrojaron cerrando los ojos
> ninguno fue más culpable que el otro.

Una vez más, la obra generó controversias. Dado que carecía de un contenido abiertamente político, los críticos burgueses, religiosos y laicos, le dieron su apoyo incondicional. Walter Dirks dijo que el sacrificio del muchacho era una forma de reconocer que el mundo pertenecía a Dios, cuya voz debe ser escuchada y "en total libertad, obedecer". Karl Thieme, que había anatemizado *Hauspostille* como el "breviario del diablo", escribió en esta oportunidad con turbado respeto: "Acuerdo, consenso y sacrificio por una humanidad doliente; no por heroísmo sino como la más elemental de las costumbres que nos fueron enseñadas –no conocemos a nadie que haya sabido predicar de tal forma como este ateo".

Pero aquellos que anteriormente se habían sentido próximos a Brecht no fueron tan amables. Frank Warschauer, en *Die Weltbühne*, tituló su artículo "¡No al Consentidor!". "Todos los ingredientes perversos del pensamiento reaccionario, basados en una autoridad sin sentido", escribió, "pueden observarse en la obra, aunque plasmados con gran destreza artística". "Este Consentidor nos recuerda a los Consentidores durante la Guerra."

Pero los críticos más perspicaces e incisivos del Lehrstück estaban entre los alumnos de la Escuela Karl Marx, en Berlín-Neukölln. Le formulaban preguntas del tipo de: ¿Por qué los compañeros del muchacho no pudieron salvarlo atando una cuerda a su alrededor? ¿Fue una decisión necesaria? ¿Por qué no retrocedió la compañía completa? ¿Y llevaban al muchacho con ellos? ¿La ventaja obtenida por la expedición supera con creces el sacrificio del muchacho?

Brecht, que siempre estaba atento a la crítica, reescribió la obra. Convirtió al Consentidor en un Disentidor, al *Jasager* en un *Neinsager*. La corrección completa incluía el final. El muchacho no está de acuerdo con la "Gran Tradición". Los otros preguntan: ¿Por qué no? ¿No estaba de acuerdo desde el inicio en que haría todo lo que fuese necesario?

El muchacho responde:

> La respuesta que di era equivocada, pero la pregunta también estaba equivocada. El que dice A no tiene por qué decir B. También puede darse cuenta de que A era un error... Su aprendizaje es falso... Y en cuanto a la Gran Tradición, no veo que tenga ninguna sensatez. Además, necesito una nueva Tradición, que debemos implementar de inmediato: la Tradición de reflexionar ante cada situación.

Los otros se convencen y el Gran Coro anuncia:

> Así llevaron los amigos a su amigo
> y fundaron una nueva Tradición
> y una nueva ley.
> Hombro con hombro marcharon juntos
> contra el escarnio
> contra la burla, con los ojos abiertos
> ninguno menos valiente que el otro.

Pero en realidad se había apartado del verdadero tema, ya que al sustituir la expedición original –llevada a cabo con el propósito de ayudar a la comunidad contra una plaga– por algo menos apremiante y serio como un "viaje de exploración", suavizó el sentido moral de la conclusión.

Brecht insistía en que ambas obras, el *Jasager* y el *Neinsager*, debían representarse juntas. El filósofo Ernst Bloch, al comentar la doble respuesta dialéctica al problema, menciona otros ejemplos de finales dobles o antitéticos, como en *Stella* de Goethe, que tenía una versión con un final de reconciliación y otra con final trágico; también la instancia paralela del *Tasso*, de Goethe, y el *Ur-Tasso*.

Estas piezas didácticas dan la impresión de estar mirando un atanor transparente donde Brecht elaboró, mezcló y observó los problemas teóricos y prácticos del teatro, así como los problemas sociales y morales de su época; y a esto sumó sus profundos dilemas personales. La transición del nihilismo al marxismo, al igual que todo lo producido por Brecht, tuvo el carácter experimental de un proceso científico. Era necesario llevar las cosas al extremo dialéctico antes de hallar el equilibrio adecuado. Quizá por eso el gran director de cine soviético Serguei Eisenstein vio en Brecht la figura del "persistente profesor manejando un taladro político contra la conciencia de piedra, a la cual no podía partir sólo con el fuego de la pasión".

La siguiente pieza didáctica fue la que provocó la controversia más virulenta, involucrando a la derecha, el centro y la izquierda. *La medida* es, en cierto sentido, la obra más aguda, directa y controvertida de Brecht, y se convertiría en el último tratamiento abstracto del problema de las demandas individuales y comunitarias.

Nuevamente elige la forma de una cantata secular, y transcurre en China. Un "coro de control" –un órgano comunista de control, una especie de "conciencia" comunista– se dirige a cuatro agitadores que presumiblemente han regresado de una misión en Mukden, y los felicita por el éxito obtenido. Pero los agitadores informan de la muerte de uno de ellos, un camarada sincero y de buenos sentimientos, a quien se vieron obligados a matar porque ponía en peligro el éxito de la misión. Quedan a la espera del veredicto, pero antes de dictar sentencia, el "coro de control" les pide que relaten lo sucedido.

La acción de *La medida* se desarrolla en ocho escenas. Los tres trabajadores del partido han llegado a Mukden desde Moscú y en la frontera se les une un cuarto, que por su conocimiento del terreno les servirá también de guía. Previo al inicio de la misión, encubren sus rasgos personales y cada uno asume una máscara que simboliza el sacrificio de la identidad. El camarada nativo es joven, apasionado e impaciente. Mientras realizan su trabajo entre los nativos de Mukden, deja aflorar una y otra vez sus sentimientos. Le impresiona la miseria que lo rodea, los *coolies* arrastrando las barcazas con arroz, descalzos y resbalándose en el barro. Trata de ayudarlos apartando las piedras del camino, una tarea sin sentido. En otra ocasión, se expone ante la policía repartiendo panfletos, y eso alerta a las autoridades sobre la presencia de los agitadores. Posteriormente, frustra la eventual colaboración de un capitalista que desea ayudar a los nativos con armas para un levantamiento contra una potencia imperialista, al explotar en una diatriba justa pero muy poco diplomática. Finalmente, pone en peligro la misión al promover una insurrección prematura, y en un rapto de furia se quita la máscara descubriéndose ante el enemigo, lo que obliga a sus camaradas a tomar una decisión drástica y dolorosa para salvaguardar la misión. El rebelde debe desaparecer sin dejar rastros, ya que el enemigo le sigue la pista. Se lo consulta, y él "acuerda" con los otros su propia muerte. Lo ejecutan y lo arrojan a un pozo de cal.

En cada uno de sus actos, el joven permitió que los sentimientos predominen sobre la razón; sus reacciones espontáneas fueron más allá de los objetivos planteados. El "coro de control" les había recordado que para lograr los objetivos era necesario someterse a toda clase de humillaciones, aun "a lo innoble". (¡Con cuanta frecuencia Brecht volverá sobre esta triste forma de pensar: la fuerza reprime la fuerza; el desapego aplasta al desapego!)

> ¿Quién eres?
> Húndete en la suciedad.
> Abraza al carnicero.
> Cambia el mundo. ¡Él lo necesita!

El joven camarada había oído con impaciencia el canto de los *coolies* –"disfrazando el dolor de sus obligaciones"– y se había enfurecido con el comerciante al escuchar su cínica canción sobre las "mercaderías", entre las cuales incluía al hombre:

> Después de todo, ¿qué es un hombre?
> ¿Sé acaso qué es un hombre?
> ¡El Señor sabe qué es un hombre!
> Yo no sé qué es un hombre.
> Lo único que conozco es su precio.

Y en un acceso de furia, disgusto e impaciencia, invoca a los "clásicos del marxismo" buscando una respuesta:

> ¿Es que nuestros grandes clásicos toleran que no se haga nada contra la miseria? ¿Y no comprenden que cada desdichado ser humano debe ser ayudado de inmediato y por encima de todo? Entonces, ¡los clásicos son basura y los romperé en mil pedazos!

Lo hace y exclama: "Renuncio a todo acuerdo con los otros. Sólo haré aquello que sea humano". Y entonces queda al descubierto. Para los otros no hay escapatoria. Dudan, consideran otras posibilidades, pero es en vano. Entonces dicen:

> Asesinar es terrible,
> pero hasta nos mataremos entre nosotros
> si es necesario.
> Ya que sólo mediante la fuerza
> puede cambiarse este sangriento mundo
> como bien lo sabe toda criatura viviente.
> Todavía no se nos ha prohibido asesinar, dijimos.
> Y de acuerdo con la voluntad inflexible

de cambiar el mundo,
tomamos la medida.

El "coro de control" juzga que lo que hicieron los camaradas es lo correcto. "No son ustedes los que han impuesto el veredicto –dice–, sino la realidad." Se necesitan muchas cualidades para cambiar el mundo: furia, tenacidad, conocimiento, sentimiento de rebeldía, acciones rápidas, pensamiento profundo, paciencia, infinita persistencia y fortaleza, "comprensión de lo particular y lo general": sólo al comprender la realidad somos capaces de modificarla.

Hanns Eisler escribió la partitura. La cantata iba a estrenarse en el festival de música de Berlín de 1930, cuya dirección la ejercían Hindemith, Heinrich Burkard y Gerhard Schuenemann. La dirección de la cantata estaría a cargo de Slatan Dudow. Pero el carácter radical del texto, y los arreglos revolucionarios de Eisler, se enfrentaron con la oposición de Hindemith y sus colegas, quienes pidieron a Brecht que enviase el texto para analizarlo. Brecht se negó, y en señal de protesta por la censura implícita pidió la renuncia de Hindemith. La justificación del rechazo fue "la mediocridad artística del texto".

A consecuencia de esta decisión, Brecht y Eisler se contactaron con los coros sindicales y con la cooperación del Arbeiterchor de Grossberlin la obra fue estrenada en la Grosses Schauspielhaus de Berlín el 10 de diciembre de 1930. Entre los actores se contaban Helene Weigel (como el joven agitador), Ernst Busch y Alexander Granach.

Fritz Sternberg fue testigo del profundo efecto que produjo *La medida*. Pero hubo algo que lo impresionó profundamente:

> Los trabajadores entonaban las canciones de la obra, descubriendo unas palabras y una música que por primera vez tenían relación con sus problemas. Así lo interpretaron los socialdemócratas y los comunistas.

La música de Eisler capturaba la verdadera esencia de las palabras, y las canciones se hicieron famosas por derecho propio. Eisler, educado en el idioma musical más avanzado de la época –el de Schoenberg y Anton Webern– logró simplificar su estilo, sin degradarlo. Al fusionar el coro luterano con las canciones folclóricas y el jazz, de acuerdo con sus propias palabras "disolvió el lenguaje musical convencional" y lo convirtió en algo nuevo.

El lenguaje de Brecht también asumió una simplicidad clásica –incluso austera– y, en muchos pasajes, grandeza. Por primera vez la clase oprimida encontraba una voz poética que la representaba. Tomemos, por ejemplo, la canción "Elogio del trabajo ilegal":

> Es hermoso
> Someter al mundo a la lucha de clases.
> Con voz tonante y clara
> Exhortar a las masas a la batalla,
> Aplastar al opresor, liberar oprimidos.
> Duro y útil es el diario afán
> La paciente y oculta trama
> De la red del partido
> Que enfrenta a los explotadores.
> Hablar pero ocultar al que habla.
> Triunfar pero ocultar al que gana.
> Morir pero ocultar la muerte.
>
> ¿Quién no haría tanto por la gloria?
> ¿Pero quién lo haría por el silencio?
> Aun así el necesitado invitando honra su mesa,
> Desde chozas atestadas habla
> Una irresistible grandeza.
> Y la Fama pregunta en vano
> Por el que hizo tan grandes cosas.
> Sólo por un momento,
> Ustedes los desconocidos, den un paso adelante,
> Con los rostros ocultos,
> Para recibir nuestras gracias.

Igual simplicidad y convicción tienen la "Canción de los barqueros", "Elogio del Partido" y el discurso poético de los coros. Los críticos de diferentes ideologías encontraron en esta pieza el instrumento ideal para combatir todo dogma, y los más falsos resultaron ser los que se declararon admiradores de la pieza y de su autor. Es tentador parafrasear un célebre dicho: Si tienes un crítico amigo, no necesitas un enemigo. Los críticos –junto con su *Weltanschauung* (¡por no mencionar su *Weltschmerz!*)– se sintieron reflejados en este Lehrstück. Un crítico ve a Brecht vaticinando proféticamente los "juicios sumarios de expurgación y el comunismo stalinista" de Moscú. Otros, como Herbert Lüthy, lo perciben como "un monje más preocupado por el estilo y la sotana que convencido de sus ideas y quizás por tal razón, capaz de escribir *La medida*, el más importante –por no decir el único– drama bolchevique". El periodista Willy Haas escribió:

> *La medida* fue la primera obra de Brecht que recibió la total aprobación del aparato oficial stalinista... En esta ocasión, Brecht descubre el panorama completo del maquiavelismo jesuita (que tiene muy poco que ver con la verdadera orden jesuita).

De parte del comunismo hubo serias reservas. El argumento más convincente fue el del crítico Alfred Kurella en la publicación de la asociación internacional de escritores revolucionarios, *Literatur der Weltrevolution*, de Moscú. Kurella contaba con la ventaja de haber visto la primera versión de *La medida*, antes de la revisión que efectuara Brecht, de la cual al parecer no han quedado registros. Aparentemente Brecht modificó el incidente del asesinato; y el joven camarada tenía el mismo destino, aunque por propia voluntad. Sin embargo, fueron cruciales las objeciones de Kurella a la rígida línea trazada por Brecht entre razón y emoción considerándolas como opuestas.

No puede negarse que Kurella está en lo cierto. En esa época, Brecht separaba mecánicamente lo sentimental de lo racional, del mismo modo que en sus teorizaciones sobre las piezas didácticas tendía a separar "placer" y "educación". Creía que sus estudios y experiencias médicas lo habían inmunizado de las "influencias emocionales". Por su parte, O. Biha reprobaba en *La medida* la actitud abstracta de Brecht, que en lugar de recurrir a la experiencia sólo se basaba en su conocimiento teórico del comunismo. Biha se preguntaba por qué el joven camarada se empeñaba en tareas cada vez más difíciles, cuando era obvio que fallaba en las más elementales. Sin embargo, acogió de buen grado a Brecht y lo felicitó por "unirse a nuestras fuerzas".

Las discusiones públicas tuvieron lugar una semana después del estreno. El crítico Karl Thieme registró un testimonio bastante parcial, que había recibido de oídas:

> Bertolt Brecht declaró que estaba dispuesto a cambiar ciertos pasajes de su obra si los argumentos le parecían válidos. En parte lo hizo en respuesta a algunas objeciones; como la muerte del joven camarada, que lleva a preguntarse si no había otra salida. La discusión se centraba principalmente en el asesinato del joven camarada. Los comunistas dijeron que no estaban de acuerdo, ya que el asesinato no era una práctica comunista. Sí, en cambio, la expulsión del partido... La actitud de los comunistas [respecto de la obra] era la siguiente: en todo lugar donde se enseñe la teoría revolucionaria, debe plantearse con claridad y de forma clásica, por ejemplo, en el pasaje que se refiere a la actitud del individuo y la actitud del partido. Pero en cuanto a la práctica revolucionaria, Brecht se equivocó por desconocer la práctica partidaria.

Como veremos, hacia el fin de sus días a Brecht le preocupaba la idea de que la fuerza sólo puede ser reprimida por la fuerza y, paradójicamente, sólo eliminada a través de ella. Estaba convencido de que esa era la situación del mundo, a la que se refirió con dolor cuando estaba en el exilio:

> Y sabemos muy bien
> que el odio a la bajeza también
> desfigura el rostro.
> La ira ante la injusticia
> también enronquece la voz. ¡Ay! Nosotros,
> que queríamos preparar el terreno para la amabilidad,
> no pudimos ser amables. [J.H.]

Pero considerando *La medida* no como una obra comunista sino en abstracto, deberíamos preguntarnos si sus conclusiones éticas son cuestionables. ¿Acaso nuestra sociedad no acepta y ensalza como un alto imperativo moral la inmolación de un individuo en nombre del bien común, en una situación de emergencia (por ejemplo en el campo de batalla), o en nombre de algún ideal religioso, social, político o ético? ¿Acaso no adoramos a los santos? ¿Por qué entonces el martirio en nombre de una causa puede llevar en unos casos a la canonización y en otros a la condena?

¿Es posible develar "los fundamentos de la amabilidad" sin correr serios riesgos? Esta es la pregunta que Brecht intenta responder en su siguiente pieza didáctica, *Die Ausnahme und die Regel* [*La excepción y la regla*]. En *El acuerdo* había expresado con claridad que "el hombre no ayuda al hombre". Supongamos ahora que un hombre ayude a otro. ¿Qué sucedería entonces?

Un comerciante, ansioso por llegar antes que sus competidores a un pozo de petróleo recientemente descubierto, atraviesa un desierto de Asia acompañado por un guía y un *coolie*. Sospecha de todo y de todos, está siempre a la defensiva y es arrogante y cruel. Después de recorrer un tramo decide despedir al guía y seguir viaje sólo con el *coolie*. Se prepara para la travesía, y esconde una cantimplora extra de agua para él. Ignorando esto, en determinada ocasión el *coolie* le ofrece agua de su propia cantimplora, pero el comerciante malinterpreta el gesto pensando que lo quiere atacar con una piedra, y lo mata. Al llegar a destino, es procesado a pedido de la viuda del *coolie*, pero el juez lo exime de toda culpa.

¿En qué se basa el juez? ¿No es más verosímil que el *coolie* se haya acercado al comerciante para matarlo que para ayudarlo? ¿No pertenecía él a la clase que, con todo el derecho del mundo, se hubiera sentido atropellada ante una distribución injusta del agua? Y por tal motivo, ¿no es razonable que haya querido vengarse? En cuanto al comerciante, ¿cómo podría esperar un acto de camaradería de un *coolie* explotado? La razón le diría que estaba en peligro mortal.

> El acusado [concluye el juez] ha obrado por lo tanto en defensa propia, más allá de que haya sido amenazado o de que se haya sentido amenazado. Dadas las circunstancias, debe haberse sentido amenazado. Por ello el acusado es eximido de culpa y cargo, y en consecuencia no se hace lugar al pedido de la esposa del muerto.

Brecht sostiene que vivimos en un mundo donde la violencia y el terror se dan por descontados. Esa es la regla. Y eso también está implícito en nuestro sistema judicial. Las excepciones nos sorprenden. No las creemos posibles, ya que la amabilidad puede ser una forma de traición. Un sistema construido sobre la violencia mide todos sus actos en términos de violencia, debido a que es una época de "total confusión, de ordenado desorden, de una arbitrariedad planificada, de una humanidad deshumanizada". En un sistema de estas características, "el humanitarismo es una excepción y quien se muestre humanitario debe pagar las consecuencias". Una vez más, la solemne apelación: ¡No hay excepciones!

Tanto en *La excepción y la regla* como en *La medida*, Brecht llevó el Lehrstück a su perfección. Por desgracia, *La excepción y la regla* contenía demasiados toques proféticos y no pudo representarse en Alemania. Su estreno recién se produciría en 1947, en París.

XIII
LA COMPASIÓN NO ES SUFICIENTE:
SANTA JUANA DE LOS MATADEROS

> SANTA JUANA. Estoy con su causa de cuerpo y alma.
> TRABAJADOR. ¿Nuestra causa? Bien, pero ¿no se trata también de su causa?
>
> Brecht, *Santa Juana de los Mataderos*

En 1932 había en Alemania seis millones de desempleados. En las elecciones de abril, Hindenburg fue elegido presidente por diecinueve millones y medio de votos; Hitler, por su parte, consiguió trece millones. El socialista Otto Braun dijo sobre Hindenburg:

> Representa la calma y la firmeza, la lealtad viril y la devoción por el deber en beneficio de la nación... Ha demostrado que aquellos que desean salvar a Alemania del caos pueden confiar en él... Por eso apoyo a Hindenburg.

Al mismo tiempo, Gregor Strasser, lugarteniente de Hitler, decía:

> Los nazis no buscan la reacción sino la cura; en vez de una revolución fuera del sistema, se busca un sistema orgánico... No quieren perseguir a los judíos, pero sí establecer un liderazgo alemán libre del espíritu judío, sin judíos ejerciendo presión y sin capitales judíos.

En julio de 1932, los nazis lograron catorce millones de votos en las elecciones del Reichstag y ganaron 230 bancas; los socialdemócratas obtuvieron ocho millones y los comunistas cinco. Pero en noviembre del mismo año, los nazis perdieron dos millones de votos y los comunistas ganaron 101 bancas en el Reichstag.

En medio de esta agitación creciente, Brecht estudiaba economía política mientras reunía material para una nueva obra sobre la crisis. Periódicos, informes económicos, material del City Bank de Nueva York y revistas sobre agricultura eran cuidadosamente analizados. En particular se ocupó de estudiar el mercado de cereales, subrayando aquellos temas que más le interesaban, como "Los precios del trigo, en primavera, son los más bajos en quince años", o "El trigo es más barato", o "Los precios caen en los Estados Unidos y en Austria". Leyó con mucho interés *Pobre blanco* de Sherwood Anderson y las novelas de Frank Norris, así como la *Autobiografía* de Lincoln Steffens e *Historia de las fortunas norteamericanas* de Gustavus Myers. Coleccionaba además fotografías como las del Edificio Wrigley, para captar el color local.

Planeaba escribir una obra llamada *Joe Fleischhacker* [*Joe el Carnicero*], donde retrataría la ruina de una familia que "venía de las praderas" y la manipulación del mercado de cereales. Le interesaba la crisis económica y buscaba los medios de exponerla abiertamente, con la intención de desmitificarla —es decir, que no fuese vista como algo "natural" sino como producto del hombre. El problema consistía en despojar al capitalismo de su revestimiento "heroico".

Después de haber leído en el diario sobre una expropiación a una viuda indigente, bosquejó *Der Brotladen* [*La panadería*]. Un coro de desempleados, atraídos por la perspectiva de trabajar cortando leña, lamenta al mejor estilo Brecht la caída de los gigantes económicos. A Brecht le preocupan los desamparados:

> Constantemente caen
> por la alcantarilla
> en el asfalto
> toda clase de hombres anónimos,
> sin un carácter particular –bien abajo.
> Sin un ruido.
> Rápido.
> Aquellos que caminaban a nuestro lado
> felices
> elegidos al azar
> de entre la multitud
> seis de siete, bien abajo.
> Pero el séptimo
> se marcha a almorzar.

No se podía anticipar quién sería la próxima víctima de esta anarquía. Corrían todo tipo de rumores y advertencias. En diciembre de 1931, Heinrich Mann dijo:

> Es posible que los alemanes se conviertan en presa del nacionalsocialismo, ya que una vez más están escuchando el llamado del abismo. La victoria del nacionalsocialismo es posible, ya que en este país nunca se consiguió la democracia en el campo de batalla... Y ahora la mayoría reclama ayuda del Estado... Pero el Estado decepcionó a la mayoría... Vemos que el gobierno trata al ejército privado de Hitler como a un posible aliado y no como a su enemigo... Una vez que hayan implantado exitosamente su fatua autocracia, ¿para quién gobernarán? Seguramente para sus acreedores que ya llevaron al país dos veces a la ruina: al Primer Reich a una guerra y al Segundo al nacionalsocialismo... El Reich de los falsos alemanes y los falsos socialistas surgirá indudablemente luego de un baño de sangre, pero no tendrá comparación con la sangre que correrá cuando caiga.

¿Cuántos estaban preparados para escuchar esta voz? Una nación con un presidente ya casi senil; el canciller Brüning añorando la restauración de la monarquía; un Parlamento impotente; una clase obrera numerosa con los dirigentes desunidos y en total desacuerdo. ¡Bocas ciegas!, hubiera dicho Milton.

"La palabra *putsch* está en el aire –anotó Goebbels en su diario, antes de las elecciones de 1932–. Las minas de Hitler comienzan a explotar."

El camino hacia la perdición es el siguiente: Brüning es reemplazado por Franz von Papen, quien depone al gobierno legítimo de Prusia (sin haber sido siquiera desafiado) y se autoproclama Delegado del Reich. En Berlín se declara la ley marcial y continúan los arrestos.

> En 1920 una huelga general había salvado a la República. Una medida semejante fue discutida entre los líderes sindicales y los socialistas, y rechazada por considerársela peligrosa. Al deponer al gobierno prusiano elegido constitucionalmente, Papen había colocado otro clavo al féretro de la República de Weimar. Sólo necesitó, según fanfarroneaba, unos pocos soldados para hacerlo.

Los nazis no carecían de dinero. Teniendo de su lado a Krupp, Bosch, Schnitzler de la IG Farben, Voegler de la United Steel Works, Thyssen y Freiherr von Schroeder, el Dr. Schacht pudo informar con orgullo que en una oportunidad, "al pasar el sombrero", "recolecté tres millones de marcos".

Die heilige Johanna der Schlachthöfe [*Santa Juana de los Mataderos*] fue escrita por Brecht antes de que la crisis alcanzara su punto máximo, entre 1929 y 1930. Nunca fue representada en la Alemania prehitlerista, excepto en una transmisión parcial de radio realizada el 11 de abril de 1932.

Se trataba de una obra atrevida, por muchas razones. Brecht tomaba el tema tradicional del "héroe" y lo insertaba en la lucha económica contemporánea, con la intención de dejar al descubierto las fuerzas que operan en la sociedad moderna en una época de crisis. La escena se desarrolla en los mataderos de Chicago; pero una vez más se trata del mundo en general y de Alemania en particular. *Santa Juana de los Mataderos* no es sólo un *tour de force*, sino probablemente la más brillante y exitosa empresa teatral de Brecht.

Juana de Arco fue quemada en la hoguera en Ruán, en 1431. A partir de su muerte, fue objeto tanto de veneración como de repudio, y su historia interesó a muchos escritores. Shakespeare y Voltaire la despreciaron y difamaron; Friedrich Schiller, Andrew Lang y Mark Twain la alabaron. La documentación sobre el juicio se hizo pública en 1824 y fue canonizada en 1920. En 1924 Bernard Shaw destacó su papel histórico en *Santa Juana*.

También a Brecht le atraía profundamente la figura de la muchacha francesa. No se sabe con seguridad si se inspiró en Bernard Shaw; pero tanto *Santa Juana* como *Comandante Bárbara* eran muy conocidas en Alemania, y ambas tienen sorprendentes puntos en común con la *Santa Juana* de Brecht.

Fue una jugada arriesgada por parte de Brecht transformar a la santa francesa en una muchacha del Ejército de Salvación (los Sombreros Negros de Paja), ubicarla en Chicago e involucrarla en las luchas económicas que se desarrollaban alrededor de los mataderos. *La jungla*, de Upton Sinclair, le había proporcionado suficiente material sobre ese entorno; había estudiado minuciosamente (con la colaboración de Elisabeth Hauptmann) el funcionamiento económico del mercado de hacienda; y el Ejército de Salvación también estaba en Berlín.

Juana Dark (tal es el nombre del personaje), de corazón bondadoso y con una misión divina, cree poder aliviar los sufrimientos de los obreros de los mataderos apelando a los sentimientos del barón y magnate industrial de la carne Mauler. Comienza una serie de "descensos" a las regiones inferiores del infierno industrial, experiencia que si bien no le produce el menor consuelo, al menos le proporciona un conocimiento de la realidad. Para instruirla sobre la "perversidad" de la clase trabajadora, Mauler la envía a los mataderos, donde ella descubre que tanto la pobreza como el desempleo conducen a la degradación moral y espiritual.

Mauler, por su parte, lleva adelante una intensa campaña para destruir a sus competidores; y con una habilidad de gran empresario, sumado al conocimiento del funcionamiento del mercado de hacienda, los lleva al borde de la quiebra y los trabajadores entran en pánico. A medida que se profundiza su instrucción, Juana descubre que los matarifes ven en los Sombreros de Paja la forma más eficaz de apaciguar a los obreros, a través de la palabra de Dios. Entonces, al borde de la desesperación, deja a los "cambistas" fuera de la misión, y como consecuencia la despiden. Entretanto, el desempleo y el hambre llevan a los obreros a convocar a una huelga, donde los comunistas juegan un papel relevante. Juana, aunque "neutral", es elegida para transmitir un importante mensaje a otra fábrica, pero en el camino la asalta la duda y falla en el cumplimiento de su misión. La huelga fracasa y los líderes son arrestados. Mauler está feliz, ya que ha logrado controlar el mercado. Las fábricas reabren. Juana agoniza con el corazón deshecho y la conducen nuevamente a la misión, donde los matarifes proceden a canonizarla, volviendo inaudibles con sus exaltadas liturgias las últimas súplicas de Juana.

Brecht ya se había preguntado si el mundo de la producción y el comercio modernos pueden ser reproducidos en yámbicos, y su respuesta fue que no. En *Santa Juana de los Mataderos* describe la industria de la carne en yambos, parodiándola. Quería desmitificar el heroísmo moderno del mercado, y al mismo tiempo desmitificar el heroísmo de la tragedia clásica. Utilizó el proceso de distanciamiento: parodia, alusiones, imitaciones del verso clásico. Los temas de parodia más inmediatos eran de Schiller y Goethe.

Debemos recordar que en la Alemania prehitlerista los clásicos alemanes eran muy conocidos, y mucha gente podía recitar de memoria largos pasajes de los dramas y la poesía clásica. ¿Podía haber algo más chocante que escuchar los versos de la literatura clásica alemana en boca de magnates financieros?

Die Jungfrau von Orleans [*La Doncella de Orléans*] de Schiller, escrita entre 1800 y 1801, fue una víctima previsible. Esta tragedia se inicia con heroicos pentámetros, conocidos por todo niño en edad escolar:

> Ja, liebe Nachbarn! Heute sind wir noch
> Franzosen, freie Bürger noch und Herren...

> ¡Sí, mis queridos vecinos! Todavía somos
> Franceses, ciudadanos libres y señores...

Brecht pone en boca del magnate de la carne Pierpont Mauler versos del mismo estilo. Mauler recibe desde Nueva York la noticia de que el mercado de hacienda está a punto de quebrar. Dirigiéndose a su socio, que está totalmente deprimido, le dice:

Recuerda, Cridle, aquel día en el que
recorríamos el matadero —era de tarde
y nos detuvimos delante de nuestra nueva envasadora.
Recuerda, Cridle, ese enorme buey castaño
que miraba aburrido hacia el cielo
mientras lo mataban a garrotazos. Me sentía abatido
pensando —ah, Cridle— que el nuestro es un negocio sangriento.

La parodia va más allá del lenguaje. Siguiendo la tradición de Schiller, cuando Juana está buscando al rey, lo reconoce de inmediato aunque los cortesanos tratan de despistarla. En Schiller, Carlos le pregunta a Juana:

Nunca has visto mi rostro antes
¿Cómo es que sabes quién soy?

Y Juana le responde:

Te he visto, allí donde sólo Dios puede ver.

La versión de Brecht:

JOANNA: Tú eres Mauler
MAULER: No, es aquel (*Señala a Slift*)
JOANNA: Tú eres Mauler
MAULER: ¿Cómo lo sabes?
JOANNA: Porque tienes la cara más sangrienta que todos.

En la obra de Schiller, DuChatel trata esforzadamente de lograr una reconciliación entre el Duque de Borgoña y el Delfín, y para lograrlo ofrece su vida:

Aquí está mi cabeza. Muchas veces la he arriesgado
por ti en el campo de batalla. Y ahora con regocijo te la entrego
en la guillotina del verdugo.

Brecht siguió el ejemplo:

MAULER: ¿De esta forma, Slift, conduces la batalla que te he confiado?
SLIFT: ¡Toma mi cabeza!
MAULER: ¿Qué tiene de bueno tu cabeza? Bueno, tu sombrero; eso es algo.

En el monólogo sobre el Dinero, Mauler eleva su majestad hasta alturas verdaderamente épicas. (Él le había preguntado a Juana, "¿Por qué estás tan en contra del dinero?")

¡Qué edificio!
Levantado una y otra vez desde tiempos inmemoriales
y aunque tambaleante, igualmente poderoso;
(...)
Defendido siempre por los mejores. Vea usted, acaso yo,
que tengo tanto en contra de él y por su causa duermo mal,
¿debería abandonarlo? Sería como si una mosca
intentase detener una avalancha. En ese preciso instante
me convertiría en nada, y quedaría aplastado.

(Probablemente Brecht recordaba la brillante apología del dinero que escribió Bernard Shaw en el prefacio a *Comandante Bárbara*.)

El distanciamiento en el tema de la misión de Juana no se produce por la parodia, sino por la revelación de su ingenuidad. Ella comienza actuando con la simplicidad del bienintencionado, y cree con firmeza que "el infortunio, como la lluvia, proviene de un lugar desconocido; nadie lo produce, simplemente llega". Pero un obrero le dice: "Viene de Lennox & Co." "Debo averiguar quién es el responsable", contesta ella. Sus súplicas tienen sinceridad e intensidad bíblicas, aun cuando se dirija a Mauler. Ella le advierte sobre el Juicio Final, cuando todo sea revelado y el Señor le pregunte "¿Dónde están mis novillos?".

Entonces los novillos bramarán a tus espaldas, en sus establos, donde los has escondido para llevar los precios a las nubes; y con su bramido darán testimonio en tu contra ante el Señor.

Al señalar los matarifes y los ganaderos que los pobres desgraciados no tienen moral alguna, ella pregunta con furia: "¿De dónde pueden obtener su moral si no es robando?". Existe también "un poder adquisitivo moral". Suban los sueldos y tendrán moral. En pocas palabras, paguen salarios decentes.

Cuando finalmente comprende la situación, se dirige a los matarifes y les dice que ha aprendido a través de ellos y de la utilización que hacen de la religión, que sus intereses y los de los pobres no son los mismos. No, ellos no pueden tratar a los seres humanos como bestias: "¿No han respetado al que tiene rostro humano?".

Los saca de la misión, gritándoles: "¿Quieren convertir la casa de Dios en un establo o un mercado de reses?". Finalmente ha entendido cómo funciona el "sistema", con unos pocos sentados en la cima y la gran mayoría debajo –un subibaja. Como la otra Santa Juana, ésta también tiene su visión, pero es una visión del futuro: ella a la cabeza de una procesión de desposeídos, "cambiando todo aquello que sea tocado por mi pie" y con "palabras guerreras" causando una total destrucción. Hacia el final de la obra, cuando ha traicionado la causa de los trabajadores, ve a sus líderes apresados por los soldados, y queda estupefacta ante el sacrificio de los seres anónimos y sin gloria.

Antes de morir, confiesa su desencanto:

Yo, por ejemplo, no hice nada.
Ya nada es bueno –no importa la apariencia,
sino lo que sirve de verdad.
Y nada es honorable –a menos que cambie
el mundo de una vez por todas. Eso era lo que necesitaba.
Como si en respuesta a sus plegarias me acercara a los opresores.
¡Oh, bondad sin fruto! ¡Estériles intenciones!
No he cambiado nada.
Desaparecer rápidamente y sin temor de esta tierra.
Yo les digo:
Asegúrense al abandonar el mundo
no sólo de haber sido buenos, sino de dejar
un mundo bueno.

Mientras agoniza, los altoparlantes anuncian la gran crisis económica mundial. Por orden de Mauler cubren con banderas su cuerpo; igual que en la obra de Schiller, donde Juana muere luego de haber visto a la Virgen y al Niño y su cuerpo es cubierto por banderas por orden del rey.

En Brecht, el capitalismo canoniza a sus mártires. En pocas ocasiones su genio para la parodia se desplegó de manera tan brillante. El espíritu de Schiller y el de Goethe fueron invocados para aludir al sórdido "heroísmo" de la época. La inigualable ironía de la escena de la muerte y transfiguración le debe mucho a Schiller, pero más aún a las páginas finales del *Fausto* de Goethe. Los ecos de otros pasajes de esa tragedia también resuenan a lo largo del drama de Brecht. Las proverbiales líneas de Goethe fueron puestas en boca de Mauler y sus asociados con el terrible efecto del "distanciamiento". ¿Quién no recuerda el grito desesperado de Fausto frente a las dos almas que luchan en su interior por dominarlo?

> Zwei Seelen wohnen, ach! In meiner Brust!

> Dos almas, ¡ay!, habitan en mi pecho.

¿Podrían no ser reconocibles cuando las pronuncia Mauler?

> ¡Ay! En mi pobre pecho
> hay un cuchillo clavado hasta la empuñadura,
> clavado con su doble filo.
> Porque soy atraído hacia lo grande,
> lo desinteresado, puro y despojado;
> Y también hacia el comercio y la ganancia;
> sin la menor conciencia.

Con la misma habilidad (y sangre fría) Brecht satiriza la célebre "Canción de la Campana", de Schiller, que el poeta dedicó al trabajo y a criticar severamente la Revolución Francesa. Sus líneas más citadas,

> Soll das Werk den Meister loben:
> Doch der Segen kommt von oben—

Que el trabajo alabe a su maestro
Pero las bendiciones vienen de Dios–

fueron transformadas por Brecht en

Soll der Bau sich hoch erheben
Muss es Unten und Oben geben...

Si el edificio debe crecer
Debe haber un "arriba" y un "allá abajo"...

un canto de alabanza al capitalismo entonado por matarifes y ganaderos.

La dualidad de Fausto es trasladada al alma del matarife Mauler; lo mismo sucede con Juana. Mauler es el hombre que no puede soportar el bramido del ganado sacrificado, pero que considera que los seres humanos son incorregibles y prescindibles. Juana también está dividida: exhibe la autoescisión de la burguesía. Decepcionada por sus sentimientos, se ve arrastrada a la traición y muere antes de poner en práctica todo lo que aprendió con tanto esfuerzo.

Santa Juana de los Mataderos contiene dos notables características nuevas, profundamente interrelacionadas. Juana difiere sensiblemente de las mujeres retratadas anteriormente por Brecht. Hasta este momento han sido "marginales" como sus contrapartes masculinas a quienes seguían en sus peripecias; aventureras o simples prostitutas; personajes como las Jennys, las Viudas Begbick, o las Anna Balicke.

Juana inaugura una nueva línea de mujeres "heroicas", en sentido brechtiano por supuesto. De ahora en más, las encontraremos imponiendo su autoridad (aunque lo hagan en forma ambigua): Vlassova, Madre Coraje, la Señora Carrar, Shen-Te, Grusha: más humanas y vitales; y en la mayoría de los casos portadoras de valores positivos tanto morales como sociales. Al igual que sus colegas masculinos, dejan de ser nihilistas y emergen como participantes activas en el mundo cambiable y cambiante de Brecht.

Esta transformación se produce debido a la influencia de Helene Weigel, quien habría de interpretar la mayoría de estos personajes en escena. Pero no se hubiera producido sin el cambio ideológico que el mismo Brecht experimenta. La crisis económica de esos días difícilmente haya sido registrada con mayor lucidez por otro dramaturgo (sólo puedo pensar en Bernard Shaw como probable rival). Lejos de ser una simplificación excesiva de la estructura económica de la sociedad (como hubiera dicho Martín Esslin), *Santa Juana* es una simplificación (en la medida en la que una obra de arte puede simplificar algo) de un proceso complejo donde quedan expuestos el mundo competitivo, el de los mercados, los monopolios, la plusvalía, el trabajo y la pobreza. De hecho, un análisis minucioso de la obra revela una visión muy aguda e infrecuente de los diferentes estadios de una crisis económica: el fin de la prosperidad, la superproducción, la crisis y la "restauración de la normalidad". En la obra cada uno de estos estadios se inicia con una carta. El público puede "ver cómo quedan enmarcadas las ideologías".

Críticos de izquierda como Ernst Schumacher cuestionaron (si bien a otros les agradó) que Brecht no hubiera creado un oponente proletario de Mauler, acorde con la dignidad y el heroísmo de los trabajadores. Hay algo de verdad en la crítica. Para Brecht fue más fácil (como para todo escritor) expresar el dualismo de una persona que la unidad de carácter o de propósitos. Lucifer, desde la caída de Adán, siempre ha sido un personaje dramático más viable que los ángeles o que Dios; y el Infierno de Dante sigue siendo la parte más grandiosa de *La Divina Comedia*. Pero Brecht trabajó el problema del "héroe colectivo" indirectamente. Su noción de lo heroico y del héroe proletario presuponían la grandeza del anonimato, tal como lo entiende Juana, y como lo manifestó en *La medida* y lo haría posteriormente en *Los días de la comuna*. Pero tampoco puede negarse que depositó en el público una carga injustificada al sugerir que los oponentes de Pierpont Mauler no eran ni Juana ni las clases trabajadoras, sino Brecht mismo armado con el virtuosismo lingüístico de su parodia.

También debe recordarse que Brecht estaba escribiendo sobre una burguesía dividida, a la cual también se dirigía. Quería ponerlos de su lado en cuanto a la comprensión de los procesos de la sociedad capitalista, la "verdad" social y el reconocimiento de su lugar en la lucha contra la anarquía y el caos que los circunda. Esta sería la función de Brecht en el largo plazo.

Desafortunadamente no tuvo posibilidades de llevarla adelante. Las autoridades municipales de Darmstadt negaron la autorización para representar *Santa Juana de los Mataderos*. Sólo se realizó una transmisión radial parcial en abril de 1932, con las actuaciones de Carola Neher, Fritz Kortner, Helene Weigel, Ernst Busch y Peter Lorre.

El reestreno de posguerra de *Santa Juana de los Mataderos* se realizó en Francfort en 1964 con la brillante dirección de Harry Buckwitz, hecho que generó de parte del crítico del *Frankfurter Hefte* una enfática declaración acerca de la actualidad de la obra: "No se trata del mercado de valores en 1929, ya que éste ha existido siempre". Las declaraciones postreras de Juana son como "las encíclicas (papales), sólo que se utilizan palabras algo diferentes".

XIV
LA VANGUARDIA DESCONOCIDA: *LA MADRE*

> Mi tarea, consideré, era presentar
> una gran figura histórica
> como vanguardia de la humanidad,
> para que sea imitada.
>
> Brecht, "Carta al Sindicato Teatral"

La última obra de Brecht que se estrenaría en la Alemania prehitlerista fue una pieza didáctica. Una ironía del destino –personificado en la policía- terminaría demostrando que Brecht podía escribir teatro épico para las masas donde éstas participaran como actores junto a los profesionales, y que aun bajo las circunstancias teatrales más desfavorables, sus ideas salían a la luz de manera inequívoca, libre de las ambigüedades que aparecen, por ejemplo, en *Santa Juana de los Mataderos*. También quedó demostrado que el público proletario entendía a la heroína proletaria "positiva" que se les presentaba, así como su transformación de esposa desinformada e ignorante en revolucionaria.

Die Mutter [*La madre*] está basada en la novela homónima de Máximo Gorki, escrita durante su exilio de Rusia y publicada en 1907. Su tema es el levantamiento de los obreros rusos inmediatamente anterior a la revolución de 1905. A través del personaje de Pelageya Nilova Vlassova —esposa maltratada de un brutal trabajador y madre de Pavel Vlassov, su hijo revolucionario—, Gorki escribió una novela de "aprendizaje": la historia de una mujer que a través de las actividades revolucionarias de su hijo se va superando gradualmente hasta comprender y participar plenamente en la lucha de clases. A través de una serie de experiencias iluminadoras y conmovedoras, termina reemplazando a su hijo y convirtiéndose en una agitadora salvajemente reprimida en cumplimiento de su misión. Vlassova es una devota y simple alma cristiana, y durante su "aprendizaje" atraviesa estados de furia, confusión y perplejidad. Finalmente, en sus propias palabras, resucita "de entre los muertos" a una vida de revolucionaria combativa y de cristiana aún más devota y noble.

Dondequiera que se haya publicado o traducido, la novela de Gorki impresionó y conmovió a los lectores por su sencillez y su compasión. Brecht vio la posibilidad de trasladar la situación a Alemania, y comenzó a trabajar en la adaptación junto a Günther Weisenborn y Slatan Dudow. Hanns Eisler compuso las canciones. Obviamente Brecht no se basó exclusivamente en la novela de Gorki, y la amplió lo suficiente como para incluir el estallido de la Primera Guerra Mundial.

La protagonista de esta pieza didáctica es Pelageya Vlassova, madre de Pavel Vlassov, obrero de la fábrica Sukhlinov. De acuerdo con los principios del teatro épico, ella se dirige directamente al público. A consecuencia de la reducción de salarios en la fábrica donde trabaja Pavel, ella no puede cocinar una sopa nutritiva para su hijo, descontento con la situación. "No hay salida", se lamenta; a lo cual el coro de obreros revolucionarios contesta con una canción: "Cepilla tu saco tanto como puedas y luego ¿qué te queda? Un harapo. La falta de carne no se solucionará en la cocina".

¿Pero cuál es la salida?

Llevará algún tiempo hasta que la madre encuentre la respuesta. Cuando Pavel, que acaba de unirse a un grupo revolucionario, lleva a la casa a sus camaradas para imprimir panfletos que repartirán en la fábrica, su madre se enoja: desconfía y teme por el trabajo de Pavel.

Masha, uno de los camaradas, entona la canción que responde a la primera pregunta, "La canción de la salida". Cuando no tienes sopa ni trabajo, ¿qué puedes hacer? Bien, acosar al Estado hasta tener tu sopa o hasta que tú seas el que da trabajo. Como en la novela de Gorki, aquí también la policía irrumpe en la casa de Vlassova buscando los panfletos subversivos y a sus autores. Destrozan los muebles, rompen los enseres domésticos y se burlan de Masha diciéndole que su hermano (que ha sido arrestado) le manda saludos: ahora está convirtiendo a los piojos en revolucionarios. Cuando Pavel es elegido para distribuir los panfletos en la fábrica, su madre se ofrece para reemplazarlo; se presentará como una vendedora de comida y envolverá las vituallas con los panfletos. Ella ignora el contenido, ya que como muchas mujeres rusas de su clase no sabe leer.

La fábrica se encuentra en medio de una revuelta a causa de los salarios, y los obreros militantes, incluyendo a Pavel, han decidido ir a la huelga y hacer una manifestación el 1º de Mayo.

Vlassova, entretanto, va aprendiendo. En una de las escenas más conmovedoras y brillantes de la obra, su hijo y sus compañeros le dan su primera lección de economía política, enseñándole la diferencia entre un objeto personal, como su mesa, y la fábrica con sus maquinarias; la relación entre el patrón y el obrero, y la consiguiente dependencia del obrero. "El patrón no siempre nos necesita –le explican–, pero nosotros siempre lo necesitamos a él." ¿Pero qué se puede hacer contra esto?, pregunta ella. Y ellos contestan, "*Uno* no puede hacer nada. Pero si todas las Vlassovas de Tver, digamos unas ochocientas, se levantan y dicen lo mismo, el señor Sukhlinov no podrá reírse más de ellas". Comienza a entender; pero en lo que se refiere a la huelga no está de acuerdo. Ella está en contra de la violencia. "Durante cuarenta años no he sabido nada más que esto, y no he podido hacer nada en su contra. Pero cuando muera, quiero estar segura de no haber cometido un acto de violencia."

Sin embargo, en la manifestación del 1º de Mayo de 1905, cuando los manifestantes son baleados y golpeados por la policía, Vlassova toma el cartel que ha caído de las manos del obrero Smilgin y lo lleva en alto. Más tarde, cuando su hijo es arrestado, ella asume la tarea de agitadora en el campo. Se las ingenia para aprender a leer. "La lectura es lucha de clases", les dice a sus compañeros. El coro de aprendices canta el "Elogio del estudio":

>   Aprende lo más simple.
>   ¡Nunca es tarde para aquellos
>   cuyo tiempo ha llegado!
>   Aprende el alfabeto; no alcanza
>   ¡pero apréndelo! No te desanimes.
>   ¡Empieza ya! ¡Debes saberlo todo!
>   Prepárate para gobernar. [J.H.]

Ella está siempre *con* su hijo, aunque él esté lejos y en prisión. Porque:

>   Siempre escuchamos decir: Qué pronto
>   las madres pierden a sus hijos. Pero yo
>   conservo al mío. ¿Cómo lo conservo?
>   Gracias a la tercera cosa.
>   Él y yo éramos dos, pero el tercero–
>   la tercera cosa en común, lo que hicimos juntos–
>   nos hizo uno.

A Pavel lo matan, y el coro se dirige a Vlassova:

Camarada Vlassova, tu hijo ha sido abatido.
Pero mientras caminaba hacia el paredón de fusilamiento,
marchaba hacia un paredón levantado por uno de su clase;
y los fusiles apuntando a su pecho y las balas
fueron hechas por los de su clase. Ausentes entonces,
quizás, o dispersos por allí. Pero para él
estaban presentes a través del trabajo de sus manos.
Ni siquiera aquellos que le dispararon
eran distintos de él, o inmodificables para siempre.
Naturalmente, avanzó con cadenas forjadas
por sus camaradas, y provistas por ellos.
Las fábricas aparecían una tras otra, y desde el camino
podía ver cómo se iban sumando las chimeneas.
Y dado que era temprano –en general los sacan de mañana temprano–
estaban vacías, pero los vio agrupados
en ese gran ejército que crece rápido.

Y fue conducido al paredón por uno de su clase,
y él, que lo comprendía, al mismo tiempo no lo comprendía.

Frente a esta muerte, ella rechaza las piadosas condolencias de sus vecinos. Y cuando estalla la Primera Guerra Mundial, se levanta de su lecho de enferma para manifestar por la paz, pero es violentamente reprimida por la policía. Incluso los obreros se niegan ahora a escucharla. Pero ella igualmente continúa su lucha contra la guerra, tratando de adoctrinar a las mujeres que están a punto de entregar sus utensilios para que los conviertan en armas. Finalmente, en 1917, aparece una vez más entre los manifestantes huelguistas –obreros, soldados y marineros– y una vez más, bandera en mano, los alienta:

A quien todavía está vivo, no lo dejen decir Nunca.
Porque lo que es seguro no es seguro.
Lo que hoy es, no lo será.
Cuando los señores hayan hablado
hablarán los señoreados.
¿Quién se atreve a decir Nunca?
¿Quién es responsable si la opresión prevalece? Nosotros.
¿Quién es responsable si se la aplasta? Nosotros.
El que haya sido abatido, ¡que se levante!
El que se sienta perdido, ¡que pelee!
El que conozca su carga, ¿cómo puede dejarla atrás?
Pues los derrotados de hoy son los victoriosos de mañana.
Y *Nunca* se convertirá entonces en *Hoy*.

La madre fue escrita entre 1930 y 1931, y representada por vez primera en el Theater am Schiffbauerdamm el 17 de enero de 1932, aniversario del asesinato de Rosa Luxemburgo, con dirección de Emil Burri y escenografía de Caspar Neher. Helene Weigel hizo el papel de Vlassova y Ernst Busch el de Pavel. Luego de unas treinta funciones en el Schiffbauerdamm, la producción se trasladó al Moabiter Gesellschafthaus, para ser representada frente a obreros. La policía intervino y prohibió la función, pretextando que había un tiroteo, pero señalando también que "dicha representación no era oportuna". Los actores entonces hicieron la representación sin vestuario ni utilería.

Cuando también se prohibió esto, leyeron sus diálogos. La reacción del público fue impresionante. Brecht se refirió a las diferentes reacciones de la burguesía y de la clase obrera:

> Mientras los trabajadores reaccionaban en el acto ante los matices más sutiles de los diálogos, y entendían los conceptos más complejos, el público burgués seguía con dificultad el curso de la acción, sin entender en absoluto los elementos esenciales... Los que venían de la [elegante] parte oeste de la ciudad se aburrían y gesticulaban, prestando atención sólo a lo más exterior. ¿Quién, pregunto, es primitivo, y quién no?

La obra despertó reacciones violentas y contradictorias. Alfred Kerr, en el *Berliner Tageblatt* señaló, en su estilo cáustico, que era un eufemismo decir que se trataba de una obra para espectadores primitivos: "En realidad es la obra de un escritor primitivo". El ultranacionalista *Germania* habló de Brecht como el "traductor literario del bolchevismo en Alemania", que ya no podía ser juzgado según criterios estéticos sino políticos. El socialdemócrata *Vorwärts* lo acusó de "degradar" el libro de Gorki transformándolo en una obra del "stalinismo de 1932". El *Linkskurve*, políticamente de izquierda, también se mostró decepcionado. El comunista *Rote Fahne* se quejó especialmente de la reacción de los obreros rusos frente a los panfletos de Vlassova durante la guerra y criticó las declaraciones de Vlassova de que "el partido estaba en peligro", ya que según el periódico el partido jamás estuvo en peligro ni confundido. Serge Tretyakov fue mucho más puntual al señalar que Brecht había escrito una obra sobre Alemania, no sobre Rusia. Pero no hubo voces que disintieran en los elogios a Helene Weigel como Vlassova. Recordando estas funciones, Brecht mencionó cuán jocosamente se comportaba la Vlassova de Weigel al expulsar a los revolucionarios de sus cuarteles, cualidad que no abandonaba ni siquiera en las escenas y situaciones más conmovedoras. Un colega de Brecht recuerda que en algunas funciones los espectadores, aunque en su mayoría burgueses, lloraban cuando los obreros se negaban a aceptar los panfletos antibélicos de Vlassova. Estos espectadores no se identificaban con Vlassova, pero se sentían ultrajados ante aquellos que "no sabían lo que hacían".

Los decorados de Caspar Neher impresionaron por su sencillez y por la mera sugerencia de mobiliario. Las canciones a las que Eisler puso música se hicieron célebres: "Elogio del comunismo", "Elogio de la dialéctica" y "Elogio del estudio" se convirtieron en piezas ineludibles del repertorio de canciones de la clase obrera. Entre las proyecciones que mostraban a las "Vlassovas de todos los países" se incluía un film sobre la revolución rusa que fue prohibido por un censor. Los obreros asistían en masa, en particular las mujeres. "Unas 15.000 berlinesas de la clase obrera presenciaron la obra", informó Brecht, y así aprendieron "los métodos de la guerra revolucionaria ilegal". Brecht estaba encantado con estas reacciones:

> Grande era la risa en el auditorio.
> El inagotable buen humor
> de Vlassova, extraído de la seguridad
> de su juventud, despertaba
> risas gozosas en los bancos de los obreros.
> Aprovechaban esa rara oportunidad
> de participar, sin mayores peligros,
> de acontecimientos cotidianos,
> con la libertad de controlarlos
> y estar a la altura de las circunstancias.

Este fue el primer trabajo de Brecht que mezclaba doctrina marxista, instrucción y encanto de manera sencilla y sin pretensiones. Lo que había hecho Vlassova lo podía hacer cualquier obrero. Si el sofisticado espectador burgués encontraba la obra demasiado ingenua, peor para él. Ningún trabajador pensaría el duro aprendizaje de Vlassova como algo ingenuo.

XV
EL TERROR EN CIERNES

Gebt mir vier Jahre Zeit und ihr werdet Deutschland nicht wiederkennen
Denme cuatro años y no reconocerán a Alemania
Adolf Hitler, 1933

Apaguemos la luz, y después apaguemos la luz
Shakespeare, *Otelo*

La crisis económica y política repercutió drásticamente en la vida teatral. La mayoría de las instituciones dependía de subsidios estatales que superaban, en 1928, los quince millones de dólares, que se redujeron a nueve millones en 1931, afectando la plantillas de empleados de manera crítica. Los salarios cayeron entre un cincuenta y un sesenta por ciento durante la temporada y entre un setenta y un ochenta por ciento durante el verano. Para compensar estas pérdidas y mejorar sus ganancias, muchos grupos teatrales optaron por hacer representaciones de menor calidad.

Otro de los factores desmoralizadores fue la creciente hostilidad de los grupos de derecha. Disfrutando por anticipado de su inminente victoria en la arena política, el régimen de Von Papen comenzó a tachar de *Kulturbolschewismus* – "bolchevismo cultural" – a todo aquello que tuviera algún viso liberal o progresista. El Dr. Goebbels concebía el arte moderno como "esa flor palúdica de una cultura democrática del asfalto" alimentada por la "poderosa influencia judía". En agosto de 1932, el *Völkischer Beobachter* publicó una lista de los representantes culturales de "una era decadente en agonía" cuyas obras serían prohibidas a la brevedad. En la lista se encontraban: Feuchtwanger, Hofmannsthal, Hasenclever, Klaus Mann, Molnar, Sternheim, Toller, Werfel, Wedekind, Friedrich Wolf, Stefan Zweig, Zuckmayer, Eugene O'Neill, Galsworthy, Pirandello, Rostand, Bernard Shaw y Strindberg, los "autoproclamados alemanes" como Brecht, Leonhard Frank y Plievier y pacifistas como Carl Hauptmann y Fritz von Unruh.

El hecho de que Brecht tuviera dificultades resulta lógico. *Santa Juana de los Mataderos* se conoció parcialmente a través de una transmisión radial, pero no pudo ser representada en ningún teatro. *La madre*, como acabamos de ver, también tuvo dificultades. *La medida* había sido analizada cuidadosamente por la policía, quien dejó registrada su opinión en sus archivos:

> Esta obra coral está cobardemente camuflada. Presumiblemente la acción transcurre en China. Pero el contenido demuestra que todo lo que se necesita es sustituir la palabra "China" por "Alemania"... Aquí se enseña cómo introducir las ideas revolucionarias en los establecimientos policiales y militares... Se utilizan todos los medios para ganar adeptos e instruir en la práctica de la sedición.

Una representación de esta obra en Erfurt fue prohibida por orden del Reich y se instrumentaron acciones para procesar a sus organizadores bajo el cargo de incitación a la alta traición.

Surgieron además otros problemas. Brecht se comprometió a escribir, en colaboración con Ernst Ottwald y Hanns Eisler, el guión de *Kuhle Wampe*, que sería dirigido por Slatan Dudow. Kuhle Wampe era una especie de ciudad satélite –una "Hooverville" alemana– para trabajadores de las afueras de Berlín. El filme, que se empezó a rodar en 1931, trataba sobre las dificultades económicas y morales de los Bönicke, una familia proletaria en épocas de depresión y desempleo. Despojados de su hogar, se trasladan a las afueras. El hijo sucumbe a las penurias y se suicida, mientras la hija se casa con un chofer que se convierte en militante proletario. Ernst Busch y Hertha Thiele interpretaron los personajes principales, y organizaciones laborales y deportivas participaron en la película. El film era frontal: mostraba el suicidio del joven trabajador como consecuencia de las medidas económicas del gobierno, así como las progresivas privaciones de la familia, y describía cómo la hija embarazada decidía abortar. Finalmente, mostraba cómo destruían el café brasileño para mantener altos los precios.

En marzo de 1932 la película tuvo problemas con la censura, bajo el cargo de que "ponía en peligro la seguridad del Estado". Según la acusación,

> determinadas escenas predican la resistencia a la autoridad estatal... El film atenta contra los intereses vitales del Estado. El

sistema judicial es ridiculizado... Los frecuentes llamados a la solidaridad no son más que incitaciones a la violencia y la subversión. Este reclamo de solidaridad se extiende a lo largo de toda la película y culmina con un llamado a cambiar el mundo.

Brecht y sus colaboradores, acompañados por un abogado, se presentaron ante el censor para responder por la "infracción". Según declaraciones posteriores de Brecht, el censor hizo una crítica literaria perspicaz. Nadie, dijo el censor con bastante criterio, impugna el derecho de los autores a mostrar suicidios, pero hay suicidios y suicidios. Y este no era "lo suficientemente humano". Es decir, no se trataba de un hombre de carne y hueso, sino de un arquetipo. Además, se presupone que el Estado es "responsable del suicidio de los jóvenes" al negarles posibilidades de trabajo, y la película planteaba que los trabajadores debían cambiar el *statu quo*.

> No, caballeros, no se han comportado como artistas [continuó el censor]. No en este caso. No les interesaba mostrar un caso individual profundamente conmovedor, derecho que nadie les hubiera negado.

La entrevista adquirió ribetes de comedia cuando Brecht declaró que su honor como artista se sentía afectado, y Dudow reclamó la presencia de un médico para que testifique como perito. ¿Alguien había comprendido tan claramente la teoría del "distanciamiento" como este censor?:

> Debe admitir [dijo] que su suicidio deja la impresión de que no hay nada impulsivo en ello. El espectador no siente deseos de impedirlo, que es lo que comúnmente sentiría si se lo hubiera encarado desde una perspectiva artística, humana y más esperanzada. ¡Mi Dios, el actor se comporta cómo si estuviera enseñando a pelar un pepino!

Brecht estaba totalmente asombrado:

> Nos dedicamos a tratar de salvar la película. Al partir, no podíamos disimular nuestra admiración por el perspicaz censor.

Había comprendido nuestras intenciones artísticas mucho mejor que los críticos más reputados. Nos dio un breve seminario de realismo. Obviamente, desde el punto de vista de la policía.

Finalmente se autorizó el estreno. Había bellas canciones, como "La naturaleza en primavera" y "Canción de los deportes". La "Canción de la solidaridad" se hizo célebre internacionalmente, con su llamado a la unión mundial del proletariado y sus preguntas: "¿A quién le pertenece el mañana? ¿A quién le pertenece el mundo?". La "Canción de los desposeídos" probablemente también haya alarmado al censor:

> Piensa mucho, pero tensa tus nervios
> ya que cosas como estas no durarán para siempre.

Si las obras de este período reflejan los sentimientos "públicos" de Brecht, sus reacciones privadas y sus sentimientos personales aparecen reflejados en sus poemas. Estaba profundamente angustiado porque los socialistas y los comunistas no habían conformado un frente común contra los fascistas. Fritz Sternberg recordaba que en 1929 Brecht lo llevó a una reunión masiva organizada por los socialistas, donde un comunista plantearía la posición de su partido. Se abrieron paso entre miles de hombres y mujeres que pugnaban por entrar. Brecht y Sternberg escucharon las discusiones entre los obreros y quedaron conmovidos ante la evidencia de una fuerza y una confianza que desconocían. Ni un nazi se atrevió a dar la cara. Brecht advirtió que no existía el mismo espíritu en las páginas del *Rote Fahne* comunista y el *Vorwärts* socialista. "Llegó a la conclusión –escribió Sternberg– de que era necesario un frente unido."

La intransigencia (y ceguera) de ambas partes lo llevaron a hacer una apelación poética ante los socialdemócratas, en vísperas de un congreso por "el frente unido" en julio de 1932:

> Camaradas, reconozcan ahora que este mal menor por el cual
> año tras año se han mantenido al margen de la batalla
> muy pronto significará sufrimiento en manos de los nazis.

Brecht lamentaba que hasta ese momento los socialistas no se hubieran aliado a los comunistas para enfrentar la amenaza nazi. También observó la fortaleza de la clase trabajadora, al verla marchar en la manifestación que reunió a miles de personas en protesta por el asesinato de dos socialdemócratas a manos de los nazis el 7 de enero de 1931.

Otros poemas de esta época tratan sobre el "heroísmo doméstico", en claro contraste con el heroísmo de la guerra. Por ejemplo la "Canción de cuna" donde una madre le habla a su bebé que ha nacido en un "mundo malvado":

> Y me dije, debes cuidar
> que al menos él no se equivoque;
> el niño que estoy criando debe buscar
> transformar el mundo en un lugar mejor.

Dejemos que otros se vanaglorien de conquistas militares; la batalla que ella libra día a día es tan heroica como las otras.

> El pan y un poco de leche son triunfos;
> un hogar caldeado, una batalla ganada.

En otro poema describe a los "Estudiantes pobres de los suburbios", con sus abrigos gastados, que llegan a la escuela y son amonestados por profesores que los desprecian y les enseñan "a lamer botas y menospreciar a sus propios padres", y que los adiestran para hacer "modestas tareas al servicio del Estado".

> Las modestas tareas de los alumnos indigentes de los suburbios
> se hacían en sótanos. Sus pupitres no tenían asiento,
> y el paisaje eran raíces de matorrales.
> ¿Para qué les enseñaban
> gramática griega y las campañas del César,
> la fórmula del azufre y el número *pi*?
> En las fosas comunes de Flandes que les estaban destinadas
> ¿qué otra cosa puede necesitarse
> sino un poco de cal?

El poema más fuerte y conmovedor de ese período es "Los tres soldados – Un libro para niños", publicado en el *Versuche* en 1932. Georg Grosz lo ilustró con dibujos amargos e incisivos. El poema consta de catorce secciones de pareados rimados, y describe cómo tres soldados –Hambre, Contratiempo y Consunción– desertan hacia el final de la guerra y van atravesando diferentes ciudades. Allí se encuentran con ricos, pobres, niños, curas. Ven cómo queman el trigo en épocas de hambre. Asisten al enjuiciamiento de un trabajador al que le tendieron una trampa para incriminarlo. Son testigos de la fabricación del gas mostaza. Tienen una audiencia privada con Dios, observan la lucha de clases y finalmente llegan a Moscú. Se sienten escandalizados por lo que vieron en Alemania, en particular la pasividad con la que los pobres y los desposeídos aceptan su destino, la indiferencia de los ricos ante la miseria, la impotencia de Dios y (lo más indignante) el hecho de que por ser soldados la gente considere que fueron ellos los que comenzaron con las atrocidades. Cuando finalmente llegan a Moscú, descubren que el pueblo no los soporta. Los tres soldados se ríen por primera vez. Dicen: "Esta gente es sensata. Ninguno nos considera tal como somos. Simplemente nos pondrán contra la pared y nos fusilarán". Que es exactamente lo que sucede.

La ira de Brecht se distribuye en partes iguales entre los que cometen las barbaridades y los que las toleran. A través de los soldados, deja oír la voz de su conciencia ofendida. Ellos resuelven

> Disparar contra todos
> los que dejan las cosas como están.
> Ya que muchos de los que tienen miedo de quejarse
> y dicen Sí y Amén a todo
> deberían ser eliminados.
> Así, al menos, se sabrá qué es cada cosa.

Entre los pasajes más intensos del poema está el que describe la entrevista de los soldados con Dios, a la que asisten personajes acaudalados. El Señor, al ver que es imposible cambiar el mundo, decide hacer invisible la miseria. Los soldados se vuelven transparentes y ya nadie puede ver a Hambre, Contratiempo y Consunción. En la tierra sólo se ve injusticia y gente atormentada y explotada. Vemos los resultados pero no las causas. Y hasta Dios, que ha perdido toda autoridad sobre sus súbditos y se ha olvidado del contenido del Libro que escribió, anda a los tumbos, perdido. También él debe ser puesto contra el paredón. Con su muerte, lo invisible se hace visible nuevamente. La lucha de clases se ha manifestado.

Otros poemas tratan sobre la actualidad, política y personal. Algunos señalan los errores de la República de Weimar, y su traición al abandonar a la gente en manos de líderes aún más peligrosos:

> Y pronto los escuché diciendo
> que todo iba a estar bien:
> Si aceptas el mal menor
> el mayor no te sorprenderá en medio de la noche.
> Nos tragamos al clerical Brüning
> para que Papen no llegara al poder.
> Después nos tragamos al Junker Papen
> para que Schleicher no explotara...

Después llegó el turno de Hindenburg, y ahora ¡"el pintor de brocha gorda"!

Está la "Balada de la veleta" que logra cortar el viento, puede absorber todo y siempre encuentra una buena razón para hacerlo. Cuando ve el "dedo sangriento", dice rápidamente: "Está todo bien". Bendice a esos "caballeros" que no pueden ser sobornados para quebrantar la ley y son verdaderamente incorruptibles. Brecht se dejó llevar por la ira, y en algunas oportunidades fue injusto; como en el caso de Thomas Mann, a quien sitúa entre los honrados "holgazanes".

> El escritor nos da a leer una Montaña Mágica.
> Lo que dice (por dinero) ¡está bien expresado!
> Pero lo que no dice (por nada) es lo verdadero.
> Digo que este hombre es ciego. Aunque no ha sido sobornado.

(¿Se había olvidado que fue Thomas Mann quien, en 1930, publicó la novela antifascista *Mario y el mago*?) A otros como él les asigna un lugar entre la "buena gente", o sea aquellos que no han hecho ni hacen nada.

>   Buenos, pero ¿para qué?
>   Usted no puede ser sobornado. Pero un rayo
>   destruye una casa, y tampoco puede ser sobornado.
>   Usted es fiel a algo que ha dicho.
>   Pero ¿qué fue lo que dijo?
>   Usted es honesto y dijo lo que pensaba.
>   Pero ¿qué es lo que piensa?
>   Ahora escuche: Sabemos
>   que es usted nuestro enemigo. Por eso
>   lo pondremos contra un paredón.
>   Y en reconocimiento a sus méritos
>   y sus buenas intenciones
>   construiremos un buen paredón –y lo fusilaremos
>   con balas de buena calidad, y lo enterraremos
>   con una buena pala en buena tierra.

Brecht veía cómo algunos conocidos se iban acercando a Hitler (¿estaría pensando en su viejo amigo Arnolt Bronnen?) y les pidió que se mezclasen de una vez por todas entre las filas del enemigo, "a fin de que nos dejen solos, la única gente que no pudo escapar".

La ira, que alguna vez convirtió en corales y liturgias de nihilismo, la vuelve ahora contra Hitler. El himno tradicional "Nun danket alle Gott" [Nun danket alle Gott / Mit Herzen, Mund und Händen / Der grosse Dinge tut / An uns und allen Enden] con su alabanza a Dios –el corazón, los labios y las manos agradeciendo los beneficios recibidos– se convierte en manos de Brecht en un himno de alabanza (irónico, por supuesto) al Führer:

>   Demos gracias al Señor
>   que nos envió a Adolfo Hitler,
>   quien eliminará la mugre
>   de nuestras tierras alemanas...
>
>   Hizo que los pickles sean dulces
>   y el azúcar amargo,
>   y en una grieta del tamaño de un puño
>   levantó una pared.

Hasta el coral de Lutero "Ein feste Burg" [Una firme fortaleza] fue transformado en:

> De gran ayuda fue su boca enorme
> un arma y un escudo

(contra el comunismo, obviamente).

El 27 de febrero de 1933, el periodista Ludwig Marcuse estaba sentado con los escritores Joseph Roth y Ernst Weiss en un café de la Kurfürstendamm en Berlín. Marcuse hace el siguiente relato:

> El mozo se aproximó a nuestra mesa y nos dijo: "El Reichstag está en llamas"... Fui hasta el teléfono y llamé al editor de un periódico que era amigo mío y le dije: "El Reichstag se incendia. ¿Quién lo hizo?". Desde las dos mesas que tenía alrededor, se escucharon dos respuestas: "Los nazis lo hicieron", "Los comunistas lo hicieron". Las respuestas por lo general se anticipan a las preguntas. Empaqué mis pertenencias. Al día siguiente, Ossietzky, Mühsam y otros amigos fueron detenidos.

Entre los que partieron el 28 de febrero estaba Bertolt Brecht. El 10 de mayo, sus libros fueron quemados, junto con los de otros escritores alemanes y extranjeros.

Erwin Piscator

Brecht y Martin-Andersen

Brecht y Caspar Neher, Zurich, 1947

El Theater am Schiffbauerdam

Escena de *Mann ist Mann*

Escena de *Das kleine Mahagonny*

Segunda parte

EXILIO
1933-1948

Brecht en un ensayo del Berliner Ensemble

I
EL POETA HABLA DEL EXILIO

> *Aprenderás cuán salado es*
> *el pan ajeno, y cuán duro camino*
> *bajar y subir ajenas escaleras.*
>
> Dante, Paraíso

> *En el futuro no dirán:*
> *Los tiempos fueron oscuros.*
> *Dirán: ¿Por qué no hablaron los poetas?*
>
> Brecht, "En tiempos de oscuridad"

La historia del progresismo alemán del siglo XIX es la historia del exilio. Heine, Marx, Ludwig Börne, el poeta Freiligrath dan cuenta de ello, así como los que abandonaron Alemania después de 1848 en busca de libertad en los Estados Unidos. La historia del progresismo del siglo XX es la historia del exilio, el asesinato y el suicidio.

En los días que siguieron a febrero de 1933, los que se quedaron en la Alemania de Hitler —ya sea porque se rehusaron a partir, como Ossietzky y Mühsam, o como en el caso de tantos otros porque no podían hacerlo— fueron víctima de torturas, cárcel y asesinato. Hombres y mujeres famosos y miles de hombres y mujeres desconocidos compartieron este martirio.

Pero no todos los que tuvieron la suerte de escapar pudieron soportar la tensión del exilio, y muchos se suicidaron; entre otros, Walter Benjamin, Stefan Zweig, Walter Hasenclever, Kurt Tucholsky, Klaus Mann y Ernst Toller.

Para otros exilados se trató fundamentalmente de una cuestión de supervivencia. El rápido avance del terror los fue persiguiendo de país en país, de ciudad en ciudad. En algunos casos no había escapatoria. En otros, la persecución era sistemática. La recepción variaba según los países: se podía ser aceptado con ciertas sospechas, con algo de frialdad, o con gran beneplácito. La falta de dinero y la barrera del lenguaje constituían a menudo obstáculos infranqueables; y la separación de aquellos que habían quedado en Alemania no facilitaba las cosas.

Por diversos motivos, Brecht se podía contar entre los afortunados. Su mujer, Helene Weigel, y sus dos hijos, Stefan y Barbara, estaban con él, si bien Bárbara había tenido que escapar clandestinamente. Además, contaba en el exterior con amigos que lo querían y fueron generosos con él.

Al principio Brecht no pensaba que el exilio fuera a durar demasiado. Se cuenta que le dijo a su amigo Arnold Zweig, también refugiado: "No te vayas tan lejos. En cinco años estaremos de vuelta". ¿Cómo podría saber –él u otros en similar situación– que los cinco años se transformarían en quince, y que algunos no regresarían jamás?

La ruta del exilio comenzó por Praga, Viena y Zurich. En esta última ciudad, Brecht se encontró con Ana Seghers, Heinrich Mann, Walter Benjamin y Kurt Kläber y su mujer. Kläber había sido editor de la revista *Die Linkskurve*, e invitó a Brecht y a su familia a unírseles en Carona, en el cantón suizo de Ticino. Durante cierto tiempo todo pareció un interludio melancólico; la lectura de diarios a la mañana, la tranquilidad provisoria y lo más importante para Brecht: las conversaciones y discusiones sin las cuales no podía vivir. Recordó esos días en su lecho de muerte, en 1956, cuando le escribió a Kläber: "Con cuánto afecto me acuerdo de Carona y la lectura de los diarios que hacíamos juntos al aire libre".

Pero Carona fue sólo una estación, como lo fue Sanary-sur-Mer en el sur de Francia, donde se encontró con muchos escritores e intelectuales alemanes que se reunían para analizar el futuro de Alemania (y el propio). Muchos serían luego trasladados a los campos de concentración franceses.

Posteriormente Brecht se dirigió a París. Allí, en el verano de 1933, el ballet que compuso con música de Weill, *Los siete pecados capitales de la pequeñoburguesía*, fue puesto en escena con la bailarina Tilly Losch, Lotte Lenya en la parte vocal y escenografía de Caspar Neher (Brecht no volvería a ver a Neher en muchos años). El ballet fue un fracaso en París, al igual que en Londres y en Copenhague, y sería la última colaboración Brecht-Weill.

En París Brecht seguía teniendo el mismo aspecto desprolijo de siempre. La gorra le llegaba casi hasta las cejas y usaba zapatos muy gastados. Mientras discutía sobre materialismo dialéctico con su anfitrión, parecía no prestar atención a otras cosas. Sin embargo, cuando se miraba al espejo en un elegante salón, según cuenta su amigo Kläber, era perfectamente consciente de su calzado andrajoso.

¿Cómo se sentía realmente? En un extenso poema titulado "Tiempo de mi riqueza" describe la casa que había comprado en Alemania, los árboles del jardín, los objetos...

> Durante siete semanas de mi vida fui un hombre rico...
> Con las ganancias de una obra de teatro adquirí
> una casa en medio de un parque. La contemplé
> durante más tiempo del que viví en ella. [J.H.]

El escritor danés Karin Michaelis le ofreció un lugar seguro en Dinamarca, y Brecht lo aceptó. Allí podía estar cerca de Alemania, tener noticias de su país, encontrarse con los refugiados que cruzaban la frontera. Allí podía esperar, y tener esperanzas... (En honor de Dinamarca, debe recordarse que fue uno de los países más solidarios y generosos con los refugiados.) Brecht y su familia vivieron durante un tiempo breve en la pequeña casa de Michaelis en Thurö y luego se trasladaron a la vecina isla de Fünen, cerca de Skovsbostrand y Svendborg. "La casa de Brecht se convirtió en el punto de encuentro de los escritores refugiados." Había limpiado y blanqueado un establo, donde instaló su escritorio y comenzó a trabajar. "Me siento feliz –le escribió a Kläber– de no estar en París. No hay mucha diversión, pero tengo tiempo para trabajar y escucho la radio todas las noches, con lo cual he restablecido el contacto con el mundo. Pero extraño nuestras conversaciones..."

Sin embargo no dejó de sentirse acosado, si bien los intentos nazis para forzar al gobierno danés a extraditar a los refugiados políticos, y a Brecht en particular, fueron rechazados con firmeza. La mayoría de la población danesa, así como el gobierno, sostenían su antifascismo con admirable integridad y coraje.

Feuchtwanger escribió en una oportunidad: "Si el exilio desgasta a un hombre y a algunos los vuelve miserables y malvados, en otros casos los fortalece". Aunque algunos exiliados se quebraron, para otros como Brecht, Thomas Mann o Heinrich Mann, la experiencia de esos años les sirvió para agudizar su lucidez. Brecht creció en estatura moral y en el dominio de su arte. Fue en el exilio donde sus obras mayores se cristalizaron. Estaba convencido de que la victoria llegaría tarde o temprano, y de que se daría gracias a la fuerza de voluntad de la gente. Su militancia política, su extremada fe (llámese "optimismo utópico") y su humanismo le resultaron sumamente útiles durante esos años en que era fácil dejarse arrastrar por el pesimismo, el cinismo y la desesperanza.

No es que no padeciera momentos de tristeza, dudas y amargura. Pero tenía el don salvador del humor; no el humor frívolo y obcecado de un sentimental, sino el humor objetivo de quien tiene una visión del futuro, lo cual constituía un poderoso antídoto contra la depresión. Reconocía el carácter trágico de la situación, pero nunca se doblegó ante la tragedia como si se tratara del destino final del hombre.

El exilio es una experiencia amarga para cualquiera. Pero para el escritor se convierte en particularmente irritante. A diferencia del músico, del pintor o del bailarín, un escritor está atado al lenguaje. Separado de sus lectores, es como si se dirigiera al vacío. Si tiene una reputación internacional puede ser traducido y superar la pesadilla del silencio. Pero en el caso de un dramaturgo, necesita de un teatro, de actores y de directores. Como dramaturgo, Brecht era consciente de que podían pasar años antes de que sus obras pudieran ser adecuadamente representadas. Pero comprendió que momentáneamente debía contentarse con lo que tenía a su alcance. No es casual que ya hubiera trabajado con actores y grupos aficionados. En Dinamarca, como en todos lados, también había instituciones de la clase obrera. Helene Weigel y él usarían entonces todos los recursos disponibles.

En la pared de su nueva casa grabó las siguientes palabras: "La verdad es concreta". Se propuso hacer todo lo posible para expresar esa verdad al mundo y a sus compatriotas en Alemania.

Consciente de las dificultades, también lo preocupaba su situación personal y la de su familia. En cualquier momento tendrían que huir. Hitler y los nazis no lo habían olvidado, así como tampoco olvidaban su "Leyenda del soldado muerto" o sus otras obras antifascistas. En cierta ocasión, sentado frente a su escritorio con vista a las apacibles aguas de Svendborg, observando las casas blancas del vecindario reparó en una que tenía "tres salidas, ideal para moradores que luchan contra la injusticia y corren el riesgo de ser atrapados por la policía".

Recordaba con nostalgia la tranquilidad de su ciudad natal, Ausburgo; la quietud de sus noches, el sonido de las campanas del convento de las ursulinas, los trabajadores sentados en la vereda, los vecinos protegiendo los duraznos de las heladas.

Pero no caía demasiado a menudo en esos estados. "Enseñar sin alumnos —escribir sin gloria— es difícil", dijo en una ocasión. Recordaba el placer que le producía entregar sus manuscritos a los tipógrafos y luego recorrer los mercados, caminando entre objetos para comprar y vender, ya que él también vendía "oraciones". Sin lectores ni críticos, ¿cómo poner a prueba la verdad o falsedad de sus creencias? Pero estaba seguro de que nunca abandonaría el lugar de aprendiz, a partir de sus propios errores y de los ajenos, ya que "sólo la muerte no enseña".

Estos sentimientos fueron volcados en poemas de este período, muchos de los cuales se publicaron años más tarde. El desaliento combate a veces con el optimismo:

> Mi hijito pregunta: ¿Debo estudiar matemáticas?
> ¿Para qué?, estoy tentado de decirle. Que dos piezas de pan
> son más que una se sabe de inmediato.
> Mi hijito pregunta: ¿Debo estudiar francés?
> ¿Para qué?, estoy tentado de decirle. Este Reich está perdido.
> Todo lo que necesitas es frotarte la panza con la mano
> y gemir; y la gente te entenderá.
> Mi hijito pregunta: ¿Debo estudiar historia?
> ¿Para qué?, estoy tentado de decirle. Aprende a enterrar tu cabeza en la tierra
> y quizá sobrevivas.
>
> Sí, aprende matemáticas, le digo.
> ¡Estudia francés! ¡Estudia historia!

Al principio piensa,

> ¡No claves un clavo en la pared!
> Arroja tu abrigo sobre la silla.

> ¿Por qué preocuparse por cuatro días?
> Mañana estarás de vuelta.

Porque cree que al igual que el yeso resquebrajado se desprende del techo, las pútridas barreras que lo separan de su patria también caerán. Pero en verdad ya había clavado el clavo en la pared. Pasará algún tiempo antes de que pueda partir. Y en lo que se refiere a su obra, ¿qué es lo que está haciendo?

> Mira el pequeño castaño en la esquina del patio
> hacia el que llevas el recipiente lleno de agua.

Acaba de unirse a las filas de los famosos exilados de la historia: Ovidio, Po-Chü-I, Tu-fu, Villon, Dante, Heine. En el poema "Visita a los poetas desterrados", cada uno le da un consejo, algunos incluso jocosos. Pero de repente, desde un oscuro rincón, una voz le dice: "Oye, ¿se saben de memoria tus poesías? Y los que las saben, ¿se salvarán de la persecución?". En el silencio que se produce, Dante le explica a Brecht que: "Son algunos de los olvidados. A esos no sólo les destruyeron los cuerpos, ¡también sus obras destruyeron!". Ante lo cual el recién llegado palidece.

Como tantos otros refugiados, permanece cerca de la frontera, esperando el día del regreso, preguntando ansiosamente a cualquiera que llega, creyendo escuchar los gritos angustiados de los campos y las prisiones alemanas.

> Nosotros mismos somos
> como un rumor de felonías que sobrepasan las fronteras.
> Cada uno de nosotros
> testifica la vergüenza que desfigura nuestra tierra.

Brecht cuenta con escasas posesiones: su baúl de soldado, sus manuscritos, sus pipas y ceniceros, el pergamino chino con "El hombre que duda", las máscaras y la pequeña radio de seis tubos. Enciende la radio cada mañana y escucha las noticias referidas a "otra victoria de nuestro enemigo". "No se entreguen, se los suplico", implora. Hay mucha belleza a su alrededor, pero sólo puede ver aquello que no está bien. Ser despreocupado y frívolo le parece un pecado capital.

En mis canciones, una rima
suena casi pretenciosa

En mi interior combaten
la excitación por los manzanos en flor
y el horror por los discursos del pintor de brocha gorda
Pero sólo este último
me impulsa a escribir. [J.H.]

En ocasiones sufre pesadillas. Sueña que está en una ciudad en cuyas calles se leen carteles en alemán. Se despierta empapado en sudor y ve los oscuros abetos del otro lado de su ventana en la isla de Lindingö. Sabe que está en un país extranjero. Los campesinos supersticiosos creen que el chillido de un búho presagia la muerte. Él escucha ese chillido en las noches de primavera. Pero aquel que ha dicho la verdad sobre los que manejan el poder no necesita pájaros de mal agüero.

Sufre por los que dudan y por los que han desertado; lamenta la pérdida de "todo hombre valioso que cambió una causa justa por otra sin valor", recuerda un episodio de la Primera Guerra Mundial cuando un prisionero italiano escribió en los muros de la prisión "Viva Lenin", que nadie pudo borrar. "Si se quiere borrar esa inscripción –dijo el soldado– tendrán que demoler la pared". Y a los confundidos que en medio de la desesperación se preguntan: "¿Con quién podemos contar?", les contesta: "Sólo contigo".

Con orgullo, Brecht reconoce que existían razones para su destierro. "Crecí como hijo de padres de buena posición", escribió en uno de sus poemas más contundentes. Es cierto: su familia había criado a un traidor que revelaría secretos al enemigo, que traduciría el latín de sus sacerdotes al lenguaje de la gente común. Por ello tuvo que huir. Daba por sentado que era culpable de "bajas convicciones", que equivalen a las "convicciones de las clases bajas". Pero los desposeídos lo conocían y le daban refugio: "Te has exiliado con justa razón". Pero naturalmente era menos indulgente con los que lo traicionaron a él y a la causa. Su antiguo admirador Karl Kraus, el notable tábano vienés que lo había defendido en *Die Fackel*, guardó silencio frente al terror nazi –aunque tácitamente lo condenaba. Brecht lo entendió y escribió:

> Cuando el elocuente se excusó
> diciendo que su voz le había fallado
> el silencio dio un paso al frente
> se quitó el velo
> y se presentó como testigo.

Pero antes de que el poema llegara a su destinatario, Kraus ya había hablado. Lo hizo a favor del Canciller Dollfuss y del Príncipe Von Starhemberg y en contra de los socialdemócratas derrotados y asesinados en el *putsch* de Viena de 1934. También denigró a los alemanes que habían huido del país. Brecht volvió a escribir:

> Testificó contra los que tenían los labios sellados
> y partió su báculo sobre los que habían sido asesinados
> y alabó al asesino.
>
> Qué época, dijimos temblando,
> cuando a hombre de buena voluntad le falla la inteligencia
> y está ansioso por cometer su mala acción
> antes de ser alabado por la buena.

Esta debe haber sido una herida particularmente dolorosa para Brecht, ya que Karl Kraus, teniendo pleno conocimiento de las elecciones políticas de Brecht en 1933, dijo que "se había metido en el bolsillo a la mayoría de los escritores alemanes contemporáneos". Tampoco olvidaba las oportunidades en las que Kraus había asistido a sus ensayos en Berlín, manteniendo con él apasionadas discusiones. Pero no se apenó tanto en lo que se refiere a Stefan George, invitado a participar de la Academia de Hitler. Brecht rogaba por la llegada de los tiempos en que un "parlanchín y fino conversador" como él pudiera ser utilizado en algún trabajo útil al menos una vez en la vida, como empujar una carretilla cargada de cemento. Utilizando términos aún más duros, envió una carta a su antiguo compañero, el actor Heinrich George –ahora un renegado–, pidiéndole que intercediera por el actor Hans Otto, que había sido arrestado y torturado.

> Sabemos que el régimen actual no tiene sospechas sobre ti.
> Nos hemos enterado bastante rápido de que has reconocido el

error de haberte asociado a nosotros, los comunistas, durante largo tiempo. (...) Recuerda que los tiempos cambian y que tú y los que son como tú confían con demasiada facilidad en la permanencia de la barbarie y en el carácter invencible de los carniceros.

Brecht se sintió desconsolado al enterarse de que Carl Ossietzky había muerto en una prisión nazi. Poco tiempo antes, le habían otorgado el Premio Nobel de la Paz. Un tributo poético muy sentido lo recuerda:

> El que no se rindió
> ha sido asesinado.
> El que ha sido asesinado
> no se rindió...
> (...)
> ¿Entonces la batalla fue infructuosa?
> Cuando el que no combatió solo
> es asesinado,
> el enemigo
> aún no triunfó.

II
LA BATALLA CONTRA EL TERROR

Refugiado bajo el techo de paja danés,
amigos míos, sigo vuestra lucha.
Aquí les envío como ya lo hice otras veces,
mis versos, espantados por las sangrientas visiones
que llegan a través del estrecho de mar y la arboleda.
Usen con cautela lo que de ellos alcance a llegar hasta ustedes.
Mis fuentes de consulta son libros amarillentos y frágiles informaciones.
Si volvemos a vernos
con mucho gusto aprenderé todo de nuevo. [J.H.]

Brecht, "Svendborg 1939"

Desde su peligroso santuario en la isla de Fünen, en Dinamarca, Brecht contemplaba al mundo civilizado batirse en retirada ante los atronadores pasos de los nazis. Su propia vida se convertiría, de aquí en más y por muchos años, en una especie de histórica nota al pie de esa retirada, marcada por la huida material y contrapesada por su crecimiento moral e intelectual. Durante un tiempo, como muchos otros, se convertiría en un marginal, inseguro respecto del futuro, sobreviviendo gracias a lo que irónicamente llamaba su "suerte".

Lo que había pensado que sería una pesadilla pasajera que desaparecería al amanecer, se fue desenvolviendo como un pergamino largo y oscuro de la historia. La consolidación de Hitler en el poder y sus fulminantes y a menudo inesperadas victorias, parecían en ese momento escribir un irreprimible *finis* sobre el mundo civilizado.

En noviembre de 1933 Alemania se retiró de la Liga de las Naciones y de la Conferencia sobre el Desarme. Ese mismo mes se eligió la lista de candidatos de un partido único. En junio del año siguiente, Hitler eliminó la denominada ala izquierda del partido nazi: Ernst Roehm, el general Von Schleicher y Gregor Strasser. El presidente Hindenburg murió el mismo año. En julio el canciller austríaco Dollfuss fue asesinado. Se promulgaron las leyes raciales de Nuremberg; el Saar volvió a Alemania en medio de un júbilo triunfante y el rearme alemán fue aceptado como hecho consumado. En 1936 la zona del Rhin fue ocupada y, ante el estallido de la Guerra Civil española, Alemania e Italia se pusieron del lado de Franco. En marzo de 1938 Austria fue anexada y comenzó la tragicomedia de la "pacificación". El 30 de septiembre de 1938, Neville Chamberlain, Primer Ministro de Gran Bretaña, viajó a Berchtesgaden y firmó el acuerdo de Munich; y el 15 de marzo de 1939 Checoslovaquia dejó de existir como Estado independiente. En agosto de 1939 se firmó el pacto de no agresión entre nazis y soviéticos y el 1º de septiembre de 1939 Polonia fue invadida. En abril de 1939, Brecht huyó a Suecia. En abril de 1940 estaba en Finlandia. En mayo de 1941, adelantándose a las tropas nazis, abordó un tren con destino a Vladivostok. Estaba en camino hacia los Estados Unidos.

Si durante esta odisea Brecht no se había vuelto inmune a las ironías, una de ellas debe haberlo dejado sin aliento. El 19 de abril de 1941, *Madre Coraje*, su pieza antibélica, fue estrenada en el

Schauspielhaus de Zurich por Leopold Lindtberg, con Therese Giehse en el papel principal. Ocho semanas después, el 22 de junio de 1941, los nazis comenzaron a invadir la Unión Soviética. En ese momento Brecht se encontraba en el medio del océano. El 21 de julio de 1941 desembarcó en San Pedro, California.

Brecht, que había combatido a Hitler y al nazismo en su país, no necesitaba que lo presionaran para seguir combatiéndolos desde el exterior. Había asumido su papel de escritor con total seriedad, y estaba dispuesto a utilizar todas las armas a su alcance para atacar los baluartes de los nuevos bárbaros. No es que fuera inmune a las dudas, la aflicción, el dolor y aun la depresión, pero tenía una fe inquebrantable en el poder de la palabra para movilizar a la gente. Quizá sobrestimaba su poder, pero jamás vaciló en este sentido.

Existían otras dificultades además de las políticas: la ausencia de teatros adecuados y las posibilidades cada vez menores de publicar. Había llevado consigo manuscritos terminados e inconclusos, algunos de los cuales tuvo la suerte de publicar gracias a refugiados en Amsterdam, Praga y Londres.

Colaboró en publicaciones antifascistas como *Die Sammlung* de Amsterdam y *Das Wort* e *International Literatur,* que aparecían en Moscú. Participó activamente en congresos de escritores en distintas ciudades de Europa. Leía constantemente y reunía informes de refugiados. Helene Weigel y él trabajaban con los grupos teatrales locales, profesionales y aficionados. Como Coriolano, podría haber dicho de sí mismo:

> Mientras permanezca sobre esta tierra
> sabrán de mí; y nada que no se corresponda
> con lo que fui desde el comienzo.

En 1934 un volumen de sus poemas, *Lieder, Gedichte, Chöre,* se publicó en París con las partituras de Hans Eisler. El mismo año, el editor holandés Allert de Lange publicó su *Novela de tres centavos.*

En el verano de 1933 viajó a París para la producción del ballet *Los siete pecados capitales de la pequeñoburguesía.* Este ballet fue una especie de posfacio de *Mahagonny*, otra de esas "danzas de la muerte" de la burguesía; y una vez más utilizó a los Estados Unidos como escenario. Dos hermanas (en realidad dos facetas de una persona), Anna I y Anna II –una representa la represión necesaria para triunfar en la sociedad moderna y la otra los instintos naturales y saludables–, se proponen ganar dinero para hacer que su familia construya una casa en Louisiana. La familia ruega:

> Que el Señor ilumine a nuestras queridas niñas
> para que aprendan el camino hacia el bienestar.
> Que les conceda alegría y fortaleza
> para no pecar contra las leyes
> que hacen a los hombres ricos y felices.

Anna II es tentada a pecar, es decir a dejarse llevar por sus deseos naturales: la pereza (le gusta dormir), la ira (está resentida por la injusticia), la gula (no le gusta morirse de hambre), el orgullo (no le gusta desnudarse en público) y la lujuria (se enamora). Finalmente triunfa como corista y es recompensada con dinero. Una vez más, Brecht se refiere a las formas en que la naturaleza es asfixiada en el mercado financiero, donde los sentimientos son obstáculos en la carrera por el dinero y el éxito. Cuando este ballet fue representado en Copenhague por el Royal Danish Ballet, el rey de Dinamarca abandonó el teatro indignado. De hecho no se trata de una obra demasiado inspirada y se la recuerda más por la música de Weill que por las líneas de Brecht.

La publicación de *Der Dreigroschenroman* [*La novela de tres centavos*] completó la trilogía iniciada con *La ópera de tres centavos*, seguida por la tormentosa versión cinematográfica y plasmada ahora como novela. Como novela es algo desorganizada y lenta, pero por momentos se enriquece con situaciones brillantes que muestran a Brecht en su cumbre satírica. A los personajes conocidos se les suma uno nuevo: el proletario George Fewcoombey, veterano lisiado de la guerra de los boers llegado recientemente a Londres. Él es el portavoz del nuevo mensaje social de Brecht. Nos desplazamos a un mundo donde la especulación financiera es mayor y más compleja. Macheath, además de maleante de los bajos fondos, es dueño de una cadena de comercialización de objetos robados y se convierte en banquero. Peachum, por su parte, aparece implicado en un oscuro negocio de venta de barcos con la madera podrida al gobierno para transportar tropas británicas a Sudáfrica.

La habilidad satírica de Brecht tiene algo del brillante salvajismo irónico de Swift. Por ejemplo, un sermón del obispo en memoria de los soldados que naufragaron en uno de los navíos en mal estado llamado *El Optimista*, transforma una parábola bíblica de esta manera: "A cada cual de acuerdo a sus talentos: a los que están en las altas esferas, los gobernadores, los dirigentes y los estadistas, sabiduría; a los que se han hundido, también sus pequeños servicios (...) Porque a partir del naufragio de *El Optimista* hemos aprendido algo: que estaba destinado a hundirse. Ha producido intereses sobre intereses, Oh Señor... A cada cual de acuerdo a sus habilidades".

Lo que le falta en cuanto a trama o sutileza, lo compensa con reflexiones acerca de la vida, la guerra y la paz, "el funcionamiento del mundo". Por ejemplo:

> En la bodega del barco las ratas se escurren como ovejas en los campos de Gales, grandes, gordas, bestias que a pesar de su edad avanzada jamás han visto a un ser humano y por lo tanto no sospechan que se trata de una amenaza.

Las reflexiones de Macheath sobre la compraventa no están desactualizadas:

> Ser vendedor es como ser profesor. Vender significa combatir la ignorancia, la apabullante ignorancia del público... Uno debe decirles, como si se tratara de niños, qué necesitan... Deben comprar lo que puedan usar, no lo que necesitan.

Tampoco las de Peachum sobre "crímenes y crímenes":

> Todo el mundo sabe que los crímenes de los hombres importantes están protegidos nada más que por su improbabilidad. Los gobernantes pueden robar sólo porque su corrupción se considera más refinada e inteligente de lo que en realidad es.

Fewcoombey, que había trabajado para Peachum pero se encuentra sin hogar y sin trabajo, escucha el sermón del obispo. Solo y desamparado, durmiendo bajo los puentes, tiene un sueño sobre el Juicio Final. Él es el Juez, mientras que el acusado es nada menos que Jesucristo. Esto viene a colación porque el obispo había leído la parábola que aparece en Lucas XIX, 11-26, donde un noble "parte hacia un país lejano" dándole a cada uno de sus servidores diez denarios y al volver se encuentra con que todos han invertido el dinero y obtenido ganancias, excepto uno de ellos.

Se trata de una de las escenas más memorables y conmovedoras que Brecht haya escrito. Ante Fewcoombey se presentan los testigos de cargo, aquellos que sostenían que a cada uno le habían dado diez denarios para que los invirtiesen, los incrementasen y multiplicasen. Pero resulta que además de sus dotes naturales de inteligencia, razón, laboriosidad y oficio, poseen otros recursos más terrenales. Pero ¿qué sucede con aquellos otros —pregunta el Juez Fewcoombey a Cristo— a quienes no se les dieron los diez denarios? Se supone que Cristo había dicho que no solamente *algunas* personas sino *todos* reciben sus denarios, que luego deben aumentar de cinco a diez. Ellos están aquí presentes: los testigos de cargo, los hambrientos, los ancianos prematuros, los lisiados y los pobres. ¿Acaso no los ve? El Juez no puede comprenderlo y, desesperado, recurre a la *Enciclopedia Británica* buscando respuesta a una pregunta tan confusa: ¿Por qué sólo unos pocos, la minoría, multiplica sus posesiones y a partir de un denario logran, como dice y ordena la Biblia, llegar a cinco o diez? Pero los otros, la mayor parte de la humanidad, no puede multiplicar los denarios sino la miseria. ¿Qué es este denario de la fortuna? Pero la *Enciclopedia* sólo puede informar algo sobre Capital, Fuerza Laboral, Organización, Inventos y Frugalidad. Finalmente, el Juez descubre la verdad:

> ¡El hombre es el denario! Somos el denario, y aquel que no tiene a quien explotar se explota a sí mismo.

Hay cientos de miles a quienes nunca se les ha pagado lo que corresponde, a los que nunca se les dio dinero con el que puedan incrementar sus posesiones. El Juez Fewcoombey se dirige al acusado:

> ¡Tú eres el culpable! ¡Todo lo que has dicho es falso! Has difundido mentiras. Te condeno por confabular, ya que has confiado a

tu gente esta parábola, que también es una unidad monetaria con la cual pueden acumular intereses. Y también condeno a todos aquellos que la difunden –que se atreven a contársela a otros– ¡los condeno a muerte! Y también condeno a quienquiera que utilice esta parábola y no tome las medidas necesarias en su contra. Y, dado que yo mismo he escuchado esta parábola sin reaccionar, me condeno también a muerte.

A los pocos días, Fewcoombey es arrestado por un asesinato cometido por Macheath y es ahorcado.

Este es el punto de inflexión: la pena y el odio que impiden a los hombres ver y entender las cosas, los esclaviza y a menudo los convierte en sus propios "negreros".

Brecht también llevó consigo un borrador de la obra antinazi *Cabezas redondas y cabezas puntiagudas*, en la que había estado trabajando desde 1932. En el exilio danés, comenzó a revisarla teniendo en cuenta las situaciones terribles que se habían producido: el incendio del Reichstag y las leyes raciales de Nuremberg, que también lo hicieron profundizar en su propia interpretación de la naturaleza del fascismo.

Originalmente se trataba de una adaptación de *Medida por medida* de Shakespeare, encargada por el director del Volksbühne, Ludwig Berger. Pero como era habitual en Brecht, su imaginación inmediatamente transformó un viejo tema en otro contemporáneo, y lo que surgió de la fusión fue algo diferente. De *Medida por medida* le había atraído su contenido social y filosófico. Además de ser la más "filosófica" de las obras de Shakespeare, a sus ojos era la más progresista, ya que sostiene que los que están en el poder deben ser medidos del mismo modo en que ellos miden a los otros, y que no deben exigir de sus subordinados una moral que ellos mismos no practican.

Los primeros apuntes de la obra sugieren que Brecht estaba particularmente interesado en exponer la naturaleza clasista de la justicia, en lugar de centrarse en el problema de la piedad y la debilidad humana como lo hace Shakespeare. La primera versión completa de la obra estaba en imprenta cuando Hitler asumió el poder. Los nazis inmediatamente la confiscaron. Brecht trataba de demostrar que todo intento de conciliar los intereses de clase a través de una ideología es fútil y engañoso, aun cuando sea encarado con honestidad. En su versión, el Ángelo de Shakespeare se convierte en Ángelas, un personaje casi trágico que se opone al capitalismo –una especie de Don Quijote– pero que anhela conciliar los conflictos sociales. Finalmente se desilusiona. Su estrategia apunta directamente hacia los que cree son los verdaderos enemigos de la sociedad, los "Cabezas puntiagudas". Pero rápidamente descubre que los "Cabezas redondas", los elementos más puros, están motivados por sus intereses particulares: piensan sólo en el dinero y no los guía la idea del bienestar de todo el estado.

Posteriormente a 1933, una interpretación de la ideología fascista de estas características ya no podía sostenerse. El transformado Ángelo debe ser visto por lo que es: un demagogo cruel, un dirigente brutal, un cínico, el instrumento de los terratenientes capitalistas. La ambientación original en un país remoto fue conservada, aunque Lima, Perú, se transformó en Luma, la tierra de los Yahoos. El país está a punto de quebrarse y el virrey consulta a su ministro Missena sobre la mejor manera de evitar el desastre económico. Los campesinos que rentan la tierra se han rebelado; se rehúsan a pagar y se han aliado a la organización revolucionaria "Las Hoces". Los "Cinco Grandes", representantes de la riqueza, han rechazado ayudar al gobierno, a menos que "Las Hoces" sea aplastada. Existe una alternativa: que un moderado, supuestamente neutral, pueda lograr la reconciliación de clases. Ese es Ángelo Iberin, quien ha descubierto una nueva teoría política y social sobre los Cabezas Redondas y los Cabezas Puntiagudas. Estos últimos son íncubos –extraños, intrusos, egoístas, materialistas– y deben ser eliminados. Los Cabezas Redondas son nobles, de sangre azul y desinteresados. Iberin puede seguir adelante al contar con el apoyo de los "Cinco Grandes".

Su estrategia resulta exitosa ya que logra romper las filas de los granjeros. Un Cabeza Redonda llamado Callas, que adhiere a la demagogia de Iberin como si se tratara de un evangelio, se apodera de dos caballos de su arrendador Guzmán, un Cabeza Puntiaguda, y lo acusa de haber prostituido a su hija Nanna. Pero es rápidamente desengañado: su honor es reparado, pero no le perdonan las deudas ni la apropiación de los caballos. Finalmente Callas es enviado al ejército, ya que se han descubierto nuevos enemigos que han puesto en peligro al país: los "Cabezas Cuadradas".

Dentro de este esquema complicado, Brecht trató de adaptar otro tema, precisamente el de *Medida por medida*, a fin de establecer un paralelo con el motivo shakespeariano de Isabella-Ángela. Pero si en Shakespeare el tema da lugar a uno de los tratamientos más conmovedores y apasionados sobre el tema de la piedad, el poder y la justicia; Brecht agrega una carga innecesaria a un argumento de por sí sobrecargado.

Pero su dominio de la sátira se revela en algunas escenas, como el desencanto que sufre Callas después de sus supuestos triunfos, así como el amargo realismo de la prostituta Nanna y de Frau Cornamontis, la administradora del burdel. Las canciones musicalizadas por Eisler son de lo mejor que hayan compuesto juntos; por ejemplo la "Canción del efecto estimulante del dinero":

> Tus ropas son de la mejor calidad y comes lo que quieres.
> Y ahora tu hombre es un hombre muy diferente.

Nanna, prostituta y pesimista, canta la "Canción de la noria", sobre lo inmutable de las cosas en el interior del cambio:

> De los grandes de este mundo
> Nos cuentan viejas historias
> Cómo se encumbraron cual estrellas,
> Y cómo al fin se opacó su gloria.
>
> Eso suena bien: hay que escucharlos.
> Pero a nosotros que servimos a los grandes,
> ¿Qué nos toca? Tarde o temprano,
> Ascenso o caída, ¿quién paga la cuenta?
>
> La rueda gira cada vez más veloz,
> Lo de arriba pronto baja.
> ¿Pero al agua qué le importa?
> Siempre está allí para hacer girar la rueda.

Frau Cornamontis, la verdadera realista, tiene su propia canción en respuesta a la del pequeño tendero bendiciendo los nuevos tiempos. Es la "Canción de los botones"; no importa en qué forma los arrojes, caen del lado de los agujeros. Para Callas y los tenderos no hay cabezas ni colas. Sólo agujeros.

El lector curioso hallará también otras fuentes en la obra de Brecht. Por ejemplo, el famoso episodio de Jean Calas en la Francia del siglo dieciocho, asociado al nombre de Voltaire. Calas, un protestante francés acusado injustamente de matar a su hijo para evitar que se convierta al catolicismo, fue torturado, asesinado y reivindicado póstumamente gracias a los esfuerzos de Voltaire. Swift le proveyó el nombre de los Yahoos. La obra maestra de Heinrich von Kleist *Michael Kohlhaas*, la historia de un vendedor de caballos del siglo XVI que, como consecuencia del maltrato que le infligiera un caballero se vuelve incendiario y se rebela, le proporcionó a Brecht los elementos necesarios para la pelea entre Guzmán y Callas, cuyo nombre posiblemente le fuera sugerido por la obra de Kleist.

No debe sorprender que la obra, cuando fue representada en danés en Copenhague el 4 de noviembre de 1936 en el Teatro "Riddersalen", haya suscitado sentimientos contradictorios y mucha confusión. La prensa enemiga fue obviamente despiadada, pero ni siquiera el público cautivo pudo entender lo que Brecht había intentado. Además de lo extraño del estilo épico, el contenido mismo llevaba a confusión: Brecht sugería una especie de confabulación entre los capitalistas arios y no arios apoyando a Hitler, en un momento en el que las leyes de Nuremberg presagiaban lo que les esperaba a los judíos, ricos y pobres.

Quizás una pregunta más importante que surge a partir de este punto es si la parábola –y la sátira y la ironía– era la forma adecuada para plantear la naturaleza del fascismo y generar una oposición; si, después de todo, el horror de la situación histórica no hacía necesario reexaminar la forma y los objetivos de una obra de arte militante en una era de barbarie. Es evidente que Brecht era consciente de este problema. Su principal objetivo seguía siendo el mismo: esclarecer la naturaleza y el origen del nazismo, con el objetivo de no considerarlo una especie de mal trascendental o el resultado de una "voluntad" inevitable e incuestionable, y de esa forma posibilitar su eliminación mediante medios humanos.

En cuanto a los *Cabezas redondas y cabezas puntiagudas*, Brecht utiliza el término "distanciamiento" por primera vez y señala que este procedimiento fue utilizado en la producción de Copenhague. Cuando Nanna Callas canta su primera "Canción de la prostituta" entre los carteles de los comerciantes, lo hace como si ella misma fuera una mercancía entre otras. En la escena (que agravió a algunas sensibilidades religiosas) en la que Isabella debe pagar cierta suma de dinero para entrar al convento, una novicia se para a un costado con un gramófono y acompaña la acción con música de órgano. Cuando Guzmán trata de persuadir a su hija de que no se entregue a Iberin, Brecht solicitó que la escena fuera interpretada "con total seriedad, en el estilo altivo y apasionado del teatro isabelino" para resaltar las sórdidas negociaciones comerciales de las clases altas.

Brecht no parecía particularmente molesto por la recepción de su obra en Copenhague. Años más tarde, destacó que había visto a algunos espectadores llorando y a otros riendo. "Y quedé satisfecho con las dos actitudes". En esos días estaba terminado el último de sus Lehrstücke, *Die Horatier und Die Kuratier* [*Los horacios y los curiacios*], "una pieza didáctica para niños sobre la dialéctica"; en ciertos aspectos el más sólido y hábil de sus esfuerzos didácticos y probablemente el más aplicable a un momento de "receso". Con muy pocos personajes, como en la tradición china, los actores principales llevan insignias que indican su poderío militar. Los curiacios atacan a los horacios para quedarse con sus tierras y sus propiedades. Al principio, dado que cuentan con mejores armas, da la impresión de que los curiacios están ganando. Pero los arqueros horacios logran dividir al enemigo y los derrotan uno por uno. Este es otro ejemplo de *Einverständnis*, de consentimiento, el acatamiento en un situación crítica. Aquí la necesidad obliga a utiliza las armas a su alcance de todas las formas posibles; a usar del entorno y la naturaleza como refuerzos; a utilizar a los propios enemigos y a conocerlos con precisión para poder dividirlos, o bien a retroceder con el objetivo de rearmar las filas.

Sin lugar a dudas, la mirada de Brecht estaba puesta en la situación actual cuando a través del coro horacio ordena a los soldados que se replieguen:

¡Ahora comiencen a replegarse!
Han perdido tiempo. ¡Ahora pierden aún más!

> Están debilitados. Ahora deben redoblar esfuerzos.
> Las tormentas y las nevadas
> no respetan a los que se han desalentado...
>
> Sin embargo la retirada del guerrero inagotable
> es sólo parte de un nuevo avance.

Esto formaba parte del incesante esfuerzo de Brecht por comunicarse con sus compatriotas, tanto los que permanecían todavía en Alemania como los que estaban en el exterior. Entre estos últimos, las diferencias que habían marcado sus agitadas vidas en Alemania no habían desaparecido y era necesario reunirlos. Los frentes populares que surgieron en Francia en 1935 y en España al año siguiente eran presagios alentadores para el futuro. Pero resultaba más difícil comunicarse con los que se habían quedado en Alemania. Para hacerlo, se utilizaban las transmisiones ilegales de radio o bien la literatura introducida ilegalmente al país. Brecht escribió una serie de lineamientos para el material de propaganda que se introducía subrepticiamente en Alemania, denominado "Cinco dificultades para escribir la verdad", donde se refería al "coraje para escribir la verdad aunque se encuentre totalmente reprimida; la astucia para reconocerla aunque esté disimulada; el arte de convertirla en un arma; el ingenio para difundirla y el juicio para elegir a aquellos en cuyas manos será más efectiva".

Pero también reconocía que para transmitirla a los demás, uno debía en primer lugar ser capaz de interpretarla claramente. Esto no era fácil. Brecht procedía en forma despiadada y objetiva, insistiendo en que los que fueron perseguidos no lo fueron por ser "buenos" sino también porque eran "débiles" y habían cometido errores. No se necesitaba autocompasión sino un análisis autocrítico. Todos habían cometido errores. A fin de cuentas, había que asumir el hecho de que una gran cantidad de trabajadores alemanes no habían sabido frenar el avance de los nazis y habían sido en gran parte víctima de la demagogia nazi. Para difundir la verdad sobre el nazismo era necesario mostrarlo no como una "catástrofe natural" sino como producto del hombre y de las clases sociales, pero también de carácter transitorio. Este fue el tema de su discurso en el Primer Congreso de Escritores para la Defensa de la Cultura realizado en París en junio de 1935. (Ese mismo mes Brecht fue oficialmente privado de la ciudadanía alemana.) Rechazaba las opiniones místicas que se referían a los orígenes del fascismo como si se tratara de una cuestión de "mala educación" de los alemanes. Los escritores debían comprender las bases económicas del nazismo como las de un movimiento explotador dirigido por los grandes negocios.

Para hacerles llegar la "verdad" a Alemania escribió poemas adaptados especialmente para ser transmitidos por la radio ilegal. Brecht lo explica de esta manera:

> Las *Sátiras alemanas* fueron escritas para la radio alemana Libertad. Era cuestión de transmitir consignas a una audiencia distante y dispersa. Las consignas tenían que ser recortadas hasta lograr una forma concisa, de manera que las interrupciones (ocasionadas por la saturación) no arruinasen el sentido. La rima no me parecía particularmente adecuada, ya que le daba al poema el carácter de llevar algo adjunto, algo que sobraba cuando se lo oía. Los ritmos regulares con sus cadencias acompasadas no se grababan adecuadamente y se necesitaban circunloquios; y muchas de las expresiones no se ajustaban a éstos. Lo que se necesitaba era el tono de un discurso directo e inmediato. Los versos sin rima, con ritmos irregulares, me parecían los más adecuados.

Los gritos de los vendedores ambulantes, las consignas de los trabajadores en las manifestaciones, le sirvieron de modelo para este discurso "gestual" irregular. Otros elementos provenían de los antiguos poetas chinos, en particular Po-Chü-I, a quien admiraba por encima de todos y que había utilizado su arte para educar a los campesinos a quienes les leía sus poemas.

Los cambios de estilo o de forma nunca eran en él casuales o caprichosos. Se apasionó por la simplicidad y la condensación, y unió el epigrama con la dialéctica. Sus nuevos poemas estaban cincelados con precisión. Así les habla a sus compatriotas:

> Escrito en una pared:
> "Quieren guerra".
> El que lo escribió
> ya ha caído.

O:

> General, su tanque es un vehículo poderoso.
> Puede echar abajo un bosque y aplastar a cientos de personas.
> Pero tiene una falla:
> Necesita un conductor.
>
> General, el hombre es muy útil.
> Puede volar y puede matar.
> Pero tiene una falla:
> Puede pensar.

O, en relación a un aspecto preciso de la historia:

> Los jefes de Estado
> se han reunido en una habitación.
> Hombre de la calle:
> Abandona toda esperanza.
>
> Los gobiernos firmaron
> pactos de no agresión.
> Hombrecito:
> Prepara tu testamento.

Las *Sátiras alemanas* tienen su matiz de humor amargo, como "Sueño de un derrotista", donde una papa les habla a los alemanes mientras el Führer pontifica en la Ópera. La papa les advierte sobre el carácter seductor del discurso del Führer. Con cada palabra adicional del Führer, la papa "va disminuyendo de tamaño y se va haciendo más pequeña, más miserable, más enferma".

Aunque siempre anheló ser conocido como dramaturgo en la Unión Soviética, nunca lo logró. Estuvo allí en 1935 para visitar a unos viejos amigos y a algunos emigrados alemanes: Erwin Piscator, Carola Neher, Bernhard Reich, Serge Tretyakov. Su película *Kuhle Wampe* tuvo una fría recepción en Moscú. La audiencia soviética no pudo entender el suicidio de un trabajador que sólo tenía una bicicleta y un reloj. Tampoco lo hizo feliz el montaje de Tairov de *La ópera de tres centavos,* puesta en escena a instancias de Anatole Lunacharski. Aparentemente, Tairov transformó su amarga sátira en un " espectáculo musical".

Cuando volvió a visitar Moscú al año siguiente, no fue totalmente consciente de que estaba viendo a algunos de sus amigos por última vez. Carola Neher desaparecería en un campo de prisioneros en algún lugar desconocido y Tretyakov también resultaría víctima de una de las purgas de Stalin. Pero en ese momento se reunió alegremente con ellos y con Bernhard Reich, a quien volvería a ver en 1941. Tretyakov estaba traduciendo sus obras y había interesado a Nikolai Okhlopov para montar *Santa Juana de los Mataderos* en su "Teatro Realista". Por desgracia este proyecto no pudo llevarse a cabo, así como tampoco fue posible realizar el proyecto –algo romántico– de Erwin Piscator de establecer en la Unión Soviética una República de Weimar en el exilio, con el que Brecht estaba dispuesto a colaborar.

Al parecer había mejores perspectivas en los Estados Unidos. El Teatro Sindical de Nueva York iba a producir *La madre* a fines de 1935. Brecht partió hacia los Estados Unidos a fines de ese año y permaneció en Nueva York hasta febrero de 1936.

La producción de *La madre* en el Civic Repertory Theatre de Nueva York le deparó, sin embargo, otra amarga desilusión. Fue muy crítico respecto de la versión en inglés de Paul Peters y más aún de la puesta de Victor Wolfson. Le agradaron ligeramente los decorados de Mordecai Gorelik. Unas pocas personas en esta producción estaban vagamente familiarizadas con el concepto del teatro épico brechtiano. Gorelik confesó que la primera vez que había escuchado hablar del teatro épico fue directamente de Brecht. Tampoco la compañía de actores, competente en otro tipo de obras, fue capaz de interpretar el "distanciamiento" que demandaba el autor. Brecht, Eisler y el teatro épico fueron confrontados con el naturalismo y el método de Stanislavski del Teatro Sindical. Considerando las insalvables diferencias, fue un milagro que *La madre* haya sido producida. Ambas partes demostraron escaso tacto, y como consecuencia la causa del teatro épico logró escasa difusión en los Estados Unidos o entre la izquierda. El producto resultó un híbrido que no era Brecht ni Stanislavski y, como sucede con frecuencia en el teatro, concluyó con el odio generalizado entre las partes. Así describe Mordecai Gorelik sus encuentros con Brecht:

[Brecht] declaró que alguien había transformado *La madre* en una basura en inglés, edulcorada y llena de suspenso. Y que los decorados de Gorelik eran burgueses y pintorescos, y que estaban equivocados del principio al fin.

Sin embargo Gorelik logró comprender el sentido de la insistencia de Brecht en la sencillez de la utilería, y comenzó a visualizar "esa clase de precisión japonesa". Brecht se mostró de acuerdo con el trabajo de Gorelik. Tres años más tarde, cuando Gorelik lo visitó en Dinamarca y asistió a la representación de *Cabezas redondas y cabezas puntiagudas*, había progresado tanto en teatro brechtiano que pudo hacer valiosas sugerencias.

La producción neoyorkina de *La madre* incluía actores como Helen Henry en el papel de Vlassova, John Boruf como Pavel, además de Martin Wolfson, Lee Cobb y Hester Sondergard. Se estrenó el 19 de noviembre de 1935 y se realizaron treinta y seis funciones. La prensa reaccionó de acuerdo a lo esperado: El *New Leader* y el *Daily Worker* la alabaron; el *Herald Tribune*, el *Brooklyn Daily Eagle* y el *Evening Journal* la condenaron. Brecht estaba disconforme: objetó principalmente la revisión de los textos, la "rusificación" del vestuario, la sustitución del carácter épico de la obra por una acción sincopada y el hecho de que el coro se dirigiera directamente a los personajes en la obra.

En un poema, sin maldad alguna, dirigido al Teatro Sindical, Brecht señala sus diferencias con ellos:

Acá agregan un "Buenos días"
Allá un "Hola joven"...

La muerte del hijo la colocaron con elegancia al final
creyendo que de esa forma mantienen el interés del espectador.

Camaradas, el estilo de esta pieza
es nuevo. ¿Pero por qué
temer lo nuevo?

Para los explotados, constantemente traicionados,
la vida también es un constante experimento...

> Pero si vuestro espectador, el obrero,
> duda, entonces ustedes deben ir al frente,
> con paso firme, confiando en sus poderes últimos.
> Sin reservas.

El 18 de julio de 1936, los jefes del ejército español se rebelaron contra la República española establecida legalmente; el 19 de julio el general Francisco Franco se unió a los rebeldes y al poco tiempo las fuerzas aéreas alemana e italiana sobrevolaron España. La República española, creada en 1931, y siempre bajo constante riesgo de desaparición, a partir de la victoria del Frente Popular en 1936 representó una promesa democrática para el pueblo. Ahora se había transformado en el campo de batalla de los fascistas nazis e italianos, donde se peleaba la supervivencia del mismo Estado democrático. Como nunca antes, la mayor parte del mundo civilizado apoyaba a la presionada República. Los leales asediados lograron gran cantidad de refuerzos de parte de ejércitos de voluntarios que se les unían. El grito "¡No pasarán!" se escuchó en todo el mundo. Pero armas y dinero iban a parar al campo rebelde mientras las fuerzas leales quedaban desprotegidas debido a la política de no intervención de los países presuntamente democráticos. Bloqueos y "neutralidad" (en los que el gobierno estadounidense tuvo un papel preponderante) fueron suficientes para asestarle el golpe de gracia a lo que hoy se conoce como uno de los más heroicos esfuerzos en la historia moderna. La guerra concluyó con la capitulación de Madrid en 1939.

Pero hacia 1937 el resultado todavía no estaba a la vista. Los escritores colaboraron tanto con su participación entre las filas leales como con sus escritos. Brecht lo hizo con una obra breve, *Los fusiles de la señora Carrar*, en junio de 1937.

Para esta obra su fuente de inspiración fue la tierna tragedia en un acto de John Millington Synge, *Riders to the Sea*. Brecht utilizó el bloqueo de Bilbao y la increíble resistencia de la clase obrera española para situar su obra. El tema de *Los fusiles...* es simple: Una pescadora, que ha perdido a su marido en el levantamiento, desea mantener a sus dos hijos fuera de la guerra contra los "Generales". Mientras Juan, su hijo mayor, está pescando, su otro hijo José está inquieto en la casa, molesto por estar inactivo a la fuerza. La señora Carrar no es una pacifista, pero odia la violencia y se siente culpable por haber apoyado a su marido a oponerse a los fascistas. Ha escondido en su casa las armas de él. Cuando su hermano Pedro Jaqueras, un obrero, se las pide para defender la República, se rehúsa. El sacerdote del pueblo, el Padre Francisco –humanista y pacifista– apoya a la señora Carrar. Cuando ella sale, su hermano y su hijo descubren los fusiles. La señora Carrar está furiosa, pero de repente la luz del barco de Juan, que ella podía ver desde la ventana, se apaga. ¿Juan se ha marchado para unirse a los leales? Lo maldice si es que lo ha hecho. Pero Juan ha sido absurdamente asesinado por los fascistas y le están trayendo su cadáver. La señora Carrar toma una decisión: no sólo entregará las armas a Pedro, sino que ella misma tomará su fusil. "Por Juan", dice.

Siempre crítico de las políticas de no intervención, esta obra breve ilustra la flexibilidad de Brecht como escritor: abandona el estilo épico y vuelve al drama "aristotélico". Es una obra de un solo personaje, y su efectividad se basa en el impacto emocional. Es una pieza unificada por un clímax. Su intención es provocar una reacción inmediata. Años atrás, Brecht se había referido a la pertinencia de utilizar la "catarsis" aristotélica con la intención de producir un efecto práctico inmediato. Esto estaba relacionado con la controvertida obra de Friedrich Wolf escrita en los días de Weimar, *Cyankali*, que trataba sobre el aborto. El mismo Brecht advertía que, frente a una emergencia, estaba sacrificando una teoría sumamente importante; y al igual que su público era consciente de los defectos de la obra.

El novelista danés Martin-Anderson Nexö, autor de la magistral novela épica *Pelle el conquistador*, y en ese momento uno de los nuevos amigos de Brecht, señalaba que la conclusión no resultaba eficaz en escena, aunque era impresionante cuando se la leía. Brecht se vio en dificultades al suprimir los efectos épicos que habrían ampliado el cuadro general y le hubieran permitido clarificar los puntos más importantes del conflicto español. En una producción sueca de la obra, trató de corregir este defecto y escribió un prólogo que transcurre en un campo de concentración francés donde están confinados la señora Carrar, su hijo y su hermano Pedro, vigilados por franceses. Con escepticismo, uno de los guardias franceses interroga a Pedro sobre la utilidad de la lucha española. Él señala a su hermana.

> Ella se hizo la misma pregunta: ¿Por qué pelear? Siempre la misma pregunta, salvo al final. Y como ella, otros se han hecho esta pregunta durante largo tiempo, casi hasta el final. Y debido a esa actitud, fueron derrotados. ¿Lo ve? Y si usted continúa haciendo esa pregunta, también lo derrotarán.

En la obra hay momentos de gran intensidad, como cuando la señora Carrar maldice a su hijo; y también una esclarecedora discusión entre Pedro y el sacerdote sobre la violencia. Pero el repentino cambio de actitud de la señora Carrar en el final no aparece suficientemente fundado, ya que el personaje no está bien desarrollado así como tampoco la complejidad de la situación histórica. La intensidad de determinadas situaciones podía a veces ir en desmedro de la actuación épica, tal como la conmovedora y de algún modo divertida situación que vivió Helene Weigel durante una representación de *Los fusiles de la señora Carrar*, según recuerda con cierta culpa el propio Brecht:

> Incluso la misma Helene Weigel, en determinados pasajes, rompía en llanto contra su propia voluntad y no precisamente en beneficio de la interpretación... Si ese día la Guerra Civil le había deparado un revés a los oprimidos o si Weigel estaba molesta por otras razones, se le llenaban los ojos de lágrimas cuando maldecía a su hijo, que ya había sido asesinado. No lloraba como una campesina sino como una actriz representando a una campesina. Puedo señalar ese error, pero no he visto que se haya violado ninguna de mis reglas.

Pero la novelista Anna Seghers, que presenció la actuación de Weigel en París, escribió que su voz equivalía a muchos periódicos, panfletos y hasta a un camión repleto de municiones: "Esa noche supimos de qué se trataba realmente el teatro alemán". Seghers agrega que a esa función asistieron muchos emigrantes de habla alemana que por lo general se mantenían al margen del teatro de izquierda. Sin embargo, a nadie que haya vivido durante la Guerra Civil española le puede sorprender que Helene Weigel no pudiera contener sus lágrimas. En un poema, Brecht hace un memorable retrato de ella preparándose para la función. Se mueve en su taburete gastado; y mientras "borra todo rastro personal de su rostro", deja que sus "pequeños y delicados hombros se encorven como los de las personas que trabajan duro". Con su blusa remendada es una verdadera campesina, y

> se incorpora –su pequeña figura–
> una gran guerrera
> calzando zapatillas, lista para encarnar
> la batalla de las pescadoras andaluzas
> contra los generales.

Pero también Alemania seguía en el centro de sus pensamientos. Con el fin de explicar la naturaleza del nazismo a los alemanes que estaban en el exterior, se puso a trabajar en treinta escenas a las que tituló *Furcht und Elend im Dritten Reich* [*Terror y miseria del Tercer Reich*], que completó en 1938.

Una vez más estaba dispuesto a sacrificar sus principios dramáticos no aristotélicos con el objetivo de obtener una respuesta inmediata. Siempre había sido un maestro de la escena breve; y su rápida imaginación trabajó con recortes de diarios, películas e informes radiales, y los transformó en situaciones dramáticas cinceladas sobre "la verdad concreta", con el fin de demostrar cómo el terror y la miseria afectaban a todos los estratos sociales: la *intelligentsia*, la pequeña burguesía y la clase obrera. Quizás estas obras hubieran funcionado bien en Alemania, pero Brecht las escribió pensando en los emigrados. ¿No había, por ejemplo, figuras brillantes como Lion Feutchwanger que hacían absurdas interpretaciones del fenómeno nazi, como si se tratara de una especie de accidente "natural" que desaparecería por sí mismo a su debido tiempo?

Lo que más le preocupaba era la capitulación de la *intelligentsia* ante el terror. Ellos son los protagonistas de las escenas más brillantes, así como las más terroríficas. Los acusados comparecen ante la fulminante ironía de Brecht: el juez, el maestro, los médicos, los físicos, el sacerdote. Casi se puede *oler* el terror y la degradación. El juez de la escena llamada "Justicia" entra a la sala de audiencias para dictar sentencia a un grupo de soldados acusados de allanar y robar a un joyero judío. ¿Cómo los juzgará? Aterrorizado, primero consulta al inspector de policía, después al fiscal y finalmente al magistrado, sintiéndose cada vez más indefenso. Su sirvienta está segura de que condenará a los malhechores ya que todos saben que son los culpables. Desesperado, el juez le dice al magistrado:

> Entiéndame, estoy dispuesto a todo... Puedo resolverlo de esta forma o de otra, lo que quieran, pero debo saber qué es lo que quieren. Si no lo sabemos, es que ya no hay más justicia.

En una escena paralela, un profesor y su mujer, ante la sospecha de que su hijo pueda ser un informante nazi, planean escapar. Tratan de recordar qué pueden haber hecho o dicho que les ocasione problemas. El profesor explota:

> Estoy dispuesto a enseñar todo lo que quieran que enseñe. Pero ¿qué quieren que enseñe? ¿Cómo puedo saber qué clase sobre Bismarck quieren que dicte?

Los físicos no se atreven a hablar de ciencia en el laboratorio por temor a que los escuchen mencionando a un científico extranjero, por ejemplo Einstein. El jefe de cirujanos de un hospital, proclive a hacer admoniciones éticas a sus subordinados, se enfrenta con un mutilado del campo de concentración de Oranienburg y con absoluta tranquilidad pasa al próximo paciente. El sacerdote ante el lecho de muerte de un recalcitrante se tiene que comer la bendición del evangelio a los pacificadores. En "La mujer judía", la más conmovedora de estas piezas breves, la mujer del título que está a punto de abandonar a su marido ario, un médico destacado, se dirige a él como si estuviera presente:

> ¿Qué les ha pasado? ¿Qué quieren realmente? ¿Qué les hice? Nunca me metí en política. ¿Acaso estuve a favor de Thälmann?..

El marido aparece y argumenta, pero sabemos que la dejará partir. Miedo y desencanto por todos lados: el carnicero que votó a Hitler es ridiculizado porque vende carne en el mercado negro y termina ahorcándose en la vidriera de su propio negocio. Tampoco se deja de lado al trabajador. Éste también termina siendo víctima de las lisonjas del Führer, se convierte en soldado de las tropas de asalto, incita a otros trabajadores a expresar su disconformidad y después los delata marcándolos con tiza en la espalda. En el campo de concentración, entre los prisioneros políticos, las viejas peleas entre comunistas y socialdemócratas vuelven a surgir.

"Wird das Elend die Furcht besiegen?", pregunta Brecht. "¿La miseria derrotará al terror?" Rinde homenaje al pequeño grupo de luchadores marginales que enfrentan la muerte y hasta se atreven a difundir literatura clandestina. La carta de uno de ellos es leída ante un grupo subversivo:

> Mi querido hijo: mañana ya no estaré. Las ejecuciones son por lo general a las seis de la mañana. Te escribo para contarte que mis opiniones son las mismas. No he pedido perdón, ya que no he cometido ningún crimen... Eres demasiado pequeño, pero no te hará daño recordar de qué lado debes estar. Permanece con los de tu clase, y tu padre no habrá sufrido en vano...

Algunas piezas de este grupo se representaron en París, Londres, Estocolmo y Nueva York y demostraron ser sumamente efectivas. Ocho de ellas, estrenadas en París en 1938 bajo la dirección de Slatan Dudow, hicieron que el *Deutsche Volkszeitung* de esa ciudad escribiera que las obras debían entenderse como una suerte de proclama antifascista por un frente unido. También tuvieron una cálida acogida entre los miembros de la Brigada Internacional. A veces el elenco de actores incluía a profesionales y aficionados, por ejemplo Helene Weigel junto a un amateur –a menudo un trabajador que jamás había actuado antes.

Las producciones más profesionales de *Terror y miseria...* se enriquecieron con los decorados sugeridos por Brecht, donde se destacaba un tanque nazi. En medio de las escenas se escucha una voz, acompañada por el andar del tanque. Como ejemplo de la forma en la que Brecht visualizaba estas obras, se puede tomar la primera de las escenas:

> De la oscuridad surge, junto a los acordes brutales de una banda militar, un enorme cartel con la leyenda: "Hacia Polonia" y junto a él un tanque. La dotación del tanque lleva el rostro pintado de blanco y el primer coro canta:
>
>> Cuando nuestro líder puso orden
>> con su mano de hierro en Alemania

nos ordenó implantar el mismo orden
en todo el mundo con la fuerza de las armas.

Terror y miseria... fue concluida en 1938. Durante los tres años siguientes Brecht observaría cómo la soga de la barbarie se iba cerrando no sólo alrededor suyo sino también del resto del mundo. Uno a uno, Austria, Checoslovaquia, España, Polonia, los Países Escandinavos, los Países Bajos y Francia caían ante el poderío militar nazi. Sólo había acuerdos, colaboracionismo y hasta traición.

Frente a todo esto, Brecht trabajaba incansablemente. Numerosos borradores de esta época señalan su reiterada preocupación por el tema del fascismo y cómo superarlo. Una de ellos, *Was kosten das Eisen?* [*¿Cuál es el precio del hierro?*] elabora en forma de parábola la anexión de Austria y Checoslovaquia. Los paralelismos son evidentes: las víctimas son comerciantes y se llaman Herr Oesterreicher (vendedor de tabaco), Frau Tscek (dueña de una zapatería), Svendson (vendedor de hierro –obviamente Suecia–), y el Comprador (es decir Hitler). El comprador compra más y más hierro con el botín que obtiene de los otros hasta que en el final, cuando se acerca nuevamente a Svendson, éste le da el hierro gratis. La última escena nos muestra a Svendson en su negocio, fumando un cigarro austríaco y calzado con los zapatos de Frau Tscek. La guerra comienza y Svendson sube de inmediato el precio de sus mercaderías.

Por esa época Brecht pensaba escribir una ópera sobre el tema de David y Goliath, con la misma intención de exponer las maquinaciones de Hitler y los nazis. En este caso, los filisteos (los nazis) están en conflicto con el pueblo de Gad (los alemanes).

Brecht introdujo su yo objetivo en sus obras y poemas de propaganda y su yo subjetivo en los poemas, hayan sido o no publicados. En ambos casos comienza a notarse un cambio significativo. Su visión se ha profundizado. Una cierta cualidad doctrinaria y distante, que aparece como motivo conductor a lo largo de sus primeras obras hasta *La madre,* se transforma en una profunda aflicción sin perder el certero análisis o la profunda visión introspectiva que lo caracterizaban. En las obras de estos años, y también en los poemas, el elemento humanitario es el que prevalece. Los personajes asumen una dimensión mayor –Galileo, Madre Coraje, Lúculo, Shen-te, Grusha, Schweyk– sin perder su carácter "arquetípico" o sus cualidades representativas como individuos o como resultado de las condiciones sociales. Brecht parece estar controlándose a sí mismo, tanto si aumenta su "dureza" como si atenúa sus sentimientos frente a la crueldad y la maldad que lo rodean.

De tener que definir su posición durante este período y los subsiguientes, podríamos caracterizarla como un humanismo marxista. Este aparece reflejado en un profundo sentido de la responsabilidad para con aquellos que lo leen o que asisten a la representación de sus obras. Un maestro necesita alumnos y un poeta lectores. Pero el que apoya la sabiduría del maestro tiene tanto valor como el que la transmite. Ese es el tema de un poema de incomparable belleza, "Leyenda de la creación del libro Tao-Te-King". Allí se cuenta que Lao-Tsé, el poeta filósofo, ya anciano y abatido ante la existencia de tanto mal en su país, decide realizar un último viaje acompañado por un joven muchacho. Su única posesión son sus conocimientos. Y así se enfrenta con un guardia en la frontera, quien le pregunta si tiene algo para declarar. Él es un maestro, le dice el muchacho. ¿Maestro? ¿Y gana algo con eso? Sí, le responde, él ha aprendido que a su debido tiempo el agua blanda en movimiento acaba por vencer la dura piedra. Lo rígido perece. Pero no bien pasan el puesto, el guardia los alcanza y le pregunta al sabio qué había dicho sobre el agua, pidiéndole que se lo escriba. El poeta se detiene para escribir este trozo de sabiduría para el aduanero pobre, que seguramente "no era un triunfador". "Pero no alabemos sólo al sabio –dice Brecht– cuyo nombre resplandece sobre el libro./ Celebremos también al aduanero/ que logró obtenerlo con su ruego."

"A los que se sentaron en tronos de oro", dice en otro poema, dedicado apropiadamente a Nexo, y fueron escritores, "se les preguntará por aquellos que los protegieron". "En los tiempos venideros, serán alabados los que se hayan sentado en el piso desnudo para escribir sobre los desposeídos, los que se sentaron con los guerreros." Se refiere a aquellos –como el aduanero– que llevan la verdad del sabio a los de su propia clase, aun debajo de camisas harapientas y atravesando cordones policiales.

A veces la reserva que mantiene cuidadosamente guardada se desliza en estos poemas, y revela sus sentimientos personales más profundos. Pero, ¿cómo seguir teniendo esta clase de sentimientos cuando todos los días recibe noticias sobre otro amigo asesinado o torturado, otra marca en lo que él llama su "lista personal de caídos"? Los fue contando uno por uno: por ejemplo, Walter Benjamin, su "adversario" intelectual", se suicidó en la frontera española. Hubo otras experiencias igualmente tristes, como las de los que se pasaron al bando del enemigo no por principios sino "para disfrutar una vida de lujo".

El deceso que lo conmovió más profundamente fue el de Margarete Steffin, que murió en un hospital de Moscú en 1941. Enferma de tuberculosis cuando abandonó Alemania, sufrió el exilio y participó de la Guerra Española. Fue su maestra y su colaboradora, su amiga y consejera.

> Mi general ha caído.
> Mi soldado ha caído.
>
> Mi alumna se ha ido.
> Mi maestra se ha ido...

En memoria de esta mujer menuda de ojos flamígeros de ira, bautizó a la celeste Orión como la Constelación de Steffin.

> Desde que te has ido, mi pequeña maestra,
> camino sin ver, inquieto, cavilando
> en un mundo gris,
> como un desocupado, sin nada que hacer.

Dos años antes de la muerte de Margarete Steffin, Brecht sufrió otro duro golpe. Su viejo amigo Serge Tretyakov, el dramaturgo soviético, había sido ejecutado en las purgas de 1939 acusado de "espía japonés". En un poema que Brecht no publicó en vida, titulado "¿La gente es infalible?", lamenta su muerte:

> Mi maestro
> de gran corazón
> ha sido fusilado, condenado como espía
> por un tribunal popular. Su nombre está maldito.
> Sus libros fueron destruidos.
> Hablar de él es peligroso.
> Supongamos ahora que era inocente...

Aprender, probar, dudar, actuar... se convirtieron en sus gritos de batalla. Dudar significaba poner a prueba la verdad, y obrar en consecuencia. Simbólicamente, puede decirse que hay dos imágenes que se le presentaban como representaciones de sus creencias: el pergamino del sabio chino, "El hombre que duda", en una actitud de eterno cuestionamiento, y la máscara japonesa del mal: "venas hinchadas en las sienes/ que revelan el esfuerzo que exige ser malvado".

Pero el dudar no significa autocompasión. A quien había perdido toda esperanza, le escribe:

> Nuestra situación es peor de lo que imaginas...
> Escucha:
> Si no podemos hacer al superhombre
> estamos perdidos...
>
> Dices que has peleado mucho. Y que no puedes pelear más.
> Ahora escucha:
> Te falten o no energías
> si no puedes pelear más, perecerás.

La trampa comenzaba a cerrarse sobre él. En el angustiante año 1939, le escribió a Korsch, que estaba todavía en los Estados Unidos:

> Si puedo conseguir los papeles de inmigración, Helli [Helene Weigel] y yo iríamos a los Estados Unidos. ¿Sabes si podré conseguir un puesto de maestro?

De Dinamarca se trasladó a Suecia y de Suecia a Finlandia, donde tenía amigos y fue recibido calurosamente por la novelista Hella Wuolijoki en Tavastland. La carrera de Hella había sido particularmente heroica. Era estoniana y había emigrado a principios de siglo hacia Finlandia, donde intervino activamente en el movimiento obrero. Sus obras tempranas fueron prohibidas por el gobierno por su carácter radical. Escribió novelas sobre la vida campesina finlandesa y obtuvo un gran éxito con *Las mujeres de Niskavuori*. Pero en Finlandia Brecht no se hizo demasiadas ilusiones. Sabía que el país sería rápidamente arrastrado a la guerra y nuevamente tendría que huir:

> Estudio con curiosidad el mapa del continente.
> Mucho más arriba de Laponia
> hacia el mar Ártico
> diviso una puertita.

¡Si tan sólo pudiera disfrutar el esplendor de la naturaleza! Habla de las aguas pobladas de peces, de bosques tupidos, saboreando la fragancia de los abedules y de las bayas.

> Olor, sonido e imagen, los sentidos se mezclan.
> El fugitivo se sienta bajo los saúcos
> y una vez más asume el duro oficio de la esperanza.

La esperanza era el pedido de visa al consulado estadounidense. Brecht escribe una "Oda a un Gran Dignatario"

> Excelso vicecónsul:
> dígnate conceder
> a este trémulo canalla
> la bendita visa...

Cuatro veces se presentó ante esa presencia augusta; el pelo bien cortado y un sombrero en la mano (ha abandonado su gorra gastada):

> El gran cazador se aproxima.
> Hay una pequeña puerta que conduce
> de la trampa a la salida. Tú
> tienes la llave.
> ¿Me la alcanzarías?

Obviamente, no ha perdido su sentido del humor. De hecho, una de sus comedias más encantadoras la escribió en Finlandia: *Puntila y su criado Matti*. Y al mismo tiempo podía escribir lo siguiente:

Este es el año del que hablarán.
Este es el año del que no hablarán.

El viejo ve morir a los jóvenes.
El necio ve morir al sabio.

La tierra ya no sostiene; devora.
Del cielo no cae lluvia sino acero.

Es el período en el que escribe *Galileo, Arturo Ui, La buena mujer de Setzuan, El proceso de Lucullus, Madre Coraje* y numerosos poemas y ensayos. Uno de sus poemas más conmovedores es "A los que vendrán":

¡Realmente vivo en una época sombría!
Una palabra inofensiva suena necia. Una frente lisa
indica insensibilidad. El que ríe lo hace porque aún
no ha recibido
la terrible nueva.

Qué tiempos son éstos,
hablar de árboles es casi un delito
¡porque implica tantas fechorías!
(...)
Ustedes que saldrán de la misma corriente
en la que nosotros nos hundimos.
Piensen,
cuando comenten nuestras debilidades,
en la época sombría
de la que se salvaron.

Ahí marchábamos. Cambiando de país más frecuentemente
que de zapatos, a través de la lucha de clases, desesperados
de ver sólo injusticia y no rebelión.
Y sabemos muy bien
que el odio a la bajeza también
desfigura el rostro.

La ira ante la injusticia
también enronquece la voz. ¡Ay! Nosotros,
que queríamos preparar el terreno para la amabilidad,
no pudimos ser amables.
Pero ustedes, cuando llegue el momento
en que el hombre sea una ayuda para el hombre
piensen en nosotros
con indulgencia. [J.H.]

III
LA RESPONSABILIDAD DEL INTELECTUAL: *GALILEO*

> *Ich muss es wissen!*
> ¡Debo saber!
> Brecht, *Galileo*

El año 1938 no fue particularmente optimista en cuanto al futuro. Fue el año de Munich, de la ocupación de Austria y Checoslovaquia, el que marcará la caída inminente de la República española. Y fue también el año fatídico que marcó el inicio de la era atómica.

En su diario, Brecht consignó el 23 de noviembre de 1938: "*Vida de Galileo* finalizada". Durante largo tiempo había estado pensando en esta obra; y antes de ese hito histórico había completado el primer borrador de lo que dio en llamar *¡Y sin embargo se mueve!* (*Die Erde bewegt sich*). De hecho estaba impresionado por las implicancias de los nuevos descubrimientos científicos. Con la intensidad y la curiosidad que caracterizaban sus trabajos preparatorios, comenzó a estudiar la naturaleza y las consecuencias de la nueva revolución en el campo de las ciencias físicas. A principios de 1938 consultó al profesor Moller, asistente de Niels Bohr, con quien entre otros asuntos discutió sobre los *Discorsi* de Galileo. Moller recordaba que

> surgían ciertas diferencias de opinión. Teniendo en cuenta que los *Discorsi* no hubieran sido escritos si Galileo no se hubiera

sometido a la Iglesia Católica muchos años atrás, yo consideraba este paso totalmente justificado. Sólo de esta forma podía librarse de la Inquisición. Sin embargo, Brecht opinaba que la retractación de Galileo de su teoría sobre el movimiento de la tierra en 1633 representaba una derrota que en los años que siguieron derivaría en un cisma entre la ciencia y la sociedad. Yo no podía entender su punto de vista y hoy en día, después de leer *Vida de Galileo*, todavía no lo entiendo, aunque eso no impide que la obra me conmueva profundamente.

Con su telescopio fijado en el horizonte histórico, no le llevaría mucho descubrir el significado de los cambios que se sucederían en el mundo. Reconocía que se iniciaba una nueva era. ¿Qué presagiaba este descubrimiento?

> En medio de una oscuridad que va envolviendo rápidamente a un mundo febril, rodeado de acciones violentas y de ideas no menos violentas, se expande una barbarie que irresistiblemente nos conduce hacia quizás la más grande y aterradora de las guerras de todos los tiempos; y es difícil para la gente que se encuentra en el umbral feliz de una nueva era adoptar una actitud adecuada. ¿No parece todo indicar que la noche va llegando a su fin y está despuntando una nueva era? ¿No deberíamos por lo tanto asumir una actitud apropiada con la gente que sigue hundiéndose en la noche?

¿Cómo hablar de una nueva era, prosigue Brecht, cuando los mismos términos como "nueva era" y "nuevo orden" han sido usurpados por los enemigos de la civilización con el propósito de enmascarar una barbarie y una explotación tan viejas como el mundo, pero mucho más terribles de lo que jamás se ha visto? "¿Deberíamos aferrarnos a los viejos tiempos? ¿Hablar de la Atlántida?" Sumido en la oscuridad, Brecht reflexiona y piensa en el futuro. ¿No sería mejor pensar en el día que acaba de pasar que en el que está por venir? ¿Es por eso que se interesa en una época de hace más de trescientos años, que vio florecer las ciencias y las artes? "Espero que no", agrega.

La civilización occidental parecía a punto de derrumbarse. Los conceptos de lo "nuevo" y lo "viejo" no estaban claros y las enseñanzas de los clásicos del socialismo parecían pertenecer al pasado. No obstante, Brecht insiste en hablar de una *nueva* era. En un poema en prosa, "Visiones", describe la llegada de lo Nuevo y lo Viejo: cómo lo Viejo, disfrazado de lo Nuevo, llega a duras penas con muletas guiando a lo Nuevo en procesión triunfal. Lo Nuevo está con harapos y cadenas, no obstante sus miembros resplandecen en esta podredumbre. Alrededor se escuchan gritos: "¡Aquí llega lo Nuevo! ¡Gloria a lo Nuevo! ¡Sea como nosotros, lo Nuevo! –gritos que serían más audibles de no ser tapados por el rugido de los cañones. Eso era el fascismo disfrazado de lo Nuevo.

Brecht no era de los que se sumergen en la historia con el propósito de olvidar el presente, pero consideró importante ocuparse del pasado histórico, principalmente debido a que Hitler y los nazis habían avanzado mucho en la reescritura de la historia, para distorsionarla y proclamar el éxito de las perversiones que le daban sustancia a su propia "misión" histórica. No se trataba sólo de la historia: todos los aspectos de la cultura estaban sujetos a revisión. El ganador del Premio Nobel, el brillante físico Philipp Lenard, había prohibido a Albert Einstein en la fraternidad de los científicos y estaba escribiendo un tratado en cuatro volúmenes sobre "física alemana" libre de influencias "judías".

Por lo tanto era necesario reconstruir el pasado histórico en relación a la verdad, liberarlo de interpretaciones místicas y racistas y redescubrir las poderosas fuentes del pensamiento progresista para establecer una continuidad en la tradición democrática militante. Brecht no fue el único que sintió esa necesidad. En el campo de concentración francés de Le Vernet, Friedrich Wolf escribía una obra histórica sobre Beaumarchais y los orígenes de la Revolución Francesa. Notorios novelistas como Thomas Mann, Heinrich Mann y Lion Feuchtwanger utilizaban las amargas experiencias del presente para profundizar su comprensión de la historia.

Era natural que Brecht intentara relacionar la gran revolución científica de ese momento con la que dio origen a la ciencia moderna y que está asociada con Galileo Galilei y sus *Discorsi*.

En cierto sentido, trabajaría en esta obra durante toda su vida. Hubo tres versiones: la primera fue finalizada en 1938; otra –en inglés– de 1946-1947; y la última, en alemán, en la que trabajó hasta el momento de su muerte. Previo a la primera versión completa, hubo numerosas anotaciones y bosquejos inéditos que sugieren una formulación distinta de las tres que le seguirían.

Una vez más debe destacarse que Brecht trabajaba en circunstancias desfavorables. Las perspectivas de publicación o de producción no eran halagüeñas. Esperaba que la obra fuera aceptada en Nueva York, pero también envió una copia al Schauspielhaus, el teatro de Zurich, donde permanecería durante cuatro años antes de ser producida. Brecht sería más afortunado con su experiencia estadounidense.

El *Ur-Galileo* (como podemos llamar al primer borrador de la obra) parecía haber sido pensado como una obra para "trabajadores". Como marxista, siempre fue consciente de la importancia de la ciencia para el futuro de las clases trabajadoras. A principios de los años 30 había asistido a una conferencia de reunión de Einstein explicando la nueva física. Brecht reconoció que una revolución científica es trascendente siempre y cuando conlleve importantes mejoras sociales. No todo lo etiquetado como "nuevo" significaba necesariamente una nueva sabiduría. Pensando en los nazis escribió:

> Con la nueva antena llegó la antigua locura
> pero la sabiduría se transmitía de boca en boca.

En la fase inicial de su composición, la obra sobre Galileo fue concebida casi en términos tradicionales. Galileo era visto como un científico revolucionario, un héroe, cuya retractación –seguida por el susurrado (y legendario) "Eppur si muove!"– no le resta méritos a su contribución al bien de la humanidad. En las primeras notas, Galileo mantiene un trato cercano con la gente del pueblo, en particular con los mecánicos, los artesanos y los ingenieros. No es una persona que se ubique por encima de los intereses comunes de los seres humanos. Tiene conocimientos sobre el trabajo de los astilleros, los hornos y las fundiciones; vive rodeado de artesanos, vidrieros, torneros y carpinteros. Le gusta recorrer los muelles y los astilleros observando cómo se utiliza una nueva polea o algún otro mecanismo que alivie el trabajo manual. Pero por sobre todo es un científico consciente de las angustias y las privaciones cotidianas y lo enfurecen la injusticia y la opresión.

> ¿Ha escuchado [pregunta] lo que dice la Casa de Nitti sobre el pueblo italiano?... Ellos le ordenan a la tierra que se detenga, a menos que sus posesiones corran peligro, y sus campesinos comienzan a pensar distinto... Nunca antes se le confió a una ciencia como la nuestra una misión semejante: forjar armamentos de razón para todo un pueblo contra sus opresores.

Ve en la Iglesia y en la autoridad papal sólo el interés de una clase dirigente; y se convierte en un guerrero contra el feudalismo utilizando las armas de la ciencia. Los cardenales discuten sus descubrimientos como si fueran "ejecutivos de un consorcio químico" enfrentados al nuevo producto de una empresa rival que amenaza su monopolio. Como vanguardista de una nueva idea, Galileo también desea difundir su verdad al exterior, incluso (luego de su retractación) ilegalmente. Por eso le confía esta misión a un amigo ceramista, que desafortunadamente no podrá llevarla a cabo.

Mientras escribía esta primera versión de la obra, Brecht cambió radicalmente su concepción sobre Galileo y su retractación. Con los problemas urgentes que había en ese momento, y con absoluta lucidez, Brecht se pregunta: ¿Cuál es la responsabilidad del intelectual frente al terror? La respuesta es: Difundir la Verdad. De acuerdo. Pero, ¿cómo difundir la Verdad en esas condiciones? Ilegalmente. Ya había descripto las cinco dificultades para hacerlo. *Galileo*, en la versión danesa concluida en 1938, es la respuesta dramática a las mismas preguntas.

> Como el ladrón
> que en una noche sin luna escudriña alrededor
> por miedo a la policía
> así es el que busca la verdad.
>
> Y como si se tratase de algo robado,
> sobre su hombro, temeroso
> de que una mano pueda allí apoyarse,
> lleva la verdad.

De esta manera —observa Brecht— Confucio, Lenin, Tomás Moro y otros pudieron introducir ilegalmente la verdad en territorio enemigo.

La obra fue escrita también para sus compatriotas emigrados, aun cuando estuvieran desunidos o fueran demasiado propensos a desesperarse. Se suponía que el propósito de la obra era hacerlos reflexionar acerca de la responsabilidad no sólo con sus vocaciones y profesiones sino también ante los millones de personas que, en última instancia, determinarían su supervivencia y la de los intelectuales por igual. Brecht comprendía que la sociedad burguesa tiende, con frecuencia exitosamente, a aislar al científico atrayéndolo hacia una "isla autárquica" donde pueda desarrollar sus investigaciones sin interferencias, para involucrarlo lentamente en su política, su economía y su ideología; creando el mito confortable y conformista de la vocación "pura", de una ciencia "pura" que permita manejarlos hacia otros fines menos puros. Siempre ha sabido utilizar la adulación, el dinero, los cargos, y a falta de todo eso, la fuerza, la proscripción y otras formas de coacción para lograr sus objetivos.

El Galileo que surge de la primera versión completa de 1938 no es ya el héroe socialmente consciente de los borradores preliminares. Todavía persisten algunos rasgos de heroísmo, pero su conexión con la gente se ha reducido. Lo que aparece, en cambio, es un "héroe" de ciencia, complejo, contradictorio, ambiguo, que pone en peligro su salud y sus bienes para seguir sus investigaciones, aun después de la retractación. Todavía está entusiasmado con la posibilidad de difundir sus ideas con la ayuda de un ceramista. Utiliza los medios prescriptos por Brecht para difundir la verdad bajo condiciones de terror: tener sabiduría para reconocerla; hacerla útil, elegir los medios apropiados y ser astuto para diseminarla. Llega hasta a predicar la sabiduría del silencio paciente para sobrevivir a los amos del terror. Sin embargo, duda sobre la forma de lograr que su manuscrito atraviese las fronteras subrepticiamente. En una memorable escena hacia el final de la obra, el ceramista, que ha mediado entre Galileo y el mundo exterior, reaparece con el pretexto de reparar una de las chimeneas, pero en realidad lo hace para devolverle uno de los manuscritos. Entonces le susurra al científico semiciego:

> Nos siguen el rastro. Villagio ha sido arrestado... Es la tercera vez que me siento obligado a devolverte este libro...

GALILEO (agitado). ¿Dónde lo pondré?
CERAMISTA: Abierto, sobre la mesa.

Pero el problema crucial es, obviamente, la retractación. ¿Cómo justificarla? En un primer momento Brecht pensó en utilizar la retractación como un subterfugio de Galileo para poder continuar con su trabajo y su difusión. Una breve nota sugiere que Galileo cedió ante la Inquisición porque sintió que tanto su vida como su trabajo corrían peligro. Si sólo su vida hubiera estado en juego (le confiesa a su alumno Andrea Sarti), su rechazo hubiera sido despreciable. Sin embargo, pensándolo detenidamente, Brecht rechazó esta idea. No quería dar la impresión de que la retractación era un acto premeditado y astuto cuyo propósito era salvaguardar los descubrimientos de Galileo. En la versión completa, por lo tanto, Galileo le confiesa a Andrea que fue sólo el miedo a morir lo que precipitó la retractación.

> Inmediatamente después de mi juicio [dice Galileo], cierto número de personas que me conocían de antes me trataban con cierta indulgencia, debido a que me atribuían toda clase de intenciones altruistas. Las rechacé a todas... Luego de considerar cuidadosamente las circunstancias, las más agotadoras así como el resto de ellas, sólo se puede concluir que frente a la muerte un hombre no tiene otra posibilidad que entregarse... Sólo la amenaza de muerte hace que un hombre se desvíe de aquello hacia lo que su intelecto lo ha conducido; este es uno de los dones más peligrosos que nos dio el Todopoderoso.

Cuando Andrea protesta, citando el valiente desafío de Galileo a la plaga, éste le contesta: "Oh no, la plaga no es tan letal".

> La ciencia [continúa Galileo] está en el mismo bote que la humanidad. La ciencia no puede decir, ¿qué será de mí si el bote se hunde? Lo mismo sucede con la razón... que es algo en lo que todos los hombres participan... Cuando la mano que alimenta, en un momento determinado y sin previo aviso lo toma por el cuello, el hombre debe cortarla. Por eso es que la ciencia no puede permitir que un hombre como yo continúe entre sus filas.

No obstante, le confiesa a Andrea, él se ha mantenido activo como científico, ya que "su carne es débil". Ha escrito otro libro, los *Discursos sobre dos nuevas ciencias*; y como zorro astuto Galileo le sugiere a Andrea que evite que las páginas de su manuscrito caigan en manos equivocadas, a fin de que los lectores ignorantes de los argumentos de la Inquisición no extraigan falsas conclusiones. Andrea guarda el manuscrito en su bolsillo. Y Galileo concluye:

> Estoy convencido de que esta es una nueva era. Si tiene la apariencia de una maldita prostituta, entonces el nuevo tiempo tendrá esa apariencia. El amanecer le sigue a la oscuridad más cerrada. Mientras que en algunos lugares se hacen los grandes descubrimientos que darán a la humanidad mayor bienestar, el resto del mundo sigue sumido en la oscuridad. Es más: la oscuridad se intensifica en estos lugares. ¡Ten cuidado cuando atravieses Alemania con la verdad bajo tu abrigo!

Antes de completar la primera versión, Brecht tenía muchas dudas sobre la obra. Por un lado sentía que traicionaba sus principios estéticos del teatro épico, y por lo tanto parecía "oportunista". Por otro lado, también tenía dudas respecto de las interpretaciones sobre la retractación y la necesidad de clarificar el papel del científico en épocas de crisis, teniendo en cuenta los descubrimientos que se estaban haciendo.

> Antes de la guerra [escribió] experimenté escuchando la radio una escena verdaderamente histórica. El Instituto de Física de Niels Bohr de Copenhague concedió una entrevista relativa a un descubrimiento relacionado con la fisión del átomo. Los físicos entrevistados dijeron que se había descubierto una nueva y enorme fuente de energía. Cuando el entrevistador preguntó sobre la posibilidad de utilizar estos experimentos, le contestaron: "No, todavía no". Así, con un tono de profundo alivio el entrevistador dijo "¡Gracias a Dios! Creo que la humanidad todavía no está lista para aprovechar esta fuente de energía".

Era obvio, agrega Brecht, que lo primero que se les ocurrió fue la industria de la guerra. Los grandes descubrimientos sólo podían representar una amenaza aún más directa para la humanidad, de manera que "prácticamente cada nuevo invento es festejado con un grito de triunfo, que inmediatamente se transforma en un grito de horror".

Con su autorización, Brecht cita el discurso de Albert Einstein en ocasión de la Feria Internacional de Nueva York en 1939, donde aclara que los logros científicos y técnicos del hombre habían superado su capacidad de planificar acertadamente en el campo de "la producción y distribución de bienes", y que por eso vive tan aterrorizado ante un colapso económico como ante la guerra actual.

Al crear la figura de Galileo, Brecht hizo aparecer en la obra y en el personaje una premisa moral delicada: Si el problema de la supervivencia no involucra un problema de cobardía moral. El mismo Brecht había luchado contra este problema. Le concernía no sólo a él como sobreviviente sino también a los cientos y miles de compatriotas que permanecieron en Alemania y se vieron forzados a refugiarse en la marginalidad, a la espera de "mejores oportunidades", o los que se recluyeron en algo que se dio en llamar "emigración psíquica". Y volvió repetidas veces sobre esta pregunta. En una de esas anécdotas aforísticas donde un hombre llamado Keuner representa el alter ego del escritor, éste se plantea las actitudes a adoptar ante la violencia y la fuerza. De acuerdo con el relato, Keuner se dirigía al público atacando a la violencia, cuando de repente vio que sus espectadores retrocedían y desaparecían. Al mirar a su alrededor, la Violencia está parada frente a él. "¿Qué dijo usted?", le pregunta la Violencia. "Estaba hablando a favor de la Violencia", contesta Keuner. Posteriormente, sus alumnos le preguntan a Keuner por su "espinazo". "No tengo espinazo para ser quebrado. Debo vivir más que la Violencia." Esto es seguido por una anécdota citada por Galileo en defensa de su silencio.

Estas cuestiones llevaron a muchos estudiosos de Brecht a hacer diversas interpretaciones sobre sus actitudes morales. ¿Acaso estaba propugnando el oportunismo? ¿Galileo era una encarnación del propio Brecht, que había escapado del terror? El biógrafo de León Trotsky, Isaac Deutscher, piensa que Brecht escribió la obra bajo el impacto de los grandes juicios soviéticos del período 1936-1938:

> Brecht estaba relativamente de acuerdo con el trotskismo y le impactaron las purgas; pero no podía romper con el stalinismo.

> Lo apoyó con grandes dudas, como lo hicieron aquellos que capitularon en Rusia, y lo expresó a través de la figura de Galileo Galilei. Fue a través del prisma de la experiencia bolchevique que vio a Galileo arrodillándose ante la Inquisición como si se tratara de una "necesidad histórica", debido a la inmadurez espiritual y política del pueblo. El Galileo de su drama es Zinoviev, o Bujarin o Rakovsky con vestuario histórico…

Las conjeturas de Deutscher no pueden probarse absolutamente, así como no se puede afirmar que Brecht "estaba de acuerdo con el trotskismo". Pero siguió con mucho interés los juicios. Walter Benjamin, que se veía con Brecht frecuentemente en 1938, señala su interés por las ideas de Trotsky, pero también hace notar que Brecht creía que había en la Unión Soviética "camarillas criminales" trabajando para socavar al régimen. Reconocía que el régimen constituía una dictadura *sobre* el proletariado que él creía necesaria para producir una reconciliación entre el proletariado y el campesinado. Pero también pensaba que los logros de Stalin eran significativos y dignos de un tributo poético. Evidentemente vio algo dramático en los juicios. Hasta puede suponerse que halló ciertas analogías entre las retractaciones de los acusados y la de Galileo. Por ejemplo, la confesión de Nikolai Bujarin sobre sus crímenes, su confesión respecto de su desdoblamiento interior –"un día escribía glorificando la construcción socialista y al día siguiente la refutaba mediante la práctica de actos criminales"–, puede soprender debido a las afinidades con el propio final de autocastigo de Galileo, así como por la calidad de su autoanálisis. En cuanto a las "ideas" involucradas, el análisis de Brecht y el de Bujarin son polos opuestos. Bujarin está dispuesto a renunciar a sus propias creencias (las de la "derecha"); Galileo, en cambio, desea que las suyas se conviertan en universales. Galileo condena su propia capitulación.

De la misma forma en que la versión de 1938 tomó un nuevo significado a partir del impacto de la fisión del átomo, años después la versión estadounidense de 1945 se vio afectada por las consecuencias acarreadas por la utilización del poder atómico durante la guerra. Brecht se encontraba en Hollywood y había comenzado a trabajar en la versión al inglés, con la colaboración del actor Charles Laughton, hacia fines de 1944.

Para ir redondeando la historia de las versiones de *Galileo*, es necesario romper la estricta secuencia cronológica que hemos estado siguiendo.

El 6 de agosto de 1945 una bomba atómica estadounidense destruyó la ciudad japonesa de Hiroshima y mató a miles de personas.

La "era atómica" [escribió Brecht] hizó su debut en Hiroshima en medio de nuestro trabajo. De la noche a la mañana la biografía del fundador de la física moderna tuvo que ser leída de otra forma. El efecto infernal de la bomba proyectaba el conflicto entre Galileo y las autoridades de su época bajo un luz nueva y más aguda. Simplemente tuvimos que hacer unos pequeños cambios, pero ninguno estructural.

Carece de importancia adentrarse en las diferencias entre la primera y la segunda versión. El cambio más importante se dio en el tema de la retractación. Brecht mismo resume el cambio:

En la primera versión de la pieza, la última escena era diferente. Galilei había escrito sus *Discorsi* en el mayor de los secretos. Cuando recibe la visita de Andrea, su alumno favorito, le encarga que lleve su libro al extranjero pasándolo subrepticiamente a través de la frontera. Su retractación le ofrecía la posibilidad de hacer un trabajo fundamental. Era sabio.

En la versión californiana, Galileo interrumpe los elogios de su alumno y le demuestra que la retractación fue un crimen y que no puede compensarse con el trabajo, no importa cuán importante sea.

Si a alguien le interesa, esta es también la opinión del dramaturgo.

Aquí, al igual que en la versión final alemana, se eliminan las ambigüedades. Galileo es el científico e investigador voraz a quien la búsqueda de los secretos de la naturaleza despierta la misma pasión que la buena comida o las buenas cosas que lo rodean. Es inescrupuloso en lo que se refiere a la investigación. Es capaz de atribuirse la invención de un catalejo holandés con el fin de aumentar sus magros ingresos. Pero es un magnífico maestro, como se advierte desde la primera escena cuando introduce a su joven alumno Andrea Sarti en la nueva astronomía. Es un intelecto descomunal, insaciable y ambicioso en cuerpo y alma; extremadamente interesado en transmitir su saber a las legiones de hombres y mujeres guiados por la superstición. Por eso escribe sus *Discorsi* en italiano y no en latín. Está situado en la frontera entre dos edades, y él lo sabe.

En una de sus declaraciones más nobles (y también de Brecht) rinde homenje a la nueva era:

> Durante dos mil años la humanidad creyó que el sol y las estrellas del firmamento giraban alrededor de ella. El Papa, los cardenales, los príncipes, los eruditos, los capitanes, los mercaderes, las verduleras y los colegiales creían que se sentaban inmóviles en este globo de cristal. Pero ahora hemos iniciado un largo viaje, Andrea. Ya que los viejos tiempos han quedado atrás y esta es una nueva era. Desde hace un siglo la gente ha estado esperando algo…
>
> Existe un gran apetito por explorar las causas de todas las cosas: por qué cae una piedra cuando se la suelta, y por qué se eleva cuando se la arroja al aire. Todos los días se descubre algo nuevo. Aun los que tienen cien años dejan que los jóvenes les griten las novedades a los oídos…
>
> Y donde la creencia reinó durante mil años ahora prevalece la duda. Todo el mundo dice: "Sí, está escrito en los libros; pero queremos verlo por nuestra cuenta"…
>
> Yo predigo que en nuestros días se hablará de astronomía hasta en los mercados. Hasta los hijos de las verduleras correrán a la escuela… Siempre se ha dicho que las estrellas están fijas dentro de esferas critalinas que evitan que éstas caigan. Pero ahora nos hemos armado de valor para dejarlas circular por el espacio ilimitado, y ellas siguen su propio curso, como nuestros barcos, sin detenerse y a toda máquina. Y la tierra gira alegremente alrededor del sol; y las verduleras, los mercaderes, los príncipes y los cardenales y hasta el Papa giran junto con ellas.

La obra se desarrolla en quince escenas, desde 1609 hasta 1637. Seguimos los descubrimientos revolucionarios de Galileo paso a paso. El 10 de enero de 1619, alardea ante su amigo Sagredo: "La humanidad escribirá en su diario: los cielos fueron abolidos". Ha descubierto que la luna es como la tierra, que no tiene luz propia y que ambas reciben su luz del sol.

Le apasiona creer en el hombre y en la razón: "Si no creyera en esto –dice– no tendría fuerzas para levantarme a la mañana". El "suave balanceo" de la razón representa para él un impulso irresistible y uno de los mayores placeres. Amante de la buena comida y despreciativo con los incapaces de tener un buen pasar, contrariando los consejos de su amigo, Galileo se confía al Duque de Florencia con la esperanza de que sus teorías sean aceptadas en esa ciudad. Pero aunque el principal astrónomo del Vaticano las confirma, los intereses creados de la Iglesia reconocen de inmediato las peligrosas implicancias de estas nuevas teorías. Ni la peste que castiga la ciudad consigue que Galileo abandone sus investigaciones. Entretanto, la Inquisición ha puesto en el Index las teorías de Copérnico. Y Galileo también es silenciado. Cuando se retira a Florencia, se dedica a la física y, a hurtadillas, a la astronomía.

El ascenso al papado del Cardenal Barberini, amigo y matemático, reaviva las esperanzas de Galileo. Pero se desengaña rápidamente. La Inquisición es más fuerte incluso que el Papa. Y Galileo, cuyas investigaciones son conocidas y comentadas, es obligado a retractarse y confesar sus errores bajo amenazas de tortura. El Papa acepta de mala gana. El 22 de junio de 1633, Galileo se retracta mientras sus alumnos –Andrea Sarti, el pequeño monje, el pulidor de lentes Federzoni– aguardan con desconfianza. El sonido de las campanas proclama las malas nuevas y en cuanto aparece Galileo, Andrea exclama con angustia: "Pobre del país que no tiene héroes"; a lo que Galileo responde: "Pobre del país que necesita héroes". Cuando pasan los años, ya medio ciego aunque fingiendo que ve aún menos, es prisionero de la Inquisición y mantenido bajo los cuidados de su piadosa hija Virginia, mientras continúa escribiendo sus *Discorsi*, que oculta dentro de un globo terráqueo. Su discípulo Andrea Sarti, ahora un científico maduro, va a visitarlo; y al enterarse de la existencia de los *Discorsi* se arrepiente de lo que ha dicho: ahora entiende el propósito de la retractación. ¡Fue un pretexto! Galileo rechaza esta idea. No, le dice, soy un criminal que podría haber hablado a tiempo sin temor a represalias; pero he traicionado tanto a la ciencia como a la humanidad. Y le entrega los *Discorsi* a Andrea para que los saque de Italia.

Para muchos críticos, incluyendo a quien esto escribe, *Vida de Galileo* representa la cumbre de Brecht, aunque él tenía muchas reservas sobre la obra. Sentía que, como *Los fusiles de la señora Carrar*, la pieza representaba un desvío del estilo épico y que era "oportunista", considerando que fue escrita para una ocasión especial: había sacrificado el elemento crucial de "Verfremdung". La utilización de material histórico produjo efectos impensables en *Santa Juana de los Mataderos*, por ejemplo. Brecht creía que *Galileo* no se prestaba a recursos tales como los discursos al público o canciones al margen del contexto central. Pero lo que posiblemente le molestara más es que la pieza tendía a provocar más empatía de la que él deseaba.

Es difícil pensar que un hombre con la imaginación teatral y poética de Brecht no hubiera resuelto estos problemas en términos épicos puros, si así lo hubiera deseado. De hecho el material, al parecer, sólo podía asumir esta forma. Que por momentos la obra contradiga su teoría es una desgracia con suerte, lo mismo que el hecho de que la teoría esté tan magníficamente desarrollada en *Santa Juana de los Mataderos* fue en parte resultado del azar. Pero ambos trabajos tienen su propia integridad y grandeza artística, y cada uno de ellos es Brecht puro.

A decir verdad, *Galileo* conserva mucho del espíritu épico: las escenas son independientes, autárquicas, aunque se encuentren sutilmente relacionadas. Cada una representa un episodio. Pero hay una estructura dramática a lo largo de la obra con una fuerte impronta arquitectónica. El himno a la nueva era, en el comienzo, se equilibra con la triste confesión en el final. En la parte central hay dos escenas sobresalientes: la conversación con el "pequeño monje" y la ceremonia en la que visten al Papa. La primera se equilibra con la del dictado de Galileo al "pequeño monje" de una carta repudiando sus palabras condenando la opresión y la injusticia. No siempre se ha destacado lo suficiente la habilidad del remate de la mayoría de las escenas con una frase de extrema efectividad.

Sería torpe acusar a Brecht de violar la exactitud histórica, cosa habitual en Shakespeare o en Schiller. Tambien sería ingenuo utilizar la obra como una puerta de entrada a las profundidades de la "ambivalencia" inconsciente de Brecht. Uno lee la obra o asiste a su representación no para encontrar el pasado histórico sino una reinterpretación del pasado y de una figura histórica con la mirada del presente. Brecht no es más "objetivo" que Shakespeare, pero tampoco menos "objetivo" que los historiadores. Se dirigía al presente y le interesaba destacar el daño provocado por un intelectual cuando traiciona su responsabilidad ante la ciencia y el mundo.

Pero ¿se habrían escrito los *Discorsi* si Galileo no se hubiera retractado? ¿El mundo habría obtenido algún beneficio con su martirio? Preguntas fútiles. Brecht creía que los *Discorsi* habrían sido escritos de todas formas; si no era Galileo lo hubiera hecho otro gran científico, quizás mucho después. Pero lo que afirma Brecht es que la retractación de un hombre de la estatura y la influencia de Galileo no podía menos que asestar un duro golpe a los intereses de la libre investigación y, lo que es más importante, a los intereses de la gente en su totalidad. Y en ese sentido estaba completamente en lo cierto.

Brecht insistía en que no se trata de una tragedia, ni de la tragedia de un hombre. Se trata del estudio de las consecuencias nefastas de las acciones de un hombre sobre la mejor parte de la humanidad. Galileo estaba íntimamente relacionado con ellos: gente como el tallador de cristales Federzoni, que no puede leer latín (entonces Galileo escribirá sus obras en italiano) pero que comprende bien lo que está haciendo Galileo; el "pequeño monje" que es intimidado por el decreto de la Iglesia pero no puede resistir la atracción del conocimiento; el realista Vanni, fundidor de hierro, que advierte a Galileo sobre el desastre inminente, y el brillante estudiante Andrea Sarti, por no mencionar a la madre de Sarti, la valiente y esperanzada ama de llaves. Esa es la "gente" a la cual Galileo al traicionar su ciencia traiciona no menos que a los científicos, quienes en el momento de la retractación abandonan sus escritos en un cajón del escritorio.

Pocas escenas en toda la obra de Brecht pueden equipararse por su altísima calidad a aquella en la que el cardenal Barberini, ahora Papa, está siendo vestido. El implacable y terrorífico inquisidor presiona a Barberini para que ordene la presencia de Galileo ante sus pies. Con cada atuendo que le van poniendo, el Papa va cediendo un poco, hasta que es persuadido de que bastará sólo con mostrarle a Galileo los instrumentos de tortura. En el exterior se oye el ruido simbólico de innumerables pasos de incontables generaciones que juzgarán las acciones del Papa en el futuro.

En cuanto a la preocupación de Galileo por sus *Discorsi* hacia el final de su carrera, debe ser vista no como un testimonio de su coraje (como en la primera versión) sino como un vicio de autoindulgencia. Él no puede ayudar más de lo que haría degustando un ganso bien cocido. Su saber es mejor que sus acciones. Sabe, como le dice a Andrea en la escena final, que es responsabilidad del científico aventar las nubes de la superstición y la ignorancia y así "aliviar la carga de la humanidad". No necesita a los científicos que, intimidados por el poder, se contentan "acumulando conocimientos sólo por el placer del conocimiento" y convierten a la ciencia en un lisiado y sus inventos en nuevos medios de opresión.

> A su debido momento [dice] podrás descubrir todo lo que deba ser descubierto y, no obstante, tu progreso será sólo un progreso distanciado de la humanidad. El golfo entre tu persona y la humanidad puede hacerse tan grande que tus gritos de triunfo ante un nuevo logro sólo podrán ser contestados por un grito de horror universal.

Él ha tenido, continúa diciendo, la rara oportunidad de ver a la astronomía acercarse a los "mercados". Todo lo que se necesitaba era la "firmeza y la resolución de un hombre", que hubieran producido resultados sorprendentes. Tal como sucedió, él no corrió peligro alguno. Fue lo suficientemente fuerte en ese momento como para ganar.

> He entregado mis conocimientos a los poderosos para que los usaran, no los usaran o abusaran de ellos según convenga mejor a sus propósitos.

Ha traicionado su vocación y no desea integrar más las filas de la ciencia. Sí, está comenzando una nueva era, le dice a Andrea.

> Ten cuidado cuando atravieses Alemania con la verdad bajo tu abrigo.

Brecht, de hecho, está haciéndose eco de las amargas palabras de Andrea en el momento previo a la retractación:

> Mucho es lo que se gana cuando un hombre se pone de pie y dice ¡No!

Con el objeto de satisfacer su pasión por el conocimiento, Galileo ha sacrificado muchas cosas; entre ellas la felicidad de su hija. Esta pasión, resumida en las palabras *Ich muss es wissen*, queda doblegada ante necesidades más terrenales. Galileo firma su propia muerte moral cuando abandona a la gente a la explotación por sus superiores y le dicta a su hija una carta aprobando la supresión de los cordeleros: "Denles más sopa, pero no más salario". Y es el mismo hombre que en una oportunidad le dijera al "pequeño monje":

> Veo la paciencia divina de tu gente, pero ¿dónde está su furia divina?

y que agregara:

> La verdad sólo prevalece en la medida en que la hagamos prevalecer. La victoria de la razón sólo puede ser la victoria de los que tienen razón.

Este es el hombre que le dijo al "pequeño monje", hijo de pobres campesinos:

> No se trata de los planetas sino de los campesinos... ¿Sabe cómo produce sus perlas la ostra margaritífera? Poniendo en peligro su vida, envuelve un cuerpo extraño insoportable –un grano de arena– dentro de una bola de limo... Por eso, ¡al diablo con la perla! Yo prefiero la ostra sana.

IV
SOBRE HÉROES Y GUERRAS: *LUCULLUS* Y *MADRE CORAJE*

> *¿Quién construyó Tebas, la de las siete puertas?*
> *En los libros están los nombres de los reyes*
> *¿Los reyes arrastraban los bloques de piedra?*
> *(...)*
> *El joven Alejandro conquistó la India.*
> *¿Él solo?*

César derrotó a los galos.
¿Ni siquiera llevaba un cocinero consigo?
Felipe de España lloró
cuando se hundió su armada. ¿Nadie más lloró ese día?
(...)
Cada página una victoria.
¿Quién cocinaba el festín?
Cada diez años un gran hombre.
¿Quién pagaba los gastos?

A tantos informes
tantas preguntas. [J.H.]

Brecht, "Preguntas de un obrero que lee"

Siempre que tenía oportunidad de hablar en contra de la guerra, posibilidad que iba disminuyendo, Brecht lo hacía. Así como en el caso de Galileo la historia le había servido para subrayar la responsabilidad del intelectual, ahora le proveyó la materia prima para dar forma a sus advertencias contra la guerra inminente. Compuso la obra radiofónica *El proceso de Lucullus* y *Madre Coraje y sus hijos*.

El proceso de Lucullus fue escrita en 1939 y transmitida por Radio Berna de Suiza en 1940. Durante cientos de años la imagen de Roma había sido la de la gloria imperial y el heroísmo guerrero. Los libros de colegio celebraron ininterrumpidamente los triunfos de los generales y emperadores romanos. Al mismo Brecht siempre le había atraído la historia de Roma. En esa época estaba bosquejando una obra sobre Julio César, a la cual le vio posibilidades de ser producida en París. La obra nunca se materializó, pero años más tarde originó una novela histórica, *Los asuntos del señor Julio César*. En este momento Brecht leía las historias de Suetonio y Dion Casio, así como otras más modernas.

Para esta obra radiofónica eligió al general romano del siglo I d.C. Lucullus, un comandante militarmente muy exitoso (siguiendo el punto de vista tradicional, uno se olvida de los miles de legionarios masacrados), pero también sibarita y *bon vivant*, celebrado por la historia por sus virtudes culinarias. Según la tradición, también introdujo en Europa el cerezo, originario de Asia. Se trata de una pieza de una simplicidad y economía que hoy se reconocen como proverbiales. La obra describe el proceso del difunto general Lucullus a las puertas de las regiones infernales, donde se determinará si se lo enviará al Hades o se le permitirá acceder a los Campos Elíseos. Parcialmente rimada, el resto está escrito en verso blanco conversacional, con coros, pregoneros, heraldos y otros personajes: acusadores, defensores, juez y jurado, así como el pueblo en general que nos informa sobre los logros y los crímenes del guerrero.

La cuestión a decidir es la siguiente: ¿Ha causado más mal que bien? ¿Su vida ha sido útil para la humanidad? Seguimos al cortejo fúnebre a medida que acompaña a Lucullus a su última morada. Los esclavos cargan un pesado friso donde están representadas sus campañas y que servirá de monumento en su sepulcro. Al llegar a la tumba se escucha una voz apagada que ordena al cortejo detenerse. El general se debe presentar personalmente, atravesar el umbral de su tumba y esperar junto a los otros para ser juzgado. Mientras aguarda en la fila, indignado por un trato al que no está acostumbrado, una anciana que está antes que él le asegura que todos tienen que pasar por lo mismo: deben ser juzgados antes de ser admitidos en los Campos de los Benditos. Después de ella es el turno de Lucullus.

Ahora se encuentra ante el Altísimo Tribunal del Reino de las Sombras, presidido por el Juez de los Muertos y con un jurado de sombras, compuesto por los que en su pasada vida terrenal fueron un granjero, un maestro de esclavos, una pescadora, un panadero y una cortesana. Se le solicita a Lucullus que presente a su defensor, pero cuando propone a Alejandro de Macedonia como el más adecuado para testificar su valía, se le informa que no hay ningún Alejandro ni nadie que se le parezca en los Campos Elíseos. Desesperado, Lucullus sugiere que se llame a declarar a las figuras que se hallan en el friso triunfal, y así aparecen el rey asiático a quien ha conquistado, la reina, muchachas portando tablas donde se leen los nombres de las cincuenta y tres ciudades arrasadas por el romano, esclavos transportando un ídolo de oro capturado junto con prisioneros. Cada uno es interrogado hasta que la pescadora pide la palabra. Dice que oyó hablar de oro, pero que nunca lo vio en la pescadería. "Aunque no trajiste nada a nuestros mercados —continúa la vendedora—, sin embargo te llevaste a nuestros hijos."

Lucullus protesta: ¿Cómo esta mujer puede juzgar la guerra si ni siquiera la entiende? La mujer le responde:

Yo la entiendo. Mi hijo
murió en la guerra.

Ella continúa diciendo que al oír que los barcos provenientes de Asia estaban llegando al puerto, corrió hasta allí y esperó, pero su hijo no apareció jamás, y como tomó frío en esos parajes ventosos, enfermó, murió y descendió al Reino de las Sombras, donde siguió clamando por su hijo Faber pero nunca tuvo respuesta. Un portero le aseguró que había muchos con ese nombre, pero que allí ya no lo tenían: sus nombres sólo les sirvieron para enrolarse en el ejército. Allí abajo ni siquiera desean hablar con sus madres, "ya que fueron las que les permitieron ir a guerras sangrientas". ¿No está entonces calificada para hablar de guerra? El Juez de los Muertos anuncia: "El tribunal reconoce que la madre del soldado caído puede juzgar la guerra".

Lucullus está en problemas. El tribunal lo insta a citar a alguien que pueda hablar de sus debilidades. El panadero llama al cocinero del friso. Ese hombre tiene cara de felicidad y está dispuesto a testificar. El cocinero informa que el general, siendo un conocedor, le dio vía libre para utilizar sus talentos. En el friso le permitió estar junto al rey. "Por eso lo considero humano", dice. Lucullus tiene otra buena acción para citar. El granjero del jurado señala en el friso un árbol. Es el cerezo que trajeron triunfalmente de Asia y plantaron en las laderas de los Apeninos. El granjero está exultante e inicia con Lucullus una conversación deliciosa:

EL GRANJERO: Necesita poca tierra.
LUCULLUS: Pero no puede tolerar el viento.
EL GRANJERO: Las cerezas coloradas son más carnosas.
LUCULLUS: Pero las negras son más dulces.

El granjero se dirige al juez y al jurado:

Amigos, entre todo lo que conquistó
en tantas guerras sangrientas

esto es lo mejor. Ya que esta planta
nueva y amistosa, se suma a la vid
y a otros arbustos frutales,
y creciendo con las nuevas generaciones
les da frutos. Y te felicito por habérnosla traído.
Cuando todo el botín de guerra
de las Asias se haya enmohecido,
éste, el más bello de tus trofeos,
se agitará en el viento en las laderas,
renovado en cada primavera, las ramas cubiertas de flores blancas.

Pero no es suficiente para exonerar a Lucullus. Para la conquista del cerezo hubiera bastado con un solo hombre. ¿Era necesario que enviara a ochenta mil al Reino de las Sombras? El juez y el jurado se retiran y la obra termina. Pero nosotros conocemos el fallo inminente.

El concepto de "heroísmo" es útil para la comunidad, pero justamente en eso ha fallado Lucullus. Nuevamente, como en *Vida de Galileo*, los elocuentes acusadores no son los potentados de este mundo, ni los del más allá, sino tan sólo la gente común: la vendedora de pescado y el granjero.

La vendedora termina comprendiendo tardíamente la naturaleza de la guerra. ¿Cuándo –se pregunta Brecht horrorizado– los seres humanos comprenderán cuáles son sus intereses más preciados? Esa es la pregunta que formuló sin responder en *Madre Coraje y sus hijos*.

En esta obra, ya no nos encontramos en el período heroico de la Roma imperial ni en el Renacimiento, sino en una oscura etapa de la historia alemana conocida como la Guerra de los Treinta Años, que va desde 1618 hasta 1648, y que atrasó al país en siglos. Tanto en lo cultural como en lo moral y económico, este episodio significó el punto de mayor decadencia en la historia alemana; una época en la que los monarcas depredadores, católicos y protestantes, saquearon al país dejándolo en ruinas. Este período tuvo sólo una consecuencia beneficiosa: *Simplicissimus*, de Hans Jakob Christoffel Grimmelshausen. La obra apareció en 1669, cinco años después de la muerte de su autor, y es el más valioso y vívido documento de esos tiempos de horror. A través de los ojos del vagabundo que da el título al libro, Grimmelshausen ofrece una descripción de la devastación y el horror de esos días "empapados de guerra, fuego, robo, saqueo y violaciones". Posteriormente escribió *El cocinero mayor y la vagabunda Courashe,* que fue un antecedente directo de la obra de Brecht. Se trata de un escritor notoriamente adelantado a su época, cuyos libros son una reflexión no sólo sobre las bestialidades y crueldades de la guerra, sino también sobre la naturaleza del hombre y sus creencias, sobre la tolerancia y la obstinación, el bien y el mal. Por momentos se aproxima a la herejía, por ejemplo en su admiración explícita por los anabaptistas y los hutteritas*. Grimmelshausen estaba particularmente preocupado por las costumbres de este mundo y su gobierno a cargo del Supremo Dirigente de las Alturas. Era un cristiano verdaderamente liberal, y utilizaba un lenguaje directo y terrenal, brutal y efectivo tanto en los capítulos más elevados como en los más obscenos.

La Courashe de Grimmelshausen es el complemento de Simplicissimus (a quien ella encuentra y por desgracia infecta), una Moll Flanders alemana. Hija ilegítima de un conde, se abre paso entre las guerras, vive toda clase de aventuras, es pícara y sensual, roba, engaña, pelea como un soldado, se prostituye, se convierte en cantinera y finalmente se hace gitana.

Brecht está más en deuda con Grimmelshausen por el tratamiento de la atmósfera de la época que por los incidentes específicos. *Madre Coraje y sus hijos* es la historia de una cantinera con su carromato durante los años de la guerra (1624-1636). La Guerra de los Treinta Años ya ha comenzado cuando Anna Fierling, a quien llaman Coraje, hace su aparición con sus tres hijos de diferentes padres: Eilif, Schweizerkas y la muda Kattrin. Los dos varones tiran del carromato. Durante las doce escenas de la obra, dispares siguiendo el estilo "histórico", hay tres elementos conectores que aparecen del principio al fin: la guerra (principal protagonista), el carromato y Madre Coraje. Ella es ante todo una mujer de negocios y vive de la guerra. En este entorno sombrío y descontrolado de destrucción, tanto de vidas humanas como de bienes, la fortuna de Coraje fluctúa: flaquea ante promesas de paz y aumenta en plena guerra. Entre tantas aventuras, se le unen varios personajes: una prostituta, Yvette Pottier —para quien la guerra es una bendición del cielo—, el capellán y el cocinero del comandante sueco. Pero hacia el final se queda sola y pierde a sus tres hijos, así como a su compañero, el cocinero. La desolación de las escenas finales muestra a los únicos gana-

---

* Miembros de la confraternidad hutteriana, secta anabaptista que recibió su nombre del líder carismático Jacob Hutter. *[N. del T.]*

dores de la guerra: la Guerra misma y los que la promueven en su propio beneficio. Madre Coraje, como símbolo de la gente común que permite que otros hagan la guerra –tan agotada como el mismo paisaje desolado que la rodea–, se coloca el arnés de su carromato y vuelve a ponerse en marcha, dispuesta a recuperar su destino.

Los personajes son superados por circunstancias históricas que no comprenden, y Madre Coraje es el ejemplo de esa ceguera. En una lucha tan desigual, las virtudes de la gente precipitan su ruina. Por ejemplo, su valiente hijo Eilif desea unirse al ejército y es felicitado por el comandante sueco por el acto "heroico" de robar ganado. Pero cuando repite la misma acción en tiempos de tregua o paz, es llevado ante una corte marcial. Schweizerkas, el otro hijo, muere por ser excesivamente honesto (y no muy despierto): rehúsa entregar los fondos al enemigo y es ejecutado. Kattrin, la niña muda que se transforma en víctima patética de los soldados, cae por su amor a los niños. Y Madre Coraje sufre las consecuencias tanto por su visión para los negocios como por su intrepidez inquebrantable.

Pero igual que *Galileo*, esta no es una obra sobre personajes sino sobre una situación histórica y su repercusión en los seres humanos. Una vez más, se presenta un hecho histórico con el fin de iluminar la escena contemporánea. El "heroísmo" de la guerra es desenmascarado, aunque no a través de sus dirigentes. Ninguno de los comandantes (con una sola excepción) aparece en escena; ni el Conde Tilly, del lado católico, ni Gustavo de Suecia por el de los protestantes. El "heroísmo" de los grandes y los pequeños, así como la naturaleza de la guerra, se revelan a la audiencia a través del hombre común.

El carácter mercenario de la guerra surge a la luz a través de las patéticas y desesperadas actividades de Madre Coraje. Deja que el reclutador se lleve a Eilif mientras ella regatea el precio de una hebilla con un soldado. Pierde a Schweizerkas mientras negocia el precio de la liberación de su hijo. Y al final pierde a Kattrin por haberse ido en viaje de negocios a la ciudad. Para salvar su carromato y su vida, la obligan a no reconocer el cadáver de su propio hijo Schweizerkas.

Resulta casi paradójico insistir en que más allá del entorno de violaciones, brutalidad y ruina, lo que domina la obra es una comicidad patética que contrasta con la tragedia que la atraviesa. Pocas veces Brecht ha utilizado el "Verfremdung" con efectos tan contundentes como para hacer que el público vea lo que los personajes no ven. En el comienzo mismo de la obra, el sargento se manifiesta sobre la naturaleza de la guerra:

> Pueden notar que desde hace mucho tiempo no hubo guerras. Ahora, díganme, ¿cómo van a tener moral? La paz es sólo indolencia. Sólo la guerra trae orden… Sólo donde hay guerra hay listados y registros; los zapatos están en fardos y el trigo en bolsas; hombres y ganado son inventariados con precisión, porque todo el mundo sabe que sin organización no hay guerra.

Esto produce una reacción inmediata. El público piensa: Es verdad. Y luego se pregunta: ¿Por qué debe ser así? A continuación, Madre Coraje canta una canción irónica y escandalosa, invocando (al mejor estilo coral) a todos los buenos cristianos, pero en particular a los oficiales, señalándoles que si sus soldados están bien alimentados y abrigados podrán irse al infierno con total valentía. "Cañones y estómagos vacíos no está nada bien… Levántate, cristiano: ha llegado la primavera. Los muertos descansan. Sigue marchando." ¡Aquello que es bueno para Madre Coraje es bueno para el ejército!

No menos irónicas son las conversaciones entre el capellán y el cocinero que se unen al carromato de Madre Coraje buscando abrigo y alcohol. El capellán proclama la continuidad de la guerra. Ésta durará para siempre. Pero en realidad no está tan mal: siempre hay paz en la guerra. Uno se puede relajar tanto en una como en otra; uno pierde la pierna y se queja, pero después anda a los saltos como si lo hubiera hecho toda su vida; uno puede distraerse con una muchacha en un granero y traer al mundo nuevas generaciones que alimentarán otras guerras. En consecuencia, ¿por qué deberían detenerse? De hecho una guerra de religión es una bendición, ya que homenajea al Señor. A lo que el cocinero responde:

> Es verdad. En cierto sentido se trata de una guerra en la que se incendia, se asesina, se saquea, sin olvidar alguna violación; pero es diferente de las otras precisamente porque se trata de una guerra religiosa –eso está claro. Con todo, también da sed.

Pero hasta el capellán piensa de otra manera cuando ve a la desfigurada Kattrin:

> No les reprocho nada. Ni en su casa han hecho cosas tan vergonzosas como ésta. Los que iniciaron esta guerra son los responsables. Ellos logran sacar lo peor de la gente.

Frase que alude directamente a los sentimientos de Grimmelshausen. Madre Coraje queda a cargo de exponer la naturaleza de la guerra y el heroísmo, aunque apenas comprende que para ganarle a la guerra, en palabras de Brecht, hay que "cortar utilizando grandes tijeras". Ella es una realista ciega. Ve y no ve. No da nada por sentado, ni siquiera las estaciones del año, excepto lamentablemente la guerra. Sus momentos de ocasional lucidez son sorprendentes:

> He escuchado a los peces gordos que hacen la guerra por temor a Dios y porque es buena y hermosa. Pero si se los mira un poco más de cerca, no son tontos. Hacen la guerra para beneficiarse. De lo contrario, la pobre gente como yo no los seguiría.

Una y otra vez da rienda suelta a su furia y maldice la guerra. Kattrin, que de niña fue ultrajada por un soldado perdiendo la capacidad de hablar, en determinado momento regresa golpeada y muy desfigurada. Sin embargo, Madre Coraje acepta esta calamidad de manera realista, como si se tratara de una bendición. Esto le permitirá mantener a su hija apartada de la violencia. Pero en la siguiente escena dice:

> No permitiré que me hablen mal de la guerra. Dicen que destruye a los débiles, pero éstos también mueren en tiempos de paz. La guerra alimenta mejor a la gente.

Ella es una autoridad en el tema del heroísmo. El General Tilly ha caído en la batalla y se le rinde homenaje en el funeral. Madre Coraje se permite señalar: "Debe ser un mal comandante". El cocinero le pregunta: "¿Por qué un mal comandante?".

> Porque necesita soldados valientes, por eso. Si supiera hacer un buen plan de campaña ¿para qué iba a necesitar soldados valientes? Con soldados comunes bastaría. En verdad, cuando se

mencionan tantas virtudes, es que debe haber algo podrido... Un buen país no necesita virtudes. Toda la gente puede ser muy común, medianamente lista y, si pides mi opinión, hasta cobarde.

El capellán admira profundamente a Madre Coraje: "Admiro su forma de hacer negocios y que siempre le salgan bien", le dice. "Comprendo por qué la llaman Madre Coraje". Pero ella le contesta:

> La gente pobre necesita coraje. De otro modo están perdidos, por eso. Lo necesitan hasta para levantarse a la mañana. ¡O para labrar el campo en medio de la guerra! Hasta al traer hijos al mundo demuestran coraje, porque no tendrán porvenir alguno. Tienen que ser verdugos unos de otros, degollarse mutuamente y mirarse a la cara, y para eso también tienen que tener coraje. Y soportar a un emperador o a un papa también requiere una cantidad enorme de coraje, ya que en eso les va la vida.

E inmediatamente vuelve a estar de buen humor y le dice al capellán: "Podría cortar un poco de leña para mí". El capellán le contesta que es un pastor de almas y no un leñador. Ella le dice: "Pero yo no tengo alma y necesito leña".

Así pasan dieciséis años. Los pueblos y las ciudades han sido arrasados, el país está desolado y Madre Coraje, el cocinero y Kattrin, sucios y empobrecidos, tienen que pedir para comer. El cocinero señala: "Die Welt stirbt aus", "El mundo se está acabando". Y eso parece. ¿De qué sirven el talento, el coraje, la sabiduría, la santidad, la felicidad? Esto es lo que canta el cocinero frente a la casa del párroco cuando pide comida. Luego urge a Madre Coraje a irse con él a Utrecht, donde ha heredado una posada. Pero ella debería abandonar a Kattrin, porque la posada puede alimentar dos bocas pero no tres. Un momento de gran ternura ilumina la sombría escena: Madre Coraje rechaza la oferta y despide al cocinero. Una vez más está libre y con Kattrin tirando del carromato, pero perderá a su hija muy pronto. A las puertas de la ciudad de Halle, sitiada por las tropas católicas, Kattrin se deja llevar por su amor por los niños, atracción que resultará fatal. Buscando alertar a la ciudad sitiada que será atacada por la noche, Kattrin trepa hasta un techo y se pone a tocar un tambor. Le disparan y la matan.

Ignorando que su hijo Eilif también está muerto, con la esperanza de volver a verlo Coraje decide partir, tirando ella sola del carro; una mujer maltratada y vieja que se dispone a empezar de nuevo.

Si las virtudes son peligrosas para la sociedad, entonces la venalidad puede ser una bendición, este es uno de los temas favoritos de Brecht. Madre Coraje reflexiona cuando está a punto de sobornar al enemigo para salvar la vida de su hijo:

> Gracias a Dios que pueden ser sobornados. Después de todo, son hombres y no lobos. Están detrás del dinero, eso es todo. El soborno es para el hombre lo que la piedad para el Señor. Es nuestra única esperanza. Mientras exista, habrá una justicia indulgente y hasta los inocentes podrán salir bien parados ante un tribunal.

Estas amargas paradojas aparecen a lo largo de todo el relato y son el fuerte de su humor subversivo. Su objetivo es dar "placer" a la audiencia con salidas ingeniosas y sutiles. Brecht evita el elemento excesivamente didáctico del discurso directo. La educación –si se puede utilizar ese término– aparece vehiculizada a través del diálogo. Las canciones, aunque tengan un carácter independiente, están directamente relacionadas con la acción: el primer coral de Madre Coraje, la canción de Eilif en la tienda del comandante sueco –"La mujer y el soldado"– o la canción del cocinero "Lo inadecuado de la virtud" (estas últimas tomadas de textos anteriores), o la "Canción de la capitulación", cantada por Coraje para persuadir al joven soldado de no mostrarse furioso ante el comandante.

Los diálogos tienen mucha fuerza; el lenguaje es directo y ajustado a los personajes. Todo fluye aparentemente con gran sencillez, pero está tan cargado de significado que es difícil que el público pueda captar todo en el momento exacto en que es expresado. Las paradojas y ambigüedades deliberadas sólo pueden disfrutarse a través de repetidas lecturas o viendo la obra varias veces.

Brecht sentía temor a ser malinterpretado. *Madre Coraje* fue producida en Zurich en abril de 1941 con la extraordinaria actriz Therese Giehse en el papel protagónico. Al representarse en un momento histórico tan oscuro, la impresión que causó fue inolvidable. Pero, para espanto de Brecht, las críticas enfatizaron el impacto emocional de la obra, ensalzándola como una "tragedia en la línea de Níobe"*, y hablaron con calidez de la "estremecedora vitalidad de la madre de instintos animales". Esto sucedió, afirmó Brecht, "a pesar de la actitud antifascista y pacifista del público de Zurich, formado básicamente por emigrantes alemanes". "Debidamente advertido", Brecht alteró algunas escenas para las producciones de posguerra en Berlín, suavizando las partes emotivas más discutibles, aunque sin alterar el sentido.

Pero la prensa de Alemania Oriental, en ocasión del estreno de *Madre Coraje* después de la guerra, hizo una objeción más importante. El notable dramaturgo Friedrich Wolf sostuvo un diálogo amistoso con Brecht sobre este tema en 1952. Al igual que otros críticos, Wolf destacó el hecho de que para los espectadores de la obra, donde según Brecht el estilo épico está desarrollado con mayor consistencia, el clímax se alcanza en escenas de alto contenido emocional: la muerte del hijo mayor, Eilif; la escena entre madre e hija luego de que esta última ha sido desfigurada y Coraje exclama "Maldita sea la guerra"; y la escena en la que Kattrin da el aviso a los habitantes de Halle con el tambor. Además, Wolf preguntó:

> Después de comprobar que la guerra no paga, y de haber perdido no sólo sus bienes sino también a sus hijos, ¿no debería Madre Coraje convertirse al final en una persona diferente de lo que era al principio?

Dado que tanto Wolf como Brecht tenían las mismas intenciones –"cambiar a la gente"– aunque desde perspectivas dramáticas diferentes, ¿no era importante mostrar que Madre Coraje cambiaba? Wolf preguntaba: ¿Cómo podemos movilizar al pueblo alemán en contra de otra guerra y alejarlo del fatalismo? ¿*Madre Coraje* no habría sido más efectiva si en el final su maldición contra la guerra mostrara efectos concretos en su comportamiento y en sus acciones?

Brecht le contestó:

> La pieza fue escrita en 1938, cuando el autor presentía una gran guerra. Él no estaba convencido de que la gente, en abstracto,

---

* En la mitología griega, hija de Tántalo y esposa del rey Anfión de Tebas, prototipo de la madre trágica al tener que sobrellevar la muerte de sus seis hijos y sus seis hijas. [*N. del T.*]

aprendiera de sus errores. (...) Estimado Friedrich Wolf, usted mismo estará de acuerdo conmigo en que el dramaturgo fue realista en este caso. Sin embargo, si Madre Coraje no aprendió nada más, mi opinión es que el público, al verla, puede aprender algo.

Ya que, como dice en otro lugar, la mala fortuna es mala consejera. Sus alumnos conocen el hambre y la sed, pero a menudo no tienen hambre de conocimientos o sed de verdad... Los sufrimientos no son precisamente necesarios para la medicina. Aun después de 1945, quería saber cuántos espectadores habían entendido sus advertencias. ¿Había logrado mostrar la relación entre la guerra y el sistema social?

V
LA CARA DEL BIEN Y DEL MAL:
LA BUENA MUJER DE SETZUAN Y *PUNTILA*

Yo no sé: ¿no se pide demasiado de los seres humanos?
Brecht, *Die Judith von Shimoda*

Seguramente ya se ha advertido que en la poesía, el drama y las obras teóricas de Brecht del período de exilio, un nuevo matiz irrumpe en su visión del mundo. En lo formal se comprueba una mayor simplificación, cuando no austeridad en el tono, pero sin que se pierda el humor; en el aspecto emocional, una profundización de su juicio acerca de los seres humanos en cuanto tales. Ambos aspectos son interdependientes y se relacionan con su concepción marxista del mundo. El carácter trágico del presente histórico lo ha vuelto más flexible y menos doctrinario. Sin abandonar el principio dialéctico, que para él representa el principio esencial para juzgar la historia, comienza a ver con otros ojos los sentimientos y reacciones de los individuos. Por lo pronto, las mujeres pasan a jugar un papel cada vez más importante en sus obras. La tendencia que comienza a partir de *Santa Juana de los Mataderos* y se continúa con *La madre* en vísperas del triunfo de Hitler, se afianza con *Madre Coraje* y *La buena mujer de*

Setzuan, productos del exilio europeo, y se extenderá hasta *El círculo de tiza caucasiano*, *Las visiones de Simone Machard* y otras variaciones sobre el tema de Santa Juana en los años siguientes.

Otro material inédito testimonia las mismas preocupaciones; por ejemplo los esbozos para una obra cuya intención es cuestionar un mito —en este caso el mito bíblico de la heroica Judith— y que se centra en la adolescente geisha japonesa Okichi, quien al igual que Judith tiene la misión de frustrar las malévolas intenciones del embajador norteamericano en Japón, Townsend Harris. El amante de la muchacha, un carpintero, es sobornado para aceptar el "heroico sacrificio" de Okichi. Así, el amor mismo se convierte en una mercancía como cualquier otra, creando un mito heroico espurio.

Quizás sea igualmente interesante observar que, por primera vez, la relación amorosa aparece tratada en otros términos que los puramente físicos. Incluso en *Madre Coraje*, determinados elementos de ternura se filtran en la atracción entre el cocinero y Coraje; tampoco están del todo ausentes en *Galileo*. Pero es en *La buena mujer de Setzuan* donde una relación amorosa se confiesa, al menos por parte de la mujer, apasionada y libremente. Que la relación, como veremos, resulte envilecida por un corrupto pretendiente queda fuera de la cuestión.

La cualidad abiertamente didáctica desaparece y los temas están planteados de manera más sutil. En los poemas hay un mayor laconismo, sin que se sacrifique el sentido estético. Probablemente Brecht haya contado en esto con la ayuda de su conocimiento de la poesía oriental (predominantemente china), en las traducciones de Arthur Waley. Sus adaptaciones de estas últimas testimonian la manera en que se apropiaba y modificaba la obra de otros poetas para sus propios fines. Un ejemplo basta. Arthur Waley tradujo el poema "La gran alfombra", de Po-Chü-I, como sigue:

> Que tantos pobres sufran de frío, ¿cómo lo podríamos evitar?
> Calentar un solo cuerpo no sirve de mucho.
> Desearía tener una gran alfombra de diez mil metros
> que cubriese al mismo tiempo cada rincón de la ciudad.

Brecht, por su parte, escribe:

> El gobernador, cuando le pregunté cómo ayudar
> a los congelados de frío en nuestra ciudad
> contestó: con una alfombra de diez mil metros de largo
> que cubra todos los tugurios de una sola vez.

Tal es el tema de la parábola de *La buena mujer de Setzuan*. (En realidad, el título debería traducirse como *El alma buena de Setzuan*.)

La bondad, había sostenido Brecht, es natural en el hombre. La crueldad exige un gran esfuerzo. Pero el precio de la bondad en un mundo como el nuestro a menudo resulta desmesurado. En esta obra, tres dioses visitan nuestra tierra en busca de una "buena persona", es decir algo que escasea. Un pobre aguatero al que abordan en la calle trata de encontrarles alojamiento, pero en todas partes es rechazado por los acaudalados del pueblo. Sólo una persona, la prostituta Shen-Te, está dispuesta a darles un lugar. A modo de recompensa, le dan suficiente dinero como para permitirle abrir una tabaquería. De inmediato es acuciada por todo tipo de acreedores, al punto de que desesperada y a la defensiva se ve obligada a asumir otro rostro. Decide personificar por medio de una máscara a su "prima" Shui-Ta, que se convierte en una cruel y eficiente contracara de la buena Shen-Te. También en el amor Shen-Te descubre cómo se aprovechan de ella. Habiendo salvado del suicidio a Yang-Sun, un aviador desempleado del que termina enamorándose, advierte que él también la utiliza para sus propios fines (obtener un puesto de piloto por medio del soborno), por cuya concreción está dispuesto a llevar a Shen-Te a la ruina económica. Embarazada de su amante, Shen-Te promete convertirse en un tigre para defender a su hijo. Queda a cargo de su alter ego Shui-Ta recuperar su fortuna a través de una fábrica de tabaco que explota implacablemente a sus obreros; y emplea al ambicioso e inescrupuloso Yan-Sun como capataz. La desaparición de Shen-Te despierta las sospechas del sencillo y honesto aguatero, con quien los dioses siguen en constante comunicación, de manera que finalmente Shui-Ta es enjuiciada por la desaparición de Shen-Te. En lugar de los jueces, son los dioses mismos los que presiden el proceso. Shen-Te revela su identidad. La buena mujer sigue allí para la autosuficiente satisfacción de los necios dioses, que dejan que ella y el mundo se arreglen como puedan mientras ellos regresan a sus reconfortantes moradas celestiales. ¡Qué mundo es este, donde la bondad debe pagar un precio exorbitante por hacer el bien, y donde la supervivencia presupone ser cruel, implacable y explotador!

El pobre aguatero Wang quisiera ser bueno, pero incluso él se ve obligado a hacer trampa. Su jarro de agua tiene doble fondo. Shen-Te le ruega a los dioses:

> Oh, Ilustres, no estoy del todo segura de ser buena. Quisiera ser buena, ¿pero cómo pagaría el alquiler?.. Incluso cuando desobedezco unos pocos mandamientos, no puedo hacer que los extremos se toquen.

¿Cómo puede ella ser buena cuando todo es tan caro? A lo que los dioses replican:

> Eso es algo de lo que nada sabemos. No nos metemos con la economía.

Y parten. Quedará a cargo de los Wangs y las Shen-Te abogar por la causa humana y actuar en consecuencia. Ellos representan la decencia y la bondad. "Hay un dicho –dice Shen-Te–: hablar sin esperanza es hablar sin bondad." Y eso es lo que a ella le queda: esperanza. ¡Si al hombre se le diera la oportunidad de ser bueno! "Cuando alguien canta una canción, construye una máquina o planta arroz, eso es verdadera amabilidad."

"Se pide demasiado de la naturaleza humana", escribió Brecht en otra parte. Shen-Te, el "ángel de las pocilgas", como la llaman, no puede hacer demasiado por sí misma. Y Wang, en una apelación similar a los dioses, ruega: "¡No pidan demasiado al principio!". Pero Shen-Te termina sintiéndose ultrajada por la indiferencia con que los oprimidos enfrentan esa injusticia. Cuando Wang es maltratado por un poderoso y cruel barbero, ella exclama horrorizada:

¡Qué ciudad es esta! ¡Y qué clase de hombres!..
Tu hermano es ultrajado ante tu vista, y cierras los ojos...
Cuando en una ciudad se comete una injusticia, tendría que haber
una rebelión,

y si no hay una rebelión, es mejor que la ciudad desaparezca en llamas, antes del crepúsculo.

Y también:

¿Por qué los dioses no gritan bien alto
que les deben a los bondadosos un mundo bueno?
¿Y por qué no apoyan a los bondadosos con tanques y cañones
y gritan: "¡Fuego!" y ponen fin a la paciencia humana?

Hay una escena de ternura casi sin precedentes en la obra de Brecht, cuando Shen-Te contempla su cuerpo grávido:

> SHEN-TE (*suavemente*): ¡Oh, alegría! Un hombrecito se prepara para la vida dentro de mí. No se ha visto nada como esto. Pero él ya está aquí. El mundo lo aguarda en secreto. En las ciudades ya se rumorea: Hay alguien que viene y con quien debemos contar. (*Ella presenta su hijito al público*). ¡Un aviador!
>
> Saluden al nuevo conquistador
> de montañas desconocidas, regiones inaccesibles,
> alguien
> que lleva cartas de un hombre a otro
> a través de yermos sin caminos ni huellas.

Luego da un paseo con su hijo nonato, encontrándose con desconocidos, saludándolos, instruyendo a su hijo a que haga otro tanto, robando unas pocas cerezas del jardín del hombre rico, eludiendo a la policía... Pero su amor también se proyecta sobre niños que no son suyos. O, como ella misma explica en forma incomparable, al ofrecer cobijo a un chico sin hogar:

> Algo del Mañana está pidiendo una ayuda al Hoy.

Ella no puede resistir "la tentación de dar". ¡Qué agradable resulta ser bueno! "Una palabra buena escapa igual que un suspiro contenido." ¿Cómo puede un ser humano cumplir, en un mundo como el nuestro, con todas las exigencias de la bondad? Hay algo malo y falso en vuestro mundo, les dice Shen-Te a los dioses en retirada. Ella necesitará a su prima cada tanto, reflexiona. Ante lo que los dioses responden: ¡Una vez al mes será suficiente! Y luego desaparecen.

Si no se puede confiar en los dioses, ¿en quién confiar? Una vez más, Brecht desplaza el problema hacia el público. En la obra no existen recetas para el futuro. Un actor, hacia el final, da un paso al frente para recitar el epílogo: ¿Cuál es la solución? ¿Qué final le podemos poner a la obra? Nosotros, dice, no hemos encontrado ninguno. ¿Debería existir otra especie de ser humano? ¿Otra clase de mundo? ¿O quizás otros dioses? ¿O ninguno? Sólo hay un camino para salir del dilema: Queda a cargo de nosotros, los espectadores, pensar en un buen final: ¿Cómo puede un buen hombre ser ayudado?

> Honorable público: encuentren por su cuenta una conclusión: Debe haber alguna buena a mano: Debe haberla, debe haberla, debe haberla.

No hay falso sentimentalismo ni utopía insulsa en Brecht. Nunca cerró los ojos a la inadaptación de los niveles más bajos. Los vio tal como son en *Santa Juana de los Mataderos*; y los ve ahora en *La buena mujer*. Los ve en su mezquindad y también en su coraje y grandeza. Son lo que son porque así los hizo el mundo. En su pequeñez, en su malevolencia, no son portavoces de Brecht ni del mundo. Los portavoces de Brecht deben buscarse en el trabajador cautivo de *Santa Juana*, en Shen-Te y en Wang, el aguatero. Y, debe añadirse, en los mismos espectadores de las obras una vez que han comenzado a responder a las preguntas que se les plantean.

No hace falta buscar en los tres dioses bienintencionados una respuesta. Ellos son la encarnación de la mentalidad burguesa: confusos, entrometidos, quisquillosos, tratando de resolver problemas cruciales con modestas sumas de dinero. Esa es la forma en que los dioses defienden su buena conciencia. En cuanto al mal inherente a la sociedad capitalista, dejan que el hombre lidie con él. Ser bueno significa ser uno mismo, y a la inversa. El mal es alienación, "no ser uno mismo", "no ser humanos". *A fortiori*, el nazismo es la extensión y la manifestación más sucia de esa alienación. Como dijo el crítico Bernard Dort:

La crítica de Brecht culmina en esta patética y angustiada apelación al público. El mundo está enfrascado en una segunda guerra mundial. El nazismo contamina toda Europa, o casi toda. Es necesario encontrar urgentemente una solución a este drama, una resolución distinta a la de Shen-Te. No es el hombre el que debe cambiar por su cuenta. Es el mundo. Es necesario crear, recrear un mundo en el que sea posible para el hombre ser él mismo, y serlo a fondo, junto a los demás hombres y no contra ellos.

Brecht dijo una vez: "La vida es de algún modo antidramática. No conoce un Sí o un No; Blanco o Negro; Todo o Nada". Ambos pueden convivir en la misma persona. En *La buena mujer* mostró ese dualismo a través de Shen-Te y Shui-Ta. A continuación, pero de manera hilarante, lo haría en la comedia popular *Puntila y su sirviente Matti*. La obra está basada en un cuento de su mentora finlandesa, la escritora Hella Wuolijiki, y muestra una vez más su capacidad para reírse, incluso en las circunstancias más deprimentes.

El opulento terrateniente Puntila ama la bebida. Bajo la influencia del alcohol es generoso, magnánimo, desinteresado y humano. En tal estado de intoxicación filantrópica es buen amigo de su chofer Matti, proletario dotado de un profundo sentido común y de inclinaciones radicales. Ebrio, Herr Puntila se compromete con cuatro muchachas de clase baja. Sobrio, las desconoce y las echa. Ebrio, es brutalmente franco con el mojigato y vacuo pretendiente de su hija, un agregado diplomático; lo insulta, y ofrece a Eva como mujer para Matti. Sobrio, es hosco, autoritario, explotador y calculador. Ebrio, Puntila manifiesta su sentido del equilibrio. Sobrio, está alienado. Es hermano de sangre del personaje de *Candilejas* de Chaplin.

Dos escenas hilarantes, al menos, enfatizan el absurdo. Durante la fiesta de compromiso de Eva y el agregado, los insultos de Puntila provocan que el agregado se vaya. Puntila se prepara para una gozosa celebración, ubicándose entre los sirvientes y los invitados que quedan, y propone a Matti como sustituto y yerno por lejos más agradable. Matti es lo suficientemente lúcido como para sugerir que, antes de desposar a Eva, ella debe someterse a una serie de rigurosas pruebas que la califiquen como esposa de un proletario y como nuera de una mujer proletaria carente de bienes.

¿Acaso sabe ella la clase de alimento que un proletario está forzado a comer? Entonces representan una obrita. Eva trae un arenque. Matti procede a apostrofar el pescado de los pobres:

> MATTI: Sí, aquí está. Lo reconozco. (*Toma el plato*). Vi a su hermano tan sólo ayer, y a otro miembro de su familia el día anterior, y así sucesivamente a todos los miembros de su familia, desde el momento en que tuve en mis manos un plato por primera vez. ¿Cuántos días a la semana comerás arenque?
> EVA: Tres veces, Matti, si es necesario...
> MATTI: Todavía te hace falta aprender mucho. Mi madre, cocinera de una finca, nos lo dio a comer cinco veces a la semana, y Laina, aquí, nos lo da ocho veces. (*Toma el arenque por la cola*). Bienvenido, arenque, ¡tú, banquete de los pobres! ¡Tú, que aplacas el hambre y el ardiente dolor de estómago a cualquier hora! Desde el océano has venido y al polvo volverás. Por tus virtudes se talan los bosques de pino y se siembran los campos; por tus virtudes esas máquinas llamadas sirvientes se ponen en movimiento... Oh, arenque, tú, perro, si no existieras comenzaríamos a pedir una buena tajada de jamón; y entonces ¿qué sucedería con Finlandia?

Desde luego, Eva no aprueba el examen.

Puntila, el amo, que raras veces ha degustado el arenque, lo encuentra sabroso. Pero, añade, esa es una injusticia que no debe prolongarse. De poder cumplir con su voluntad, pondría sus ingresos en un pozo común y dejaría a todos sus empleados elegir lo que quisieran; ya que sin ellos él no existiría... Insiste en ser "casi un comunista" y en que, de ser un sirviente, haría de la vida de Puntila un prolongado infierno.

En otra escena igualmente deliciosa, Puntila decide destruir todo su arsenal de alcohol. Ordena que se lo lleven a su biblioteca y comienza, en presencia de Matti, una severa crítica de sus hábitos etílicos; luego, olvidándose de todo, empieza a beber hasta que sucede lo inevitable: cambia. Le ofrece a Matti un aumento de sueldo y lo invita a escalar el monte Hatelma, es decir la mesa de billar. Se disponen a destrozar el mobiliario para construir el ascenso a la montaña, desde cuyas alturas reconocen todas las bellezas de Finlandia, según los extasiados panegíricos de los poéticamente inflamados labios de Puntila: ¿Dónde, le pregunta a su compañero Matti, encontrarás un cielo como el de Tavastland? ¿Y los cisnes salvajes? ¡Y los aromas de Tavastland! "¡Oh sagrada Tavastland –grita a los desconcertados sirvientes que ahora están en la biblioteca–, con sus cielos, sus mares, su gente y sus bosques! Dime, Matti, ¿no se derrite tu corazón cuando ves esas cosas?" Matti asiente.

Incapaz de ajustarse a esta doble vida, Matti deja de servir a Puntila:

> Usted no es el peor [concluye] de aquellos que conocí; usted es casi un ser humano cuando tiene unas copitas encima. La unión amigable no podía durar: el trance alcohólico pasa... Los sirvientes sólo encontrarán un buen amo cuando ellos mismos se conviertan en sus propios amos.

Los estudiosos del "teatro del absurdo" se han referido a obras tempranas de Brecht, por ejemplo *Un hombre es un hombre*, como posible fuente de este teatro. Pero hay pocos dramas del "absurdo" que hayan desenmascarado tan gozosamente un sistema social donde se necesita estar borracho para ser humano, y donde estar sobrio equivale a crueldad y egoísmo.

Los críticos han señalado una verdad innegable: el "villano" Puntila es un personaje mucho más interesante que el "héroe" Matti. Pero han soslayado el hecho de que él y los otros personajes, en particular la campesina, poseen una dignidad y una franqueza que se opone al dualismo de Puntila de manera flagrante. Tampoco advirtieron con suficiente claridad que Brecht se enfrentaba una vez más al problema del bien y del mal en nuestro mundo burgués, tan confuso y desconcertante. Pues es Puntila quien se convierte en juez, no sólo de sí mismo sino de todo el sistema del que forma parte. Sólo en estado de ebriedad puede considerarse hermano de Matti y ver claramente. Estando sobrio encarna la explotación más cruda. De modo que no es un sentimental. Ebrio, puede cortejar mujeres de clase baja. Sobrio, las trata como basura. En lo que concierne al personaje de Matti, Brecht ya había descubierto aquello que enunciaría más tarde: que un personaje contradictorio es mucho más interesante y "dramático" que uno sin contradicciones. El destino de los ángeles, no menos que el de los héroes positivos, es necesariamente menos atractivo que el de los demonios.

VI

LA MATRIZ FÉRTIL: *ARTURO UI*

No nos alegremos de antemano,
La matriz de la que éste vino gateando todavía fructifica.
Brecht, *Arturo Ui*

La historia contemporánea estaba siempre presente en la mente de Brecht. El 29 de abril de 1941, pocas semanas antes de verse obligado a abandonar Finlandia, completó *La resistible ascensión de Arturo Ui*, obra que nunca vería estrenada en vida, aunque fue escrita para representarse ese mismo año.

La idea de componer una obra de gángsters, con Hitler como héroe, se le ocurrió en Nueva York durante el invierno de 1935-1936, en ocasión de la puesta de *La madre*. El 10 de marzo de 1941 anota en su diario: "Esbozo un plan para 11 o 12 escenas. Naturalmente, debe ser escrita en el gran estilo". Los conocimientos de Margarete Steffin sobre la interrelación entre el mundo de los gángsters y el gobierno le resultó de enorme utilidad.

Era consciente de que el tiempo jugaba en su contra, así como contra la obra.

> El mundo una vez más contiene la respiración. El ejército alemán avanza hacia Saloniki, exactamente a la misma velocidad de la que es capaz un auto... Es como si este ejército fuese el único capaz de movimiento; crea y domina el azar de la guerra, que ahora ha desplazado al campo de batalla. Los ejércitos obsoletos compiten aquí como la rueda contra el burro. La audacia se pierde frente al ingenio del que maneja; lo incansable frente a la puntualidad, la paciencia frente a la diligencia. La estrategia se ha vuelto cirugía: el territorio enemigo se "abre" luego de haber sido anestesiado, luego se lo "cierra", se lo desinfecta, se lo cose, etc.; todo en perfecta calma.

Tal vez, si la suerte lo acompañaba, la obra se representase en inglés. En esta atmósfera manipula corrige, modifica el verso blanco que habrá de subrayar el *Verfremdung* o, como él lo llama, "doble distanciamiento", es decir, aquél efectuado a través del uso del tema del gángster y de un elevado estilo poético. Ya piensa en una secuela, seguro de que nunca se producirá, llamada *Ui, parte dos: España, Munich, Polonia, Francia*.

La obra completa, *Der aufhaltsame Aufstieg des Arturo Ui*, continúa la línea trazada por *Santa Juana de los Mataderos, Cabezas redondas y cabezas puntiagudas* e innumerables bosquejos como *Was kostet das Eisen?* y *Goliath*. Parodia, verso elevado y reminiscencias del *Fausto* de Goethe y de *Ricardo III* de Shakespeare son utilizados para plantear la vacuidad y la mediocridad espiritual y moral de un héroe-gángster –Hitler–, desnudándolo del aura de grandeza que la imaginación popular adjudica a los asesinos y criminales que cometen actos de proporciones épicas.

Arturo Ui, un insignificante gángster del Bronx, logra convertirse a través del terror en protector del Mercado de Flores de Chicago. Se las arregla para neutralizar y desplazar al corrupto jefe político Dogborough (Hindenburg); y junto a sus lugartenientes Giri (Goering) y Givola (Goebbels) exterminar a su otro subordinado, Roma (Roehm). Elimina a la cabeza del mercado vecino, Dullfeet (Dollfuss) de Cicero (Austria), y conquista a su viuda. Al final obtiene un voto de confianza arrasador, tanto de Chicago como de Cicero. El juicio del incendio del Reichstag aparece parodiado en una vena similar.

En discusiones sobre la obra posteriores a 1945, Brecht acusó recibo de la crítica que se le hacía a causa del humor. "Los grandes criminales políticos –señaló– deben ser expuestos, y en particular expuestos a la risa. Pues no existen grandes criminales políticos, sino perpetradores de grandes crímenes políticos, algo sensiblemente diferente."

A su juicio la obra no debe eludir el espíritu burlesco; y el elemento de horror nunca debe ser olvidado. Lo importante es disolver completamente el "respeto por los asesinos".

Sin embargo, es dudoso que en 1941 *Arturo Ui* resultase convincente. Desde 1945 en adelante, cuando la barbarie y la carnicería nazi ya habían salido a la luz, la obra estaba destinada a fracasar en su anticipación del terror. Para un público dominado por el recuerdo de un horror sin precedentes perpetrado por una nación antaño ostensiblemente humanista, *Arturo Ui* sólo podía verse como una parodia distorsionada, y la analogía con el gangsterismo norteamericano como una trivialidad. Bajo ninguna circunstancia esto último podía equipararse al hitlerismo, en particular considerando el hecho de que el gangsterismo es un fenómeno aceptado en la vida moderna como parte de su estructura, sólo susceptible de despertar un desvaído gesto de protesta. Ni siquiera las funciones más deslumbrantes del Berliner Ensemble pudieron hacer de esa analogía algo convincente.

Sin embargo hay escenas brillantes. El virtuosismo paródico del maestro se hace evidente en escenas como la de Arturo Ui, Dullfeet, Givola y Betty Dullfeet, que recuerda de inmediato la escena del jardín en el *Fausto* de Goethe, donde Mefistófeles convence a Martha, mientras Fausto prepara el terreno para la ruina de Margarita. La escena tiene lugar en la florería de Givola, y las parejas –Givola y Dullfeet, Betty y Ui– aparecen alternadamente, como sus modelos en la tragedia de Goethe. La pregunta que le hace Margarita a Fausto:

Ahora dime, ¿qué piensas de la religión?

en Brecht se convierte en un diálogo entre Betty Dullfeet y Ui:

BETTY. Señor Ui, ¿cuáles son sus ideas en asuntos religiosos?
UI. Soy cristiano y es suficiente.
BETTY. Pero los diez mandamientos en los que creemos...
UI. No deben mezclarse con nuestra vida cotidiana.
BETTY. Perdone usted, Señor Ui, si lo molesto un poco más: ¿Qué piensa de la cuestión social?
UI. Soy sociable. Eso lo puede ver cualquiera. De tanto en tanto atraigo incluso a los ricos.

El gángster del Mercado de Flores convence a Dullfeet:

DULLFEET: Las flores también tienen su experiencia de vida.
GIVOLA: ¡Claro! Y los entierros también. ¡Los entierros!
DULLFEET: Oh, lo olvidaba. Las flores son su pan.
GIVOLA: Por cierto. Mi mejor cliente es la Muerte.
DULLFEET: Espero que no dependa únicamente de eso.
GIVOLA: No. No con gente que sabe interpretar una señal.

Algunos efectos burlescos alcanzan el límite lúgubre de lo horripilante. Al igual que Ricardo III de Shakespeare, Arturo Ui corteja y conquista a la viuda del hombre que ha asesinado y, como su modelo británico, tiene una pesadilla en la que aparece otra de sus recientes víctimas, Roma.

Las numerosas escenas cómicas constituyen lo más logrado de la obra, por ejemplo aquella en la que Ui toma lecciones de actuación de un actor trágico trasnochado. Estudia cómo caminar, pararse y recitar (hasta aquí todo es historia), y luego el actor lo instruye en Shakespeare:

> Shakespeare. Nada menos que Shakespeare. César. Antiguo héroe... ¿Qué piensa usted de la oración de Antonio? Durante el funeral de César. Contra Bruto. Líder de los asesinos. Modelo de atracción popular, muy famoso por cierto. Yo hice de Antonio en Zenith, en 1908. Es justo lo que usted necesita, Señor Ui.

Pero el resto de los cruentos incidentes difícilmente se preste para esta clase de tratamiento. Ni el teatro épico ni el recurso del *Verfremdung* se adaptaban al carácter abrumador del acontecimiento histórico. El gangsterismo es un fenómeno inadecuado para describir al nazismo y sus atrocidades. Tampoco el control del Mercado de verduras puede equipararse a los lavados económicos que hicieron posible el nazismo. El peso de sus innumerables víctimas gravita con demasiada intensidad sobre el espectador como para permitirle distanciarse. En todo caso, el hecho de que Brecht fuera capaz de reírse refleja su inextinguible confianza en el futuro.

VII

REFLEXIONES SOBRE LA MARCHA: *DIÁLOGOS DE REFUGIADOS*

> *La emigración es la mejor escuela dialéctica. Los refugiados son los dialécticos más agudos. Son refugiados a causa de cambios, y*

> *su objeto de estudio esencial es el cambio. Son capaces de deducir el hecho más importante a partir del menor indicio; es decir, si son inteligentes. Cuando sus oponentes ganan, calculan cuánto les ha costado esa victoria; y tienen el ojo alerta a las contradicciones. ¡Larga vida a la dialéctica!*
>
> Brecht, *Diálogos de refugiados*

En pocos lugares la agudeza de Brecht brilla de manera tan comprometida y luminosa como en los diálogos escritos en Finlandia en 1941, publicados póstumamente como *Flüchtlingsgespräche* [*Diálogos de refugiados*]. Dejando de lado algunos poemas, aquí nos acercamos al Brecht más personal y experimental.

Dos extranjeros refugiados de la Alemania nazi se encuentran por casualidad en un galpón ferroviario de Helsinski. Uno de ellos –"robusto, gordo, de manos blancas"– es Ziffel, un físico. El otro se llama Kalle. Es más gordo y petiso y tiene manos de obrero metalúrgico. Se ponen a charlar. Aunque Ziffel representa a Brecht (aporta breves datos autobiográficos), ambos son portavoces del escritor. Durante la conversación –que abarca asuntos personales, políticos, sociales e históricos– se revela la incomparable capacidad de Brecht para volcar ideas profundas en términos cotidianos.

Kalle estuvo internado en un campo de concentración y relata algunas experiencias que arrojan luz sobre víctimas y victimarios. Ziffel es un intelectual desocupado que no logra que lo acepten en el extranjero. Una espada de Damocles pende sobre ambos, tal como dice Ziffel, "con dos divisiones alemanas motorizadas y sin visa a la vista".

Pero momentos tan difíciles merecen tratarse con humor. "Algo bueno siempre merece ser expresado alegremente." Basta tomar como ejemplo a Hegel. Al igual que Sócrates, señala Ziffel, tenía el talento de los grandes humoristas. Su *Lógica*, que Ziffel leyó durante sus ataques de reuma, es incomparablemente entretenida:

> Trata de las ideas, esas entidades resbaladizas, inestables, irresponsables; cómo abusan unas de otras y pelean a cuchillo; y luego se

sientan juntas a cenar como si nada hubiera pasado. Incluso aparecen en parejas, casadas, alguna hasta con su antítesis (...). Si Orden afirma algo, Desorden, su compañera inseparable, inmediatamente afirma lo contrario. No pueden vivir juntas ni separadas.

Es esta suerte de saber dialéctico el que Brecht utiliza a través de sus dos interlocutores. Desde luego, Alemania está en el primer plano. ¿Qué significa el término "alemán"?, discuten los personajes. "Alemán significa ser concienzudo, tanto en agricultura como en el exterminio de judíos... 'El alemán tiene una inclinación natural hacia la filosofía', se oye a menudo. Y esto se pronuncia con una expresividad enfática y sanguinaria."

También se puede abordar el tema del orden. En realidad, propone Ziffel, la humanidad no podría sobrevivir sin una cuota de desorden y corrupción. El orden es peligroso; la humanidad todavía no está preparada para aceptarlo. Recuerda haber tenido, cuando todavía vivía en Alemania, un asistente de laboratorio cuya pasión por el orden era tan grande que estaba permanentemente acomodando y arrojando cosas al cesto. Las mesas del laboratorio siempre estaban limpias y ordenadas; y las despejaba mientras mantenía una conversación telefónica. Mirando esos ojos donde no existía el menor fulgor de inteligencia, era imposible imaginar que su asistente Zeisig tuviera vida propia. Pero

> cuando Hitler llegó al poder, se deducía que Herr Zeisig había sido todo el tiempo un leal discípulo suyo. Esa mañana, cuando Hitler se convirtió en canciller, me dijo mientras colgaba cuidadosamente mi abrigo: "Herr Doctor, ahora habrá orden en Alemania". Bien, Herr Zeisig mantuvo su palabra.

Consideremos ahora la cuestión del materialismo. Ziffel se sorprende ante la preocupación de los políticos de izquierda por hacer llegar la filosofía y la moral a las clases populares, que desestiman la lógica del "comer y otros placeres". "Una simple descripción de variedades de queso, presentada clara y vívidamente, o la pintura artística de una verdadera tortilla, tendrían sin duda efectos culturales." "Un buen guiso de carne combina bien con el humanismo."

En cuanto a la guerra, es evidente que los civiles están cada vez más implicados en su control. Sólo una exhaustiva evacuación de la población posibilita utilizar a fondo las armas modernas. "Y esa evacuación debe hacerse en el mundo entero, ya las guerras proliferan locamente y no se sabe qué va a ser atacado a continuación... El asunto en verdad se reduce a lo siguiente –dice Ziffel–: o se liquida a la población, o la guerra sencillamente se vuelve imposible."

Y así, bajo la forma de preguntas y respuestas, va exponiendo temas con la maestría de un malabarista no demasiado interesado en esconder su técnica: el heroísmo, el egoísmo, la exigencia irracional de convertirse en superhombre. "Kalle, querido amigo: ya tuve suficiente de esas virtudes. Me resisto a convertirme en un héroe." Si los seres humanos practicaran tan sólo el egoísmo de los tanques, stukas y motores... "Ellos se niegan a pasar hambre o sed, y son sordos a las argumentaciones; sordos al grito de que el país está perdido si no aparecen; sordos a las glorias del pasado; no confían en el Führer ni temen a la policía... Si no se los cuida no se enfurecen; sólo se oxidan. Para estas criaturas es más fácil conservar su dignidad." No sucede lo mismo con nuestros compatriotas alemanes, añade Kalle. Son tan obedientes que se los puede transformar en héroes y en una "raza dominante". Con sus consignas sobre la sangre y la tierra "se los ha convencido de que únicamente un alemán merece derramar su sangre por el Führer; que únicamente otro alemán puede quitarle a un alemán su tierra".

Éstas y otras cuestiones entretienen a nuestros dos refugiados. Y así llegan al final de sus diálogos.

> Me has dejado entender [le dice Kalle a Ziffel] que lo que buscas es un país donde virtudes tan agobiantes como el patriotismo, la sed de libertad, la bondad, la caridad, son tan innecesarias como el abuso del nacionalismo, el servilismo, la brutalidad y el egoísmo. A esa condición aspira el socialismo... Te pido ahora que te pongas de pie y brindes por el socialismo, pero sin llamar la atención. Al mismo tiempo debo informarte que para alcanzar la meta se necesitan muchas cosas: un coraje extraordinario, una profunda sed de libertad, una gran falta de egoísmo y un gran egoísmo.

Y mientras ellos hablan, "Roosevelt hacía su campaña en Norteamérica, Churchill y el pescado esperaban una invasión, Cómo-se-llama enviaba tropas a Rumania, y la Unión Soviética seguía manteniendo la calma".

VIII
EL POETA EN LA COSTA DORADA, 1941-1947

> *Huyendo del pintor de brocha gorda hacia los Estados Unidos,*
> *notamos de pronto que nuestro pequeño barco no avanzaba.*
> *Toda una noche y un día completo*
> *flotó sobre el océano chino, en la latitud de Luzon.*
> *Unos dijeron que era por el huracán que soplaba al norte.*
> *Otros temían el ataque de barcos pirata alemanes.*
> *Todos*
> *preferían el huracán a los alemanes.*
>
> Brecht, "El tifón"

El 3 de mayo de 1941 Brecht recibió una visa del vicecónsul residente en Helsinski. Tenía la esperanza de que Margarete Steffin también obtuviese una, de modo que esperó. No había otra visa disponible, pero diez días más tarde consiguió un permiso como visitante. La familia Brecht, acompañada por Margarete Steffin y Ruth Berlau (otra de sus asistentes) partió hacia la Unión Soviética. Nunca era demasiado pronto. Brecht se vio obligado a dejar una considerable cantidad de manuscritos en tierras de sus amigos, quienes los conservaron hasta el fin de la guerra, cuando los depositaron como la primera colección de los Archivos Brecht.

En Moscú, Margarete Steffin se enfermó y tuvo que ser hospitalizada. Los Brecht, acompañados por Ruth Berlau, partieron el 30 de mayo. Mientras viajaban en el transiberiano hacia Vladivostok, recibieron la noticia de la muerte de Margarete. Abatido, Brecht expresó sus sentimientos en los versos conmemorativos ya citados. Escribió también otros poemas que testimoniaban su mutua devoción y serían incluidos en su *Libro de las mutaciones*. En Vladivostok se embarcaron en el *Anni Johnson*, un barco sueco. Todavía en altamar, recibieron la noticia de la invasión nazi a la Unión Soviética.

Todo debe haber parecido una larga pesadilla. Una vez más estaba huyendo. "El mensajero de la desgracia", como se autodenominó en esta última partida, observaba con cierta alegría el rosado amanecer en la jarcia del barco, los delfines deslizándose por el océano japonés, las carretas tiradas por caballos en Manila –"la condenada Manila"– y las matronas caminando por las calles. Hasta que avistaron las torres de Los Ángeles. Finalmente, el 21 de julio, desembarcaron en San Pedro, California. En ese momento, la marcha de Hitler hacia Leningrado y Moscú parecía inevitable.

El actor Fritz Kortner recuerda que gracias a sus esfuerzos, y los de Dorothy Thompson, los Brecht pudieron ingresar a los Estados Unidos. Era uno entre los tantos amigos que vivían en Hollywood y estaba dispuesto a ayudarlo. Los Brecht se instalaron en una casa modesta de Santa Mónica. Una vez más comenzaba la lucha por la supervivencia.

En Los Ángeles y sus alrededores vivían algunos de los representantes más destacados de la cultura alemana en exilio: Lion Feuchwanger, Hanns Eisler, Peter Lorre, Oskar Homolka, Paul Dessau, Fritz Lang, Leopold Jessner, Albert Bassermann, Leonhard Frank, Ferdinand Bruckner, Berthold Viertel, así como Heinrich y Thomas Mann. Los amigos le retribuían ahora su generosidad de los viejos tiempos. También surgieron nuevas amistades y relaciones: con el escritor francés Vladimir Pozner, W. H. Auden, Christopher Isherwood, Aldous Huxley, Chaplin y Charles Laughton.

Junto a otros refugiados alemanes y austríacos, se reunían en una suerte de "club de lectura" para discutir, argumentar o pelear. Siempre que Brecht anduviera por allí no faltarían feroces polémicas.

Brecht no era ostentoso. Siguió viviendo como lo había hecho siempre. Generoso anfitrión, tenía siempre numerosas visitas e invitados que se sentaban en sillas duras y comían el *strudel* de manzana vienés de Helene Weigel. Los cigarros que fumaba eran ahora de otra procedencia, pero las humaredas seguían siendo tan espesas como antes. Los recortes y fotografías de diarios eran tan numerosos como siempre. La curiosidad, el ingenio y, naturalmente su ánimo belicoso (raramente subrayado por la descortesía), permanecían inalterados. Pero por extraño que parezca, no era tan feliz como lo había sido en Dinamarca o Finlandia. Una de las razones era que Alemania estaba demasiado lejos. El pronóstico de un derrumbe en su país parecía cada vez más ilusorio. Sus ejércitos avanzaban sin interrupción hacia Rusia. La Norteamérica a la que compusiera himnos y que caricaturizara de una manera tan salvaje y al mismo tiempo afectuosa en sus obras de juventud había perdido su ambiguo encanto.

El brillo fraudulento de Hollywood le parecía detestable. Aunque enseguida encontró empleo, se vio como una mercancía, esa clase de mercancía que había estado describiendo durante tantos años. Sin dudas, en parte su decepción era personal. Sus obras no tenían la aceptación que había esperado. No parecía existir demasiada urgencia por estrenar sus obras, aunque hubiese traído de los países escandinavos *Madre Coraje, La buena mujer de Setzuan* o *Arturo Ui*. Todo lo que se estrenaba eran escenas o fragmentos, por ejemplo de *Terror y miserias del Tercer Reich*, y esto gracias a la ferviente mediación del nuevo admirador y traductor Eric Bentley. Por cierto la *Ópera de tres centavos* se había estrenado en Nueva York en 1933, pero sólo se dieron doce funciones. Y en 1935 la producción de *La madre* no había sido un éxito.

Pero Brecht no hablaba exclusivamente desde el resentimiento personal. Para él, la comercialización prevalecía en la atmósfera de este escenario poco exigente. Los norteamericanos le recordaban a los nómades, siempre en el camino. Se sintió horrorizado por el teatro comercial, tan distinto al de los países escandinavos. No podía ajustarse a la atmósfera del "tipo macanudo" que allí reinaba. ¡Pero qué hubiera pasado de hablar con franqueza y decir lo que pensaba!

Como invitado, se abstuvo de actividades políticas, algo difícil para él; pero el hecho de que nunca llegara a dominar el inglés no hizo más que acobardarlo. Como marxista irredento, ¿cómo podía decirles a sus anfitriones californianos que miraran a su alrededor el contraste entre la opulencia y la pobreza? Siempre escuchaba el grito: ¡Entrega los bienes! Tenemos la plata. ¡Cuenta algo que nos inspire! ¡Adivina nuestros deseos secretos! Reina sobre nosotros, mientras nos sirvas.

> Todas las mañanas para ganarme el pan,
> voy al mercado donde se compran las mentiras.
> Lleno de esperanza
> me coloco en la fila de los vendedores. [J.H.]

En los poemas, en las escasas cartas que escribió y en sus diarios, volcó todo su desencanto; gran parte de este material no se daría a conocer hasta después de su muerte. Se quejaba de que allí era prácticamente desconocido. "Deletree su nombre", le decían, cuando suponía que todos debían conocerlo.

> Frente a la situación que prevalece en esta ciudad,
> me comporto de la siguiente manera:
> al entrar, digo mi nombre y muestro
> los papeles, verificándolos, con los sellos
> que no pueden ser falsificados.
> Cuando digo algo, apelo a testigos cuya credibilidad
> documento.
> Cuando estoy en silencio, mi cara tiene
> una expresión de vacío, de modo que puedan ver
> que no refleja nada...

"El Infierno es una ciudad muy parecida a Londres", escribió Shelley. Los Ángeles, imaginaba Brecht, debe ser como el Infierno. Pues el Infierno también debe tener jardines llenos de flores y mercados con sabrosas frutas y autos deslizándose como sombras, con hombres sonrosados y mujeres yendo y viniendo hacia ninguna parte y casas edificadas para gente "feliz" que parecen estar vacías aunque estén ocupadas.

> Incluso las casas no son todas feas en el Infierno.
> Pero el temor de ser echado a la calle
> consume a los ocupantes de las mansiones
> no menos que a los habitantes de las chozas.

Es de lamentar que las impresiones de Brecht sobre Norteamérica se redujesen a su experiencia en Hollywood, incluso limitada por una actitud totalmente negativa. El hecho de que durante su estadía de seis años no haya profundizado sus conocimientos sobre las corrientes del pensamiento norteamericano ni sobre sus grandes escritores, y de que permaneciera indiferente al resurgimiento literario de los años veinte y treinta —muchos de cuyos representantes estaban en Hollywood—, refleja sus limitaciones. Esa mente en otros sentidos tan alerta y predispuesta a una rápida asimilación se hubiera sin duda enriquecido a través de un contacto positivo con dichos movimientos. No terminó de descubrir a Hemingway, Dos Passos, Dreiser, Farrell, Steinbeck, Lillian Hellman, ni a ninguno de los poetas de la época. Cuando pudo existir una cierta proximidad, como en el caso de Clifford Odets, la rechazó por su ceguera ideológica. De *El paraíso perdido* de Odets criticó su exagerada simpatía por el insignificante conflicto de la familia burguesa. En esto al menos, y a la luz del derrumbe moral de Odets frente a un comité de investigación del Congreso, Brecht se perfiló como un agudo psicólogo. Pero no era menos implacable con sus compatriotas. A pesar de haber sido forzado al exilio por un enemigo común, todavía conservaba sus viejas hostilidades y prejuicios, por no mencionar ilusiones y anhelos.

> Circulando por siete países
> los veo jugar el mismo juego idiota;
> celebro a aquellos que pueden cambiar,
> y que cambiando siguen iguales.

Desde hacía muchos años había estado planeando una novela sobre los intelectuales y su papel en la sociedad contemporánea. Acuñó para ellos el término "Tui", tomado de "telekt-uell-in". Esta novela, *Tui*, la pensaba ambientada en el entorno hollywoodense. Se quejó ante su viejo amigo Karl Korsch de la dificultad para relacionarse con personalidades como Herbert Marcuse o Leonhard Frank. "El aislamiento intelectual es aquí monstruoso. Comparado con Hollywood, Svendborg era el centro del mundo." Thomas Mann, con el que se cruzó ocasionalmente y cuya antipatía hacia él no se había atemperado con el tiempo, lo impresionó como si "trescientos años me miraran despreciativamente". "Alfred Döblin habla todo el tiempo del hogar refiriéndose a Francia. Leonhard Frank considera ahora que 'el hombre es bueno' haciendo la Segunda Guerra Mundial, y está escribiendo una novela romántica del tipo chico-conoce-chica."

Tampoco lo impresionaba bien la atmósfera neocatólica que revoloteaba sobre algunos conocidos en Hollywood. Pensaba en Franz Werfel y el "film sobre Lourdes", *La canción de Bernadette*, en el que estaba trabajando. "No soy permeable a la infección católica", le escribió a Korsch.

Para sobrevivir se puso a trabajar en algunos guiones, entre ellos *Pagliacci*, para Richard Tauber, el gran tenor austríaco. Más perdurable fue *Los verdugos también mueren*, que dirigió Fritz Lang. Aunque modificado, el film resultó un relato eficaz sobre la resistencia checa frente al carnicero nazi Heydrich. La música fue compuesta por Eisler y el elenco incluyó a Walter Browning, Gene Lockhart, Brian Donlevy, Anna Lee y Alexander Granach. Otras ideas y guiones quedaron en el camino. Al margen, la vida en Hollywood no dejaba de tener sus recompensas. Se hizo amigo de Charlie Chaplin, a quien admiraba desde su juventud. Otra personalidad que demostró ser de aún mayor importancia fue Charles Laughton. El actor británico lo entendió casi instintivamente, y Brecht descubrió en Laughton a su Galileo ideal.

El proyecto para producir *Galileo* con Charles Laughton fue propuesto por Orson Welles y Mike Todd en 1943, aunque sin llegar a ningún resultado. Joseph Losey, quien la codirigiría, evoca una típica escena brechtiana, cuando todos los participantes se reunieron en la oficina del productor y Todd comenzó a hablar de cómo "adornaría" la producción con mobiliario renacentista sacado de los depósitos de Hollywood. Brecht se limitaba a escuchar y gesticular. A partir de ese momento, dice Losey, ya no hubo manera de que Todd produjera la obra.

En 1945 Laughton pidió a Brainerd Duffield y Emerson Crocker que preparasen una versión cinematográfica de la obra. Pero entretanto, como ya hemos visto, Brecht comenzó a reconsiderar la concepción general de *Galileo*. A partir de allí, se dio una de las más extrañas colaboraciones en la historia de la literatura. Brecht sabía muy poco inglés y Laughton desconocía el alemán. Aun así, el dramaturgo y el actor se entendieron, superando un obstáculo aparentemente infranqueable. En una carta en forma de poema dirigida a Laughton, Brecht se refiere a la experiencia de esos días. Mientras las naciones se despedazaban y los muros de las ciudades tambaleaban por la guerra, sus propios muros del lenguaje también se agrietaban. El dramaturgo se convirtió en actor, mostrando a través de acentos y *gestus* lo que buscaba, y el actor se volvió escritor volcando el alemán al inglés.

Laughton reconoció la oportunidad de las ideas de *Galileo*. Una bomba atómica había explotado en Hiroshima. Sin embargo, como anota Brecht, Laughton se alineaba políticamente en un lugar neutral, aunque insistió en resaltar determinados elementos de la obra que subrayaran la crisis política. El ánimo de Brecht mejoró. Trabajaban en la villa palaciega de Laughton, que daba al Pacífico. Armados con enormes diccionarios, se dispusieron a traducir la obra. Laughton ejemplificaba con su rico repertorio de Shakespeare y los poetas ingleses; Brecht con los ritmos de Whitman. Esperaba ansioso esas reuniones: Laughton acercándose a través del jardín, descalzo y descuidadamente vestido, hablando sin la menor pedantería sobre plantas y flores; ya en el estudio, revisaba el libreto y los diseños con una voracidad y un cuidado que Brecht admiraba. En Laughton encontró al artista "que tiene ojos no sólo para encandilar, sino también para ver; manos para trabajar y no sólo para gesticular". Es encantador –decía Brecht– cómo Laughton toma un vaso de leche mientras instruye a la madre del pequeño Sarti sobre el despertar de una nueva era. Y la lucidez con la que captó la ambigüedad de Galileo, esa combinación de fuerza y servilismo, progresismo y vulnerabilidad, sensualidad e intelecto.

Pocas veces se sintió tan feliz. Había encontrado un artista que, con gran riesgo de su parte, asumía artística e ideológicamente una obra como una *contribución*, sin escamotear tiempo o energías. Brecht tenía la oportunidad de manifestar lo que quería, trabajando con un artista que era capaz de expresarlo.

> Es importante saber [escribió Brecht] que nuestra producción tenía lugar en un momento y en un país donde la bomba atómica acababa de ser creada y utilizada militarmente, cuando la física atómica aparecía rodeada por un velo de misterio. El día en que se lanzó la bomba difícilmente será olvidado por cualquiera que lo haya experimentado en los Estados Unidos.

A pesar de que Norteamérica había sufrido graves bajas en la guerra contra Japón, Brecht anotó que

> la ciudad de Los Ángeles estaba sumida en un profundo sentimiento de duelo. Este dramaturgo escuchó en labios de colectiveros y verduleros expresiones de horror.

Como ya hemos visto, estaba revisando la última declaración de Galileo para enfatizar la responsabilidad del científico en denunciar este nuevo monstruo de guerra y luchar por la libertad para hacerlo:

plantarse contra las autoridades represivas que amenazan paralizar la ciencia, al punto de que "se ha convertido en una vergüenza hacer descubrimientos".

El *Galileo* de Brecht y Laughton se estrenó en el verano de 1947, en vísperas de la partida de Brecht de Norteamérica. Por ese entonces se habían producido muchos cambios, tanto en su vida como en la escena norteamericana. La Guerra Fría y la Cortina de Hierro habían reemplazado la luna de miel de la Gran Alianza Atlántica de 1941-1945. El 20 de octubre de 1947, el Comité de Actividades Antinorteamericanas inauguró sus audiencias sobre elementos subversivos en Hollywood. Pero nos referiremos a eso más adelante.

Fueron años de labor ininterrumpida, alternando trabajos para sobrevivir con aquellos que abordaban "los problemas irresueltos, pero no irresolubles, de la humanidad". Su inconformismo activo lo preservó de la depresión o la inercia. Pero esperaba con ilusión signos de ese mismo inconformismo entre las filas de los soldados alemanes. Para los que estaban atrapados en la inmensidad del territorio ruso, escribió "No hay vuelta atrás":

> Hermanos: de estar con ustedes,
> atravesando con ustedes desiertos helados,
> me preguntaría al igual que ustedes:
> ¿Qué estoy haciendo aquí?, donde no hay
> camino de regreso...

Y pensó que ellos dirían:

> Nunca más veré
> la tierra de donde vengo.
> Ni los bosques de Bavaria, ni las montañas del sur,
> ni el mar, ni las marchas brandenburguesas,
> ni un pino o los viñedos,
> ni el gris de la mañana, ni la luz del mediodía,
> ni la puesta del sol en el ocaso.

Brecht recuerda las victorias militares mientras avanzan hacia Praga, el Vístula, Oslo y París, y enumerando el botín se pregunta:

> ¿Y qué recibió la mujer del soldado
> de las vastas tierras rusas?
> De Rusia consiguió el velo de viuda
> para los funerales...

El ejército soviético rodeaba los regimientos de Paulus en Stalingrado, y las noticias de que el general se había rendido fueron seguidas por las de la retirada nazi. Las últimas esperanzas de Hitler, basadas en las "armas secretas", desaparecieron ante la invasión aliada al Continente. Los pensamientos de Brecht y sus compatriotas alemanes giraban en torno a una misma pregunta: ¿Qué será del futuro alemán? ¿Existían acaso, como pretendían algunos, dos Alemanias: la de Goethe y la de Hitler? Alfred Kantorowicz recuerda un encuentro con Brecht en Nueva York, hacia fines de 1946:

> El Brecht escéptico es mucho más optimista sobre el futuro de Alemania que yo. Él considera que han surgido en el país, incluso bajo la ocupación, fuerzas suficientes para adaptarse a las nuevas tareas históricas. Eso, viniendo de él, me sorprendió. No consiguió convencerme.

Fritz Kortner menciona una discusión con Brecht sobre el mismo tema:

> Brecht se quejó de la incapacidad de los alemanes para una revolución, y los llamó "almas serviles". Yo no estuve de acuerdo y discutimos. Por ese entonces yo tenía un entusiasmo excesivo por la así llamada "buena Alemania". Años más tarde, después de mi regreso, aprendí a moderar mi entusiasmo.

La pregunta "¿Cuál de las dos Alemanias?" no era superficial, ya que implicaba tanto a alemanes dentro y fuera de Alemania como a los aliados. Desde el comienzo de la guerra se había hablado de la formación de un "Comité por Alemania libre" en los Estados Unidos. Thomas Mann, cuya importancia Brecht tendía a desestimar, se había convertido en el portavoz de los elementos más progresistas de los exiliados. En noviembre de 1943, cuando era ya seguro que los nazis enfrentaban su última derrota, Mann pronunció en la Universidad de Columbia una conferencia sobre "El nuevo humanismo". Esta conferencia molestó a Brecht, que inició una polémica con el novelista alemán.

En su carta a Thomas Mann manifestó su "dolorosa sorpresa" ante las dudas sobre el contraste entre el régimen de Hitler y sus seguidores y las fuerzas democráticas alemanas. Señaló que desde luego no ignoraba el alcance de los crímenes nazis; pero añadió que a pesar del terror, había 300.000 hombres y mujeres en Alemania que se jugaron la vida en las "prácticamente invisibles batallas contra el régimen", y que incluso en ese momento esta oposición clandestina estaba arrinconando a cincuenta divisiones de elite de las S.S. de Hitler.

Thomas Mann respondió con cortesía. Expresó su molestia ante el hecho de que entre los mil asistentes a su conferencia no hubiera uno solo de los alemanes con los que discutió la necesidad de unificar las fuerzas antihitlerianas en el exilio. Había aconsejado "sabiduría en el tratamiento del enemigo derrotado", considerando particularmente el hecho de cómo las democracias participaron del ascenso y crecimiento de la dictadura fascista. Ni Alemania ni el pueblo alemán debían ser destruidos, pero sí el poder combinado de los *Junkers*, la industria militar y la industria en general, responsables de dos guerras mundiales. E insistió en su esperanza de que Brecht y sus amigos no imaginaran que estaba utilizando su influencia en Norteamérica para sembrar dudas sobre la existencia de fuerzas democráticas en Alemania. No obstante, dudaba de la viabilidad de un movimiento de "alemanes libres" en el extranjero, ya que podía ser interpretado como algo destinado a proteger a Alemania de las consecuencias de sus crímenes. Aconsejó esperar la derrota de Alemania y que Alemania se purgara a sí misma, fuera libre y demostrara que merecía sobrevivir.

A la luz de las posteriores revelaciones sobre el exterminio nazi en los campos de concentración y la apatía de la mayoría de los alemanes frente a su culpa, es muy difícil decir que Mann estaba equivocado y Brecht en lo cierto. A pesar del heroísmo de los que permanecieron en Alemania y resistieron a Hitler, sus fuerzas eran muy limitadas para influir en el resultado de la guerra o el futuro inmediato de Alemania.

Otros proyectos ocuparon a Brecht además de *Galileo*. Lo fascinaba la idea de escribir una adaptación de *De rerum natura* de Lucrecio.

Una parte significativa de la obra estaría destinada a reelaborar poéticamente el *Manifiesto comunista* de Marx y Engels. El *Manifiesto comunista*, escribió Brecht:

> Como panfleto, es una obra de arte. Pero me parece posible renovar su efecto propagandístico cien años más tarde, apoyándonos en datos recientes y recortando su carácter panfletario.

La idea surgió durante su exilio danés, al recibir el libro de Karl Korsch sobre Marx. En su correspondencia con Korsch, aprovechó la oportunidad de reunir nuevos datos y expresar algunas ideas sobre el *Manifiesto*. La perspectiva de Korsch era fuertemente antisoviética y no lo ocultaba. Pero Brecht era lo suficientemente independiente y abierto como para confrontar argumentos dialécticos con su antiguo maestro.

> Diferimos [le escribió a Korsch desde Santa Mónica] desde hace ya mucho tiempo en nuestra opinión sobre Rusia, pero considero que su posición frente a la Unión Soviética no es la única que uno puede tener a partir de sus investigaciones académicas.

Comenzó a trabajar en su *poema didáctico* (como llamaba a su *Manifiesto*) en febrero de 1945, y lo continuó al regresar a Alemania. El plan original incluía cuatro cantos, de los cuales el primero describiría la dificultad de vivir en una sociedad "antinatural", los dos siguientes serían el replanteo poético del *Manifiesto*, y el cuarto un inventario de la barbarie de la sociedad moderna. Feuchtwanger se mostró escéptico, en especial ante a la forma poética, pero Brecht siguió adelante trabajando en hexámetros. Elección paradójica, ya que Brecht empleaba el metro clásico de los antiguos así como el de Goethe y Schiller.

Mientras trabajaba en su poema, siguió atentamente los acontecimientos mundiales, y en marzo de 1945 se refirió a "los temibles informes periodísticos que llegan de Alemania: ruinas, y ni la menor señal de la clase trabajadora". Confió algunos fragmentos para que fueran leídos por Helene Weigel y Fritz Kortner y analizados por sus amigos del Este. Karl Korsch lo alentó durante años, y lo urgió a completar la obra para la celebración del centenario del *Manifiesto comunista* en 1948.

Aunque inconexos, los fragmentos que quedan transmiten el aliento épico que caracteriza al original. Como observó un crítico: "El poema... desmiente la noción frecuentemente arraigada de que la literatura política es necesariamente mala; en manos de un poeta como Brecht, la convicción política y el arte pueden combinarse para producir una literatura que es al mismo tiempo política y buena".

Marx y Engels escribieron: "Un fantasma recorre Europa". Brecht escribe:

> La guerra deja al mundo en ruinas; y de sus despojos surge un fantasma. No nació en la guerra: también se lo ve en tiempos de paz.
> Desde hace tiempo es terror de poderosos y alegría de niños en tugurios, atento a las cocinas miserables, desprecia la mesa desprovista...

El triunfo de la burguesía es descripto de la siguiente manera:

Nunca se había visto tal frenesí de producción
como ante el triunfo desatado de la burguesía:
dominando la Naturaleza, descubriendo la electricidad,
conteniendo ríos imposibles, despejando gigantescos basurales.
Nunca antes el hombre imaginó tales poderes,
ni se enfrentó a posibilidades tan fructíferas.

En cuanto al proletariado:

El número lo favorece. Y si ha de reinar,
su destino no será reinar sino hacer esclavo el reinar.
Oprimiendo a la opresión; porque el proletariado,
último en la escala social, si quiere ascender debe sacudir
la estructura social con todos sus vástagos de arriba.
Sólo liberándolo todo
se liberará a sí mismo.

El poema estaba pensado para el futuro. Pero también el presente tenía sus irresistibles demandas. Durante su estadía en los Estados Unidos, Brecht completó tres obras además de *Galileo*: *Die Gesichte der Simone Machard* [*Las visiones de Simone Machard*], *Schweyk im zweiten Weltkrieg* [*Schweyk en la Segunda Guerra Mundial*], *Der Kaukasische Kreidekreis* [*El círculo de tiza caucasiano*], y adaptaciones como *La duquesa de Malfi* de John Webster.

IX
UNA SANTA JUANA DE LA RESISTENCIA: *LAS VISIONES DE SIMONE MACHARD*

> *No por casualidad*
> *cada amanecer*
> *es anunciado por el canto del gallo*
> *proclamando desde tiempos inmemoriales*
> *una nueva traición.*
> Brecht, "Amanecer"

Junio, 1940. Los ejércitos alemanes avanzan hacia el sur de Francia. Las defensas francesas han sido sobrepasadas. Cientos de refugiados huyen hacia el sur bloqueando rutas, desesperados, hambrientos. El ejército francés está desmoralizado y muchos oficiales comienzan a desertar. Traición y fraude cargan la atmósfera.

Tal es el entorno de *Las visiones de Simone Machard*, en la que Brecht y Feuchtwanger trabajaron entre octubre de 1942 y febrero de 1943. Brecht se había sentido profundamente conmovido por el relato autobiográfico de Feuchtwanger sobre su internación en un campo de concentración francés. A partir de esa experiencia, Feuchtwanger escribió *Simone*, novela que inspiró esta nueva obra.

Simone es la ágil y despojada historia de Simone Machard, huérfana de un revolucionario. Vive con su tío, Prosper Machard, dueño de un establecimiento de fletes y transportes, y para evitar que un depósito de gasolina que es propiedad de éste caiga en manos de los nazis, le prende fuego y es internada en un reformatorio. Ha leído con avidez la vida de Santa Juana y se imagina a sí misma una heroína como ella.

Las visiones de Simone Machard, de Brecht y Feuchtwanger, adapta el tema central de la novela. Simone es una joven deforme empleada de la posada "Du Relais", perteneciente a Henri Soupeau y a su madre. El hermano de Simone, André, de diecisiete años, es el único que se ha ofrecido como soldado voluntario en todo el pueblo de Saint-Martin. Los Soupeau están más preocupados por sus propiedades que por el destino de Francia. Pero el Sr. Soupeau le ha regalado a Simone un libro sobre Santa Juana, porque, según dice ceremoniosamente: "Bien lo sabe el Señor, podíamos tener una Doncella de Orleáns". Ha acaparado gasolina del mercado negro y está preocupado por conservar sus camiones y evitar que se los reclamen para transportar refugiados. Permanece sordo a los pedidos del alcalde y se justifica ante el capitán Fétain, cuyos vinos ha prometido transportar a Bordeaux. Simone escucha la discusión entre Soupeau y el alcalde, especialmente las palabras de este último: "Sólo un milagro puede salvar a Francia. Está podrida hasta la médula."

Simone está totalmente influenciada por la vida de Juana de Arco y tiene una visión: su hermano André se le aparece en el techo del garaje bajo la forma de un ángel y le ofrece un pequeño tambor para despertar al país. Otros personajes también aparecen metamorfoseados como sus protectores, y el alcalde como el rey Carlos. Ella hace batir el tambor. Francia despierta. Ella corona al rey.

Los alemanes avanzan. Mme. Soupeau cierra la posada por un tiempo mientras Soupeau traslada sus pertenencias a un lugar seguro. Simone tiene otra visión y el ángel reaparece:

SIMONE (*al ángel*): ¿Seguiremos luchando cuando el enemigo haya ganado?
ÁNGEL: ¿Soplará el viento por la noche?
SIMONE: Sí.
ÁNGEL: ¿Hay un árbol en el parque?
SIMONE: Sí, un álamo.
ÁNGEL: ¿Sus hojas se estremecen con el viento?
SIMONE: Sí, de manera reconocible.
ÁNGEL: Entonces debemos seguir luchando, incluso si el enemigo ha ganado.

¿Pero cómo luchar?, se pregunta Simone. La respuesta es: quemar la tierra; no dejar al enemigo ni comida ni albergue. "¡Ve pues, y destruye!"

Con los alemanes en el pueblo, Mme. Soupeau da la bienvenida al capitán invasor con los brazos abiertos y ofrece venderle la gasolina. El fascista francés, capitán Fétain, no es menos hospitalario; e incluso el alcalde se manifiesta ahora conforme. Pero en cuanto salen de la posada, el cielo se ilumina y se escucha una explosión.

CAPITÁN ALEMÁN: ¿Qué fue eso?
CAPITÁN FRANCÉS: Es el depósito de ladrillos.

Simone le ha prendido fuego. Se niega a mentir. Finalmente ha hecho lo suyo. En su visión final, se ve a sí misma condenada a muerte en un juicio sin testigos. Uno tras otro se presentan los acusadores, con vestimentas medievales de obispo, caballero, juez, rey o reina. Pero cuando se quitan los disfraces son todos sus conocidos: franceses. Cada uno pronuncia su sentencia de muerte:

> Su Eminencia, el obispo de Beauvais, porque ella liberó a la ciudad de Orléans: ¡muerte!

Simone reconoce en el obispo al coronel francés, en el capitán a su empleador, e incluso al alcalde. En un trance de horror exclama: "Es el mismísimo alcalde, ¡monsieur Chavez! ¡Pero son todos franceses! ¡Debe haber un error!". Exige y se le concede una audiencia en la que se burlan de su visión del ángel, de modo que ella le implora que aparezca otra vez. Pero ningún ángel aparece. El 22 de junio las banderas de la ciudad flamean a media asta. El capitán Fétain ha proclamado una tregua que, según sus palabras, "no empaña en absoluto el honor de Francia". Simone es detenida y mandada a un manicomio. Todo parece haber vuelto a la normalidad. Pero de repente aparece el gerente de la posada:

GERENTE: ¡Maurice! ¡Robert! Detecten de inmediato qué es lo que se incendia.
PADRE GUSTAVE: Debe ser la escuela. Allí es donde están los refugiados. Parece que han aprendido algo...

GEORGES: El transporte de Simone no puede haber llegado todavía a Santa Úrsula. Es posible que Simone esté viendo el fuego.

Las visiones de Simone Machard es una obra inusual en la producción de Brecht. Posee una trama unificada, sin interrupciones "épicas". También tiene algo sin precedentes en Brecht: escenas visionarias con un ángel.

Simone y un gran número de personajes aparecen tratados con ternura, y no hay intento alguno por evitar el *Einfühlung*. Nos identificamos con la deforme Simone, cuyo heroísmo ingenuo y directo está desprovisto de sentimentalismo. Ella actúa según impulsos sencillos, de acuerdo con lo mejor que tiene Francia. Simone es la representante de su hermano en el ejército, y del pueblo por el que su corazón palpita. Apenas puede entender las complejas maniobras que llevan a sus superiores al colaboracionismo y la traición, pero capta su esencia. Hay dos cuestiones de las que está segura: que los refugiados tienen hambre y deben ser alimentados (cosa que termina haciendo a pesar de sus superiores) y que las reservas no deben caer en manos de los nazis.

Si buscamos el espíritu de Brecht, indudablemente lo encontraremos en la clarificación de los temas sociales que se ponen en juego en este episodio histórico. Los fragmentos poéticos son también inconfundiblemente brechtianos; y es probable que sea el responsable de la inclusión del segundo fuego en el final de la obra, incidente que no aparece en la novela. De este modo, la acción de Simone no queda sin herederos.

El hecho de que el hermano de Simone aparezca como el ángel inspirador también es significativo, pues su hermano es harapiento y pobre, igual que ella y millones de soldados franceses. El heroísmo de Simone tiene pues una realidad y un motivo coherente. Todo lo que hace, lo hace por su hermano y por otros miles iguales a él. Ella es en realidad el pueblo; es como el viento, el álamo y las hojas; siempre allí, imposible de erradicar.

No sería una obra de Brecht si en ella no se desmontaran las divisiones económicas que juegan un papel fundamental en la traición y la caída de Francia. Cuando Georges, el soldado lisiado, señala el hecho de que cada elemento de su equipo sin duda ha enriquecido a algún industrial francés, habla con la voz de Brecht. Asimismo cuando dice:

Sí, existen en Francia mil aviones de guerra en doscientos hangares, con mantenimiento y tripulación; pero a la hora del peligro ni siquiera despegan del suelo. Nuestras fortificaciones costaron diez billones de francos, son de cemento y acero, y se extienden a lo largo de mil kilómetros (...). Pero cuando empezó la batalla, nuestro Coronel se metió en su auto y huyó hasta la retaguardia seguido por dos camiones llenos de vino y provisiones. Dos millones de hombres esperaban sus órdenes, listos para morir, pero la novia del ministro de guerra estaba disgustada con la novia del presidente. De modo que no hubo órdenes. Sí, nuestra fortificación es monolítica; pero *la de ellos* avanza sobre ruedas y nos atropella.

Podemos comparar a Simone con su equivalente en *Santa Juana de los Mataderos*, y nos sorprende la comprensión casi instintiva de Simone para saber *qué hacer*. Y contrastando igualmente con la Kattrin de *Madre Coraje* —también una lisiada— que actúa casi como un acto reflejo a partir de un sentimiento maternal primitivo, Simone es una personalidad *activa*: lee, trata de entender los temas vitales en juego; la vida y muerte de su país, el bienestar de su hermano y el de millones iguales a él y la traición de sus superiores. Sus milagros son terrenales; son los milagros que hacían a diario los miembros de la Resistencia francesa.

Una vez más, en los años que van de 1941 a 1943, Brecht reafirmaba su negativa a aceptar la derrota.

X
EL ANTIHÉROE:
SCHWEYK EN LA SEGUNDA GUERRA MUNDIAL

> BULLINGER (*turbado*): ¿Es usted idiota?
> SCHWEYK: Permítaseme informar: Sí señor.
> No puedo evitarlo... Fui oficialmente declarado idiota por una comisión militar.
> Brecht, *Schweyk en la Segunda Guerra Mundial*

Una vez más, Brecht se volvió hacia un tema que lo había acompañado durante casi dos décadas: el del buen soldado Schweyk. Al igual que Chaplin en *El gran dictador*, Brecht logró convertir un episodio nazi en un asunto jocoso. En 1928 había colaborado con Erwin Piscator en su producción de *Schweyk*, que resultó una piedra de toque para el teatro de la época. Pero incluso mientras trabajaba con Piscator, Brecht proyectaba su propia versión de un Schweyk político.

Fritz Sternberg recuerda que en 1927 Brecht lo visitó y le describió su idea para Schweyk. Había pensado presentar al general Ludendorff de pie frente a mapas gigantescos en un cuarto extraordinariamente alto. Se vería a Ludendorff dirigiendo los movimientos de vastos ejércitos en diferentes regiones, pero los ejércitos nunca llegaban en el momento indicado ni al lugar indicado ni con las tropas indicadas. ¿Por qué nada funciona? Porque bajo la gigantesca sala de Ludendorff hay un sótano lleno de soldados iguales a Schweyk. Todos estos Schweyks, cuando se ponen en movimiento, no pueden resistir.

> Acatan todas las órdenes, respetan a sus superiores, se mueven cuando se les indica; pero nunca llegan puntuales a destino, ni tampoco con el ejército completo.

De modo que una vez más, entre 1941 y 1944, mientras los nazis retrocedían en el frente oriental y ante Stalingrado, Brecht se concentró en la hilarante sátira de Jaroslav Hasek acerca de un soldadito de la Primera Guerra Mundial. Hasek murió en 1923 sin concluir *El buen soldado Schweyk*, pero lo que dejó es una de las burlas más devastadoras al comando austríaco, así como al ejército y a las guerras en general. El libro del escritor checo se convirtió en un éxito, y su personaje Josef Schweyk en un "héroe" internacional.

Schweyk es el "hombrecito" que durante la Primera Guerra desconcierta al ejército austrohúngaro con sus imbecilidades casi diabólicas, a medias inocentes y a medias intencionadas, y lleva a sus oficiales al delirio. Su idiotez de doble filo llega a asumir perfiles épicos. Así (y Brecht utilizaría éste y otros episodios a su manera), al enterarse del asesinato del archiduque austríaco Francisco Fernando en Sarajevo, pregunta: "¿Qué Fernando?". Porque él conoce a dos Fernandos, uno que hace extraños trabajos para Prusa el químico, y otro que recoge estiércol.

Su lugar favorito es la taberna El Jarrón, frecuentada también por la policía secreta, como el agente Brettschneider, en busca de subversivos. Brettschneider arrastra al efusivo Schweyk a una discusión comprometida en la que manifiesta que es una pena que Fernando haya sido eliminado, "porque no puede reemplazárselo con cualquier otro idiota". Cuando es arrestado logra confundir al jefe de policía que lo interroga, ante quien admite haber sido "oficialmente declarado idiota" por el cuerpo médico del ejército. Entusiasmado por la guerra, Schweyk encuentra su lugar en el ejército, donde lo hacen marchar en una silla de ruedas acarreando sus muletas. Entre otras desopilantes aventuras, luego de una partida de naipes es entregado en prenda a un tal lugarteniente Lukash; se pierde en una estación de trenes; es arrestado como espía ruso y gracias a eso obtiene buena comida; y finalmente llega a la frontera de Galicia, donde al cruzarse con un soldado ruso que se está bañando le roba el uniforme y termina capturado por el ejército austríaco que lo condena a trabajos forzados en un campo de prisioneros.

Al igual que su predecesor, el Schweyk de Brecht es un traficante de perros checo que no tiene remordimiento alguno en robar un animal para satisfacer a un cliente. Pero además tiene el don de encontrar pedigrees distinguidos, lo cual le permite hacer algunos comentarios sumamente incisivos. Cuando se lo intimida para que consiga el *spitz* de Pomerania del colaboracionista checo Vojta para Bullinger, capitán de un escuadrón nazi, Schweyk describe al perro como tan aristocrático que no come si uno no se lo pide de rodillas, y sólo un corte especial de carne. Eso, dice Schweyk, demuestra que "es de pura raza. Los impuros son más astutos, pero los puros son más finos y muy buscados para robarlos. Por lo general son tan estúpidos que necesitan dos o tres sirvientes que les digan cuándo cagar y cuándo abrir la boca para comer. Igual que con la gente refinada". Asiste a la taberna La Copa, perteneciente a la patriótica y atractiva viuda Kopecka y visitada regularmente por invitados ilustres como Baloun, un checo tan hambriento que está dispuesto a ingresar como voluntario al ejército nazi; Prochazka, joven hijo de un carnicero y enamorado de Kopecka; y por supuesto muchos nazis, incluyendo al agente de la Gestapo Brettschneider, todo oídos. El atentado contra la vida de Hitler en el Rathskeller de Munich da lugar a una interesante conversación (igual que la discusión sobre el asesinato de Fernando en el libro de Hasek) entre Schweyk y el agente de la Gestapo:

> BRETTSCHNEIDER: Han atentado contra la vida del Führer en una Bräuhaus de Munich. ¿Qué opina de eso?
> SCHWEYK: ¿Sufrió mucho?
> BRETTSCHNEIDER: No resultó herido. La bomba explotó demasiado tarde.
> SCHWEYK: Sería, obviamente, muy barata. Hoy en día todo se produce en serie; y después se sorprenden de que ya no haya calidad. Verá usted, ese artículo no se hizo con amor, como los que se hacían a mano. ¿Me equivoco? Pero que no hayan utilizado una bomba mejor para semejante ocasión muestra una considerable falta de cuidado de parte de ellos...

Argumentaciones tan ambiguas como ésta llevan a Schweyk a la sala de interrogatorios de la Gestapo, donde su "servilismo", su "rapidez para mostrarse de acuerdo" y la frialdad de sus respuestas desconciertan, fascinan y confunden al jefe del escuadrón. Como "idiota oficialmente declarado", Schweyk hace otras ingenuas embestidas. Mientras se prepara para irse, añade ante Bullinger:

> Antes de irme, quisiera decir una palabra sobre un caballero que espera afuera entre los detenidos. No debería estar sentado con ellos. Sería desagradable para él si se volviese sospechoso por estar sentado en el mismo banco junto a los políticos. Él está aquí sólo porque robó y asesinó a un campesino de Holitz.

Con la ayuda de Baloun y engatusando a la sirvienta, Schweyk consigue finalmente robar el perro, pero ambos son rápidamente capturados y condenados a trabajos forzados en un depósito desde donde se despachan vagones con material militar. Son custodiados por un soldado al que Schweyk logra confundir de tal modo que le hace olvidar el número del vagón a despachar. Afortunadamente, Schweyk advierte que el vagón que lleva municiones debería arribar a Munich y el que lleva equipamiento de granja a Stalingrado. Con el pretexto de llevarle comida, Kopecka le susurra a Schweyk que el perro robado, que ella tiene escondido, se ha convertido en una cuestión política y debe ser sacrificado. Y así se hace. Llega el domingo, y nos volvemos a encontrar en La Copa, donde entra Schweyk con un paquete bajo el brazo. Le dice a Baloun: "Aquí estoy, con la carne para el *gulash*". Pero Kopecka sospecha lo peor, y está en lo cierto. Tuve que hacerlo, susurra Schweyk, porque la vergüenza que caería sobre La Copa si uno de sus clientes habituales se une a los alemanes sería intolerable. Se hace una redada en el lugar. Buscan al perro, que por supuesto no aparece. Pero descubren el paquete y sospechan de tráfico en el mercado negro. Una vez más se llevan a Schweyk. Desde la prisión militar lo envían al frente. La última escena se desarrolla en algún lugar "a cincuenta kilómetros de Stalingrado", durante una enceguecedora tormenta de nieve. Schweyk está perdido, da vueltas en círculo para llegar siempre al mismo lugar señalado por un cartel. En un sueño ve a La Copa y a sus amigos en el interior. Baloun ha permanecido fiel a su promesa y se ha comprometido con la sirvienta Anna (a la que Schweyk le robara el perro), la señora Kopecka celebra su casamiento con su nuevo marido Prochazka, y Schweyk sigue tratando de encontrar Stalingrado.

> *(De repente... se inclina y hace chasquear los dedos. Desde un bosque de matorrales cubierto por la nieve emerge un perro hambriento.)*
> SCHWEYK: Lo sabía. Arrastrándote alrededor de ese arbusto, preguntándote si salir o no, ¿eh? Eres una cruza de terrier y ovejero, con una pizca de mastín. Te llamaré Ayax. No te acobardes, y deja de temblar así. No lo soporto. *(Avanza, seguido por el perro)*. Hacia Stalingrado. Allí habrá otros perros; y muchas fiestas... La guerra no durará siempre, tampoco la paz. Entonces te llevaré conmigo a La Copa, y deberemos tener cuidado con Baloun, no sea que te devore, Ayax, mi muchacho. Entonces de nuevo habrá gente que querrá perros, y los pedigrees volverán a ser falsificados, porque todos quieren la raza pura; es todo una tontería, desde ya, pero es lo que quieren. No corras entre mis piernas, o te... te... ¡Hacia Stalingrado!
> *(La nieve se hace más espesa, y los oculta.)*

Dentro de la trama principal, Brecht intercaló escenas breves en las que Hitler, Goering, Himmler (crecido hasta un tamaño monstruoso) y Goebbels (como pigmeo) discuten el papel del "hombrecito" en la guerra, convencidos de que está de su parte en cuerpo y alma. En otra de estas escenas, las dudas empiezan a carcomerlos. El general Von Bock no está seguro de que puedan tomar Stalingrado, pero Hitler lo presiona. En el epílogo, Schweyk aparece en la nieve, se encuentra con Hitler, y ambos vagan desesperanzados mientras Hitler cambia frenéticamente de dirección: hacia el norte está la nieve, al sur hay montañas de cadáveres, hacia el este están los rojos... ¿Y la patria? Allí están los alemanes y a Hitler no le interesa volver.

Así es el "hombrecito" de Brecht. Walter Benjamin acuñó para ellos el término "héroes apaleados" (*geprügelte Helden*). Candidatos a sobrevivir, los apalean para que sigan viviendo al día siguiente. Como Madre Coraje, Schweyk repite el tema de que el hecho de vivir y mantener unidos cuerpo y alma constituye ya suficiente heroísmo. Si debe conseguirlo mediante un servilismo temporario, bien, será servil. Él es la encarnación del saber popular de tiempos inmemoriales; es también la cara cómica del más dramático y mítico "santo inocente" al estilo de Parsifal o el Príncipe Mishkin, cuya inocencia o "idiotez" sorprende y confunde. Es típico de Brecht que Schweyk posea un pensamiento político que sabe enmascarar. Es la gran encarnación del intraducible *Schlamperei*: ese descuido general, incompetencia y espontaneidad que confunde los planes más sofisticados de sus superiores.

En *Schweyk...* Brecht encontró el equilibrio ideal entre *Einfühlung* y *Verfremdung* que posibilita al público identificarse de inmediato con sus personajes –Frau Kopecka, el siempre hambriento Baloun, y desde luego Schweyk– y al mismo tiempo saborear el *Verfremdung* que permite ver la realidad detrás de las acciones y los parlamentos. No menos acertada es la inclusión de algunas de las mejores canciones que escribió con Eisler, como "¿Y qué recibió la mujer del soldado?" y la "Canción del Moldau", ambas cantadas por Kopecka.

La viuda Kopecka es el ancla que asegura a los demás que se producirá un cambio. Durante la celebración de su boda, canta la "Canción de la copa", una invitación al "hombrecito" –sin honores mundanos pero con la credencial más honorable de ser humano– a unirse al festejo. La última canción de la obra es el "Miserere alemán", cantado por los soldados alemanes atrapados en la nieve, y tiene un ominoso estribillo: "Que Dios nos ampare y nos devuelva a casa".

Y un buen día nuestros líderes nos ordenarán
conquistar las profundidades del mar y las alturas de la luna,

y es duro para nosotros aquí en tierras rusas,
pues el enemigo es fuerte, el invierno frío y el camino a casa desconocido.
¡Que Dios nos ampare y nos devuelva a casa!

Schweyk es el brechtiano héroe inmutable que cambia al mundo. Su dignidad, para utilizar una frase de Henry James, nunca es agresiva: "Nunca se la ve; pero si se la busca lo suficiente se la encuentra." "Bajo ninguna circunstancia –escribió Brecht– debe concebírselo como un saboteador malicioso y solapado. Es simplemente un oportunista ante las escasas posibilidades que se le ofrecen. Su sabiduría es subversiva. Su indestructibilidad lo convierte en perpetuo objeto de abuso, y al mismo tiempo en fructífera tierra de liberación."

Los ingresos del guión de *Los verdugos también mueren* y de otro encargo le proporcionaron el desahogo suficiente para completar al menos tres obras que deseaba. Luego de concluir *Schweyk*, reflexiona con un dejo de tristeza:

> Cada vez que se termina el trabajo, sigue una pausa desoladora y antinatural que debe ser superada. El escultor fugitivo, siguiendo una vez más sus hábitos, como una especie de vicio, ha transformado uno de sus bloques de piedra en estatua, y ahora se sienta cerca de ella, descansando (eso dice); pero en verdad esperando (como no quiere admitir). En tanto nadie venga a buscarlo, puede tolerar cualquier cosa. Es cuando ellos pasan, sí, cuando de repente miran para arriba; entonces está muy mal. Y estas obras de arte sólo pueden transportarse con dificultad, pues están hechas de bloques de piedra.

Recordando las diez obras escritas en los diez años de exilio, concluye: "Un repertorio nada desdeñable para una clase sistemáticamente golpeada".

XI
JUSTICIA EN UTOPÍA: *EL CÍRCULO DE TIZA CAUCASIANO*

> *¡Terrible es la tentación de la bondad!*
> Brecht, *El círculo de tiza caucasiano*

Oriente continuaba fascinando a Brecht. Entre los numerosos proyectos inconclusos, consideraba una obra relativamente extensa sobre un tema de Confucio, inspirada por la lectura de *Maestro Kun*, de Carl Crow. Parte de la obra debía ser actuada por niños, y sólo se ha conservado una escena completa, "La campana de jenjibre". Pero a partir del elaborado plan se deduce que iba a ser una suerte de estudio sociohistórico de los cambios ocurridos en la sociedad china, y de la sustitución de la primitiva comunidad utópica por la dinastía Chou, de poderosos terratenientes. "Los antiguos reyes –escribió Brecht en sus notas– reconocían que es difícil ser duro de corazón con el prójimo; hoy en día nadie lo entiende." Esta afirmación está puesta en boca de Kung. En "la edad dorada" de los reyes Yao, Shun y Yu "no había policía, porque no había crímenes. Muy pocas leyes. No existía el concepto de propiedad privada. No había ladrones ni impuestos ni soldados; en consecuencia no había guerras ni pobreza, porque no había ricos ¡y ni siquiera reyes!".

A instancias de una actriz, presumiblemente Luise Rainer, se puso a trabajar en otra obra estructurada alrededor de un tema oriental, *El círculo de tiza caucasiano*. En este caso se basó en una vieja obra del teatro chino, *El círculo de tiza*. Cuando trabajó con Max Reinhardt en Berlín, Reinhardt produjo en 1925 una bella adaptación hecha por Klabund, el marido de Carola Neher, una de las actrices favoritas de Brecht. El tema le interesaba, ya que escribió el cuento *El círculo de tiza ausburgués*, que se publicó en la edición rusa de *Literatura internacional*, en 1941.

La versión de Klabund es equiparable a la de Brecht por su extraña belleza y sensibilidad, aunque muy distinta en su concepción general. *Der Kreidekreis* [*El círculo de tiza*] de Klabund, cuenta la historia de la pobre y hermosa joven Haitang, forzada a ingresar a una casa de citas debido a la ruina de su familia, causada por el mandarín y cobrador de impuestos Ma, quien llevó a su padre al suicidio. En el burdel, Haitang atrae la atención del príncipe Pao, quien viaja de incógnito y se enamora perdidamente de ella, aunque sea demasiado pobre para ofrecer más que Ma, que también ha sucumbido a los encantos de Haitang. Casada con Ma, Haitang le da un hijo, despertando el odio de su estéril primera mujer, quien envenena a Ma y orienta las sospechas hacia la hermosa Haitang. Para asegurarse el derecho de propiedad, la malvada mujer reclama el hijo como propio. Haitang comparece ante un juez corrupto, que se pronuncia en favor de la primera esposa y ordena la ejecución de la muchacha. Por fortuna, aparece un mensajero anunciando la muerte del viejo emperador y el ascenso al trono de uno nuevo, que ha ordenado suspender todos los procesos y que los litigantes sean llevados a Pekín. El joven emperador dispone que el caso se resuelva mediante un círculo de tiza, en cuyo centro se coloca al niño, pidiendo a cada "madre" que tire de él hacia su lado. La verdadera madre duda de hacerlo y es declarada inocente. El príncipe (ahora emperador) y Haitang se han reconocido mutuamente y, para culminar la historia, él le revela que fue quien se acercó a su lecho solitario la noche de bodas, y que por lo tanto es el padre del niño. ¿Qué podría ser mejor? Desposará a Haitang, quien ya lo ha dotado de un heredero al trono.

Pero *El círculo...* es algo más que un cuento de hadas. Aguda sátira social, apunta contra la opresión de los ricos, la corrupción en la corte y la violencia de los mandatarios. Así, el supremo juez de la corte, Tschu, habiendo recibido un "pequeño presente" de parte de la viuda, exclama:

> Oro, oro, no existe música más adorable que la del sonido del oro rodando por una mesa sólida. Es como las campanadas de la pagoda. Cuando escucho el repiqueteo del oro me convierto inmediatamente en creyente.

El hermano de Haitang dice enfáticamente:

> Emperadores y jueces: todos cortados por la misma tijera. El nuevo emperador no será mejor que el anterior. Nosotros, pobres desgraciados, seguiremos graznando al borde del camino bajo sus estandartes de dragones.

Él es el portavoz de aquellos que no son los favoritos, y el dedo acusador de los tiempos que corren. Pero su hermana Haitang aboga por la justicia y la caridad cuando rechaza juzgar a su acusadora:

> Tengo aquí los papeles del juicio,
> pero destrúyanlos, porque no soy buen juez.
> No hay hombre digno de llevar la toga
> cuando piensa injustamente, e injustamente actúa.

Todos estos temas atraían a Brecht. El encuadre y el prólogo del *Círculo de tiza caucasiano* es una pelea entre dos granjas colectivas soviéticas, una de criadores de ovejas y la otra de cultivo de frutales. Ambos han sido desplazados de sus viviendas a causa de la guerra y están de regreso. Los agricultores han desarrollado un sistema de irrigación que incluye la tierra de las ovejas. La discusión es intensa, pero pacífica. Los criadores de ovejas terminan convenciéndose de que el plan de irrigación será más útil para la comunidad que el de ellos, y gracias al acuerdo los agrónomos presentan un proyecto. El bien común ha triunfado.

La obra propiamente dicha funde diversos elementos en una forma típicamente brechtiana. Es una "obra con canciones", y un narrador relata y canta al estilo del teatro no. La acción es vertiginosa e incluye elementos burlescos. Se compone de dos partes independientes, aunque relacionadas: la huida de Grusha y el juicio de Azdak.

La acción transcurre en una ciudad del Cáucaso, en épocas de rebeliones políticas. El gobernador ha sido destituido y ejecutado. En su apuro por escapar, la mujer del gobernador abandona a su hijito. Grusha, una criada de cocina, luego de un instante de vacilación, salva al niño de los asesinos y huye con él. Por causa del pequeño, padece todo tipo de dificultades; y en su esfuerzo por darle un buen porvenir, se casa con un campesino que simula una enfermedad terminal para escapar de la milicia. Sin embargo, antes de su huida, ella y un soldado se habían prometido fidelidad. Cuando terminan los disturbios el soldado regresa y la encuentra con el niño, y malinterpretando la situación la abandona. A su regreso, la mujer del gobernador reclama al niño.

El segundo episodio trata sobre el vagabundo Azdak, quien durante los levantamientos mantuvo oculto al Gran Duque, y que en medio de la confusión es nombrado juez del distrito. Sus decisiones e increíbles veredictos son totalmente opuestos a lo acostumbrado: les quita a los ricos para darles a los pobres. La vuelta al *statu quo* significa para él una amenaza de muerte; pero el Gran Duque lo recompensa por el pasado favor, y Azdak termina juzgando el caso de Grusha, la mujer del gobernador y el niño. A través del recurso del círculo de tiza, dictamina que el niño le pertenece a Grusha, y por medio de otro truco la divorcia de su marido, permitiéndole recuperar a su novio Chachava.

Conciencia humanitaria en medio de revoluciones: tema ciertamente actual entre 1943 y 1945. Tal como Brecht escribió:

En tiempos de carnicería
siempre hay un hombre que se rasga los harapos de su camisa
para restañar las heridas de un semejante.

Y en relación a sí mismo:

Los obreros finlandeses
le dieron cama y escritorio.
Los escritores soviéticos lo llevaron al barco.
Un tintorero judío de Los Ángeles
le regaló un paquete de ropa.
El enemigo de los carniceros
encuentra amigos.

El círculo de tiza caucasiano define la moral en términos de valor de uso. La madre biológica ha abandonado a su hijo. Grusha pone en juego su moralidad, y adopta al niño con privaciones y sacrificios. Cada acto que beneficia al niño pone en peligro sus propias oportunidades de escapar o sobrevivir. Ella impone orden al desorden de los tiempos, al igual que el desordenado vagabundo Azdak, portavoz de los "insultados y perjudicados". Pero a través de sus actos, el orden tradicional se revela como opresión y tiranía, y su propio desorden como sentido humanitario. Aunque, como dice Brecht, "en tiempos de terror la humanidad y el humanitarismo mismo se vuelven peligrosos". Grusha es una marginal (Brecht utiliza el término norteamericano *sucker*). Se apropia del chico de manera ilegal. Todos sus actos son contradictorios y suicidas. Pero se transforma en un ser "productivo". Produce maternidad dentro de sí misma.

La última prueba, en la escena de la corte, es totalmente paradójica según los parámetros tradicionales: cuando Azdak le pregunta a Grusha por qué, como una buena madre, no devolvería el niño a sus principescos lujos y comodidades, ella mira a la madre biológica, a los sirvientes, a los guerreros armados y a los abogados de la verdadera madre. Se queda en silencio, y es el Cantor quien habla por ella:

> Si caminara con zapatos de oro,
> aplastaría a los débiles.
> Tendría que hacer el mal,
> y reírse al hacerlo.

Ella convertirá al niño en un ser humano. El Cantor resume la moraleja de la historia, después de la sentencia: "Las cosas deben pertenecer a aquellos que mejor pueden cuidarlas. Así, los niños a las mujeres maternales para que crezcan y se desarrollen; los coches a los buenos conductores para que el viaje sea agradable; y el valle a quienes traen agua, para que surjan los frutos".

No está fuera de lugar detenerse un momento en una escena extraordinaria: el cortejo de Chachava y Grusha al comienzo de la obra, con sus derivaciones cómicas, su velada ternura y su conmovedora sencillez. A él le ordenan acompañar a la mujer del gobernador; ella se quedará.

SIMÓN CHACHAVA: ¿Se me permite preguntar si la señorita tiene aún parientes?
GRUSHA: No. Sólo un hermano.
SIMÓN: Como el tiempo apremia, la segunda pregunta será: ¿Es la señorita tan saludable como un pez en el agua?
GRUSHA: Cada dos por tres una puntada en el hombro derecho; fuera de eso, lo suficientemente fuerte para cualquier trabajo. Hasta ahora nadie se ha quejado...
SIMÓN: Pregunta número tres: ¿Es la señorita dada a la impaciencia? ¿Pide manzanas en invierno?
GRUSHA: Impaciente no. Pero si un hombre va a la guerra sin ton ni son y no tengo noticias suyas, creo que está muy mal.
SIMÓN: Llegará un mensaje. Por último, la pregunta principal.
GRUSHA: Simón Chachava, como debo apresurarme al tercer patio, la respuesta es Sí...

Una vez más el mínimo heroísmo de un pequeño héroe proyecta un mundo nuevo. Como recita el Cantor:

> ¡Oh ceguera de los grandes! Marchan como dioses
> supremos sobre espaldas encorvadas, seguros
> de los puños alquilados, confiados
> en hacer todo por la fuerza, que duró tanto tiempo.
> Pero "tanto" no es "para siempre".
> ¡Oh tiempo que cambias! Tú, esperanza del pueblo!

XII
EL PROCESO A BERTOLT BRECHT

> *Tengo el honor de presentarme como testigo hostil... Más aún, testifico que a mi entender la persecución ignorante y supersticiosa de los que creen en una doctrina política y económica que es, después de todo, la creación de grandes mentes y de grandes pensadores; testifico que esta persecución no sólo es degradante para los perseguidores, sino también muy dañina para la reputación cultural de este país.*
>
> Thomas Mann, "Escrito en nombre del Comité para la Primera Enmienda"

Si la ironía dialéctica era el fuerte y la delicia de Brecht, no puede haber dejado de sentirse impresionado por lo que le sucedió en 1947. El diecinueve de septiembre de ese año fue citado por el Comité de Actividades Antinorteamericanas. De no mediar esta situación, que marcó una de las páginas más negras de la democracia norteamericana, podría haberse tratado del tema de una de sus propias obras.

En julio de 1947, *Vida de Galileo*, con su acusación a la capitulación intelectual y sus ideas sobre la responsabilidad de los científicos, se estrenó en Los Ángeles con Charles Laughton en el papel protagónico. La producción neoyorquina se estrenaría en diciembre de ese año. Y allí estaba uno de los mayores dramaturgos del mundo, exiliado a causa de sus obras y actividades antinazis, obligado a comparecer por sus opiniones políticas. De haber tenido poderes de adivino, Brecht indudablemente habría disfrutado de esta situación grotesca: el presidente del Comité era el diputado J. Parnell Thomas, de Nueva Jersey, quien poco después de que Brecht regresara a Berlín fue acusado, procesado y condenado a prisión por defraudación al gobierno. Más tarde fue indultado por el presidente Truman. ¿Podía el maestro del "distanciamiento" haber inventado un ejemplo más claro de lo que intentó plasmar durante toda su vida?

La larga sucesión de estas investigaciones se inició en 1930, año de la Depresión y el New Deal, cuando estos comités estaban presididos por Hamilton Fish. El Comité ante el que Brecht fue citado fue creado en 1938 por el diputado Martin Dies, de Texas. Su ejemplo sería imitado por otros comités menores y mayores, tales como el Subcomité Senatorial de Seguridad Interna, y otros de diversos estados –notoriamente el Comité Rapp-Coudert, de Nueva York. Apaciguados momentáneamente durante la Segunda Guerra Mundial, asumieron dimensiones terroríficas con el surgimiento de la Guerra Fría y la Cortina de Hierro, para alcanzar su apogeo con la caza de brujas organizada por el senador Joseph J. McCarthy a principios de 1950. El blanco directo de estas audiencias de 1947 era la "subversión" en Hollywood. Junto al diputado J. Parnell Thomas, integraron este comité John McDowell, de Pensilvania; Richard B. Vail, de Illinois, y Richard M. Nixon, de California.

En esta instancia, varios de los miembros más distinguidos y talentosos de la colonia cinematográfica fueron llamados a declarar y expuestos a una prensa que no podía sino reaccionar de manera desfavorable frente a sus carreras en el caso de que "no cooperaran". Diez de los que invocaron la Primera Enmienda de la Constitución fueron acusados de negarse a responder preguntas clave y enviados a prisión.

Entre los investigados estaba Bertolt Brecht, que compareció ante el Comité el 30 de octubre, representado por Robert W. Kenny y Bartley C. Crum. Aparentemente, antes de las investigaciones, amigos y familiares habían sido interrogados en privado sobre sus relaciones, actividades y opiniones. Así lo informa Fritz Kortner:

[Dorothy Thompson] también fue obligada a responder por haber ayudado a traer a Brecht a Norteamérica. Todos aquellos que financiamos su huida desde Finlandia fuimos investigados. Con la conciencia limpia pude declarar que Brecht no era un agente político sino un poeta revolucionario. En las fichas del FBI había varios de sus poemas. Ellos me los mostraron. Bueno, insinué, un agente político no escribe poemas para expresar sus convicciones. Un agente las ocultaría. Cuando fui presionado para que revelase algo acerca de nuestras discusiones políticas, reproduje una conversación que habíamos sostenido poco tiempo atrás. Entonces yo trabajaba en un film sobre Garibaldi. Las lecturas que tuve que hacer en relación a este film me abrieron los ojos a los aspectos menos evidentes de Italia. Aprendí acerca de los burdeles en los puertos italianos, frecuentados por marineros y hombres de mar en cantidades tales que no era infrecuente para una chica atender a más de cien clientes en un día. Le expresé mi horror a Brecht. Brecht opinó: "¿Ustedes los liberales dicen que más de cien es inhumano? ¡No más de ochenta!". Nunca había oído sentimientos tan radicales en boca de Brecht. El oficial norteamericano estaba sorprendido.

El interrogatorio a Brecht hecho por Robert E. Stripling, el investigador del Comité, asumió algunas de las facetas grotescas de las escenas judiciales de *Un hombre es un hombre* o *Mahagonny*. Brecht entendía poco el inglés y lo hablaba peor. Los miembros del Comité, desde luego, no sabían alemán. Un intérprete oficial debía intervenir con frecuencia. Brecht aparentemente disfrutó de este enfrentamiento, aunque era difícil determinar si una o dos aserciones ambiguas que pronunció se debían a una mala interpretación de la lengua o a simple perversidad. No se le permitió leer el dignificador alegato de su historia y sus creencias. Como no pertenecía al Partido Comunista, y así lo declaró, se lo trató con prudencia e incluso con cierta torpeza. Él no había desarrollado ninguna actividad política en el país; de hecho sólo había escrito un único guión importante; no se había mezclado con subversivos norteamericanos, etc., etc. De todos modos, el Comité estaba interesado en una amplia cacería local; y cuando no disparaban directamente, ponían una carnada. Aquí se manifestaba la prueba fehaciente de que si el Comité no lo había escuchado, al menos conocía instintivamente la muy celebrada y mentada frase de Brecht, "Erst kommt das Fressen, dann die Moral". ("Primero el estómago, después la moral.")

El Comité no estaba interesado en las actividades de Brecht contra Hitler y el nazismo, ni en sus ideas sobre la función del escritor; querían que detallara sus obras traducidas al inglés y publicadas en los Estados Unidos. El informe de Tretyakov se había publicado en inglés en *Literatura internacional*, en 1937, con comentarios acerca de la política brechtiana tal como se manifestaba en sus obras. Brecht alegó que no podía recordar esa entrevista. Se lo notó especialmente confundido o confuso al discutir *La medida*. Un comentario exhaustivo sobre la idea de *Einverständis* –cuando el agitador comunista acepta su propio exterminio– hubiera requerido tiempo. Esto dio lugar al siguiente diálogo ambiguo:

PRESIDENTE: Deduzco de sus comentarios, de su respuesta, que él murió, que no fue asesinado.
MR. BRECHT: Él quería morir.
PRESIDENTE: ¿Entonces lo mataron?
MR. BRECHT: No; no lo mataron, no en esta historia. Se mató él mismo. Lo apoyaron, pero desde luego le dijeron que sería mejor, para él, para ellos y para la causa en la que creía, que desapareciera.

A partir de lo cual Mr. Stripling saltó al tema de la visita de Brecht a Moscú y la entrevista de Tretyakov, en la que se describe de otra forma *La medida*. Las siguientes preguntas pretendían desentrañar si Brecht había basado algunas de sus obras en Marx y Lenin.

MR. BRECHT: No; no creo que eso sea del todo correcto pero, por supuesto, he estudiado, tuve que estudiar como dramaturgo de obras históricas. Por supuesto, tuve que estudiar las ideas de Marx acerca de la historia. No creo que hoy en día se puedan escribir obras inteligentes sin ese conocimiento. Además, la historia que se escribe hoy está vitalmente influenciada por los estudios de Marx sobre la historia.

¿Había sido invitado a afiliarse al Partido Comunista? Sí, respondió, por algunos lectores de sus poemas o miembros del público, pero "entonces descubrí que no era asunto mío". Obviamente, Brecht no era la presa de caza que estaban buscando. Luego de la lectura de uno o dos poemas traducidos, que Brecht describió como "muy distintos" de los originales, fue liberado con algunas palabras de aprobación del presidente.

Tras su larga experiencia como refugiado, y olfateando la atmósfera cada vez más densa de los Estados Unidos, no permaneció allí por mucho tiempo. Sin esperar siquiera el estreno de *Galileo* en Nueva York, se despidió del país y partió, esta vez rumbo a un "hogar" muy incierto y diferente. El hecho de que hubiese ahora dos hogares potenciales no hacía más fácil el regreso. De hecho, prevenido por las autoridades norteamericanas de entrar a la zona oriental de Alemania, el primer lugar donde se detuvo fue en Suiza. Era un buen sitio para hacer una evaluación del panorama. Luego de catorce años de ausencia, se encontraba otra vez en los límites de su tierra natal.

Esbozando un balance hipotético de su experiencia y su obra durante los años de exilio, ¿qué tenía para mostrar? Dentro de lo más evidente, una serie de obras que se contaban entre lo mejor de su producción: desde *Madre Coraje* y *Puntila* hasta *Galileo* y *El círculo de tiza caucasiano*. En el aspecto teórico: un perfeccionamiento de sus concepciones dramáticas, expresadas en el *Breve organon*. En lo personal: una profundización radical de su comprensión de sí mismo y del mundo. Y por último, una convicción sustancial de que su credo político y social era correcto, y de que la historia, con su triunfo sobre Hitler y el nazismo, corroboraba su profunda fe en el pueblo. Siempre realista, no ignoraba los problemas que se le planteaban a él, o al pueblo alemán, o al mundo. Habiendo sobrellevado, como le gustaba decir, las dificultades de la montaña, estaba ahora preparado para afrontar las asperezas aún mayores de la planicie.

En cuanto a su influencia en Norteamérica y en el público norteamericano, no se la puede considerar demasiado profunda. Es cierto que era conocido, pero apenas lo suficiente, considerando su nivel y su talento. Sus obras eran conocidas por unos pocos; principalmente gracias a los esfuerzos de teatros universitarios y al celo de Eric Bentley. Sus poemas estaban siendo traducidos por H. R. Hays. Sus canciones —las más radicales y revolucionarias, compuestas por Eisler— eran por lejos lo más popular de su obra. Sólo una de sus aventuras cinematográficas había logrado cierto éxito. Pero acaso la experiencia más desconcertante haya sido la recepción de *Galileo*.

Había trabajado con Laughton durante casi dos años. El 30 de julio de 1947 la obra se estrenó en el teatro Coronet de Hollywood. Brecht tenía todos los argumentos a su favor para esperar que, en un momento histórico como el de la bomba atómica, la obra sería entendida por lo que era. Pero la magnífica caracterización de Charles Laughton fue recibida de manera casi indiferente. *Variety* la encontró insulsa. Gladwin Hill, enviado especial del *New York Times* en California, reflejó la reacción general: "La producción parecería no ajustarse al impacto de la historia. Parece carecer de clímax y de momentos conmovedores... Apenas si despierta un suspiro de simpatía cuando la determinación científica de Galileo interrumpe el romance de su hija. Su retractación aparece como algo poco espontáneo". Y además estaba la "actuación demasiado consciente" de Laughton y del resto del elenco. Por último, lo más crucial, "parece cuestionable que la técnica episódica sea un vehículo adecuado para un tema menos expositivo que emocional. El flujo y reflujo del conflicto humano es difícil de representar en compases cortos".

Unas pocas palabras de elogio a algunos actores no fueron suficientes para contrapesar la condena sobre la obra. Hugo Haas interpretó al Cardenal Barbieri, y Frances Heflin a Virginia. Brecht colaboró en la dirección, a cargo de Joseph Losey.

Cuando la producción de *Galileo* llegó al teatro Maxime Elliot de Nueva York, el 7 de diciembre de ese mismo año, Brecht ya estaba en Europa. Difícilmente se habría sentido entusiasmado por la recepción. Las reseñas fueron casi unánimemente desfavorables. Brooks Atkinson, quien luego se manifestaría excesivamente entusiasta con *Todos eran mis hijos*, de Arthur Miller, encontró la obra "floja y episódica", la actuación "pretenciosa" –en particular la de Laughton, que "desaprovecha su papel"– , "cuidada en general, pero trivial y despreocupada en la textura, como si todos estuvieran avergonzados de abordar un tema serio... Aunque el Galileo de Laughton sea bueno, no es Galileo".

Si bien puede haber algo de verdad en la crítica a la producción (aunque Joseph Losey pensó que era mucho mejor que la de California), en la reseña de Atkinson no hay el menor indicio de percepción de una concepción dramática nueva y radical. El crítico, más allá de sus buenas intenciones, se había perdido un momento histórico.

Anthony Quayle en *Galileo*

Escena de *Die Tage der Commune*

Escena de *Die Tragödie des Coriolan*

Helene Weigel en *Madre Coraje*

Tercera parte

LA VUELTA A CASA

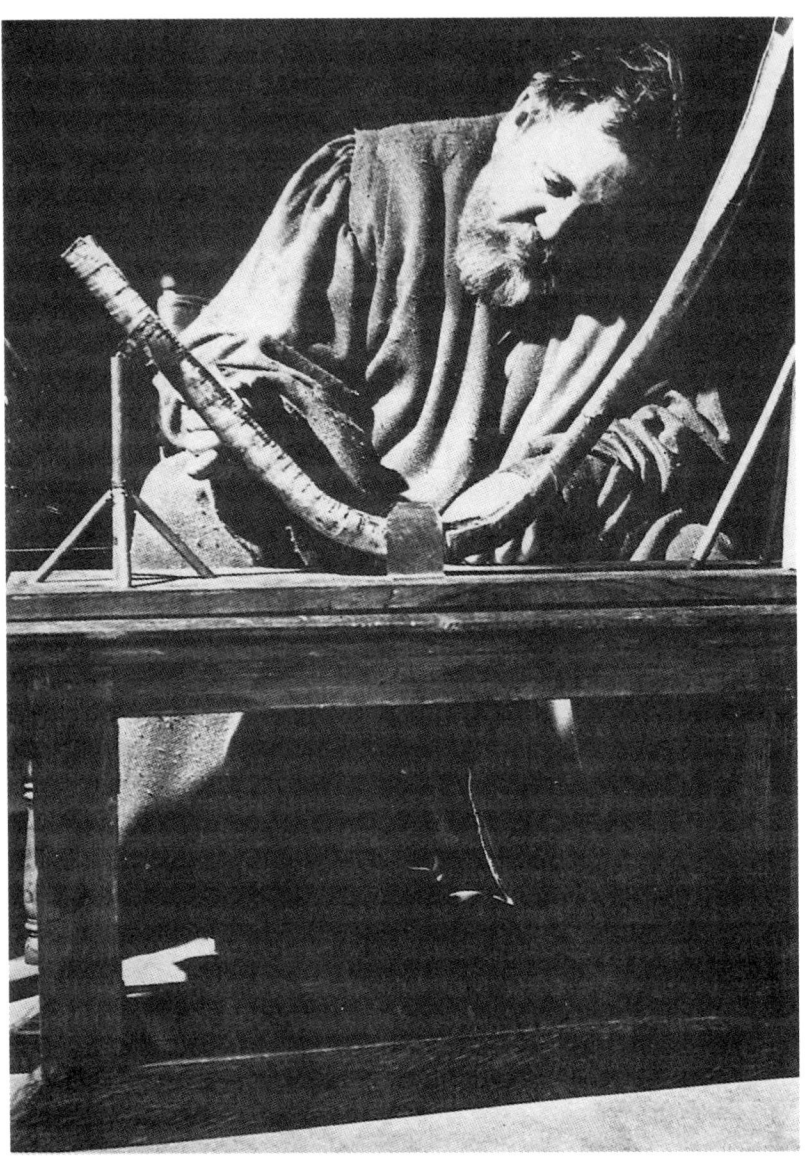

Charles Laughton en *Galileo*

I
CERCA DE CASA

> *Dime, casa que te elevas entre el peral y el arroyo:*
> *¿Sobrevivieron aquellas viejas palabras*
> *que un fugitivo arañó en la pared* –la verdad es siempre concreta–
> *a las ruinas de las bombas y la guerra?*
>
> Brecht, "A los refugios daneses"

Suiza no era el hogar, pero estaba más cerca que Norteamérica. Allí se estableció en una casa modesta que dominaba el lago de Zurich, en Herrliberg; y muy al estilo brechtiano se puso a trabajar de inmediato. Estaba acostumbrado a las esperas: esperar el permiso para entrar en Alemania Oriental; esperar su pasaporte (de donde fuese); esperar a ver dónde se instalaría para comenzar a reconstruir su vida y su teatro. Una vez más fue afortunado con sus amistades. En la Schauspielhaus de Zurich pudo felicitar a un gran número de artistas alemanes que interpretaron sus obras durante los oscuros días de Hitler. Allí se habían producido *Madre Coraje*, *Galileo* y *La buena mujer de Setzuan*. Caspar Neher, un viejo asociado, volvió del limbo para unírsele: vivo, activo y deseoso de volver a trabajar con él. También había nuevos amigos: los brillantes y jóvenes dramaturgos suizos Max Frisch y Friedrich Dürrenmatt, así como la virtuosa actriz Therese Giehse, celebrada intérprete de *Madre Coraje*. Max Frisch nos dejó un retrato memorable de Brecht y Helene Weigel. Frisch quedó profundamente impresionado por la falta de pretensiones de Brecht, siempre tan modesto y curioso, haciendo infinitas preguntas, amante de la contradicción, pero "fascinado... porque aquí –como expresa Frisch– había una vida derivada del pensamiento". A Brecht le encantaba charlar de arquitectura, política y, por supuesto, de teatro. También le gustaba recitar en voz alta: "He venido al mundo en tiempos de desorden... / cuando reinaba el hambre".

> Lee [según Frisch] casi tímidamente, pero sin la menor rigidez. Su voz es suave, sin haber abandonado su acento nativo... carente de énfasis... como un hombre que lee una carta informativa.

No se inmuta cuando irrumpe algún visitante inesperado y sigue adelante. El efecto de la lectura es profundo, pero no a la manera religiosa, pues –agrega Frisch– "el mundo real está aquí tanto como en el poema".

Frisch y Brecht discuten sobre teatro. Brecht está completando su *Breve organon*, testamento definitivo de su teoría dramática. Frisch está asombrado. Se pregunta si la teoría del *Verfremdung* no se podría aplicar también al cuento. Sus obras posteriores mostrarían la huella profunda de Brecht. "Y entonces –anota Frisch–, es tiempo de volver a casa."

> Brecht toma su sombrero y la botella de leche, que debe dejar en la entrada... Cuando no voy en bicicleta me acompaña a la estación de trenes... Abandona la plataforma con pasos rápidos, no largos sino más bien ligeros, los brazos visiblemente rígidos, su cabeza inclinada hacia un costado y el sombrero cubriéndole la frente como si quisiera ocultar el rostro, mitad conspirador, mitad tímido. Da la impresión de un trabajador que quiere pasar desapercibido, un metalúrgico, aunque demasiado delgado, demasiado espigado... sigiloso, atento... un fugitivo que ha dejado atrás muchas estaciones de trenes, excesivamente tímido para sentirse mundano, excesivamente experimentado para ser un académico, excesivamente informado como para no sentirse ansioso, un hombre de ningún país, un hombre de estadías breves, un transeúnte de nuestro tiempo, un hombre llamado Brecht, un poeta sin incienso...

Brecht no pertenecía a ningún país; carecía de papeles, pero su idioma era el de Alemania, tierra de teatros y buenos actores, y un lugar en donde se lo respetaba. La Schauspielhaus de Zurich preparaba una nueva producción de *Madre Coraje*; y el 5 de junio de 1948, bajo la dirección de Kurt Hirschfeld y Brecht, se estrenó *Puntila*.

Pero un acontecimiento más importante sucedió en febrero de ese año. El teatro municipal de Chur, capital de Grisons, invitó a Brecht a producir su adaptación de la *Antígona* de Sófocles traducida por Hölderlin. Helene Weigel asumiría el rol protagónico y Caspar Neher se hizo cargo de la escenografía. En todos los aspectos fue una producción impresionante, y fue recibida como tal. Se trataba de la primera obra griega (y del primer tema griego) que adaptaba; siempre había estado más próximo a Roma que a Grecia, pero ahora se sentía atraído porque era un tema político relacionado con la resistencia a la tiranía. Brecht estaba profundamente preocupado por el futuro del teatro, y en particular por la revalorización del repertorio teatral luego de la distorsión efectuada por los nazis. Así, la versión de Hölderlin de *Antígona* había sido utilizada, especialmente por producciones vienesas, para defender la doctrina nazi, enfrentando la "sensibilidad femenina" (Antígona) a la "razón masculina" (Creonte).

La versión brechtiana comienza con un prólogo que ubica la acción en Berlín, en abril de 1945. La guerra está a punto de terminar. Cuando despunta el día, dos hermanas salen de un refugio antiaéreo rumbo a su casa. Frente a la puerta descubren a su hermano, que aparentemente ha desertado del ejército, colgado. Tal vez todavía esté vivo. ¿Se atreverá alguna de las hermanas a cortar la soga enfrentando a un guardia de la S.S.?

Entonces comienza *Antígona*. La versión de Hölderlin, hecha más de cien años atrás, fue considerada durante mucho tiempo como una de las grandes traducciones clásicas que logra transmitir la grandeza del original. Pero un examen atento de los textos de Brecht y Hölderlin demuestra que la obra no es estrictamente de Hölderlin ni de Sófocles, aunque tenga muchos elementos de ambas. Como Brecht señaló en una nota, el núcleo de su obra no estaba tanto en representar a la resistencia (en este caso la resistencia interna frente al nazismo), como en el análisis de una tiranía que se derrumba. Después de la Primera Guerra Mundial, Walter Hasenclever había escrito una *Antígona* donde la heroína se presenta como una encarnación del pacifismo. También para Brecht la obra se convierte en un vehículo para transmitir sus sentimientos sobre la guerra. El centro de atención se desplaza de Antígona a Creonte. La obra comienza con el tradicional y bello lamento de Antígona por la maldición caída sobre su familia, pero Brecht reemplazó los litúrgicos versos de Hölderlin, elevados y magníficos, por versos más breves aunque no menos nobles.

Hölderlin escribe:

> Hermana mía, ¡oh mi querida hermana Ismena!
> Dime qué enfermedad Zeus, padre de la tierra,
> no nos haya enviado mientras todavía vivimos
> desde que Edipo nos fuera arrebatado.

Y Brecht:

> Hermana Ismena, vástago gemelo
> de la raza de Edipo, ¿conoces alguna
> bajeza, o labor dolorosa, o vergüenza ruin
> que el padre de nuestra tierra, Zeus, haya olvidado
> enviarnos mientras todavía vivimos?

Los versos de Brecht son concisos y más fácilmente comprensibles que los de Hölderlin. Pero inmediatamente advertimos una transformación radical de la obra original: la defensa que hace Creonte de Tebas contra los asaltos de los argivos liderados por Polinices, uno de los dos hijos de Edipo, se convierte en manos de Brecht en una guerra depredatoria de Creonte y los tebanos contra Argos, con el objetivo de conquistar los depósitos de hierro de la ciudad. Los hermanos de Antígona, Etéocles y Polinices, en lugar de alinearse en facciones opuestas como en el drama original, luchan ahora con los flancos de Creonte. Abatido por la muerte de Etéocles, Polinices rompe filas y es masacrado por Creonte, quien le niega un entierro ritual a causa de su cobardía. A partir de allí, la obra se desarrolla al modo tradicional: el intento de Antígona por cubrir con tierra el cadáver de su hermano y el descubrimiento de su acción por parte de los soldados que custodian el cuerpo.

La obra no sería brechtiana si se hubieran omitido los elementos de clase, introducidos por los parlamentos del guardia que refiere la violación del edicto de Creonte antes de que se descubra al culpable. Acusado por Creonte de haber sido sobornado, contesta:

> Lo que más temo es recibir algo hecho de cáñamo, pues en manos de los poderosos hay más cáñamo que oro para nosotros. Como usted bien puede entender.

El inolvidable "Himno al hombre" de Sófocles aparece transformado por Brecht con un agregado característico. El hombre está dotado de infinitas capacidades, canta Sófocles: "Múltiples son las maravillas, pero nada más maravilloso que el hombre...". Se mencionan los logros de los que el hombre es capaz, pero también su impotencia frente a la muerte y su deber de honrar las leyes divinas y humanas. Brecht se explaya sobre estas últimas:

> Somete la cabeza de su prójimo como la del buey
> mientras su prójimo se desgarra las entrañas...
> Apenas si puede llenar sus fauces,
> pero encierra entre cuatro paredes sus posesiones...
> Aquello que es humano no lo considera,
> y así se vuelve monstruo, incluso para sí mismo.

Antígona pasa de ser el azote de la irreligiosidad e inhumanidad de Creonte a acusadora de su imperialismo y belicismo, así como una profetisa que prevé el tirano que hay en él. Hemón, hijo de Creonte y prometido de Antígona, parte con ella hacia la muerte, pero no antes de que los argivos se vuelvan contra los tebanos y los derroten, matando también al otro hijo de Creonte. "Tebas ha caído", se lamenta Creonte tras su inútil intento de evitar la muerte de Hemón, trayendo consigo las vestimentas ensangrentadas de su hijo.

La producción que hizo Brecht de esta *Antígona* en Chur fue notable por varias circunstancias: él volvía a dirigir, Helene Weigel actuaba después de casi una década y Caspar Neher había diseñado la escenografía. Para el público debe haber sido una experiencia extraordinaria, ya que por fin se terminaba con los viejos recursos para montar obras griegas. En su lugar,

> frente a un semicírculo de pantallas rojizas hay largos bancos en los que permanecen sentados los actores mientras esperan recitar su parte. En el centro de la pantalla hay una abertura, desde la que se puede ver cómo se hace girar la plataforma, y que también sirve como salida para los actores cuando han finalizado su parlamento. El área de actuación está demarcada por cuatro postes sobre los que se colocaron cráneos de caballos... La razón por la cual los

actores se sientan en escena, y sólo adoptan la actitud de actores cuando entran en el área de actuación (fuertemente iluminada), es que el público no se imagine que ha sido transportado a ese episodio de la historia, sino que está siendo invitado a formar parte de la representación de este antiguo poema, no importa en qué forma haya sido modificado... Las vestimentas masculinas estaban hechas con telas neutras, las de mujeres, de algodón... Y se cuidó especialmente la utilería; a cargo de excelentes artesanos.

Por cierto era característico de Brecht y Helene Weigel, al igual que de Caspar Neher, dedicar especial atención a una producción dirigida a un auditorio de provincia, un pequeño teatro también utilizado como cine, y con una mayoría de actores sin experiencia. Pero ese tipo de primitivismo encajaba realmente con Brecht. Dirigía desde su lujosa silla plegable (luego utilizada como trono de Creonte), guiando a los actores, aunque no siempre, por supuesto, sin algo de tensión entre ambas partes. Hans Curjel, director artístico del teatro, informó que la obra había causado una gran impresión entre muchos de los espectadores, si bien la mayoría de los intelectuales de Chur reaccionó desfavorablemente ante esta presentación poco convencional. El teatro, añadió, permaneció semivacío a lo largo de sus escasas funciones. Sin embargo, las generaciones más jóvenes apreciaron a fondo el aporte de Brecht.

Con todo, puede cuestionarse el hecho de que Brecht haya logrado elaborar una obra nueva desmembrando la tragedia de Sófocles. La magnífica e inexorable fuerza de Creonte en su aparente irreligiosidad para con el cuerpo de Polinices —en Sófocles porque se trata de un enemigo— resulta viciada en Brecht por la atenuación que genera el convertir la ofensa en cobardía. Tampoco la guerra entre tebanos y argivos se vuelve más convincente a la luz de una interpretación de carácter económico, cuando en el original se subraya la afirmación del poder.

Con la producción de *Antígona*, Brecht inició una serie de libros que incluían numerosas fotografías de Ruth Berlau (comenzaron este experimento juntos en Dinamarca) acompañadas por notas y documentos sobre el proceso de preparación de la obra. Estos libros resultarían invalorables, no sólo por la luz que arrojan sobre la forma de trabajar de Brecht sino también para los grupos teatrales interesados en representar sus obras.

Pero ni sus actividades ni su prestigio le evitaron ser molestado por las autoridades suizas. Después de todo seguía siendo un indocumentado. Si bien con el correr de los años se endureció ante las presiones burocráticas, nunca las recibió con indiferencia. Había que hacer algo.

Se produjo cierto alivio cuando Caspar Neher le presentó al compositor Gottfried von Einem, director musical de los Festivales de Salzburgo. Von Einem estaba ansioso por revitalizar la institución, y veía en Brecht una fuerza que podría liberar a los festivales de sus anacrónicas debilidades. Brecht se mostró interesado y Von Einem se ocupó de tramitar sus papeles. Brecht y su familia viajaron a Salzburgo, donde surgieron ambiciosos planes para producciones —tanto en esa ciudad como en Viena— de *Madre Coraje, Antígona, El círculo de tiza caucasiano* y, como anticipo del centenario de Goethe, la versión completa de *Fausto*. Por desgracia, estos proyectos no llegarían a concretarse.

Von Einem se había asegurado la cooperación del Dr. Rehrl, del Landeshauptmann de Salzburgo; y aunque costó dos años, Brecht consiguió la ciudadanía austríaca en 1950. Pero el escándalo que despertó en Austria la noticia disolvió el asunto de Salzburgo. Para colmo de males, se malogró una obra original propuesta para los festivales; la inconclusa *Salzburg Totentanz* [*Danza salzburguesa de la muerte*] en la que Brecht trabajó hasta el verano de 1951.

Mucho se habló de los esfuerzos de Brecht por encontrar un hogar en Austria, a los que se atribuyeron mútiples y ambiguos motivos. Basta citar aquí una carta escrita por Brecht a Von Einem en abril de 1949:

> Sé que un pasaporte sería más útil para mí que un adelanto por mis derechos [sobre el proyecto de Salzburgo]. Si esto fuera posible debería hacerse sin publicidad. La mejor manera sería la siguiente: H. W. [Weigel] es austríaca de nacimiento (vienesa). Desde 1933 yo estoy indocumentado. No existe gobierno alemán en este momento. ¿Podría ella obtener un pasaporte austríaco? Yo, en calidad de marido... no puedo establecerme en una parte de Alemania y convertirme en un difunto para la otra... Los suizos me están haciendo las cosas difíciles otra vez.

Los aliados le negaban el ingreso al sector occidental de Alemania. Ahora existían dos Alemanias, pero sin gobierno autónomo. La DDR

(República Democrática Alemana), vale recordar, no llegó a existir como Estado independiente hasta el 7 de octubre de 1949.

Dado que la *Danza salzburguesa de la muerte* se originó en tierra suiza, la consideraremos aquí, aunque Brecht haya seguido trabajando en ella hasta 1951. La obra sería una contrapartida contemporánea de la célebre obra moralista inglesa *Everyman*, que Hugo von Hoffmannsthal había modernizado, y que se convirtió en un ineludible caballito de batalla de los festivales de Salzburgo anteriores a Hitler. Pero los programas habían comenzado a delatar su senectud, sumada a la megalomanía escénica de Max Reinhardt. Era de esperar que tras la Segunda Guerra Mundial –tal era el sueño de Von Einem– renaciera el Festival de Salzburgo con nuevos valores y temáticas. Para Brecht, que buscaba un lugar donde trabajar, esto también representaba la culminación de una vieja ambición. Por temperamento, se sentía próximo a los elementos populares del drama medieval, si bien no a su contenido religioso; y veía la posibilidad de otorgarle un tono contemporáneo. ¿Qué más atractivo que una "danza de la muerte", particularmente cuando otra, prodigiosa, acababa de culminar? Dentro de las posibilidades que se abrían tras la guerra, ¿no era acaso probable que incluso la rancia Salzburgo y la conservadora Austria estuvieran sedientas de cambio?

La *Danza salzburguesa de la muerte* fue concebida como una obra moral en dos partes: la primera trataría el tema del Emperador y la Muerte, donde la Muerte establecería un contrato con el Emperador para dedicarse a las clases bajas dejando a salvo a los poderosos; un arreglo necio, ya que la muerte no es confiable. La otra parte trataría sobre la Plaga y su impacto en la familia de clase media de Frau Frühwirt, quien, con un toque típicamente brechtiano, encontraría su destino fatal al aprovecharse de la situación comprando ganado a bajo precio. También habría un macabro carnaval enmarcado en la devastadora atmósfera de la plaga. Los fragmentos que se conservan hacen pensar que tendría un fuerte tono moralizador. Así por ejemplo, una escena entre la Muerte y los carpinteros que construyen un puente para el Emperador, donde la Muerte intenta convencerlos de que escamoteen material; o aquella en la que la Muerte (representando al capitalismo) se queja ante el Emperador de ser difamada y el Emperador le asegura que a él le pasa lo mismo; o los diálogos domésticos en casa de Frau Frühwirt, con su convincente tono medieval; todos estos elementos se hubieran convertido en un drama exitoso. Y Salzburgo se habría revitalizado.

Incluso mientras buscaba con energía un lugar donde establecerse, Brecht no descuidó el trabajo. Durante su exilio escandinavo, su colaboradora Margarete Steffin había traducido para él *La derrota: drama sobre la Comuna de París*, del dramaturgo noruego Nordahl Grieg.

Nordahl Grieg era un talentoso poeta y dramaturgo que participó de la resistencia antinazi y murió durante un bombardeo aéreo en Berlín, en 1943. Su obra sobre la Comuna de París fue motivada por el desenlace desgarrador de la Guerra Civil española y el triunfo de Franco y sus aliados. Así, equiparó y yuxtapuso los acontecimientos de 1936-1939 con los amargos días de París entre el 18 de marzo de 1871 y los sangrientos días de mayo en los que la Comuna fue disuelta.

La derrota, de Grieg, comienza cuando concluye la guerra entre Francia y Prusia. Las humillantes condiciones fueron aceptadas por Thiers, quien con la ayuda de Bismarck procede a aplastar la proletaria Comuna de París y la Guardia Nacional, que se ha opuesto a la rendición, e intenta restablecer el *statu quo*. Los trabajadores de París se rehúsan a entregar las armas compradas con sus propios ahorros para ser utilizadas contra los prusianos. Thiers pide a Bismarck la liberación de unos 40.000 soldados franceses capturados por los alemanes y, redoblando ese número, comienza el asedio de París. Ante una fuerza semejante, la Comuna queda indefensa. Grieg describe con intensidad conmovedora esos dos meses de esperanza agonizante y amarga lucha. Los conflictos dentro de la misma Comuna giran en torno al terror, la traición interna y el colaboracionismo, la pregunta acerca de si la "bondad" no sería en última instancia una traición a la causa, y la incapacidad de resolver las diferencias. Todo esto lleva a la derrota total de la Comuna. ¿Cómo pueden entonces hacerse realidad las palabras del noble Delescluze: "El hombre ya no será usado; simplemente será"? ¿Cómo la bondad, armada con fusiles arcaicos, puede superar a los armamentos de Thiers?

La obra de Grieg es una tragedia de preguntas sin respuestas. En la escena final, los últimos partidarios de la Comuna, incluyendo a los niños, se retiran a un cementerio para esperar a las fuerzas contrarrevolucionarias. El viejo Delescluze los acompaña.

DELESCLUZE: Así se termina la Comuna. Más que de ningún otro, mía es la responsabilidad del terror y la muerte. ¿No me odian?..

PIERRE: ¿No entiende usted, Delescluze? En casa y en las calles no hicimos más que trabajar y preocuparnos, preocuparnos por el mañana, y luego vuelta a trabajar como esclavos, y vino la muerte, ¡qué cosa tan inútil y miserable fue todo aquello! Pero ahora es distinto. La vida se ha convertido en algo grande, que da pena abandonar.

DELESCLUZE: ...Sí, aquellos que vienen podrán chamuscar el pasto con sus granadas, pero jamás podrán matar el poder de la tierra para reverdecer.

LUCIEN: Pero ellos, los que vienen por nosotros, deben tener mejores armas. ¡La próxima vez venceremos! ¡Venceremos! ¡Venceremos!

Por último Delescluze pronuncia una amarga confesión: la bondad sólo puede triunfar por la fuerza. "Como vengadores nuestros, los niños deberán convertirse en una generación de fuerza sobrehumana... Las generaciones que nos sigan tendrán que soportar tiempos horribles. ¿Los mutilarán? Sí. ¿Les arrancarán los ojos? Sí. ¿Morirán? Sí, antes de perder la voluntad de ser libres." A lo que la joven Gabrielle responde que si esa es la ley, entonces el hombre debe trascenderla siendo intransigente con la injusticia. Y a medida que se acercan sus verdugos, exhorta a los más pequeños a enfrentarlos con su fe irreconciliable, su futuro reflejado en sus sonrisas.

Ni Grieg ni su traductora Margarete Steffin vivirían lo suficiente para ver la caída de Hitler. En 1947 una editorial de Alemania Oriental publicó la traducción, que renovó el interés de Brecht por la Comuna de París. Las bibliotecas de Zurich lo proveyeron de material histórico adicional y trabajó en su propia versión entre 1948 y 1949. Con justicia, consideró su propia obra más como un "contraargumento" de la de Grieg que como una adaptación. Aunque utiliza situaciones y personajes del drama del noruego, la atmósfera general, aunque no menos ensombrecida por la muerte y la derrota, se ocupa de suavizar las escenas y situaciones abiertamente patéticas de Grieg, subrayando los elementos políticos y sociales. Brecht también atenúa los vívidos pero algo horripilantes sufrimientos del pueblo de París bajo el asedio; cuando reinaba el hambre, los obreros se veían obligados a vender sus herramientas para comprar pan, y los muchachos pescaban ratas en las orillas del río para venderlas como alimento. También desplazó el centro de gravedad del terrorismo bakuniniano y anarco-sindicalista de Rigault, y las atrocidades cometidas por ambas facciones, hacia un intento de esclarecimiento de los trágicos errores cometidos por la Comuna.

Es necesario ver la incomparable producción del Berliner Ensemble para apreciar la obra en su justa grandeza. Incluso en su forma inconclusa, resulta conmovedora sin distraerse del núcleo de su análisis ideológico. El humor alterna con la ternura, y la ironía con la ira.

La obra comienza el 22 de enero de 1871, ocho días antes de que el gobierno francés sometiera a París al acuerdo. Los integrantes de la Guardia Nacional todavía luchan y mueren por la causa de Francia, aunque es evidente que la traición los rodea. La gente del pueblo ha comprado los fusiles con sus propios ingresos, y al enterarse de la capitulación y el pedido de desarme comienzan los levantamientos. En Montmartre vemos gente tan sencilla como "Papa" el picapedrero; Madame Cabet y su hijo Jean; Coco el relojero; Geneviève la maestra; Langevin, cuñado de Madame Cabet y posteriormente delegado de la Comuna de París. Son personas sobre las que se ha abatido el peso de la guerra y el hambre y que merecen la paz y las reparaciones. Son los hacedores de la Comuna que se enfrentará a Thiers y su soldadesca de Versalles.

Puede parecer extraño hablar de ternura en una obra de Brecht, pero existe en *Los días de la Comuna*. Más aún, hay una suerte de decente respeto de una persona por otra (Brecht lo llamaba *Freundlichkeit*) claramente encarnado en "Papa" cuando le ofrece a Madame Cabet un pollo a la cacerola abandonado por un acaparador en fuga. Pero el soterrado elemento de ansiedad siempre está allí: en las deliberaciones de la flamante Comuna, con su nueva Carta de Derechos, en los conflictos con las delegaciones, y en particular en la urgencia de "Papa", con su profética y casi instintiva conciencia política, por asaltar Versalles antes de que los ejércitos de Thiers ataquen París.

Hay una serena belleza en la alegría de "Papa" ante los inicios de la Comuna:

> Esta es la primera noche en la historia, amigos, en la que en París no habrá asesinatos, robos, estafas vergonzosas o violaciones.

Por primera vez sus calles serán seguras, y no se necesita policía. Pues los banqueros y los ladrones, los cobradores de impuestos y los artesanos, los ministros, las *cocottes* y los curas emigraron todos a Versalles.

Pero Langevin manifiesta reservas acerca de la libertad total, y mientras brindan exclama: "Brindo por la libertad parcial". Y a Geneviève, que le pregunta por qué, le dice: "Porque es la que conduce a la libertad total". Pues él también está convencido de que deberían haber tomado la ofensiva contra Versalles el 18 de marzo. Así, la gente instruye a sus maestros. Langevin le dice a Geneviève: "Lerne, Lehrerin" ("aprende, maestra"). Como en la obra de Grieg, aquí también el sencillo y honesto Beslay es traicionado por el presidente del Banco de Francia, que ha estado conspirando con Thiers.

El grito de Langevin es el grito de Brecht:

¡Cuántos errores cometemos! ¡Cuántos errores hemos cometido! Naturalmente, deberíamos haber marchado a Versalles de inmediato, el 18 de marzo. ¡Si sólo hubiésemos tenido tiempo! Pero la gente nunca tiene más de una hora. Malditos sean si no se plantan allí, armados y listos para el asalto.

¿Y por qué, pregunta Geneviève, no han tomado el dinero de las bóvedas del Banco de Francia, que les pertenece por derecho, y con el que hubieran podido sobornar a los ministros y políticos de Bismarck, así como a los franceses?

En virtud de la libertad, que nadie comprende. No estábamos aún preparados, como cualquier integrante del ejército en su lucha de vida o muerte, a renunciar a la libertad personal hasta que no se hubiera conquistado la libertad de todos.

Cuando Geneviève pregunta: "¿Pero no era porque no deseábamos mancharnos las manos de sangre?", Langevin responde: "Sí, pero en la guerra sólo hay manos ensangrentadas o amputadas". En la lucha desigual contra las fuerzas de Thiers y su general MacMahon, las inadecuadas y reducidas armas de la Comuna no sirven de nada.

Ellos están bien provistos [dice François Faure] de armas de fuego. ¿Por qué será que los nuevos tiempos siempre les dan primero sus armas a las hienas de los viejos tiempos?

Y mientras la Comuna se derrumba entre llamas y sangre, desde las alturas de Versalles la alta burguesía observa con largavistas y binoculares de ópera:

DAMA ARISTOCRÁTICA: Monsieur Thiers, esto significa la inmortalidad para usted. Usted ha devuelto París a su verdadera dueña, Francia.
THIERS: Francia, es decir Ustedes, Mesdames et Messieurs.

Con *Los días de la Comuna* Brecht escribió su primera tragedia. No era de ningún modo tradicional, pero sí lo suficientemente cercana en su forma como para plantear preguntas interesantes. ¿Por qué recurrió a ese tema en ese preciso momento? Las respuestas no dejan de ser sugerencias. ¿La obra era una advertencia? El momento que se vivía era de una oscilación entre el Este y el Oeste que adquiría ribetes cada vez más afilados. La tensión internacional se había intensificado con la Doctrina Truman y la Guerra Fría. La guerra no estaba fuera del campo de posibilidades. En los Estados Unidos, la derecha se hacía más poderosa y arrogante. La elite intelectual norteamericana se desmoralizaba paulatinamente, forzada a capitular. ¿Pero la obra de Brecht constituía también una advertencia a los estados socialistas, en particular al de Alemania Oriental?

Quizás sí, pues el drama de la Comuna de París trata de desnudar un proceso histórico: el movimiento por el cual una clase social, la clase obrera, detenta momentáneamente el poder, establece una nueva forma de Estado proletario, pero falla en sus intentos por mantenerlo vivo. La tragedia surge a partir de dos tipos de conflicto: uno entre los trabajadores y la burguesía, que pronto arrasará las puertas de París; y el otro por las luchas internas y los errores de la nueva Comuna. Es principalmente a causa del segundo que la derrota se abatirá sobre ellos. ¿Cuál es la falla dramática, para utilizar un término convencional, que causa la destrucción de sus protagonistas? Se trata de "las inadecuadas capacidades de una clase inmadura, analfabeta y sin dirección" en conflicto con la necesidad de construir una nueva sociedad. Sus "errores", si así pueden llamarse, radican en su "buena naturaleza" (el error de no marchar hacia Versalles en el momento indicado), así como en escrúpulos que son producto de la inexperiencia y el olvido de que "los caníbales esperan tras las puertas". En la obra de Brecht, así como en la realidad histórica, la debilidad de Beslay ante el presidente del Banco de Francia, al igual que otras trapacerías internas, se manifiestan en la incomodidad de "Papa" al liberar a uno de los espías de Thiers a instancias de Madame Cabet y los niños.

¿Tenía razón el dramaturgo Arthur Adamov (ferviente admirador de Brecht) al sostener que la obra falla porque vacila entre la cuestión de los personajes y la situación histórica, sin resolver adecuadamente ninguna de las dos? En parte estaba en lo cierto, ya que Brecht se negó deliberadamente a dar a sus personajes una "prehistoria" y establecerlos como personajes *individuales* más que como miembros de un movimiento de masas. Lo que más le interesaba era el elemento histórico, como lo evidencia en los procedimientos de los delegados de la Comuna y las actividades de los casi anónimos trabajadores en las barricadas o en sus tareas normales. ¿Pero de qué manera se podían representar estos "héroes ignotos"? Fueron ellos los que en los días de la Comuna legislaron y cambiaron el aspecto de la ciudad de París. Y fue así que el hasta entonces "deshonesto rostro de la chusma" adquirió una dignidad legendaria. Probaron ser los maestros de sus maestros y de sus superiores. Dado que Brecht dejó la obra inconclusa, es difícil determinar qué hubiera hecho para resolver este difícil problema.

Desde la perspectiva brechtiana, *Los días de la Comuna* no constituye desde luego una "tragedia". Es una tragedia para los miembros de la Comuna, en un momento histórico particular. Pero la falla no se debía a fuerzas invariables o trascendentes. Aunque la comprensión y la sabiduría se producen en los personajes demasiado tarde, no ocurre lo mismo para el espectador de hoy, que puede actuar como resultado de dicha comprensión. Tal era la esperanza y el objetivo de Brecht.

II
REGRESO A BERLÍN

> Cuando volví
> mi pelo no era gris
> y estaba contento.
> La aridez de la montaña quedó atrás.
> Ante nosotros se extiende ahora
> la aridez de la llanura.
>
> Brecht, "Percepción"

El 22 de octubre de 1948, Bertolt Brecht finalmente regresó a Berlín. Es cierto que ahora se trataba de una Berlín estrictamente dividida, Este contra Oeste, pero igual era Berlín, la ciudad donde se había hecho una reputación más de un cuarto de siglo atrás. En enero de ese año, Wolfgang Langhoff reintrodujo a Brecht al público alemán en el Deutsches Theater con *Terror y miseria del Tercer Reich*. Causó una profunda impresión, y generó en la prensa comunista la esperanza de que la obra de Brecht hubiera tomado la dirección realista que tanto necesitaba la nueva Alemania.

En octubre fue recibido con un banquete de bienvenida por la Liga Cultural de Berlín Oriental, organizado por el líder comunista Wilhelm Pieck y el coronel soviético Sergei Tulpanov. El Stadttheater fue puesto a su disposición y comenzó a trabajar en una producción de *Madre Coraje*. Se sucedieron meses de ensayos, y cuando la obra se estrenó el 11 de enero de 1949 con Helene Weigel y Ernst Busch (entre otros notables actores), bajo la dirección de otro viejo amigo, Erich Engel, fue recibida de manera triunfal. Ya no quedaban dudas sobre dónde se asentaría Brecht, o dónde estaba su futuro teatral.

Tras una breve temporada en Suiza, regresó en el otoño de 1949. Se le dio una casa en el distrito berlinés de Weissensee. En noviembre, el ministro de Educación Popular autorizó a Brecht y a Helene Weigel a fundar el Berliner Ensemble. Su primera producción en el Stadttheater fue *Herr Puntila*.

El 7 de octubre de 1949 nació la República Democrática Alemana. Wilhelm Pieck fue elegido presidente y Otto Grotewohl primer ministro.

Para Brecht, la decisión de renunciar a su fortuna y a Alemania Occidental no se trató de una frivolidad. Alguna vez había abrigado la esperanza de hablar a toda Alemania, de ser *el* poeta y dramaturgo alemán. Pero era lo suficientemente realista como para ver, no mucho después de 1945, que la división entre el Este y el Oeste sería, al menos por un tiempo, imposible de superar. Vio cómo Alemania Occidental se reconstruía con millones de dólares estadounidenses; vio una vez más cómo se alzaba un baluarte contra el comunismo oriental, una Alemania capitalista vio la luz, con muchos de sus vasallos nazis más o menos rápidamente reincorporados a sus empleos. Y Berlín occidental pronto se convertiría en un vidriera de la democracia, con el Kurfürstendamm reconstruido –luces de neón incluidas– y las cafeterías desplegando con ostentación crema batida para clientelas multitudinarias. Pero también había cantidades de ruinas a ambos lados de la línea divisoria como recuerdo de la sangrienta tragedia que acababa de finalizar.

Brecht no pudo menos que horrorizarse de lo que vio. Él consideraba que, sin importar cuán rápido caminara, jamás podría escapar de aquellas ruinas. Allí estaba el edificio del Reichstag, justo frente a la Puerta de Brandenburgo, un esqueleto encima de una pila de escombros. Y, en las cercanías, el montículo bajo el cual Hitler y sus secuaces encontraron su final. Monumentos de una pesadilla sin fin. Con su amigo el escritor francés Vladimir Pozner, recorrió la ciudad observando a las mujeres apilar ladrillos, limpiándolos y clasificándolos. Pudieron ver los interiores de las casas destruidas, impresionados ante imágenes grotescas. Espiaron las vidrieras de los negocios, testigos del hambre de lujo de una clase recientemente instalada en el poder y ahora voraz de las galas de la pequeña burguesía. Junto con otro amigo escritor, Günther Weisenborn, visitó el sótano de la Gestapo donde Weisenborn pasara siete meses de prisión. Más sobrevivientes surgían de los sótanos como milagrosos fantasmas.

¡Y los fantasmas de la memoria! Cuántas veces habría paseado por Berlín con su amigo Caspar Neher en los viejos tiempos. Pero Neher al menos estaba vivo y se le había unido en Suiza. Ahora Brecht veía de nuevo Berlín, pero con los ojos de Neher. Esa ropa lavada, por ejemplo, colgada a secar, con su color azul… "mi amigo la hubiera colocado en otro lugar". Todo había desaparecido.

No fue un mero capricho lo que lo indujo a presentar *Madre Coraje* cuando llegó en 1948. Los íncubos del pasado, lo sabía, se agazapaban con fuerza sobre la población, un gran sector que, tal como señaló, "había participado en las guerras depredatorias de Hitler como colaboracionistas, tan poco instruidos como Madre Coraje". No era justamente él quien subestimaría las dificultades que implicaba el camino al socialismo. Sabía que el comunismo era "lo sencillo difícil de llevar a cabo", pero también sabía que era allí y no a alguna otra parte adonde pertenecía. Tendría que luchar con prejuicios de toda clase. Pero su primer trabajo consistía en reconstruir; reconstruir la vida física y cultural del país, en ambos sentidos una perspectiva avasallante.

Materialmente, la destrucción se manifestaba por todas partes. Los reclamos de la repartición soviética exigían un alto porcentaje de la industria y las maquinarias. La división de Alemania había dejado a la parte oriental sin recursos naturales tales como carbón o aceite. La tarea de reeducar a la población era inmensa, y amplios fondos fueron destinados para este propósito. No menos beneficiados se vieron los teatros, la ópera, las escuelas y las universidades. La bendición radica en el hecho de que, de los escritores e intelectuales exiliados, muchos regresaron al sector oriental. Aquellos que como Thomas Mann rehusaban de plano regresar a Alemania, se establecieron en Suiza. El barniz de las viejas ideas era desde luego más persistente en las vastas áreas campesinas, en donde la socialización encontraría una gran oposición durante largo tiempo.

Pero resultaba una alegría contar con un teatro y con un equipo de trabajo semejante. Helene Weigel, Caspar Neher, Hanns Eisler, Paul Dessau, Erich Engel, Gerhart Bienert, Erwin Geschonnek, Teo Otto, y artistas invitados como Therese Giehse y Leonhard Steckel. A eso se sumaba un grupo de gente más joven, a los que él y Weigel podrían entrenar.

¿Qué importaba entonces que la sala de ensayos fuera un enorme galpón deteriorado frente al Deutsches Theater, en la Max Reinhartdt Strasse? La puerta siempre estaba abierta y cualquiera podía entrar. Las visitas testimoniaron sobre las muy poco convencionales rutinas de Brecht. Cuando alguien entraba, hacía un gesto de asentimiento y seguía con su trabajo. Dice el director suizo Erwin Leiser:

> Brecht difícilmente está solo en el auditorio. Ocupa su lugar en una silla vieja, su sombrero le oculta bastante la frente y el

cigarro cuelga de sus labios. Sus rápidas reacciones, sus exclamaciones espontáneas y su risa amplia inspiran a los actores.

Y Pozner:

Nunca conocí a un director que guarde su secreto con menos celo que Brecht. Cualquiera que lo deseara podía entrar a mirar.

Para él y Helene Weigel la tarea era doble: reinstaurar un repertorio que había sido pervertido y corrompido por el régimen nazi y elaborar uno nuevo, que se correspondiera a las necesidades de la sociedad. Con todo, ambos esfuerzos pretendían iluminar las obras del pasado, no como piezas arqueológicas sino a la luz de su significación histórica: liberarlas, como dijo Brecht, "de la escoria de una clase social". Su mirada lúcida veía que tanto el público como muchos artistas habían vivido durante el Tercer Reich o en la República de Weimar o bajo alguna forma de capitalismo y que, por tal motivo, habían sido sometidos de un modo u otro a la perversión de estos sistemas.

El proceso de limpieza de la revolución no es exclusivo de Alemania. El gran levantamiento, que suele provenir de una revolución, en este caso vino sin ella.

Los conflictos en general, y los conflictos de clase en particular se convertirían en temas de sus obras. Los problemas irresueltos estaban por todas partes; y había muchos. "En todas partes –dijo– debemos descubrir los elementos de crisis, de aquello que es problemático y rico en conflictos dentro de esta nueva vida; de otro modo, ¿cómo podríamos alguna vez mostrar lo que hay de creativo en ello?" En todas partes, sostenía, en las que señalamos soluciones, debemos mostrar el problema; donde exhibimos victorias debemos presentar la amenaza del fracaso y la derrota. Pues las victorias no son fáciles de conseguir.

Dentro y fuera del teatro, lucharía constantemente en favor de la verdad. Y no necesitaba ni necesitaría lo que llamaba "escritorios con ventanas de vidrios rosados, a través de las cuales los oficiales observan y ven un mundo maravilloso, y el mundo, mirando hacia el interior, ve maravillosos oficiales". Pero nunca perdió de vista su objetivo esencial:

> La visión de estas horribles devastaciones me provocan un solo deseo: hacer a mi manera lo que me corresponde para que el mundo finalmente tenga paz. Sin paz nunca será habitable.

A pesar del estado de la economía, el gobierno puso a su disposición mano de obra y capital para permitirle crear su teatro. Era consciente de su responsabilidad, y en los años venideros podría jactarse de que la República Democrática Alemana tenía una de las mejores compañías teatrales del mundo. Y que se hubiera logrado durante años difíciles habla absolutamente a su favor. Mucho se especuló sobre las presiones sufridas por Brecht para que se sometiera a los propósitos de la burocracia, y muchas lágrimas (algunas de cocodrilo) se derramaron por el "pobre B. B.", criticando, si no la hostilidad, por cierto las reservas del partido comunista oficial. Que tales presiones existían no puede ni debe negarse.

Pero Brecht no necesitaba de la conmiseración de sus amigos. Podía lidiar solo con sus propios asuntos, tal como lo hizo. Testimonio de ello es el Berliner Ensemble y su repertorio. Dialéctico consumado, nunca eludió las confrontaciones sobre el arte. Y sus colegas, incluso aquellos que luego se fueron de Alemania Oriental, son testigos de su inclaudicable oposición a lo que consideraba procedimientos o soluciones burocráticas y estrechas. Esto no quiere decir que se considerara infalible: nunca rechazó la discusión o la crítica. Si estaba convencido, podía cambiar de proyecto o de obra; pero si no lo estaba no lo hacía. Cuando dudaba respecto de una obra, publicaba la versión nueva y la vieja.

De modo que la lucha entre Brecht y el régimen oficial estaba menos relacionada con los objetivos que con la forma de alcanzarlos. Y el acuerdo entre las partes era mayor de lo que se cree. Ambas deseaban un arte que permitiera a la población de Alemania Oriental desarrollar una práctica social en el marco socialista; y estaban de acuerdo en que el arte debía ser "realista". Pero las diferencias surgieron en relación a la naturaleza del realismo. Así, durante la quinta conferencia plenaria del Comité Central del Partido, Fred Oelssner señaló, respecto de la producción de *La madre* en enero de 1951:

> Nadie podría impugnar la habilidad y efectividad de algunas escenas de *La madre*, que en realidad fascina a las masas. Pero yo

pregunto: ¿Es acaso verdadero realismo? ¿Se presentan personajes típicos en entornos típicos?... En mi opinión, esto no es teatro; esto es más bien una cruza o síntesis entre Meyerhold y Proletkult.

El año anterior, la adaptación brechtiana de *El tutor* de Lenz, fue acusada de "negativa" por algunos críticos. Pero la *cause célèbre* fue la ópera *El proceso de Lucullus*, de Brecht y Paul Dessau. Largamente esperada, y precedida por rumores de todo tipo, la obra fue bajada de cartel a pedido de las autoridades inmediatamente después de su estreno el 17 de marzo de 1951.

El ataque de la crítica fue al mismo tiempo político y estético; y apuntaba tanto al texto de Brecht como a la música de Dessau. La obra era una pieza que condenaba toda guerra; y dado que situaba la acción en el reino de los muertos, tenía una atmósfera de irrealidad que la acercaba al simbolismo. El *Neues Deutschland* dijo:

> Un dramaturgo altamente dotado y un talentoso compositor cuyas intenciones progresistas resultan incuestionables, se han descarriado en un experimento destinado a fallar; y que de hecho falló por razones tanto ideológicas como artísticas... La pacífica tropa mundial con sus más de ocho mil millones bajo el liderazgo de la Unión Soviética no es una mera corte de sombras, sino que tiene el poder real de someter a todos los criminales de guerra a una muy terrenal corte de justicia.

La música de Dessau fue condenada por sus disonancias y su intelectualismo y porque no era adecuada para estimular a las masas contra la agresión de una nueva guerra. También fue señalada la ausencia de violines en la partitura, así como la preponderancia de efectos e instrumentos de percusión.

En el Oeste, la controversia fue seguida con sentimientos mezclados. Era como si una multitud se hubiese reunido para seguir las acrobacias de un alpinista colgando de una cuerda, apiadándose de él y al mismo tiempo deseando que se cayera de una vez por todas. Pero si Brecht estaba suspendido de una cuerda, al menos disfrutó de la aventura. Las charlas y discusiones que se produjeron entre escritor, compositor, público y colaboradores, por un lado, y el Consejo ministerial por el otro, testimoniaban –como Brecht señaló jocosamente– el interés del Estado por las artes. Después de discutir con los oficiales, podemos estar seguros de que Brecht concedió y también logró cosas. El episodio del que consiente y el que disiente se repetía, pero ahora a un nivel más significativo y publicitado. Brecht y Dessau accedieron a hacer ciertas revisiones. Los cambios introducidos fueron menores: uno de los reyes derrocados, a quien Lucullus humilla, aparece como un patriota defensor de su pueblo y es aplaudido por los romanos; y ahora los legionarios, al enviar a Lucullus hacia la nada, agregan: "Si tan sólo nos hubiésemos negado a servir al agresor; si nos hubiésemos unido a los defensores". El título de la obra fue cambiado por *La condenación de Lucullus*, y la nueva versión se estrenó el 12 de octubre de 1951.

Tanto se ha hablado de este incidente que no sería del todo inútil considerar lo que dijeron otros críticos de Europa occidental acerca del caso. Según la opinión de Martin Esslin, el ataque a *Lucullus*, en particular a su partitura, tenía "reminiscencias de la campaña nazi contra la música 'decadente'". Para Jürgen Rühle la obra original era un peligroso planteo sobre la política soviética.

El crítico de Alemania Occidental Walter Dirks compartió el horror de los demás. Escribiendo para el *Frankfurter Neue Presse* a propósito de *La buena mujer de Setzuan*, se refirió también a *Lucullus*:

> En el Oeste, Brecht fue duramente criticado por modificar la tendenciosa *Lucullus*. Corrigió la primera versión, pacifista, e hizo otra que considera que la guerra puede ser justa. Esta alteración puede haberle sido impuesta; en todo caso corresponde también a la nueva situación en el Oeste y la nueva conciencia que surgió tras la caída de las expectativas de posguerra tanto en el Oeste como en el Este... No habla bien de la honestidad del Oeste, que aceptó desde hace ya largo tiempo la amarga posibilidad de una guerra contra la agresión, preferir una versión en cuya moral pacifista nadie cree.

Brecht, instalado provisionalmente hasta tanto se reconstruyera un teatro que estaría a su entera disposición, también adquiriría notoriedad en el extranjero. En el año de la controversia de *Lucullus*, el Théâtre Nationale Populaire de París estrenó una versión sorprendente de *Mère*

Courage. Al año siguiente el Berliner Ensemble viajó al extranjero. En Varsovia la impresión fue tal que un crítico polaco atribuyó a la compañía el mérito de revolucionar la vida teatral de Polonia. Las obras de Brecht también pasaron a integrar el repertorio habitual de Alemania Occidental, ocupando un lugar destacado después de Shakespeare, Goethe y Schiller. La República Democrática Alemana le otorgó en octubre de 1951 el Premio Nacional.

Amaba su vida dentro del Ensemble y se sentía pleno trabajando en forma colectiva, argumentando, dirigiendo y discutiendo.

> Cuando me levanto por las mañanas [anotó], ¿quién está allí? Yo. Cuando tomo mi té, ¿quién está sentado allí? Yo. Cuando doy un paseo corto por la calle, ¿quién pasea? Yo. Vuelvo a subir las escaleras, ¿y quién está allí? Yo de nuevo. De nuevo yo. Bien, entonces es mejor que me vaya al Berliner Ensemble.

Pero nunca perdió de vista lo que sucedía fuera del teatro, en las calles. Mientras pasea por la ciudad todavía en ruinas, piensa que ha recibido una nueva casa, que ha colgado la estampa china de "El dubitativo" y que goza de inusuales privilegios.

> Espero que eso no me haga aceptar los agujeros
> en los que viven tantos miles.

Pero incluso aquí la vida parecía provisoria (¿acaso todo en el mundo no parece provisorio?). Aunque ahora tiene su propia casa, sus manuscritos todavía están apilados en el baúl. Sus notas y poemas de ese momento reflejan su descontento con los planes gubernamentales, que se apoyaban únicamente en la reconstrucción material, o en planificaciones basadas en estadísticas. Pensaba que todavía más importante que construir ciudades, es "la sabiduría del pueblo". Sospechaba de las promesas y las visiones excesivamente optimistas, y abogaba por la verdad aun cuando fuera dolorosa. "La verdad une", decía. Y dirigiéndose a los gobernantes, añadía: "Amigos, me gustaría que sepan la verdad y la digan. No como Césares cansados y en fuga: 'Mañana tendrán harina'. Sino como Lenin: 'Mañana a la noche estaremos perdidos a menos que…'".

Luego vinieron los tumultos de 1953. En enero, Brecht envió un mensaje a Albert Einstein, Arthur Miller y Ernest Hemingway pidiendo por Ethel y Julius Rosenberg, dos estadounidenses acusados de espionaje y condenados a morir en la silla eléctrica. En mayo introdujo en el Berliner Ensemble al nuevo dramaturgo Erwin Strittmatter con la obra *Katzgraben*, sobre la lucha entre la vieja y la nueva población agrícola. El 5 de marzo de 1953 murió Stalin. El 17 de junio de 1953 se produjo el levantamiento de los obreros berlineses, seguido por incidentes similares en otros lugares de la república. En el Este, el levantamiento fue condenado por las autoridades como acción de provocadores fascistas o imperialistas. En el Oeste fue considerado como un alzamiento revolucionario contra un régimen represivo. No hay dudas de que hubo motivos justificados para la rebelión: a grandes rasgos, el aumento de las "normas de productividad laboral" en un diez por ciento y la apresurada colectivización de las granjas. Pero tampoco existen dudas de que elementos contrarrevolucionarios cumplieron una función en los disturbios, especialmente dentro de las comunidades campesinas más retrasadas. Las atracciones del Kurfürstendamm con su crema batida y sus despliegues de confort también jugaron su papel. El plan de socavar las divisas de Alemania del Este no era un secreto, ni tampoco que el mercado negro permitía a las amas de casa de Alemania Occidental adquirir bienes de Alemania Oriental con marcos comprados a un valor de cuatro o cinco a uno. Pero los errores y la miopía de los gobernantes eran igualmente imperdonables. Resultaba fácil cargar la culpa de sus errores sobre los provocadores y los fascistas. La protesta de los obreros estaba dirigida contra las medidas del gobierno, no contra la socialización.

Las repercusiones del levantamiento y su represión fueron, desde luego, profundas. Por lo pronto, demostraron a los oficiales y funcionarios que el socialismo no puede desarrollarse con decretos y discursos, y que las frases hechas mal podían sustituir los bienes y comestibles que necesitaban los consumidores. Las medidas correctivas que se tomaron no pudieron calmar de inmediato las aguas tormentosas. En todos los sectores de la república crecía la conciencia de la brecha entre el gobierno y el pueblo. Brecht, no menos que los demás, estaba seriamente preocupado por los acontecimientos. No ignoraba que elementos antisocialistas podían haber jugado un papel, pero también reconocía los justos reclamos de los trabajadores.

Según informes ahora verificados, Brecht envió de inmediato una carta a Walter Ulbricht, secretario del Partido, expresando su crítica, así como algunas sugerencias constructivas. Se supone que concluyó la carta ratificando su lealtad al Partido. Fue este cierre elogioso lo que se publicó con su firma.

> Me siento en la necesidad de escribirle y expresarle en este momento mi compromiso con el Partido de la Unidad Socialista. Suyo, Bertolt Brecht.

Supuestamente, la primera parte de la carta decía lo siguiente:

> La historia rendirá su debido homenaje a la impaciencia revolucionaria del Partido de la Unidad Socialista de Alemania. La gran discusión con las masas sobre los tiempos de la construcción del socialismo conducirá a la revisión y la afirmación de los logros socialistas. Me siento en la necesidad, etc.

También se informó que había enviado a Ulbricht el siguiente telegrama:

> Al día siguiente del 17 de junio, cuando se hizo claro que las manifestaciones de los obreros estaban siendo tergiversadas con intereses bélicos, expresé mi acuerdo con el Partido de la Unidad Socialista de Alemania. Espero ahora que los provocadores hayan sido identificados y sus redes destruidas; pero que los obreros que manifestaron su justificada insatisfacción no sean colocados en pie de igualdad con los provocadores, de modo que la ineludible discusión de los errores cometidos por todos no se vea comprometida de antemano.

Algunos poemas escritos por ese entonces revelan su parecer. Aunque no fueron publicados en vida, integran la edición autorizada de sus obras. Uno de ellos se refiere al levantamiento del 17 de junio y a la actitud oficial:

> Luego del levantamiento del 17 de junio
> el secretario de la Unión de Escritores

> distribuyó panfletos en la Stalinallee
> en los que se leía que el pueblo
> había defraudado la confianza del gobierno
> y que sólo duplicando la producción
> podría recuperarla. ¿No sería más sencillo entonces
> que el gobierno disolviera al pueblo
> y eligiera otro?

Otro poema, enérgico y profundamente apasionado, habla de la "Justicia como pan del pueblo", el alimento indispensable. ¿Pero quién lo horneará? ¿Quién hornea esa otra clase de pan?

> Tal como el otro pan,
> el pan de la justicia
> debe ser horneado por el pueblo;
>
> abundante, sano, cotidiano.

El poema "Mal día" probablemente también pertenezca a este período. El álamo plateado y el lago parecen vacíos de toda belleza, repulsivos. Un sueño de la noche anterior le había mostrado un dedo gastado por el trabajo, apuntando hacia él.

> "¡Oh tú que no sabes!", exclamé,
> aquejado por la culpa.

Tanto en la Academia de Artes, de la cual Brecht era miembro, como en la Unión de Escritores se produjeron tormentosas sesiones de las que surgieron reclamos por una mayor participación del artista en la política cultural. El nombre de Brecht, acompañado por personalidades como Eisler, Arnold Zweig y Friedrich Wolf, encabezaba una declaración de la Academia de Artes a los dirigentes del partido Kurt Barthel y Alexander Abusch. Según Kantorowicz, cuando se habló de suspender la declaración, algunos miembros amenazaron con renunciar. Según otro informe, Brecht exigió abiertamente la expulsión de los burócratas de la esfera de las artes. Esta demanda reclamaba para los directores de teatro libertad en la elección de su repertorio y libertades de todo tipo para los editores y artistas, así como un cese de la intervención directa de los organismos estatales.

En el *Neues Deutschland* del 12 de agosto, Brecht habló con mayor vehemencia, criticando la "desafortunada práctica de las comisiones", "sus propósitos dictatoriales, medidas administrativas antiartísticas, su vulgar lenguaje marxista que espantaba a los artistas (incluso a los marxistas)". Se oponía a la tendencia a satisfacer al público dándoles *kitsch*. Debía elevarse el nivel artístico, pero no mediante una serie de propuestas esquemáticas elaboradas por una comisión.

En otra ocasión escribió: "No hay pintor que pueda hacer su trabajo con las manos temblando ante el juicio de un funcionario, que quizás esté políticamente bien informado y sea consciente de su responsabilidad, pero que no está entrenado estéticamente ni conoce la función del artista". "¿Cómo puede un arte intimidado movilizar a las masas a realizar acciones arriesgadas? ¡Y nosotros *necesitamos* acciones arriesgadas!"

En la misma vena, y con idéntico vigor, intervino apoyando una muestra conmemorativa de la obra de Ernst Barlach, a quien el gobierno veía con malos ojos a causa de sus diferencias con el realismo socialista. Barlach, además de excepcional escultor, era también poeta y dramaturgo. Aunque se quedó en Alemania, fue despojado de sus bienes por los nazis y pasó los últimos años en una reclusión miserable. La exhibición se mantuvo a pesar de todo, y Brecht escribió: "Considero que Barlach es uno de los mayores escultores que ha tenido Alemania". En el bronce que representa a una anciana, Brecht veía la nobleza con la que Helene Weigel había retratado a Vlassova.

El hecho de que algunas de estas observaciones encontraran espacio en las publicaciones oficiales del Partido y del gobierno habla del cambio de atmósfera que se vivía en el país. La Comisión Estatal para las Artes fue disuelta a comienzos de 1954 y la presidencia del Ministerio de Cultura fue confiada a Johannes Becher, quien se había unido a la crítica a las anteriores políticas artísticas y culturales.

Las actividades de Brecht, es necesario destacarlo, se desarrollaron en el marco del Estado socialista del que participaba y para el que trabajaba. No se dejaría engañar por el júbilo del campo occidental, que festejaba las convulsiones y desacuerdos en Berlín Este:

> Tranquilos, mis queridos.
> Cerca del beso de Judas a los obreros,
> Sigue el beso de Judas a los artistas.
> El tanque que trae un bidón de combustible
> Se aproxima a la Academia de las Artes
> Con una amplia sonrisa...
>
> Aun las frentes más estrechas
> Donde habitan pensamientos de paz
> Son mejores recibidas por el arte
> Que los amigos del arte
> Que son también amigos de la guerra.

La distensión no significaba sin embargo el fin de agudas controversias en el campo cultural. Pero las discusiones eran más abiertas y Brecht participaba de ellas. El prestigio del Berliner Ensemble seguía creciendo. En marzo de 1954 la compañía se mudó a su propio teatro en el Schiffbauerdamm, donde más de un cuarto de siglo atrás Brecht había logrado su primer triunfo internacional con *La ópera de tres centavos*. Restaurado en su estilo original, pero equipado con la maquinaria escénica más moderna, se convirtió en el centro teatral al que todo el mundo observaba. Una brillante compañía de actores y un equipo técnico excepcional –una ciudad teatral, en realidad– proporcionaron a Brecht y Weigel oportunidades poco frecuentes. La subvención estatal era generosa y el público aumentaba. Jóvenes y obreros comenzaron a asistir en número creciente.

Pero las actividades del Berliner Ensemble y sus directores no se restringían al Schiffbauerdamm Theater, sino que incluían el entrenamiento de actores en distintas disciplinas, adaptaciones radiales y programas especiales para los obreros; en otras palabras, cumplían con las intenciones de Brecht de generar un público y elevar el nivel cultural y la lucidez política. Sus esfuerzos también se aplicaban al descubrimiento de nuevos talentos, tales como (para mencionar unos pocos) Regine Lutz y Ekkehard Schall y directores como Manfred Wekwerth, Joachim Tenschert y Werner Hecht.

En el extranjero, el Berliner Ensemble triunfó en el Festival de París, donde obtuvo el primer premio con *Madre Coraje* en julio de 1954.

En junio del mismo año, abrió las puertas del Schiffbauerdammtheater con *El círculo de tiza caucasiano*, con Angelika Hurwicz como Grusha, Helene Weigel como la mujer del gobernador, Ernst Busch como Azdak, y decorados de Karl von Appen. Fue una producción brillante, aunque la prensa oficial la desestimó. Brecht celebró el estreno con un breve poema:

> Hicieron teatro entre ruinas,
> Ahora lo hacen en esta hermosa casa
> No como pasatiempo.
> Entre ustedes y yo elevemos pacífico NOSOTROS,
> Para que esta y otras casas prevalezcan.

"Welch reicher Himmel!", "¡Qué rico cielo!", podría haber exclamado con el trovador goetheano, mirando a su alrededor: una compañía de más de sesenta actores; y entre todos más de doscientos cincuenta empleados... tiempo ilimitado para ensayar... y un *esprit de corps* del que pocas organizaciones podían jactarse.

Además de la casa de campo en Buckow, Brecht recibió también otra en la ciudad situada en la Chasseestrasse, a pocas cuadras del teatro. A través de las ventanas podía observar el cementerio protestante donde descansa Hegel, filósofo al que Brecht incluía en la categoría de los semidioses. Tenía su armónica, su máquina de escribir portátil, cigarros, aguafuertes chinos, máscaras, fotos de Marx y Engels jóvenes y, por supuesto, papeles, recortes de diario, manuscritos y libros.

En la primavera de 1955 viajó a Moscú para recibir el premio Stalin de la paz. Ya no se consideraba a sí mismo o a su teatro como un "puente" entre el Este y el Oeste. "No es verdad –le dijo a un colega sueco– que me haya sentado en dos sillas. Estoy sentado en una sola. Y esa silla está en el Este."

Helene Weigel aportó al teatro su autoridad y experiencia; el genio de una gran actriz y directora. Más de una vez Brecht rindió homenaje a su arte. Ella estuvo asociada de un modo u otro a las principales obras de Brecht desde fines de los años 20, y a partir de los años 30 asumió los papeles protagónicos; de modo que muchos de sus extraordinarios personajes están identificados con las caracterizaciones de Weigel. En un poema, Brecht la alaba como "la misma y sin embargo cambiante", que no se angustió

cuando de repente el suelo que pisaba era otro.
Y cuando los vientos fueron hostiles y desordenaron su pelo, ella sólo dijo: Es el pelo de muchos de mis compañeros.

Brecht la filmó mientras se maquillaba, y luego cortó los fotogramas. "Cada una de estas imágenes muestra una expresión acabada, completa en sí misma y con su propia significación." La devoción de Weigel por la causa social y su adhesión a la izquierda en los años 30 produjeron lo que Brecht llamó su "descenso a la gloria". Veía en ella a una artista que no abrumaba al público, sino que lo inducía a indagar más allá de lo que veía o escuchaba. "Ella mostraba no un arte sino muchas; como por ejemplo la bondad y la sabiduría, que también son artes que pueden y deben ser aprendidas."

Admiraba el cuidado con el que Helene Weigel elegía la utilería, comparando sus procedimientos con los de un meticuloso granjero que selecciona las semillas más fuertes, o la búsqueda del poeta de la palabra exacta. Todo lo que elegía, cuchara de peltre, red de pescar, cinturones y tiradores, lo hacía "con el ojo puesto en la edad, el propósito y la belleza", con el ojo experto y las manos del que "conoce la realidad; prepara la sopa, teje las redes y hornea el pan".

Había interpretado a Vlassova, Coraje, Carrar, Antígona, y ahora tenía papeles en nuevas obras y adaptaciones. A Brecht y Helen, sentados junto a Erich Engel, Ernst Busch, Hanns Eisler, Frau Hauptmann, y Caspar Neher, les debe haber parecido como regresar a los comienzos de la década del treinta.

Brecht había engordado con los años y se movía muy poco. Incluso para ir hasta el teatro, a pocas cuadras de su casa, lo hacía en su desacreditado auto (rechazó uno nuevo) para diversión y acaso sorpresa de los mecánicos, que no entendían por qué "El viejo" no se permitía algo mejor. Todo lo que fuera viejo y "utilizable" –*brauchbar* era una palabra que amaba– lo atraía. Así, después de su muerte, cuando unos soldados fueron a su casa a clasificar las reliquias de un hombre famoso, no podían salir de su asombro ante la sencillez y falta de pretensiones de sus limitados bienes. A principios de 1954 enumera sus bienes: ninguna enfermedad grave, ningún enemigo mortal; trabajo, lo suficiente; su ración de papas, pepinos, espárragos, frutillas; y el placer de ver las lilas en Buckow, visitar ciudades europeas, y por supuesto la producción de *El círculo de tiza caucasiano*. Al igual que Shelley, considera las cosas buenas de la vida en forma doméstica: alimentos, carne, queso, cerveza, y también el arte y los libros. Una y otra vez vuelve a su exhortación favorita: "Maestros, ¡aprendan de sus alumnos! ¡Líderes, aprendan del pueblo! No distorsionen la verdad, y escuchen cuando se les habla". Dirigiéndose a sus compañeros, les ruega: "No digamos constantemente 'yo', aún cuando lo escuchemos constantemente a nuestro alrededor". Y conminó al Ensemble a cambiar el "yo" por el "nosotros".

Los presupuestos sobre los cuales se creó el Berliner Ensemble eran, desde luego, políticos: el teatro por el que Brecht había luchado desde los años veinte. La lectura de los clásicos marxistas era parte del entrenamiento, y se dedicaban dos horas semanales al estudio del tema. Los dramaturgos y el equipo de dirección también estudiaban en la universidad Humboldt de Berlín y las puestas se planteaban desde una perspectiva sociohistórica.

El subsidio estatal, que superaba los tres millones de marcos anuales, permitió a Brecht y Weigel dedicar mucho tiempo a los ensayos, y por lo general se estrenaba una sola obra por año.

Presenciar un ensayo de Brecht fue considerado por muchos visitantes como una experiencia singular. Rodeado de estudiantes, se sentaba en medio del auditorio con el eterno cigarro en la boca. Sus acotaciones no eran estridentes. Siempre buscaba el punto de vista y las ideas de los actores, trabajando con ellos más que para ellos. Asumía una actitud de "ignorancia" tanto respecto de sus obras como de las ajenas, haciendo siempre preguntas como si desconociese las respuestas y trabajando con sugerencias más que con juicios inamovibles. Se ha destacado que existían muy pocas discusiones de naturaleza psicológica durante los ensayos. Las cosas tenían que ser probadas y experimentadas, pero nunca discutidas superficialmente. "¿Por qué me dan razones? –les decía a sus actores–. Muéstrenmelas."

El texto de una obra era siempre provisorio. Debía ser puesto a prueba durante el proceso de producción. Siempre estaba dispuesto a alterarlo si lo consideraba necesario. "¿Por qué deja de trabajar en una escena antes de terminarla?", le preguntaban. Y él respondía: "Porque cuando taladras una superficie demasiado gruesa, debes cerciorarte de que la perforadora no esté recalentándose. En arte también hay que hacer fácil lo difícil... Encuentro necesario cocinar todas las escenas al mismo tiempo, para que ninguna esté cocida antes que otra. De lo contrario pierdo el efecto de una escena sobre otra". Pero cada escena o fragmento era analizado por separado y en profundidad. A menudo los actores leían el texto por primera vez cuando se reunían para el primer ensayo. No sabían lo que pasaba en el resto de la obra. Brecht creía en el impulso creativo de la sorpresa. El actor debía hacer sus descubrimientos durante el proceso de lectura de los diálogos. A continuación se discutía el primer acto de una manera típicamente brechtiana: pregunta y respuesta. Supongamos que la obra era nueva, por ejemplo *Katzgraben* de Erwin Strittmatter. ¿Qué sucede en la primera escena?, preguntaba Brecht. Se está construyendo una calle que desemboca en el pueblo. ¿Para el beneficio de quién? Para el beneficio del Partido de la Unión Socialista. Brecht contesta que no. Silencio... Luego Brecht añade: "Eso será revelado sólo en la escena tercera".

Las discusiones que enmarcaban las obras eran fascinantes con Brecht probando, preguntando y analizando. Este proceso lo aplicó con particular eficacia en su adaptación de *Coriolano* de Shakespeare. Para entrenar a los actores en el distanciamiento, compuso escenas originales de *Romeo y Julieta* y *Hamlet*. Un recurso favorito era pasar el diálogo de la forma directa a la indirecta. Los actores, entonces, hablaban como sigue (esta es una escena adaptada de *El mayordomo*):

> LISE: Durante una tormentosa noche de noviembre, mientras Läuffer corregía cuadernos, Lise entró a su habitación. Pero él no la saludó. Debo haberlo sobresaltado, comentó. Sólo quería preguntarle si necesitaba algo más, si él necesitaba algo más.
> LÄUFFER: ¡Si él necesita algo más!, contestó Läuffer. Nunca, exclamó. ¡Qué podría necesitar un desgraciado como él! Lo tiene todo, y estaba a punto de irse a dormir.

La nota de Brecht agrega que se entregaban estos textos a los actores, pidiéndoles que los leyeran con sus inflexiones, aportando los movimientos básicos y sugiriendo los gestos. El tono general debía ser el del informe de un testigo ocular. De este modo ellos adquirían "distancia".

Durante los ensayos se preocupaba por el bienestar de los actores. Pedía luces altas y sillas cómodas para que los de más edad pudieran descansar mientras esperaban su turno, y siempre estaba alerta a cualquier sugerencia del elenco. Un integrante del equipo técnico le llamó una vez la atención sobre un error en *La madre*, señalándole que un policía ganaba menos que un obrero. Brecht corrigió de inmediato ese descuido. Durante la reapertura del Schiffbauerdamm Theater, escribió una nota a los técnicos: "Por favor háganme recordar si los reto de nuevo", lo cual hicieron cuando se dio la oportunidad, bajando un telón con su nota pegada.

Caspar Neher, su escenógrafo, compartía la meticulosidad de Brecht y Weigel en los detalles de utilería o los decorados. Sencillos y carentes de pretensión, estaban muy bien hechos y resultaban bellos. Esto se aplicaba también a los programas, una de las delicias de las funciones del Berliner Ensemble que podrían servir de modelo para todos los teatros del mundo. El material ilustrativo, ya sea pictórico o explicativo, el formato, los comentarios, notas e información están presentados para satisfacer tanto al ojo como a la mente. Así, el programa de *Los días de la Comuna* no sólo ilustraba la París de 1870, sino que además reproducía grabados de época y una historia del levantamiento sumamente informativa, así como fotografías de la producción.

Nadie que observara los ensayos y las funciones del Ensemble podría caer en la concepción errónea de que Brecht buscaba, por sobre todo, sistematización, deshumanización y abstracción en sus actores y en sus obras. En respuesta a la pregunta de un actor acerca de si su técnica no conducía a un teatro inhumano y puramente "artístico" (o quizás "artificioso"), Brecht dijo:

> Debe haber sido mi forma de escribir lo que hizo que se dieran tantas cosas por sentado y lo que creó semejante impresión. ¡Al diablo con eso! Naturalmente, debemos tener en el escenario de un teatro realista gente vivaz, contradictoria, con todas sus pasiones, sus expresiones, sus acciones. El escenario no es una herboristería ni un museo de animales embalsamados. El actor debe saber cómo crear a esa gente (y si ves nuestras producciones, realmente podrás ver a esa gente, y ellos *son* gente no a pesar de nuestros principios, sino gracias a ellos).

III
ÚLTIMAS OBRAS

No hay progreso más difícil que el que nos devuelve a la razón.
Brecht, "La compra de latón"

Renovar el repertorio era una ardua labor. Como puede imaginarse, para Brecht no podía significar volver al viejo teatro o simplemente reponer antiguas obras porque eran clásicas. Una vez más, no se trataba de modernizarlas para mostrar su continuidad o su carácter "universal", sino de "representarlas históricamente, es decir, confrontarlas con nuestro tiempo". Eso significaba aplicar a la obra la visión y el saber contemporáneos, para revelar la ideología que había detrás, de manera que los nuevos espectadores pudieran disfrutar y aprender al mismo tiempo.

Si "la verdad es concreta", como insistía, la "concreta verdad" le mostraba que la nueva sociedad en proceso de construcción del hombre nuevo tenía mucho del ropaje de la anterior; el nuevo metal no era totalmente acero, ni del todo puro. Las viejas costumbres persistían. Lo que Brecht llamara en uno de sus poemas "el águila prusiana" todavía parecía gritar sus órdenes. Dado que era ahora una figura de relevancia mundial, se dirigía con más énfasis a sus compañeros del otro lado de la frontera, donde el trabajo de purgar el pasado asumía la forma de una culpa leve ante la esperanza de un próximo y completo perdón.

Si con *Antígona* había iniciado su recuperación del pasado griego en contraste con el presente, con la misma intención se volcó hacia el *Sturm und Drang* para recuperar y adaptar *Der Hofmeister* [*El tutor*], del atormentado y genial Jakob Michael Reinhold Lenz, cuya vida había sido tan compleja como sus obras. Murió en 1792, en Moscú, luego de muchos años de una suave demencia.

Dos de sus obras sobrevivieron a los siglos, *Die Soldaten* [*Los soldados*] y *El tutor*, ambas resultado de experiencias personales. Los horribles padecimientos del empleado de una familia pequeñoburguesa, su degradación y servilismo, son bien conocidos. Sólo hace falta recordar las humillaciones sufridas por Mozart, Haydn o Hölderlin para no sorprenderse de que el destino de un oscuro tutor a merced de un insignificante noble haya sido incluso peor. Tal es el tema de esta terrorífica "comedia".

Brecht conservó la trama y en parte el lenguaje del original. Lo que hizo fue ajustar, como era su costumbre, el tema central de la obra, simplificándolo aunque sin alterar su sentido histórico.

Esta obra, como anuncia el Tutor en el prólogo de Brecht, es una lección del "miserere alemán", término difícil de definir y que denota la degradación y desmoralización de los alemanes bajo la rapiña del Absolutismo durante la Guerra de los Treinta Años. Una vez más, Brecht presenta una crítica de Alemania. La historia es la del tutor Läuffer, hijo de un pastor y empleado por una familia pequeñoburguesa, los Von Berg, a cuyo hijo con parálisis cerebral debe educar. Läuffer es sometido a innumerables abusos por parte de la avara familia. Prisionero, aunque bien alimentado; restringido en sus movimientos (al negársele la libertad de manifestar sus sentimientos), seduce a la bien dispuesta hija de la familia, con las consecuencias previsibles. Huyendo, encuentra refugio junto a un pedante maestro del pueblo, hasta que es descubierto por sus perseguidores y ligeramente herido. Seducido por la pupila de su anfitrión, se castra para no cometer otra vez un acto vergonzoso. A pesar de su estado, la pupila termina aceptándolo.

Para Lenz el mensaje de la obra descansaba en el tema de la liberalización de la enseñanza y en mostrar las degradaciones a las que está expuesto el que enseña. Brecht lo amplificó a una crítica de la sociedad, ya sea en sus aspectos feudales (señalando que los bellos sentimientos de Frau von Berg por la música podían equipararse al amor del verdugo nazi Heydrich por Bach) como en sus manifestaciones burguesas. Así como las relaciones feudales explotan a Läuffer, él también se explota a sí mismo. Su emasculación es también espiritual, ya que representa la autocastración de los intelectuales alemanes de la burguesía, que "experimentaron tanto las revoluciones de los otros pueblos como sus propias vidas únicamente 'en el espíritu'". Es en su estado de eunuco que Läuffer encuentra un empleo aceptable (como manifiesta gozosamente el maestro del pueblo), e incluso obtendrá referencias laudatorias de la familia a la que ha perjudicado. Esta mutilación es entonces la mutilación del espíritu alemán, de sus maestros y sus alumnos. No importa que Läuffer escape del mundo feudal, pues termina cayendo en las garras del mundo pequeñoburgués. Su automutilación es un "acto para acabar con todos los actos".

Así ensalza el maestro Wenzeslaus a su nuevo asistente Läuffer, luego de que éste pierde su virilidad:

> Déjame abrazarte, joven querido, instrumento elegido de la instrucción. Este es el camino por el que podrás convertirte en la luminosa llama de las escuelas, una estrella de primera magnitud en pedagogía... ¿Quién puede ser un maestro si no tú? Tienes las más altas calificaciones. ¿No has aplastado para siempre el espíritu de rebelión dentro de ti, subordinándolo todo al deber? Ahora no hay vida privada que pueda retenerte para formar seres humanos a tu imagen... Cada puesto de enseñanza en nuestro distrito está a tu disposición.

¿Fue alguna vez la combinación de barbarie y "espiritualidad" tan claramente delineada y expuesta? La representación de esta obra por el Berliner Ensemble acentuó los aspectos cruelmente cómicos de la conducta de Läuffer. Un epílogo de Brecht advertía a las nuevas generaciones alemanas:

> A ese maestro alemán no lo olviden.
> Creador y creatura de monstruosidades.
> Maestros y alumnos de la nueva era,
> Observen el servilismo suyo
> Para que ustedes puedan evitarlo.

El Ensemble estrenó una brillante representación de la obra en abril de 1950. Pero la prensa oficial no la aprobó unánimemente. La obra fue considerada demasiado negativa, y Brecht respondió a esta crítica con una nota:

> La producción podría servir como contribución a las importantes reformas educativas que se están llevando a cabo en la República. La sátira por lo general ofrece —como lo hacen obras al estilo de *Tartufo, Don Quijote, El inspector* o *Cándido*— un balance entre aquello que se satiriza y un modelo ejemplar. En el espejo cóncavo

utilizado para exagerar aquello que será atacado, los personajes positivos no pueden escapar a esa distorsión. En *El tutor* el elemento positivo consiste en la ira frente a la condición indigna de un hombre que se enfrenta con privilegios injustificados e ideas retorcidas.

En su presentación del "miserere alemán", Brecht y sus colegas se enfrentaron a frecuentes conflictos con la crítica oficial. El episodio llegó a su punto álgido en relación a la interpretación de la figura de *Fausto*, considerada como elemento sagrado de la herencia germana. Simultáneamente, la producción del Ensemble de la clásica comedia de Von Kleist, *Der zerbrochene Krug* [*El jarrón roto*], sufrió ataques similares. En el caso de *Fausto*, tanto Brecht como Eisler fueron puestos bajo el microscopio de la crítica.

Hanns Eisler compuso un nueva pieza sobre Fausto titulada *Johann Faustus*, en la que presentaba desfavorablemente su figura como representante del orden burgués en contra del militante Thomas Münzer, reformador y mártir anabaptista. Un prolongado debate, dirigido principalmente por el líder del Partido Comunista Alexander Abusch, Ernst Fischer y el *Neues Deutschland*, condenó la obra como "anti-nacional y antisocial" y como un grave menosprecio de una figura clásica alemana. Eisler pensaba componer una partitura, convirtiendo el texto en una ópera. La crítica de Abusch señalaba que "una ópera sobre Fausto sólo puede convertirse en una ópera nacional alemana si logra representar a Fausto como la heroica figura espiritual de una guerra apasionada *contra* el miserere alemán, y al mismo tiempo *a favor* de un entendimiento cabal del mundo".

Brecht participó en el debate, que al haberse producido poco tiempo después del estreno del *Urfaust* de Goethe por el Ensemble le permitió intervenir de manera menos personal. Como cualquier otro poeta –sostenía Brecht–, Eisler tenía el derecho de reencuadrar la figura de Fausto; él simplemente lo presentaba como un humanista que, a pesar de ser hijo de campesinos, abandona la causa de los campesinos y se identifica con sus opresores, buscando el conocimiento y la experiencia que desarrollarán mejor su personalidad. Lejos de menospreciar la historia alemana, Eisler había dignificado lo mejor de la historia de su país a través de los personajes de los militantes campesinos (aunque de manera incompleta) y de Thomas Münzer, su líder.

Se trata, continuaba Brecht, de una obra contemporánea, donde la burguesía alemana traicionaba una vez más al pueblo.

Por supuesto, en la discusión había muchos más temas en juego que el de la simple caricatura de una gran figura nacional, Fausto, o la distorsión de una gran obra literaria, el *Fausto* de Goethe. El íncubo de la leyenda fáustica arraigado en la mente alemana apenas necesita ser detallado.

Thomas Mann se había ocupado del personaje en su novela *Doctor Faustus*; pero ya había sugerido indirectamente en *La montaña mágica* (aunque no del todo consciente de sus implicancias) el sentido del "desarrollo" alemán asimilado a las figuras de Fausto y también de Goethe. Los horribles fines para los que podía ser utilizado el "autoenriquecimiento" no estaban del todo claros en 1924. Desde luego, en la versión de Goethe, hacia el fin de sus días Fausto reconoce su responsabilidad para con el mundo. Pero en la primera parte de la tragedia busca su propia satisfacción como un Baal brechtiano dotado de un intelecto supremo, honores académicos y un eficaz ayudante, Mefistófeles. Frente a esto, la pobre Margarita no tenía demasiadas posibilidades; y menos frente a un Fausto convertido de viejo estudioso en un joven sumamente atractivo.

Brecht confió la puesta del *Urfaust*, estrenada el 23 de abril de 1952, a su discípulo Egon Monk. La concepción era de Brecht, quien encaró la primera versión de este clásico sin la "intimidación" –tal como la llamó– de las obras clásicas. ¡Basta de tratamientos grandilocuentes para las obras de Goethe! Esta versión mostraría al menos el humor de Goethe. Dos escenas molestaron en especial a los críticos: el provocativo tratamiento de la reunión estudiantil en el altillo de Auerbach, y la escena en la que Mefistófeles hace de profesor frente al estudiante Wagner. Brecht aprovechó su conocimiento de los profesores y alumnos alemanes, así como de las universidades alemanas. No menos hereje era la concepción del mismísimo Fausto, que aparecía como una figura explotadora (y lo es), capaz de cobrar porque tiene a su disposición las fuerzas ilimitadas de Mefisto. La depravación (así lo menciona Brecht en sus notas) que hace posible que Fausto seduzca a Margarita, y así destruya a una sencilla muchacha, a su hermano y a su madre, es apenas compensada por su conversión final a lo que Brecht llama "productividad".

Fue esta aproximación al pasado alemán lo que provocó la oposición oficial, así como la crítica de que el Ensemble había utilizado un "estilo de marionetas". También era acusado de utilizar un deliberado primitivismo destinado a ofrecer "una versión simbólica del miserere alemán". Así, el miserere alemán se convertía en el "único héroe", y Brecht tomaba partido contra la herencia cultural de la nación alemana.

Con el mismo vigor con el que intentó desnudar el parasitismo explotador y depredatorio de Fausto, desenmascara en *Don Juan* la jocosa, pero no por ello menos seria, vida amatoria del artista. A través de una adaptación del incomparable retrato satírico de Molière, Brecht expone el "esplendor del parásito", que en sus palabras debe convertirse en "el parasitismo del esplendor de Don Juan". Para Brecht, Molière celebraba a Don Juan por su "epicureísmo" y por haberse "burlado del cielo" como una ambigua institución que aniquila la alegría de vivir. A pesar de que se pueda rechazar esta interpretación de Molière, el sentido del original permaneció; y la exclamación final del fiel y crítico criado Sganarelle, luego de que Don Juan haya sido arrastrado al infierno por el Comendador –"¡Mi paga! ¡Mi paga!"– sólo sirve para subrayar las intenciones coincidentes de Molière y de Brecht.

La misma alegría crítica aparece en la adaptación de la comedia dieciochesca de George Farquhar, *El oficial reclutador*, rebautizada *Mit Pauken und Trommeln* [*Con bombos y platillos*]. En un golpe maestro, Brecht trasladó la acción de principios a fines del siglo dieciocho, período de la revolución norteamericana, lo cual le permitió introducir referencias al imperialismo británico y la Guerra de Independencia norteamericana. Dentro de la cuidada atmósfera de la obra, hay canciones interpoladas que logran captar el estilo y el espíritu del siglo XVIII. Los propósitos antibélicos se expresan en las dificultades de los oficiales británicos para encontrar reclutas, mientras en las estaciones de reclutamiento aparecen panfletos con esbozos de la Declaración de la Independencia así como las declaraciones incendiarias de Benjamin Franklin.

Y por tercera y última vez Brecht volvió al tema de Juana de Arco. *Der Prozess der Jeanne d'Arc zu Rouen, 1431* [El proceso de Juana de Arco en Rouen], adaptación de un guión radial de Anna Seghers, es un sencillo pero conmovedor relato dramático de las escenas del juicio. Las voces que guían a Juana son, en esta versión, las voces del pueblo. Luego de su ejecución, dos campesinos, el Abuelo Breuil y el joven Jacques Legrain, hablan de ella:

LEGRAIN: La vi quemada, Pierre.
BREUIL: Ella guió a Francia.
LEGRAIN: Pero Francia también la guió a ella.
BREUIL: Yo creí que eran las voces las que la guiaban.
LEGRAIN: Sí, las nuestras.
BREUIL: ¿Qué quieres decir?
LEGRAIN: Así es como ocurrió: al principio ella irrumpió contra el enemigo lejos del pueblo; y así fue capturada. Y cuando estaba presa en la torre de Rouen no tenía noticias de nosotros y se debilitó, igual que tú y yo. De hecho, se retractó. Pero cuando se retractó, la gente humilde de Rouen estaba tan furiosa que atacó a los ingleses en ese puerto con todas sus fuerzas. Ella se enteró de eso –cómo, sólo lo sabe el Señor– y recuperó su valor. Vio que el Tribunal no era peor campo de batalla que las trincheras de Orléans. Y así convirtió nuestra peor derrota en nuestra mayor victoria. Cuando sus labios fueron silenciados, se escuchó su voz.
BREUIL: Es verdad, la guerra todavía no ha terminado.

Y de los viñedos llegan las voces de las muchachas de la vendimia cantando alegremente los hermosos versos de Christina de Pisan sobre Juana de Arco. ¿Quién es el líder? ¿Y quiénes los seguidores? ¿Quién es el maestro y quién el pupilo? Brecht siempre se planteó estas preguntas.

Desde 1952 Brecht había estado trabajando en una adaptación de *Coriolano* de Shakespeare, tragedia que lo había impresionado ya en la década del veinte, cuando Erich Engel la estrenó en Berlín. Al volver a ella después de tantos años, descubriría nuevas posibilidades. Aunque no la completaría en vida, dejó lo suficiente como para posibilitar el montaje por el Ensemble, que hizo de ella una de sus producciones más exitosas.

Si bien la versión es fiel al original, existen modificaciones significativas que muestran un desplazamiento del tema central shakespeariano. El interés de Brecht en esta tragedia se basaba en dos factores: el conflicto entre los plebeyos y los patricios y la crisis de liderazgo. Para Brecht, la tragedia de Coriolano no es meramente la de un líder orgulloso que se siente ofendido por la gente que desprecia y de la que espera una retribución, y que termina modificando sus propósitos a causa del ruego de su madre. El problema es el de la necesidad de un líder. El Coriolano de Brecht se considera indispensable e irreemplazable. El desprecio por la masa romana lo acerca más a su viejo enemigo Aufidio que a su pueblo. La justificada furia de los plebeyos a causa de una distribución desigual de las reservas de maíz, que prácticamente enciende una revolución, es momentáneamente aquietada por la amenaza de una invasión enemiga. Pero la unión es sólo temporaria y se quiebra por la arrogancia e intransigencia de Coriolano. ¿Acaso Roma lo necesita? La respuesta de Brecht es negativa. En sus interpolaciones Brecht destaca que los romanos pueden arreglárselas muy bien sin Coriolano; y si él los amenaza con una ofensiva, ellos se unen para resistir. Ese sentimiento es puesto en boca no sólo de los plebeyos sino de la propia madre de Coriolano, Volumnia.

Cuando ante la amenaza de Coriolano los patricios parecen desertar de Roma, uno de los tribunos observa:

> Si aquellos que viven fuera de Roma no quieren defenderla, entonces nosotros, de los cuales Roma ha prescindido hasta ahora, la defenderemos... Parece que ahora Roma es digna de ser defendida, por primera vez desde su fundación.

Hemos visto que Brecht nunca adaptaba obras *ad hoc* para su teatro. Eran largos períodos de ardua labor, y podemos estar seguros de que en su "tragedia" también expresaba una moraleja. Tal como apuntó en una nota explicativa:

> En lo que concierne al héroe, la sociedad también está interesada en otro aspecto que la afecta directamente: a saber, la firme creencia del héroe de su carácter indispensable. La sociedad no puede asumir esta creencia sin riesgo de resultar destruida. De modo que se afirma en una irrevocable oposición a su héroe.

En lo que concierne al orgullo de Coriolano,

> Es la sociedad, es Roma la que paga por ello, casi al punto de su destrucción.

Con su habitual ironía, Brecht concluye la obra con una breve escena en la cual, al recibir la noticia de la muerte de Coriolano, el senado retoma sus asuntos cotidianos en nombre y a beneficio del pueblo de Roma. Una vez más, como en la temprana *Eduardo II*, Brecht disolvió lo trágico en ironía.

Durante su exilio dinamarqués, había planeado una obra sobre Julio César. Escribió el cuento "César y su legionario" y también pensaba en un film. Estos proyectos culminaron en una novela histórica, *Los negocios del Sr. Julio César*, inconclusa en el momento de su muerte.

Brecht siempre era mejor cuando utilizaba su agudo estilo aforístico. Una narración extensa y estructurada le resultaba problemática. En prosa se encontraba más cómodo con los apólogos, los relatos, la anécdota. Se acercaban más al estilo épico de su teatro y a sus propias necesidades psicológicas y estéticas. Así, también la parábola le resultaba muy útil. La necesidad de concisión –y de objetividad– se hizo más insistente para él durante los años de exilio y de crisis mundial. Pero incluso antes había proyectado en los aforismos y apólogos de Herr Keuner, su alter ego, el particular ingenio dialéctico del que era un maestro. Lo mismo sucede con las *Historias de almanaque*, que se publicaron durante el exilio, y entre las que se encuentran algunos gérmenes de obras posteriores, así como en los relatos "La vieja dama indigna" (en realidad un retrato de la abuela de Brecht), "La capa del herético" (Giordano Bruno) y "César y su legionario".

Con *Los negocios del Sr. Julio César* no hacía más que seguir la misma línea narrativa.

En la descripción de la manera en la que se forma un dictador, Brecht podía pulsar todas las teclas: sátira, ironía, distanciamiento. Se trata del diario del esclavo-secretario de César, Rarus, que anota lo que sucede en la casa de su amo. Es el sirviente observando al amo, no al héroe. Ocasionalmente aparecen consignadas otras opiniones a cargo del alguacil, Mummlius Spicer, que visita frecuentemente a César a causa de sus deudas. La grandeza de Roma y de sus líderes contrasta con los sórdidos manejos de las conquistas y botines de Asia por las trescientas familias romanas, los generales, Cicerón, Catilina y el mismo César –seguido desde la edad de treinta y ocho años hasta el momento en que está a punto de ser elegido cónsul, luego de su regreso "triunfal" de España. A los ojos de Rarus, que apunta cuidadosamente las transacciones que tienen lugar, la grandeza de César radica en ser un modelo de empresario, alguien que conoce el valor del dinero y lo utiliza con inigualable talento. Estamos en tiempos de crisis. Los triunfos sobre Asia han dado prosperidad a unos pocos, pero también innumerables esclavos que compiten con los artesanos, perjudicándolos. La amenaza de un levantamiento por parte de Catilina y los plebeyos descontentos es aplacada por un demagogo brillante, Cicerón. Las sórdidas manipulaciones de los autoproclamados "demócratas" negocian las elecciones. El talento de César consiste en enfrentar a sus enemigos entre sí. De los estadistas y políticos podría decirse lo mismo que de los generales: "Ningún ropaje tiene tantos bolsillos como la toga del general". En medio de clamores y gritos competitivos, empieza a alzarse una exclamación: ¡Necesitamos un hombre fuerte! El poco heroico César cumplirá con este pedido. Al regresar de España, será homenajeado por un triunfo ficticio. Para celebrarlo, es necesario mostrar el botín español: artículos preciosos reunidos por el conquistador. César en realidad ha traído algo mucho más valioso: las codiciadas concesiones de minas de plomo en España. Pero los artículos deben manufacturarse en Roma. Calculando el clima del momento, César dispensa un triunfo (celebrando abiertamente una victoria guerrera), y comienza la campaña basada en la plataforma "Democracia es libertad" y "Paz".

Nunca antes la historia romana fue vista de este modo. Nunca antes el heroísmo romano y sus conquistadores fueron analizados de manera más radical. Como dice el alguacil Spicer al hipotético editor de las notas de Rarus:

> [César] siempre tomaba dinero de donde podía conseguirlo. Una mirada a los diarios de su secretario le demostrará cómo eran las cosas... No espere encontrar en él acciones heroicas; pero si los lee con la mente abierta, descubrirá algunos indicios de cómo se construyen los dictadores y se fundan los imperios.

IV
EL CREDO DE UN REALISTA

¿Cómo puede el tilo entrar en discusión con alguien que le reprocha no ser un roble?
Brecht

"No creo que el arte y la educación puedan separarse", escribió Brecht. Sin embargo, nunca cometió el error de sacrificar la autonomía del artista ni del arte. Atacado durante toda su vida por los realistas que lo acusaban de formalista y por los formalistas que lo acusaban de doctrinario y comprometido, siempre se consideró un realista, más específicamente un "realista socialista".

Un crítico tan perceptivo como Georg Lukács se tomó bastante tiempo para llegar a la conclusión de que Brecht era o se había convertido, al menos en su últimas obras, en "el gran dramaturgo realista de su tiempo". Previamente Lukács había desestimado la teoría teatral de Brecht considerándola formalista, en contraste con la de Tolstoi, aunque ambos tomen como punto de partida la corrupción de la sociedad. Tolstoi, según Lukács, llegó a la raíz misma del mal, al contenido del arte moderno. No así Brecht.

Pero finalmente terminó por aceptar no sólo *Madre Coraje* sino también *La buena persona de Setzuan* o *El círculo de tiza caucasiano*, basándose en el argumento de que en ellas abandona lo abstracto y esquemático, creando personajes vivos y de una mayor complejidad dialéctica entre el bien y el mal.

Brecht nunca tuvo miedo a las palabras, y la palabra "formalismo" no lo asustaba. Se oponía al formalismo, ya que para él representaba no sólo una separación entre forma y contenido, sino también la utilización de recursos técnicos auditivos y visuales destinados a ocultar la pobreza del material (llamaba a estos recursos "montaje"), así como la verdadera naturaleza del mundo. Pero también dijo: "Cuando vemos formalismo por todas partes vemos fantasmas". Pues no existe peor formalista que aquel que grita acusadoramente: "¡Formalismo!" mientras adora las viejas formas artísticas a cualquier precio y sólo se ocupa de ellas. El apego incondicional a viejas formas para expresar temas nuevos, ¿no es también formalismo?

De modo que Brecht atacaba el lugar común de los críticos, al igual que su adhesión a los antiguos modelos como leyes incuestionables. La controversia no era nueva y se remontaba a los años treinta y a las discusiones de Lukács, Ernst Bloch y otros críticos.

Puede resultar útil detenernos brevemente en estas discusiones entre formalismo y realismo, que tuvieron enorme repercusión. Para simplificar, comencemos por definir al formalismo como un procedimiento artístico que muestra *cómo* se va construyendo una obra, más allá de *lo que significa* en particular. En realidad, en las discusiones que tuvieron lugar después de 1934, el término se aplicó a todo lo que se alejaba de los métodos tradicionales utilizados por grandes escritores y artistas del siglo diecinueve, sobre todo Balzac y Tolstoi. A pesar de ser un brillante crítico marxista, cuyos conocimientos de literatura y filosofía eran muy grandes, Lukács insistía en tomar a estos realistas como criterio prescriptivo para los escritores del presente. Siguiendo este criterio rechazó *Medida* y *La madre* pero aceptó *Terrores y miserias* y *Los fusiles de la señora Carrar*, sin inmutarse ante el hecho de que Brecht, lo suficientemente irónico, veía a estas obras y también a *Galileo* como escapadas "oportunistas" de sus principios estéticos, y casi como una traición.

En un ensayo de 1938 —escrito en pleno debate sobre el realismo— titulado *Weite und Vielfalt der realistischen Schreibweise* (*Alcance y diversidad del realismo literario*), Brecht centra su argumentación en la oposición al concepto de que una obra es realista sólo si está escrita "a la manera de la novela realista burguesa del siglo pasado". Citando extensamente "La máscara de la anarquía", demuestra que Shelley debe ser considerado realista aunque utilice símbolos. Como realista, Shelley es superior a Balzac, porque posibilita la abstracción más que él, y porque además no era enemigo de las clases bajas. Del mismo modo, Cervantes, Swift y Voltaire son realistas, cada uno a su manera. Es peligroso limitar el concepto de realismo a un puñado de nombres y a unas pocas formas, incluso aquellas que resultan útiles. "En lo que respecta a las formas literarias, uno debe preguntarle a la realidad, no a la estética; ni siquiera a la del realismo. La verdad puede ocultarse de diversas maneras, y pronunciarse de muchas formas. Basamos nuestra estética, igual que nuestra moral, en las necesidades de nuestras búsquedas."

Tampoco le gustaban las interpretaciones vulgares de lo "popular". Toda su vida había trabajado con el lenguaje, el estilo y las formas que pudieran llegar a la gente. Pero era consciente de que "la gente" no es una masa homogénea y monolítica. Diversa en lo que se refiere a entorno, educación e influencias de clase, requiere aproximaciones diferenciadas. Su oposición durante los últimos años a los edictos y normas de las comisiones estatales también expresaba su punto de vista.

¿Qué significaba ser "popular"?

Popular significa ser inteligible para la gente, enriqueciendo sus formas de expresión y sus puntos de vista desde la perspectiva del sector más progresista, capaz de asumir el liderazgo y hacerlo también inteligible a otros sectores menos desarrollados; asociándolos a las tradiciones y haciéndolos progresar; transmitiendo las conquistas de los sectores en el poder a los que todavía luchan por conquistarlo.

¿Y el Realismo?

Ser *realista* significa descubrir las causas complejas de la sociedad; desenmascarar el punto de vista dominante de los dirigentes; escribir desde la perspectiva de la clase que plantea soluciones a los problemas más acuciantes de la humanidad, enfatizando lo concreto pero también posibilitando las abstracciones. Son tareas gigantescas... y permitiremos que el artista aplique toda su imaginación, toda su originalidad, todo su humor, toda su inventiva para hacerlas posibles.

Si el arte refleja la vida, dijo en otra ocasión, lo hace a través de espejos especiales. "El arte no se vuelve irreal cuando altera las proporciones, sino únicamente cuando las altera de manera tal que el público, al aplicar estas representaciones como guías prácticas, termina fracasando." La finalidad del arte es entonces "dominar la realidad" para que las leyes que gobiernan los procesos vitales se hagan visibles.

¿Cuál es su relación con las obras del pasado? Los clásicos deben ser preservados porque representan el camino de la humanidad hacia el logro de sus metas. El arte es un potencial exclusivo del hombre; no sólo moraleja velada o conocimiento embellecido, sino una disciplina independiente que pone en juego las contradicciones de todas las demás disciplinas.

El arte debe ofrecer placer. "Un teatro donde uno no pueda reírse –dijo Brecht hacia el final de su vida– es un teatro del que uno debería reírse. La gente sin humor es ridícula."

"Todos los caminos conducen a Atenas." El camino de Brecht era tan sólo uno de ellos, como insistió una y otra vez. Gradualmente atemperó su rigidez e intolerancia frente a otras formas y estilos dramáticos, y también cambió de actitud en relación a otros dramaturgos. Tampoco permaneció atado a la dicotomía razón-sentimientos. Como Lukács podría haber señalado, aunque no lo hizo, lo que Brecht finalmente buscaba era una síntesis que iba desde su nihilismo inicial, pasando por el período intermedio del esquematismo de las *Lehrstücke*, hasta las obras tardías que combinaban la teoría del distanciamiento, los principios dialécticos del marxismo y un sentido profundo de la individualidad.

Aunque en los últimos años habló más gentilmente de los métodos de Stanislavski, no podía producirse una reconciliación entre el teatro épico de Brecht y la insistencia de Stanislavski en que "se debe vivir el personaje en todo momento", o que "debes meterte en la piel y el cuerpo" del personaje, o que se deben emplear "medios conscientes para el inconsciente". Eran dos concepciones diferentes de hacer teatro, y cada una de ellas tenía su sentido.

Brecht admitía que se podía aprender mucho del director ruso: el sentido de la poesía, la responsabilidad hacia la sociedad, la actuación de conjunto, la "gran frase", responsabilidad con la verdad y con una realidad planteada en sus contradicciones. Mientras que una Conferencia Stanislavski organizada por la Comisión de Artes intentó unir ambas corrientes, una nota de Brecht demuestra que él no consideraba posible esa reconciliación:

> Los métodos de Stanislavski para la concentración me recuerdan los métodos del psicoanalista: en ambas instancias el problema radica en combatir una enfermedad social, pero esto no se resuelve a través de medios sociales. El resultado es que se atacan los efectos de la enfermedad, pero no sus causas.

Esto es sin dudas muy parcial e injusto. ¿Puede decirse con honestidad que la representación del Teatro Artístico de Moscú de *El jardín de los cerezos* no revelaba la escena social? ¿O que fracasaba en su retrato de una sociedad en transición?

Y más aún, ¿puede decirse que la empatía del espectador con algún personaje de Chéjov significa necesariamente una aceptación del punto de vista del personaje o de sus parámetros morales o éticos más que un reconocimiento de su complejidad?

La pregunta crucial que atañe a Brecht, ¿acaso no está relacionada con el *grado* de empatía, ese punto en que la *empatía* se confunde con la *identificación* y donde el espectador asume física y emocionalmente las actitudes del personaje representado, en detrimento de una comprensión totalizadora de las fuerzas en juego en el universo del personaje? En otras palabras, el punto en el que la identificación emocional bloquea la lucidez y la razón.

Sobre su propio teatro, Brecht escribió:

> No es suficiente exigir de nuestro teatro reflexiones comprensivas e instructivas de la realidad. Nuestro teatro debe despertar placer por el conocimiento y estimular sentimientos gozosos frente a los cambios de la realidad. Nuestros espectadores no sólo deben escuchar cómo es liberado Prometeo, sino también entrenarse a sí mismos en el placer de liberarlo. Nuestro teatro debe enseñar todas las alegrías y placeres de los inventores y descubridores, el sentimiento triunfante de los liberadores.

V
EL FINAL

Yo, Bertolt Brecht, vengo de la Selva Negra.
"El pobre B. B."

En 1955 la salud de Brecht comenzó a declinar, pero sus actividades continuaron inalteradas. En enero produjo una nueva obra de Johannes Becher, *Winterschlacht*, que no encontró una recepción favorable. En mayo viajó a Moscú para recibir el Premio Stalin. Asistió en Dresden a un congreso pacifista; y en Hamburgo a una reunión del PEN Club. Sus obligaciones con el Ensemble requerían mucha energía. Y sobre su escritorio había manuscritos inconclusos y proyectos de nuevas obras.

Una de ellas, que casi llegó a completar, era *Turandot o el congreso de los blanqueadores,* una juguetona pero afilada variación de la comedia de Carlo Gozzi escrita en 1762 y que Schiller tradujo en 1801. Allí se cuenta la historia de la caprichosa hija del Emperador de China, cuya belleza era comparable en intensidad a su obstinado rechazo al matrimonio, quien finalmente accede a poner a prueba a sus pretendientes con tres acertijos. Si logran adivinar, el premio será ella; si no aciertan perderán sus cabezas. Para Brecht se convirtió en el vehículo ideal para atacar a sus víctimas propiciatorias favoritas, los "intelectuales" (aquí llamados *Tuis*): aquellos que venden su conciencia y sus opiniones para "blanquear" a la autoridad. Aquí aparecen justificando el monopolio de algodón del Emperador chino y su hermano, situación que causa insatisfacción en el país. El más exitoso blanqueador Tui será el que gane a la hija del Emperador. El revolucionario Kai Ho es el líder de la oposición. Se suceden una gran cantidad de enredos, sumamente intrincados para hacer una sinopsis, pero Kai Ho presumiblemente triunfa al final. En su actual forma inconclusa difícilmente impresione como una de las mejores obras de Brecht.

También desde 1940 venía madurando otro proyecto para una ópera con música de Paul Dessau. Sólo llegó a completar unas pocas canciones, pero la línea argumental es reveladora. *Die Reisen des Glückgotts* [Las travesías del dios de la fortuna] sería una suerte de contrapartida de *Baal* acerca de la felicidad del hombre. Brecht fue motivado por la "pequeña figura regordeta del dios chino de la fortuna", cuyo aspecto vigoroso sugiere desahogo y satisfacción.

> Se sabe que el dios llegó del Este a las ciudades destruidas por una gran guerra, con la intención de hacer que la gente luchara por su felicidad y bienestar personal. Reúne discípulos de toda clase, y se gana enemigos cuando algunos de ellos comienzan a predicar que los campesinos deben poseer tierra, los obreros asumir el poder de las fábricas y los niños de campesinos y obreros apropiarse de las escuelas. Es procesado y condenado a muerte. Los verdugos prueban su arte sobre el pequeño dios de la fortuna, pero el veneno que le administran sabe bien; su cabeza, que cercenan, vuelve a crecer de inmediato; y sobre el cadalso baila una danza que contagia su jovialidad... *Es imposible matar la inclinación del hombre hacia la felicidad.*

En un coloquio sobre teatro en Darmstadt, en el año 1955, donde Friedrich Dürrenmatt planteó si el teatro era capaz de representar al mundo actual, Brecht contribuyó con una breve intervención. Sí, dijo, "el mundo de hoy puede representarse para el hombre de hoy como un mundo cambiante". En una era en que la ciencia ha hecho maravillas para cambiar la naturaleza –continuaba– hasta el punto de que el mundo parece ahora casi habitable, no podemos seguir representando al hombre como una víctima, ni como el centro de un universo fijo o desconocido. Se refirió también al trabajo en el Ensemble, donde se buscaba generar una actitud responsable ante la situación mundial y la vida del hombre en sociedad.

Su discípulo Max Frisch lo visitó ese mismo año. Lo encontró debilitado; siempre alerta pero menos dispuesto a discutir. Aunque gentil, como era su costumbre, esta vez no acompañó a su invitado hasta la puerta. Brecht le preguntó sobre la posibilidad de comprar una casa frente al lago de Ginebra.

Volvió a tener problemas con las autoridades cuando hacia fines de 1955 se censuró la publicación de *Kriegsfibel* [*El ABC de la guerra*], una serie de poemas breves ilustrados con fotografías, referidos a la Segunda Guerra. Brecht los denominaba "fotogramas". Lúgubremente epigramáticos y de un pacifismo amargo y mordaz, se encuentran entre sus mejores poemas. Brecht insistió en su publicación y amenazó ofrecer el libro al Congreso Mundial de la Paz. Finalmente ganó la partida y el libro fue publicado.

El 10 de febrero de 1956, fecha de su último cumpleaños, estaba en Milán para asistir a una función de *La ópera de tres centavos*, que Giorgo Strehler había montado en el Piccolo Teatro. Allí el director sueco Erwin Leiser habló con él por última vez.

La tormenta de nieve golpea contra los vidrios del Hotel Manin. Bromeamos dubitativamente acerca de nuestros comunes males cardíacos –el mío mucho más leve. De repente su voz se apaga y dice: "En cualquier caso, uno puede estar seguro de que será una muerte tranquila, un golpe suave en la ventana".

Volvieron a bromear sobre "las sillas". Brecht había dicho que no estaba sentado entre dos sillas sino firmemente en una, que estaba en el Este. En otra ocasión señaló con humor que la silla no tenía estabilidad y que probablemente se sostenía sobre tres patas.

Durante la última conversación que mantuve con él [informa Leiser], Brecht dijo: "La silla está firme. Sólo que algunos piensan que no hay que sentarse de la manera en que yo lo hago".

A propósito de la nueva producción italiana de *La ópera de tres centavos* (en general reconocida como brillante), Brecht apuntó:

> Diez años después de la Primera Guerra Mundial vino mi *Ópera de tres centavos*. Diez años después de la Segunda Guerra Mundial revive en una nueva olla de brujas. Si vuelve a reaparecer tras una Tercera Guerra, el mundo entero no valdrá tres centavos.

El año prometía ser muy productivo, con el montaje de *Galileo* iniciado el año anterior y *Los días de la Comuna*, que sería estrenada en el Karl-Marx Stadt bajo la dirección de Manfred Wekwerth. También estaba programada la primera visita del Ensemble a Inglaterra en agosto.

Sobre su escritorio se apilaban innumerables proyectos, esbozos, carpetas llenas de anotaciones y aforismos, compilaciones prácticamente listas para su corrección. Había terminado una versión teatral que fundía dos obras de Gerhart Hauptmann, *El abrigo de castor* y *El gallo rojo*. Su inextinguible interés por la ciencia y los científicos no se había saciado con *Galileo*. Tenía en mente una obra sobre Prometeo, relacionada con la bomba atómica, donde la figura de Prometeo aparecería completamente invertida: no serían los de arriba los que encadenaban a Prometeo, sino los de aquí abajo en la tierra, porque se había atrevido a suministrar a los dioses el fuego con el que podrían destruir el mundo.

Más aún que Prometeo era Albert Einstein quien lo fascinaba, en cuya biografía veía una posible fuente para la secuela de *Galileo*, particularmente después de la muerte del gran científico el 18 de abril de 1955. Existen razones para creer que Brecht consideraba a Einstein como un personaje trágico, al confiar sus conocimientos al imperialismo encarnado por los Estados Unidos. Leyó una enorme cantidad de libros sobre Einstein y mantuvo una serie de conversaciones científicas sobre él y sus teorías con Leopold Infeld, uno de sus antiguos colegas.

Las anotaciones de Brecht sobre *Esperando a Godot*, de Beckett, indican más que un interés pasajero, acaso la intención de escribir una réplica. Entre sus escritos sin corregir, no era menos importante *Me-Ti: Buch der Wendungen* [*El libro de las mutaciones*], moldeado sobre el homónimo clásico chino. Se trata del breviario filosófico, político y ético de Brecht, o, como le gustaba llamarlo, "un librito de instrucciones sobre actitudes sociales". Lo comenzó durante los primeros años de exilio, volviendo a él en forma intermitente. El libro se publicó diez años después de su muerte. Anagramas seudochinos abreviados encubren nombres propios: Min-en-leh para Lenin, Ni-en para Stalin, Meister Hü-Jeh para Hegel, Ka-meh para Karl Marx, Eh-Fu para Engels y Kin-jeh para el mismo Brecht (se trata de nuevo de nuestro viejo amigo Keuner). Aquí vuelve a discutir con Karl Korsch acerca del tema de la libertad en Rusia y consigo mismo acerca de la ruptura Stalin-Trotsky. Sobre ese tema se manifiesta, como ya vimos, dividido. Tiene reservas sobre el culto de la personalidad, los sacrificios exigidos por la urgencia en industrializar y colectivizar la agricultura, los procedimientos de los juicios, aunque parece tener pocas dudas sobre la culpabilidad de algunos acusados. Pero reconoce como logro de Stalin la construcción del Estado soviético. Una nota más personal tampoco está ausente, aunque aparezca dispersa en el volumen publicado: su profundo apego por Steffin. Pero el tono general de estas notas, aunque no libres del típico escepticismo brechtiano, es un tono fuerte, optimista y de confianza en el futuro. Allí se identifica a sí mismo con los clásicos –Marx, Engels y Lenin– que trabajaron bajo condiciones similares de agitación y confusión, pero nunca abandonaron sus esperanzas en el futuro, aunque debieron vivir "en los tiempos más oscuros y sangrientos".

Hasta el mismísimo fin de su vida estuvo inmerso en la producción de *Galileo*. Estaba lleno de nuevas ideas y estudiaba la pintura de Brueghel para el color de la escenografía y el vestuario. Llevaban más de cincuenta ensayos. Ernst Busch, que interpretaría a Galileo, y Ekkard Schall, a Andrea Sarti, bromeaban con él sobre los dilatados preparativos. ¿Les llevaría seis o siete años?, preguntaba Busch. Brecht respondía: "Si no funciona, necesitaremos siete. Eres un impaciente Busch, y quieres hacerlo en seis".

Asistió a los ensayos hasta marzo, cuando volvió a enfermarse. Regresó al teatro cuatro días antes de morir, llevando consigo una nueva proclama del "tiempo nuevo", del que Galileo había sido tanto profeta como traidor.

En la primavera de 1956 fue internado en el hospital Charité a causa de un grave ataque viral. En agosto fue visitado en su casa de campo en Buckow por Manfred Wekwerth, para dialogar sobre la producción de *Los días de la Comuna*. Wekwerth lo encontró tan vital y brillante como siempre. Para la visita del Ensemble a Londres había preparado unas breves instrucciones, recordándole al elenco que el público inglés no entendería el alemán, y que en consecuencia sus actuaciones debían ser "veloces e intensas". A su criterio, los ingleses imaginaban a los alemanes y al teatro alemán como algo pesado. Esta nota está fechada el 5 de agosto.

El dramaturgo berlinés Claus Hubalek lo visitó a mediados de 1956 en su casa de la Chausseestrasse y le preguntó cómo se sentía viviendo tan cerca del cementerio Dorotheen. "Uno se acostumbra", dijo Brecht. "No es necesario que se acostumbre, Herr Brecht. Usted no entrará allí, sabe. Ya no está en uso." Brecht continuó: "Usted debe tener contactos".

El 10 de agosto estuvo en el teatro por última vez. Tres días más tarde cayó enfermo de gravedad. Murió de una trombosis coronaria el 14 de agosto de 1956. Su amigo de las épocas de Ausburgo, el doctor H. O. Münsterer, firmó el certificado de defunción.

Un año antes, anticipándose a su muerte, dirigió un memorándum a la Academia de Artes:

> En ocasión de mi muerte, no quiero permanecer en ningún lado en exhibición pública. Que no haya discursos ante mi tumba. Quisiera ser enterrado en el cementerio cercano a mi hogar de la Chausseestrasse.

De acuerdo a su voluntad, la lápida sólo dice *Brecht*. Se eleva en el cementerio Dorotheen, frente a la tumba de Hegel. No muy lejos yace su amigo y colaborador de muchos años, Hanns Eisler. Antes de su muerte, Brecht había escrito:

> No necesito lápida,
> Pero si hay que hacerla
> Quisiera que diga:
> «Él hizo propuestas.
> Nosotros las seguimos.»
> Con una inscripción así
> Todos quedamos honrados.

APÉNDICE

AUDIENCIA EN LA CASA DEL COMITÉ DE ACTIVIDADES ANTINORTEAMERICANAS
30 DE OCTUBRE DE 1947

STRIPLING: Señor Brecht, ¿podría por favor declarar su nombre completo y su dirección actual para el registro? Hable por el micrófono.

BRECHT: Mi nombre es Bertolt Brecht. Ahora vivo en el número 34 de la calle setenta y tres oeste, Nueva York. Nací en Ausburgo, Alemania, el 10 de febrero de 1898.

STRIPLING: Señor Brecht, el comité tiene un...

PRESIDENTE: ¿Cuál era la fecha?

STRIPLING: ¿Podría repetirnos la fecha?

BRECHT: Diez de febrero de 1898.

MACDOWELL: ¿1898?

BRECHT: 1898.

STRIPLING: Señor Presidente, el Comité tiene aquí a un intérprete, si es que usted desea que se utilice un intérprete.

CRUM: ¿Quisiera usted un intérprete?

PRESIDENTE: ¿Quiere usted un intérprete?

BRECHT: Sí.

PRESIDENTE: Señor Intérprete, ¿podría ponerse de pie y levantar su mano derecha, por favor? Señor Intérprete, ¿jura solemnemente traducir diligente y correctamente del inglés al alemán todas las preguntas que sean dirigidas a este testigo, así como traducir diligente y correctamente del alemán al inglés todas las respuestas que éste profiera?

BAUMGARDT: Lo juro.

PRESIDENTE: Siéntese.

(*El señor David Baumgardt se sentó junto al testigo en calidad de intérprete.*)

STRIPLING: Bien, señor Brecht, ¿podría declarar ante el comité si usted es o no es ciudadano de los Estados Unidos?

BRECHT: No soy ciudadano de los Estados Unidos; sólo tengo la documentación básica.

STRIPLING: ¿Cuándo adquirió esa documentación?

BRECHT: En 1941, cuando vine a este país.

STRIPLING: ¿Cuándo vino a los Estados Unidos?

BRECHT: ¿Podría verificarlo con exactitud?.. Llegué el 21 de julio a San Pedro.

STRIPLING: ¿El 21 de julio de 1941?

BRECHT: Correcto.
STRIPLING: ¿A San Pedro, California?
BRECHT: Sí.
STRIPLING: Usted nació en Ausburgo, Bavaria, Alemania, el 10 de febrero de 1888; ¿es correcto?
BRECHT: Sí.
STRIPLING: Estoy leyendo de los registros de inmigración...
CRUM: Creo, señor Stripling, que fue en 1898.
BRECHT: 1898.
STRIPLING: Mis disculpas.
CRUM: Creo que el testigo quiso decir 1898.
STRIPLING: Quiero determinar si los registros de inmigración son correctos en esto. ¿Es el 88 o el 98?
BRECHT: 98.
STRIPLING: ¿A usted se le entregó una visa de inmigración emitida por el vicecónsul norteamericano el 3 de mayo de 1941 en Helsinski, Finlandia?
BRECHT: Correcto.
STRIPLING: ¿Y usted entró al país con dicha visa?
BRECHT: Sí.
STRIPLING: ¿Dónde residió usted antes de ir a Helsinski, Finlandia?
BRECHT: ¿Puedo leer mi declaración? En esa declaración...
PRESIDENTE: En primer lugar, señor Brecht, estamos tratando de identificarlo. Esta identificación no demorará demasiado.
BRECHT: Tuve que abandonar Alemania en 1933, en febrero, cuando Hitler tomó el poder. Entonces fui a Dinamarca, pero cuando la guerra parecía inminente en el 39 tuve que partir hacia Suecia, Estocolmo. Permanecí allí por un año y entonces Hitler invadió Noruega y Dinamarca y yo tuve que abandonar Suecia y partí hacia Finlandia, donde aguardaría mi visa para los Estados Unidos.
STRIPLING: Ahora, señor Brecht, ¿cuál es su ocupación?
BRECHT: Soy dramaturgo y poeta.
STRIPLING: ¿Dramaturgo y poeta?
BRECHT: Sí.
STRIPLING: ¿Quién lo emplea actualmente?
BRECHT: No tengo empleo.
STRIPLING: ¿Nunca trabajó en la industria cinematográfica?
BRECHT: Sí; yo... sí. Vendí una historia a una firma de Hollywood, *Los verdugos también mueren*, pero yo no escribí el guión. No soy un guionista profesional. Escribí otra historia para una empresa de Hollywood, pero esa historia no se filmó.
STRIPLING: *Los verdugos también mueren*. ¿A quién se la vendió? ¿A qué estudio?
BRECHT: Era para, creo, una firma independiente, Pressburger, de la United Artists.
STRIPLING: ¿United Artists?
BRECHT: Sí.

STRIPLING: ¿Cuándo le vendió la obra a United Artists?
BRECHT: La historia, no recuerdo exactamente, quizás en el 43, o el 44. No recuerdo bien.
STRIPLING: ¿Y a qué otros estudios les vendió su material?
BRECHT: A ningún otro estudio. Al margen de esta historia a la que me refiero, escribí para los estudios Enterprise.
STRIPLING: ¿Es usted conocido de Hanns Eisler? ¿Conoce a Johannes Eisler?
BRECHT: Sí.
STRIPLING: ¿Desde cuándo conoce a Johannes Eisler?
BRECHT: Creo que desde mediados de los años veinte, hace veinte años, más o menos.
STRIPLING: ¿Ha colaborado con él en cierta cantidad de obras?
BRECHT: Sí.
STRIPLING: Señor Brecht, ¿es usted miembro del Partido Comunista o ha sido alguna vez miembro del Partido Comunista?
BRECHT: ¿Puedo leer mi declaración? Responderé a esta pregunta, pero ¿puedo leer mi declaración?
STRIPLING: ¿Podría presentarle su declaración al Presidente?
BRECHT: Sí.
PRESIDENTE: Bien, veamos la declaración.
(*El señor Brecht le alcanza la declaración al Presidente.*)
PRESIDENTE: Señor Brecht, el comité ha analizado cuidadosamente su declaración. Es una historia muy interesante acerca de la vida alemana, pero no es en absoluto pertinente a los efectos de esta indagación. Por lo tanto, no nos interesa que se lea su declaración.
Señor Stripling.
STRIPLING: Señor Brecht, antes de seguir adelante con las preguntas, quisiera dejar sentado para el registro la citación que se le hizo el 19 de septiembre, instándolo a comparecer ante este comité. Usted está aquí en virtud de esa citación, ¿no es verdad?
BRECHT: Sí.
STRIPLING: Voy a repetir la pregunta original. ¿Es usted ahora, o ha sido alguna vez, miembro del Partido Comunista de éste u otro país?
BRECHT: Señor Presidente, he escuchado a mis colegas decir que esta no era una pregunta apropiada, pero soy un invitado en este país y no quiero entrar en ningún argumento legal, de modo que responderé a su pregunta lo mejor que pueda.
No he sido miembro ni soy miembro de ningún Partido Comunista.
PRESIDENTE: Su respuesta es, entonces, que no ha sido nunca miembro del Partido Comunista.
BRECHT: Correcto.
STRIPLING: ¿No fue usted miembro del Partido Comunista en Alemania?

BRECHT: No; no lo fui.
STRIPLING: Señor Brecht, ¿es verdad que usted ha escrito un número de poemas, obras de teatro y otros escritos muy revolucionarios?
BRECHT: He escrito un número de poemas y canciones y obras contra Hitler y, por supuesto, pueden ser considerados, por lo tanto, como revolucionarios; porque yo, por supuesto, deseaba el derrocamiento de ese gobierno.
PRESIDENTE: Señor Stripling, no nos interesa ninguna obra que pueda haber escrito el testigo a favor del derrocamiento de Alemania o de su gobierno.
STRIPLING: Entiendo.

Bien, a partir de un examen de las obras que el señor Brecht ha escrito, en particular aquellas en colaboración con el señor Hanns Eisler, el señor Brecht parece ser una persona de importancia internacional para el movimiento revolucionario comunista.

Ahora, señor Brecht, ¿es verdad o sabe usted si ha escrito artículos que aparecieron en publicaciones de la parte soviética de Alemania en los últimos meses?
BRECHT: No; no recuerdo haber escrito tales artículos, ni los he visto impresos. No he escrito tales artículos. Escribo muy pocos artículos, si es que escribo alguno.
STRIPLING: Tengo aquí, Señor Presidente, un documento que acercaré al intérprete para pedirle que lo identifique para el comité, y para que se refiera a un artículo que aparece en la página 72.
BRECHT: ¿Puedo hablar de esa publicación?
STRIPLING: ¿Perdón?
BRECHT: ¿Puedo explicar esa publicación?
STRIPLING: Sí. ¿Puede usted identificar la publicación?
BRECHT: Oh, sí. Eso no es un artículo, es una escena de una obra que escribí, creo, en 1937 o 1938 en Dinamarca. La obra se titula *La vida privada de la raza dominante*, y esta escena es una de las de esta obra acerca de una mujer judía en Berlín en el año 36 o 37. Fue, veo, impresa en esta revista *Ost und West* en julio de 1946.
STRIPLING: Señor Intérprete, ¿podría traducir la portada de la revista, por favor?
BAUMGARDT: "Este y Oeste, Contribuciones a los Asuntos Políticos y Culturales de nuestro tiempo, editada por Alfred Kantorowicz, Berlín, julio de 1947, primer año de publicación."
STRIPLING: Señor Brecht, ¿conoce usted al caballero editor de esta publicación cuyo nombre acaba de leerse?
BRECHT: Sí; lo conozco de Berlín y lo encontré de nuevo en Nueva York.
STRIPLING: ¿Sabe usted si fue miembro del Partido Comunista de Alemania?
BRECHT: Cuando lo conocí en Alemania pensé que era un reportero de la Ullstein Press. Ese no es... no era... no había periódicos comunistas, de modo que no sé exactamente si era miembro del Partido Comunista de Alemania.
STRIPLING: ¿No sabe si era o no miembro del Partido Comunista?
BRECHT: No lo sé, no. No lo sé.

STRIPLING: ¿En 1930 escribió usted, junto a Hanns Eisler, una obra intitulada *Die Massnahme*?
BRECHT: *Die Massnahme*.
STRIPLING: ¿Escribió tal obra?
BRECHT: Sí, sí.
STRIPLING: ¿Podría explicar al comité el tema de esa obra, de qué trata?
BRECHT: Sí, intentaré hacerlo.
STRIPLING: En primer lugar, explíquenos qué significa su título.
BRECHT: "Die Massnahme" significa (*hablando en alemán*).
BAUMGARDT: Medidas a tomar, o pasos a seguir, medidas.
STRIPLING: ¿Podría significar medidas disciplinarias?
BAUMGARDT: No, no; medidas disciplinarias no. Significa medidas a tomar.
MCDOWELL: Hable al micrófono.
BAUMGARDT: Sólo significa medidas o pasos a seguir.
STRIPLING: De acuerdo.
   Decía usted al comité, señor Brecht...
BRECHT: Sí.
STRIPLING (*sigue su frase*): de qué trata la obra.
BRECHT: Sí. Esta obra es la adaptación de una antigua obra religiosa japonesa y se llama teatro No, y sigue bastante de cerca esta vieja historia que describe la devoción por un ideal hasta la muerte.
STRIPLING: ¿Cuál era ese ideal, señor Brecht?
BRECHT: La idea en la vieja obra era una idea religiosa. Esta gente joven...
STRIPLING: ¿No tenía nada que ver con el Partido Comunista?
BRECHT: Sí.
STRIPLING: ¿Y de la disciplina dentro del Partido Comunista?
BRECHT: Sí, sí; era una obra nueva, una adaptación. Tenía como trasfondo la Rusia y China de los años 1918 o 1919, o algo así. Luego unos agitadores comunistas iban a una suerte de tierra de nadie entre la Rusia que por entonces no era un estado y no tenía verdadera...
STRIPLING: Señor Brecht, ¿puedo interrumpirlo? ¿Considera la obra procomunista o anticomunista, o que toma una postura neutral frente al tema del comunismo?
BRECHT: No; yo diría... verá, la literatura tiene el derecho y el deber de dar al público las ideas de su tiempo. Ahora, en esta obra, desde ya, escribí cerca de veinte obras, pero en esta obra traté de expresar los sentimientos y las ideas de los trabajadores alemanes que luego lucharon contra Hitler. También formulé de manera artística...
STRIPLING: ¿Luchando contra Hitler, dijo usted?
BRECHT: Sí.
STRIPLING: ¿Escrita en 1930?
BRECHT: Sí, sí; oh, sí. Esa lucha comenzó en 1923.
STRIPLING: Sin embargo usted dijo que trata sobre China; ¿tiene algo que ver con Alemania?

BRECHT: No; no tiene nada que ver.
STRIPLING: Permítame leerle lo siguiente.
BRECHT: Sí.
STRIPLING: A lo largo de la obra se hace referencia a las teorías y enseñanzas de Lenin, el ABC del comunismo y otros clásicos comunistas, y de las actividades del Partido Comunista chino en general. Lo que sigue son fragmentos de la obra: Los cuatro agitadores: Vinimos de Moscú como agitadores; debíamos viajar a la ciudad de Mukden para comenzar con la propaganda y crear el Partido Chino. Debíamos reportarnos en los cuarteles más cercanos al líder y requisar un guía. Allí, en el vestíbulo, un joven camarada nos habló de la naturaleza de nuestra misión. Repetimos aquella conversación.
El joven camarada: Soy el secretario del último cuartel del partido que bordea la frontera. Mi corazón late por la revolución. La visión de tanta maldad me impulsó a las líneas de los que pelean. El hombre debe ayudar al hombre. Voto por la libertad. Creo en la humanidad. Voto por las reglas del Partido Comunista que lucha por una sociedad sin clases, contra la explotación y la ignorancia...
Ahora, señor Brecht, ¿podría aclarar al comité si uno de los personajes de esta obra es asesinado por un camarada porque es lo mejor para el partido, el Partido Comunista?
BRECHT: No; eso no sucede en la obra. Encontrará cuando la lea con cuidado, como en la vieja obra japonesa donde además aparecen otras ideas, que el joven que muere está convencido de haber perjudicado la misión en la que creía y él accede a eso y está preparado para morir de modo que no cause mayores percances. Así, le pide a sus camaradas que lo ayuden, y todos juntos lo ayudan a morir. Él salta a un abismo y ellos lo conducen tiernamente a ese abismo, y esa es la historia.
PRESIDENTE: Deduzco de sus comentarios, de su respuesta, que él resulta muerto, no asesinado.
BRECHT: Él quería morir.
PRESIDENTE: De modo que lo matan.
BRECHT: No; ellos no lo matan, no en esta historia. Él se mata. Ellos lo apoyan en su decisión, pero por supuesto le han dicho que sería mejor que desapareciera, tanto para él como para ellos y para la causa en la que él también cree.
STRIPLING: Señor Brecht, ¿podría decir al comité cuántas veces ha estado en Moscú?
BRECHT: Sí. Fui invitado a Moscú en dos ocasiones.
STRIPLING: ¿Quién lo invitó?
BRECHT: La primera vez fui invitado por la Organización Voks para el Intercambio Cultural. Fui invitado para presentar una película, un documental que ayudé a producir en Berlín.
STRIPLING: ¿Cuál es el nombre de esa película?
BRECHT: El nombre... es el nombre de un suburbio de Berlín, Kuhle Vampe.
STRIPLING: Mientras estaba en Moscú, ¿se encontró usted con Seri Tretyakov? S-e-r-g-i T-r-e-t-y-a-k-o-v; Tretyakov?
BRECHT: Tretyakov, sí. Es un dramaturgo ruso.

STRIPLING: ¿Un escritor?
BRECHT: Sí. Él tradujo algunos de mis poemas y, creo, una obra de teatro.
STRIPLING: Señor Presidente, *Literatura Internacional*, número 5, 1937, publicado por la editorial literaria del Estado de Moscú, contiene un artículo por Sergi Tretyakov, importante escritor soviético, sobre una entrevista que mantuvo con el señor Brecht. En la página 60, declara –citando al señor Brecht–:
"Fui miembro del comité revolucionario de Ausburgo –continúa Brecht–. Muy cerca, en Munich, Leviné levantó la prohibición del poder soviético. Ausburgo vivía del resplandeciente reflejo de Munich. El hospital era la única unidad militar del pueblo. Ellos me eligieron para el comité revolucionario. Todavía recuerdo a Georg Brem y al bolchevique polaco Olshevsky. No ostentamos un solo guardia rojo. No tuvimos tiempo de anunciar ningún decreto o nacionalizar un banco o cerrar una iglesia. En dos días las tropas del General Epp llegaron a la ciudad en su camino a Munich. Uno de los miembros del comité revolucionario se escondió en mi casa hasta que logró escapar."
Él escribió Tambores en la noche. *Esta obra contiene ecos de la revolución. Los tambores de la revuelta llaman con persistencia al hombre que se ha ido a casa. Pero el hombre prefiere [la] tranquilidad de su rincón frente a la chimenea.*
La obra era una severísima sátira de aquellos que habían abandonado la revolución y se felicitaban a sí mismos frente a sus chimeneas. Hay que recordar que Kapp dirigió su ofensiva en vísperas de Navidad, calculando que muchos guardias rojos dejarían sus destacamentos por el familiar árbol navideño.
Su obra Die Massnahme, *la primera obra de Brecht sobre un tema comunista, está planificada como un juicio donde los personajes tratan de justificarse por haber matado a un camarada, y los jueces, que al mismo tiempo representan al público, sintetizan los acontecimientos, y llegan a un veredicto.*
Cuando visitó Moscú en 1932, Brecht me contó su intención de organizar un teatro en Berlín que representara los procesos más interesantes de la historia de la humanidad. Brecht concibió la idea de escribir una obra acerca de las argucias terroristas de los terratenientes para ajustar el precio del cereal. Pero esto requería conocimientos de economía. El estudio de la economía llevó a Brecht hacia Marx y Lenin, cuyas obras se convirtieron en una parte invalorable de su biblioteca. Brecht estudia y cita a Lenin como un gran pensador y un consumado maestro de la prosa.
El drama tradicional retrata la lucha de los instintos de clase. Brecht exige que la lucha de los instintos de clase sea reemplazada por la lucha por la conciencia social, de las convicciones sociales. Él sostiene que la situación no sólo debe sentirse, sino explicarse, cristalizada en la idea que habrá de transformar al mundo.
¿Recuerda usted esta entrevista, señor Brecht?
BRECHT: No (*risas*). Debe haber sido escrita hace veinte años más o menos.
STRIPLING: Le mostraré la revista, señor Brecht.
BRECHT: Sí. No recuerdo que hubiera una entrevista. (*Se le da el libro al testigo.*) No lo recuerdo... señor Stripling. No recuerdo exactamente esa entrevista. Creo que es una síntesis aproximativa de charlas y discusiones acerca de muchas cosas.

STRIPLING: Sí. ¿Muchos de sus escritos están basados en la filosofía de Lenin o de Marx?

BRECHT: No; no creo que eso sea del todo correcto pero, por supuesto, he estudiado, debí estudiar como dramaturgo que escribe piezas históricas. Yo, por supuesto, tuve que estudiar las ideas de Marx acerca de la historia. No creo que hoy en día se puedan escribir obras inteligentes sin tales estudios. También, la historia que se escribe hoy está profundamente influenciada por los estudios de Marx sobre la historia.

* * *

STRIPLING: ¿Está usted familiarizado con la revista *Nuevas masas*?
BRECHT: No.
STRIPLING: ¿Nunca oyó hablar de ella?
BRECHT: Sí, por supuesto.
STRIPLING: ¿Alguna vez contribuyó con algo para esa revista?
BRECHT: No.
STRIPLING: ¿Alguna vez publicaron algo de su obra?
BRECHT: Eso no lo sé. Deben haber publicado la traducción de algún poema, pero no tengo contacto directo con ella, y tampoco les envié nada.
STRIPLING: ¿Colaboró con Hanns Eisler en la canción "Elogio del aprendizaje"?
BRECHT: Sí, colaboré. Yo escribí la canción y él sólo escribió la música.
STRIPLING: ¿Usted escribió la canción?
BRECHT: Yo escribí la canción.
STRIPLING: ¿Podría recitar al comité las palabras de esa canción?
BRECHT: Sí, podría. Pero debo señalar que esa canción proviene de otra adaptación que hice de la obra de Gorki, *La madre*. En esta canción una obrera rusa se dirige a toda la gente pobre.
STRIPLING: Fue producida en este país, ¿no es verdad?
BRECHT: Sí. En el 35, en Nueva York.
STRIPLING: Ahora voy a leer la letra y le preguntaré si se trata de la misma canción.
BRECHT: Por favor.
STRIPLING (*leyendo*):
Aprendan ahora la sencilla verdad, ustedes para los que por fin ha llegado el tiempo, no es demasiado tarde.
Aprendan ahora el ABC. No es suficiente, pero aún así, apréndanlo.
No deben temer, no deben descorazonarse. Una vez más deben aprender la lección, deben estar preparados para asumir la autoridad...
BRECHT: No, discúlpeme, esa es una traducción errónea. Esto no es así [*risas*]. Un minuto, y le daré el texto correcto.
STRIPLING: ¿Esta no es una traducción correcta?
BRECHT: No es correcta, no; ese no es el significado. No es muy bella que digamos tampoco, pero no me refería a eso.

STRIPLING: ¿Qué quiere decir? Tengo aquí una sección de *El pueblo*, publicación del Partido Comunista de los Estados Unidos, impresa por la editorial de la Biblioteca de los Trabajadores. La página 24 dice:
Elogio del aprendizaje, por Bert Brecht; música de Hanns Eisler.
Allí dice:
Deben estar preparados para asumir la autoridad; sépanlo.
Hombres en huelga, apréndanlo; hombres arrestados, apréndanlo; mujeres en la cocina, apréndanlo; hombres de sesenta y cinco, apréndanlo. Deben estar preparados para asumir la autoridad.
y así sucesivamente. Esa es la médula de la composición.
Deben estar preparados para asumir la autoridad.
BRECHT: Señor Stripling, quizás su traducción...
BAUMGARDT: La traducción correcta sería "Deben tomar la conducción".
PRESIDENTE: ¿"Deben tomar la conducción"?
BAUMGARDT: "La conducción". Definitivamente, allí dice "la conducción". No es "deben asumir la autoridad". Esta traducción no es una traducción literal del alemán.
STRIPLING: Bien, señor Brecht, como ha sido publicada en las publicaciones del Partido Comunista, entonces, si no es correcta, ¿qué quiso decir usted?
BRECHT: No me acuerdo. Nunca tuve ese libro. No debía estar en el país cuando se publicó. Pienso que fue publicada como una canción, una de las canciones para las que Eisler compuso su música. Yo no di ninguna autorización para que se publicara. Yo no veo... creo que nunca vi esa traducción.
STRIPLING: ¿Tiene la letra delante?
BRECHT: En alemán, sí.
STRIPLING: ¿De la canción?
BRECHT: Oh, sí; en el libro.
STRIPLING: No en el original.
BRECHT: En el libro alemán.
STRIPLING: La canción continúa:
Deben estar preparados para asumir la autoridad; deben estar preparados para asumir la autoridad. No duden en hacer preguntas, quédense allí. No duden en hacer preguntas, camaradas.
BRECHT: ¿Por qué no dejan que traduzca del alemán palabra por palabra?
BAUMGARDT: Creo que está principalmente interesado en esta traducción que proviene de...
PRESIDENTE: No puedo entender al intérprete mucho más que al testigo.
BAUMGARDT: Señor Presidente, mis disculpas. Voy a hacer uso de esto...
PRESIDENTE: Limítese a hablarle al micrófono y es posible que entendamos.
BAUMGARDT: La última línea de los tres versos correctamente traducida sería: "Deben asumir la conducción" y no "Deben asumir la autoridad". "Deben tomar la conducción" sería lo mejor, lo más correcto, la traducción más ajustada.

STRIPLING: Señor Brecht, ¿alguna vez se presentó para unirse al Partido Comunista?
BRECHT: No, no, no, no, no, nunca.
STRIPLING: Señor Presidente, tenemos aquí...
BRECHT: Yo era un escritor independiente y quería ser un escritor independiente y he señalado eso también teóricamente, pienso, porque era lo mejor para mí no unirme a ninguna clase de partido. Y todas estas cosas que han leído aquí no sólo fueron escritas para los comunistas alemanes, sino que fueron escritas para los trabajadores de cualquier otra clase; en estas funciones había trabajadores social-demócratas: también había trabajadores católicos de uniones católicas, y también trabajadores que nunca habían estado en un partido y que no querían estar en ningún partido.
PRESIDENTE: Señor Brecht, ¿Gerhart Eisler le pidió alguna vez que se afiliara al Partido Comunista?
BRECHT: No, no.
PRESIDENTE: ¿Alguna vez le pidió Hanns Eisler que se afiliara al Partido Comunista?
BRECHT: No; no lo hizo. Creo que me consideraban simplemente un escritor que quería escribir y vivir como le parecía, pero no como una figura política.
PRESIDENTE: ¿Recuerda que alguien le haya solicitado afiliarse al Partido Comunista?
BRECHT: Quizás algunas personas me lo sugirieron, pero luego advirtieron que no era nada de mi incumbencia.
PRESIDENTE: ¿Quiénes eran esas personas que le pidieron afiliarse al Partido Comunista?
BRECHT: Oh, lectores.
PRESIDENTE: ¿Quién?
BRECHT: Lectores de mis poemas o gente del público. Lo que usted quiere decir... nunca hubo un acercamiento oficial para que yo publicara...
PRESIDENTE: Algunas personas le pidieron que se afiliara al Partido Comunista.
KENNY: En Alemania. (*Aparte, al testigo.*)
BRECHT: En Alemania, ¿usted quiere decir Alemania?
PRESIDENTE: No; quiero decir en los Estados Unidos.
BRECHT: No, no, no.
PRESIDENTE: Está muy bien. Está mucho mejor que muchos de los testigos que trajeron aquí.
¿Recuerda si en los Estados Unidos alguien le pidió alguna vez que se afiliara al Partido Comunista?
BRECHT: No, no lo recuerdo.
PRESIDENTE: Señor McDowell, ¿tiene alguna pregunta?
MCDOWELL: No; ninguna pregunta.
PRESIDENTE: ¿Señor Vail?
VAIL: Ninguna pregunta.
PRESIDENTE: Señor Stripling, ¿tiene usted más preguntas?
STRIPLING: Quisiera preguntarle al señor Brecht si escribió o no un poema, o mejor dicho una canción, intitulada "Adelante, no hemos olvidado".

MCDOWELL: ¿"Adelante" qué?
STRIPLING: "Adelante, no hemos olvidado".
BRECHT: No que yo sepa. El título en inglés debe ser la razón.
STRIPLING: ¿Podría traducírselo al alemán?
(*El señor Baumgardt traduce al alemán.*)
BRECHT: Oh, ahora entiendo; sí.
STRIPLING: ¿Está usted familiarizado con su letra?
BRECHT: Sí.
STRIPLING: ¿Me permitiría el comité que lo leyera?
PRESIDENTE: Sí; no hay objeción. Adelante.
STRIPLING (*leyendo*):
Adelante, no hemos olvidado nuestra fuerza en las batallas ganadas;
No importa la amenaza, adelante, sin olvidar lo fuertes que somos ????;
Sólo estas manos que ahora actúan, construyeron caminos, paredes, torres. Todo el mundo es obra nuestra.
¿Qué podemos llamar nuestro de ese mundo?
El estribillo:
Adelante. Marchemos hacia la torre, a través de la ciudad, por tierra el mundo;
Adelante. Avancemos. ¿Exactamente la ciudad de quién es la ciudad? ¿Exactamente el mundo de quién es el mundo?
Adelante, no hemos olvidado nuestra unión bajo el hambre y el dolor, no importa la amenaza, no hemos olvidado.
Tenemos un mundo que ganar. Liberaremos al mundo de la sombra; cada tienda y cada cuarto, cada ruta y cada prado.
Todo el mundo será nuestro.
¿Escribió usted eso, señor Brecht?
BRECHT: No. Yo escribí un poema alemán, pero esto es muy distinto. (*Risas.*)
STRIPLING: Esas eran todas mis preguntas, señor Presidente.
PRESIDENTE: Muchísimas gracias, señor Brecht. Es usted un buen ejemplo para los testigos del señor Kenny y del señor Crum.
¡Receso hasta las dos de la tarde!
(A las 12:15 p.m. se produjo un receso hasta las 2 p.m. de ese mismo día.)

INDICE

NOTA DEL AUTOR 5

PRÓLOGO
EL MUNDO ALREDEDOR DE BRECHT 7

I   La ciudad y el país 8
II   La vida intelectual 11
III   La Primera Guerra Mundial y sus secuelas 28

PRIMERA PARTE
BERTOLT BRECHT EN ALEMANIA 1898-1933 31

I   Los inicios: Ausburgo y Munich 1898-1920 33
II   El paraíso de los expresionistas 48
III   Corales brechtianos de caos y perdición 55
IV   Berlín 1921-1922: *Tambores en la Noche* 72
V   *En la jungla de las ciudades* 83
VI   *Eduardo II* y el Culto del Héroe 94
VII   La abdicación de la identidad: *Un Hombre es un Hombre* 103
VIII La búsqueda de la identidad: el camino hacia el teatro épico 111
IX   El zoológico social: *La ópera de tres centavos* 131
X   El paraíso de Mahagonny, 1930 151
XI   La recuperación de la identidad: el teatro épico 167
XII   Lo individual y lo colectivo: las «Lehrstücke» 197
XIII La compasión no es suficiente:
         Santa Juana de los mataderos 216
XIV   La vanguardia desconocida: *La madre* 228
XV   El terror en ciernes 235

SEGUNDA PARTE
EXILIO 1933-1948 247

I	El poeta habla del exilio	249
II	La batalla contra el terror	257
III	La responsabilidad del intelectual: *Galileo*	285
IV	Sobre héroes y guerra: *El proceso de Lucullus* y *Madre Coraje*	301
V	La cara del bien y del mal: *La buena mujer de Setzuan* y *Puntila*	313
VI	La matriz fértil: *Arturo Ui*	322
VII	Reflexiones de alguien en vuelo: *Diálogos de refugiados*	325
VIII	El poeta en la Costa Dorada, 1941-1947	329
IX	Una Santa Juana de la Resistencia: *Las visiones de Simone Machard*	341
X	El antihéroe: *Schweyk en la Segunda Guerra Mundial*	345
XI	Justicia en Utopía: *El círculo de tiza caucasiano*	352
XII	El proceso a Bertolt Brecht	357

TERCERA PARTE
LA VUELTA A CASA 365

I	Cerca de casa	367
II	Regreso a Berlín	381
II	Últimas obras	399
IV	El credo de un realista	409
V	El final	413

APÉNDICE 419

Esta edición de 2000 ejemplares se terminó de imprimir
en Grafinor S.A., Lamadrid 1576, Villa Ballester, Pcia. de Buenos Aires,
en el mes de julio de 2008.